U0026992

作者簡介

陳品卿先生，安徽宿縣人。民國二十二年生。臺灣省立屏東師範學校畢業。國立臺灣師範大學國文系畢業、國文研究所博士班畢業，榮獲教育部授予國家文學博士學位。曾任小學教師三年，中學教師一年，大學講師、副教授、教授，凡二十二年。現任國立臺灣師範大學國文系教授。著有：尚書鄭氏學、鄭玄的學術思想、莊子逍遙遊思想之研究、莊子逍遙遊篇研究、莊學研究、莊子三十三篇真偽考辨、莊子思想探源、莊子的人生觀、莊子的知識論、莊學新探、墨經與別墨、論別墨、墨經作者考、墨子導讀、意境的鑑賞、新編國中國文「修辭法」舉例、範文教學「文法剖析」之探究、範文教學「虛字使用」之探究、國文科單元教學活動設計、如何編好教案、演說的訓練、作文教學指引、課外閱讀指導、論說文教學設計、應用文教學設計、近體詩教學設計、古體詩教學設計、樂府詩教學設計、詞曲教學設計、新詩教學設計，並主編國民中學「國文教科書」第一冊至第六冊及「國文教師手冊」第一冊至第六冊等書。

陳品卿 著

國文教材教法

中華書局印行

國文教材教法序

高　明

師範大學國文系教授陳品卿博士，以其新著「國文教材教法」抵余問序。余讀之竟，作而歎曰：

余生於敎讀之家。先父雲軒公諱哲，以前淸秀才倡辦新學，入民國後，嘗任縣敎育會長、水利專門學校學監，而終老於縣立中學國文敎員之職，先兄孟起名超，卒業於南京高等師範學校文史地科，歷任江蘇省立第八中學（即揚州中學之前身）、淮安中學、松江中學國文敎員及縣立女子中學校長，對日抗戰時，轉入交通界，任秘書以終。余自幼受父兄之敎，亦以文辭自負，而以敎讀爲志；曁入南京上庠（時爲國立東南大學，前身爲南京高等師範學校，國民政府定都南京後，又改爲國立中央大學），即以中文爲主修之系，而以敎育爲輔修之系，曾從敎育哲學家孟憲承敎授習「中學國文敎材及敎法」一課，其時余兼任私立鍾南中學初中國文課一班，月入三十元，以貼補學雜費用，孟師所授正余所需也。卒業後，余曾任高初中國文敎員五年，每以孟師所授實施於敎學，頗獲佳評。民國三十年，服務於中央政治學校，主編國文敎材，出版於正中書局，蓋取孟師之意而廣之，是爲國內有「大學國文選」之始。中央政治學校改名爲國立政治大學，即以此書爲大一國文敎材，用之多年。違難入臺之前，余過湘，任敎於國立師範學院，獲交於阮眞先生，阮先生卒業於南京高師後，即入國立中山大學之研究機構，專從事於「中學國文敎材敎法」之研究，卓然有成，名噪於一時；余屢與促膝長談，獲益甚

多。民國三十八年入臺，任省立師範學院（後改為國立臺灣師範大學）國文系教授，遇章銳初兄微顯，銳初兄卒業於國立北平師範大學，曾任中政校文書科長，為余素識；系中「中學國文教材教法」一課，即由銳初擔任，偶與論及，知其所見，與孟師憲承、阮學長真實相去不遠。時陳雪屏先生任臺灣省教育廳長兼正中書局董事長，劉季洪先生任師範學院教育系主任兼正中書局總編輯，以臺灣在日治五十年後，國文程度低落不堪，而中學國文教員又多非習國文者，乃擬在正中書局編輯一套高初中國文教本，以救其弊，而以其事屬之於余。余乃溶合孟師及阮、章諸家之理論，益以現實社會之需要，而擬定編輯之方針與體例，因以成書，是為臺灣有中學國文教本之始。張曉峯先生其昀任教育部長時，奉　先總統蔣公之命，為提倡民族精神，編國（文）、公（民）、歷、地（理）四種標準教本，供高初中使用。時國立編譯館長王鳳嶠兄、中學教科書組主任易价兄均余舊友，又以編國文標準本之事相委，余乃推潘重規兄主編高中部分，而自編初中部分，是為高初中國文教本有國定本之始。時　今總統經國先生方任國防部總政戰部主任，欲統一各軍事學校人文社會科學教材，由任卓宣先生編三民主義，由胡一貫先生編民生哲學，由薩孟武先生編政治學，由趙蘭坪先生編經濟學，由余編國文，是為各軍事學校有國文統一教材之始。自民國四十五年起，余創辦師大國文研究所、政大中文系，又相繼主持文化大學中文所系、政大中文研究所，又兼任輔仁大學、東吳大學中文研究所教職，所裁成之博士約百人、碩士與學士不能計其數。陳君品卿入師大國文系後，曾從章銳初兄習「國文教材教法」，繼入國文研究所，又從余遊，由碩士而博士，以續優留校，所授科目有「莊子」及「國文教

材教法」等;，品卿由於秉性篤實，勤敏過人，不數年間，即著有莊子新探一書，以見其教學相長之效
。六年前，國立編譯館聘余主持師專國文編審委員會，旣蔵事，又聘余主持高中國文編審委員會及國
中國文編審委員會，余推薦品卿及董金裕博士負責國中國文之編撰，以一展其才藝，今國中國文教本
及教師手册各六册，均已編竣，用者稱善，教育部所作調查研究報告可以爲證也。今品卿更出其研究
「國文教材教法」之所得，輯爲專書以問世。余畢生與「國文教育」曾結不解之緣，今垂老矣，猶
晨夕不懈，致力於此；深幸於各級學校國文教本及教師手册之編審，即將告一段落之時，獲睹品卿此
書，知孟師及阮、章諸友之學得有傳人，更能探微索隱，發揚而光大之，中心之快慰，豈言語所能宣
;，因率書余與此書此學之因緣，以告世之讀此書者，兼爲品卿賀！

中華民國七十五年九月十一日高郵高明敬撰。

自 序

孔子是中國歷史上的一位大教育家。他刪詩書，訂禮樂，這就是整理教材科學化；他「因材施教」，靈活變化教學法，這就是教學方法藝術化；他本著「有教無類」（衛靈公篇）的宗旨，招收學生，不分貴賤貧富，一律施教，這是教育平民化的造端；他能「循循善誘」（子罕篇），「誨人不倦」（述而篇），這是教育家愛心的表現，所以後世尊稱他為萬世師表。孔子在齊國聽了韶樂，曾經「三月不知肉味」，足見他在音樂方面的造詣，這是藝術家的境界。論語說：「加我數年，五十以學易，可以無大過矣。」（述而篇）此與孔子自述「五十而知天命」（爲政篇）一語，可以互相印證。學易之目的，在於窮理盡性，通情達變，故可免於重大的過失。由此可知一位理想的教育家，同時也是一位思想家和藝術家。教育學術，需要厚植其基礎於哲學與藝術之上，才能根深葉茂，而收發揚光大之效。吾人研究「國文教材教法」，當宗師孔子，本其教育精神，使「教材」的設計科學化；「教法」的運用藝術化。如此教學，才能有系統，才能生動活潑，才能收到良好的效果。

筆者從事「國文教材教法」之教學多年，其間教學相長，有得輒條記之，復參驗學生「教學實習」之情況與心得，而歸納統理之。茲彙集成帙，付梓問世，其要如下：

第一章是緒論　本章茲就「國文教材教法」之有關問題，作一分析探討。所謂「教材」即教學所

用之材料。依據現行「課程標準」之規定，國中國文教材的範圍，除範文外，尚有「作文」、「書法

」、「語言訓練」、「課外閱讀」等四方面。高中國文教材的範圍，包括「範文」、「中國文化基本

教材」、「課外閱讀」、「作文」、「書法」等五方面。綜觀國中與高中「國文教材」之內容，其「

中國文化基本教材」部分，就教學方法而言，則同於文言文之散文，故本書不獨立列為一章討論。所

謂「教法」，又稱「教學法」，或「教學方法」。「教學」是教師教，學生學的活動，這是一種知識

傳遞的過程，由有經驗者將其心得轉授予無經驗者（吾人知識之來源，亦可由無經驗者自發的觀察、

推理、判斷、領悟，並得於此基礎上繼續努力。但是此種知識非由教學而來）。「方法」則是一種有

系統、有目的的做事程序，其中包括辦法和技術。合而言之，「教法」的意義可以說是：「教學方法

是一種有系統、有目的的教學程序。教師可用以刺激、指導和鼓勵學生自動學習，以達成教育目標。

」本章簡介「啟發教學法」、「問題教學法」、「設計教學法」、「單元教學法」、「自學輔導法」

、「練習教學法」、「社會化教學法」、「欣賞教學法」、「發表教學法」、「創造教學法」、「編

序教學法」、「協同教學法」等十二種。國文教師可視教學需要，酌情使用。

第二章是範文教學　範文教學的重大任務有三：一是語文訓練，二是文藝欣賞，三是精神陶冶。

茲分述如下：

(一)語文訓練

語文訓練是國文教師的專責。教學時對「題文的講解」、「作者的介紹」、「字詞的區別」、「詞語的分解」、「文法的剖析」、「虛字的使用」、「修辭的技巧」、「義旨的探究」、「作法的審辨」、「篇章的結構」，教師均須明白解釋，同時對於課文的作法（如審題、立意、運材、布局等項）應詳加指導，以便配合「作文」教學。舉凡課文中所具有之語文知識，應予隨機提示；教學完畢，可以聽寫、改寫、節縮、敷充、仿作等方式，令學生作應用練習，以培養其「閱讀」與「寫作」的能力。這是本科的知能，可稱之爲「主學習」。

(二)文藝欣賞

文藝欣賞是輔導學生閱讀純正優美之文藝作品，增進其文藝欣賞與創作的能力。這項工作應與「課外閱讀」互相聯繫。範文教學時，可啓發學生對事理的想像力，對情意的體會力，就全文所表現之「風神」、「氣骨」、「情韻」、「意境」、「體性」、「格調」、「聲律」、「色采」等各方面，由引導學生欣賞。使之體會作者的意念、情致、眼力、手法，將作者意匠經營獨到之處，加以吟味。由於學生的理解不夠深入，教師可具體地指點。例如：情感之蘊藉或奔薄，態度之謹嚴或疏放，色采之平淡或絢爛，氣勢之陽剛或陰柔，用字之簡約或繁複等，教師皆宜明白提示，令學生經由揣摩咀嚼，進而達到恍然有悟的境界。同時教師必須注意培養學生自學的能力，指導他們自己搜尋資料，自己翻查字典，自己思考、分析、判斷、欣賞。這是學習方法及旁涉知能，可稱之爲「副學習」。

(三)精神陶冶

精神陶冶是培養學生倫理道德之觀念，愛國淑世之精神，故其選材原則應注重：關於啓導人生眞義，培養國民道德者，關於喚起民族意識，配合國家政策者，關於啓發思路，激勵志氣者。凡是合於上述選材原則的文章，皆可選爲教材；凡是合於「精神陶冶」目標之課程，而國文教學應有所貢獻者，則務必儘量與之配合，以分擔國文教學所應承擔和所能承擔的部分。例如：國民中學之「公民與道德」，高級中學之「公民」等課程，皆屬陶冶學生品德者，國文教學可以與之相互配合，以求完成培養學生倫理觀念，激發學生愛國思想，進而宏揚中華民族文化之使命。但是因爲「國文」非「公民」課程，無庸多慮其條目之全備與否，系統之完整與否，但求其能重質不重量地配合就可以了。教師要完成這項任務，必須本著純正的觀念、理想、態度和熱誠，以身作則，領導學生自動自發的學習，以造就其爲大時代中的理想青年，而實現我們發皇民族精神，陶鑄健全人格的教育目的。這是品德的培養，可稱之爲「附學習」。

本章計分七節，依次爲「教學目標」、「預習指導」、「討論講解」、「深究與鑑賞」、「教學評量」、「教學設計」、「診斷與補救教學」。此乃按照「教學過程」的順序而排列，以期便於依序閱讀。

第三章是作文教學　依據現行「國文課程標準」的規定，國中與高中每週作文教學時間，極爲有限。教師要利用這有限的時間，指導學生作文，相當不易。除作文課時對各種文體之寫作，加強指導外，

必須在範文教學活動中，把握教學目標，運用適當方法，隨機進行作文指導的工作，以培養其審題、立意、構思、運材、布局、措辭等有關作文技巧之觀念。經過長期的訓練，系統化的指導，學生自然能把「學習範文」與「學習作文」兩者相互聯繫，積久成習，對於作文的經營技巧，便可心領神會了。作文教學的方式，不拘於一格，但最有效的方法，莫過於「命題作」，故現行「國文課程標準」規定作文練習，均以教師命題爲原則，在課堂用毛筆正楷寫成，因而本章所討論者，也以「命題習作」爲主。作文教學的過程，可分爲三個階段：一是「命題」，二是「指引」，三是「批改」。命題必須適當，指引必須合理，批改必須妥善。本章就此三方面進行討論，旨在提供中學教師作文教學參考之用。

第四章是課外閱讀 所謂課外閱讀，是指閱讀課外的書籍或文章而言。至於範文教學過程中指導學生在課外預習，查閱有關的參考資料，看來似乎也是屬於課外閱讀的工作，但那只不過是範文教學中的一種「精讀」行爲，算不得眞正的課外閱讀。這裏所說的課外閱讀，乃是指依照「課程標準」所列之「教學目標」、「教材大綱」及「教學要點」，指導學生閱讀課外讀物，以增進其語文能力及欣賞文學作品之興趣而言。本章內容共分九個單元：㈠教學目標。㈡教學意義。㈢閱讀態度。㈣選材原則。㈤選材範圍。㈥編配實例。㈦指導方法。㈧筆記指導。㈨教學評鑑。學凡有關課外閱讀指導的問題，可說大體具備矣。

第五章是書法教學

「書法」爲我國美術中的一環，具有實用性與藝術性的雙重價值：就實用性

而言，文字與生活息息相關，書寫文字的方法、技術便是書法之第一層要義。就藝術性而言，書法之所以具有美感，一是中國文字的字體從古到今歷經多次變革，有多種不同的體式，這些由線條架構而成的不同字體，使用毛筆寫後，能表現出線條、空間、造形、筆勢、墨韻等美感，二是歷代鼎銘碑帖的流傳，提供了學習和欣賞的豐富材料。臨碑摹帖，品賞古今名蹟，探究書學理論，這就是一種藝術活動。民國七十二年教育部公布「課程標準」，將書法列入高級中學的選修科目，使書法單獨成為一門學科。因為書法這項課程，不僅包括了書體、書史、書論、書家、書蹟等學術性史料，其所構成的學術性領域，更是一塊待開發的園地。此番將書法列入高中選修課程，不僅可以延續傳統的書寫技術，培養學生對書法藝術的認識與興趣，對於書法學術研究的未來發展，也有先導的作用。本章第一節為前言。第二節分析書法教學目標。第三節探討書法課程在現今教學上的價值。第四節簡介我國字體的演進。第五節探討教學方法，以筆、墨、紙、硯的選用始，以書法技能之指導終。第六節為教學的實施。

第六章是語言訓練　依據民國七十二年教育部公布之國民中學「國文課程標準」，其教學「目標」第二條是「指導學生繼續學習標準國語，培養聽話及說話之能力與態度。」其「教材綱要」中，亦列有「語言訓練」一項，可知國民中學的國文教學中，應該列入「語言訓練」；但是因為各校課程表上只有「國文」一科，許多教師也因而忽視語言訓練的教學，使語言訓練的教學目標難以達成。國文教學，在國中階段固然要注重文字運用能力的培養，但是對於學生語言能力的訓練，更應該加強。因為國

中學生畢業後，如果就業，用語言的機會要比文字多。話說得好的人，能用美妙的語言，引起他人注意，產生良好印象；在社會上就能夠多交朋友，廣結人緣，到處受到歡迎，到處占著便宜；甚至還能解決問題，破涕為笑，轉危為安，化仇敵為朋友，變失敗為成功。說話的技巧，對於一個人在社會上的地位和事業，實在是太重要了！本章依據「國文課程標準」所列之「教材綱要」，提出「演說」與「辯論」的訓練方法，以供讀者參考。

　　本書撰寫期間，多蒙諸師友之督教、鼓勵與協助，始能得以順利出版，謹此敬致謝忱。唯因本人才疏學淺，謬誤之處，或有不能免者，方家先進，幸有以垂教焉。

陳　品　卿

序於國立臺灣師範大學

中華民國七十五年十月十日

國文教材教法　目次

目

次

一一

第一章　緒　論

第一節　教學的意義

「教學」是促成人類文明進展的重要因素，惟有透過教與學的活動，人類努力的成果方能層層累進，並得以傳遞延續；努力的起點是前人經驗之終結處，而不是原始起點。從下列兩個簡單的圖表可看出這層關係：

圖一：未經學習傳遞

一

由此，我們不妨對教、學這個過程，賦予一個概略性的定義：教學是一種經驗傳遞的過程，由有經驗者將其心得轉授予無經驗者，或由無經驗者自發的觀察、領悟，並得於此基礎上繼續努力。

接著我們要了解教、學及教學的涵義。據說文之記載：

教，上所施、下所效也。

斅，覺悟也。學，篆文，斅省。

就其字面意義而言，則「教」顯然是指有經驗者（上）對無經驗者（下）之施授，為無經驗者所取效；「學」則為無經驗者自身之領會覺悟。然深究其義，實不僅止於此，觀說文斅字下段注：

文明成果

原始起點

第一代　第二代　第三代　第四代　……世系

圖二：經過學習傳遞

二

學記曰：「學然後知不足，知不足然後能自反也。」按：知不足所謂覺悟也。記又曰：「敎然後知困，知困然後能自強也，故曰：敎學相長也。」兌命曰：「學學半。」其此之謂乎？」按：兌命上學字謂敎言，敎人乃益己之學半，敎人謂之學者，學所以自覺下之效也；敎人所以覺上之施也。故古統謂之學也。

故知，無論「敎」或「學」，其於中國古代經典雖獨立出現，實則兼含二者之義，敎學之意義於此悉明，即：

敎人的一半是敎，一半是學，而學習的一半靠人敎，一半靠自己學。

然而證諸傳統敎學卻是以敎師爲主體，只有敎師的講授，單方的注入知識，而不注重啓發學生之思想，學生因而缺乏自動學習之機會與態度，便如算盤珠子一般，老師撥一撥，學生才動一動，敎學活動完全不考慮學生能力、興趣及需要。至民國七、八年以後，各種新的敎學觀念陸續傳入我國，敎育界方領悟所謂「敎」與「學」，應包括敎師的「施敎」與學生的「學習」，即所謂：「敎給他釣魚的方法，不要給他一條魚。」魚有吃完的時候，而方法可使其在需要時，隨時去捕魚吃，故敎師須能輔導學生自動自發的學習，同時亦須鼓勵學生共同參與敎學之設計與活動，因而師生之間便是交互影響而多向溝通的。

敎育乃在謀求人類之進步及個人之發展，而學校之敎學活動在於達成敎育之目的，故學校中的敎學必須有理論依據、方法技術、適切的內容，並適當運用刺激以引起學生學習動機、興趣及滿足需要

，指導學生作經濟有效之學習，鼓勵及幫助學生解決困難，維持學生學習興趣。故教學的意義在學校的範疇中，可解釋為：

教學乃是教師依據學習的原理原則，運用適當的方法、技術，刺激、指導和鼓勵學生自動學習，以達成教育目的的活動。（註一）

如以圖示之如左：（註二）

※教學的意義

可見學校教學為達成教育目的，必有其特殊之目標、任務，同時應具備原理、原則、教材、教法等條件，國文教學為學校教學的一環，自應具備上述各項要件，以下就中等教育國文科課程分別討論之。

【附　註】

註　一　參見方炳林　普通教學法　教育文物出版社印　民國六三年九月修訂二版　頁二。

註　二　同註一，頁三。

第一章　緒　論

第二節　教學的任務

前所言及，學校教學活動在於達成教育目的，然則中學（含國民中學及高級中學）國文科的教學任務是什麼呢？章師微穎先生說：

所謂國文的基礎訓練：第一、在使教學的結果，能令學生有高度的能力去聽受、閱讀本國語文，以了解、欣賞人家所表達的思想情意。第二、在使教學的結果，能令學生有高度的能力去運用本國的語文講述、寫作，以對他人表達其自己的思想情意。……便是國文教學的重大任務了。……關於國家建設的主義與政策之宣揚，關於民族文化精神之發皇，關於學術思想之檢討，關於人生理想和生活知能之培育，關於志趣道德之修養，關於行為篤履實踐之鼓舞，以及關於青年思辨力認識力之啓導鍛鍊等等，凡是合於整個教育目的而為國文教學所應該貢獻的，亦務必盡量與其他各科教學，分擔其所應擔，和能擔的部分。這可說是國文教學的另一重大任務。於此，又可概括一句：前者多半是國文文辭形式方面的事，後者多半是國文內容實質方面的事，關於文辭形式方面的，重在訓練學生語文吸收表達的功夫，可稱之為「語文訓練」的任務，是國文教學的專責，國文教師必須計度程功。關於內容實質方面的，重在思想材料的選別和闡釋引指以陶冶學生的品德才能，可稱之為「精神陶冶」的任務。（註一）

然而求諸現行中學國文之教學，可發現其任務尚不止於此，並且由於我國中等教育階段劃分爲國民中學及高級中學兩時期，其中國中與高中之國文教學任務又有些微不同，故據筆者教學之經驗言之，中學國文科之教學任務應有三點：

其一，即「語文訓練」之任務：國中階段主要在繼續國民小學之教育，學習標準國語，並明瞭本國語文之特質。高中階段主要在提高學生閱讀及寫作語體文之能力，並培養其閱讀淺近古籍之興趣及寫作明易文言文之能力。

其二，即「精神陶冶」之任務：此指思想教育部分，於國中爲增進生活體驗，啓發思辨能力，養成倫理觀念，激發愛國思想，並宏揚中華民族文化；於高中爲培養倫理道德之觀念、愛國淑世之精神及思考判斷之能力與恢宏堅忍之意志，文詞雖異實則國、高中之任務一致。

其三，即「指導學習方法」之任務：教師應指導學生自己搜尋資料，自己參證。如指導查閱辭書，考徵有關書文之類，皆可養成學生搜求參徵和處理的技能。

此三大任務中之「語文訓練」爲主學習，「指導學習方法」爲副學習，「精神陶冶」爲附學習。

【附 註】

註 一 參見章師微穎先生著 中學國文教學法 蘭臺書局 民國六十七年十月一日四版 頁二～三。

第三節 教學的原則

原則的功用在於其有理論的依據，並有經驗參考的價值，（註一）因此運用原則，比較容易獲得顯著的功效，但原則並非萬靈丹的代稱，僅是提供我們做事的一些參考。故而在教學上，教師使用原則來輔助教學活動之進行，就須深切了解每一教學原則之特性，而後靈活運用，始能不拘泥或誤用原則，反而誤事。

以下分別介紹一些常用的教學原則，並舉例說明其於國文教學方面之運用方法，以為參考：

一、準備原則

準備原則是指教師在教學前，對目標、學生、教材、教具及環境佈置等一切有關之教學因素，有充分的了解與準備，而學生亦須在其身心發展、學習經驗及心理動機方面先作好準備。在師生共同充分準備之後，教師運用其智慧與經驗，在教學過程中或利用教具、或提出問題、或共同討論等，因人制宜，靈活運用，使學生的學習提高效率。

二、系統化原則

所謂系統化是指依照心理發展的程序，將教材及教學活動過程做系統化的合理設計。因此，教師在教學時應將目標、教材、教法、教具、教師行為、學生行為及教學環境等凡影響教學之因素者，加以客觀分析、靈活組織運用，而非將上述諸因素各自孤立，以期建立一完整的教學系統，俾有助於學生之學習。

三、類化原則

類化原則的應用是以舊經驗作為學習新事物的基礎。教師運用此原則教學，應對學生之經驗與能力有充分之了解，以為施教的依據。這樣才能使教材有一定順序，以有系統有組織的擴展學生的學習。在開始教學時須應用複述或問答的方法引起學生回憶舊經驗；在教學中宜儘量利用學生已有經驗指導學生學習；當缺乏必要經驗時，則設法補充類化的基礎，使學生循序而進，容易學習。（註二）

四、自動原則

所謂自動便是自己主動而積極的從做中學。古今中外的教育家都重視自動學習。孔子說：「不憤，不啟；不悱，不發；舉一隅，不以三隅反，則不復也。」便是自動學習最好的理論。在教學上，自動原則可說是最重要的原則之一。教師需要設計作業、滿足需要，鼓勵並嘗試增加活動，以輔導學生自動學習。更重要的是教師要佈置方便學生學習的環境，培養並鼓勵自動學習的氣氛，使學習成為生活

中的一部分，學生必能自動自發的學習。

五、興趣原則

教學上的興趣，是使學生對於學習的事物、學習的目的、活動、過程、結果或價值，由有所感而心嚮往之。從而全神貫注，專心致志，勇往直前，不遑他顧，使學習得以完成，達到目的，獲得滿足。（註三）因此，在教材方面需能適合學生的能力與興趣。且其內容要生動有趣，教法則需多方變化，以激發學生興趣，積極參與學習活動。教師除不斷充實本身的學習，以擴展學生知識領域、滿足其求知慾外，在態度上尤須做到和藹可親、諄諄善誘，以鼓舞並啓發學生涉獵更高深知識領域的企圖與興趣。

六、個別適應原則

由於社會、文化、經濟等背景條件及遺傳因素的影響，在教學上，我們必須承認有個別差異的存在。不僅是學生有個別差異，甚或教師亦因其才能、興趣與性格均各有不同，而有其個別差異的存在。因此，在教學上必須適應師生的個別差異，以期能做到眞正的「因材施教」。如此則必須從分組分班教學、課程的組織、課表的編排，教學方法的靈活運用及學習結果評鑑等各方面，來適應學生的能力、需要、興趣及性向。教師亦能依其專長授課，改變傳統講述方式，靈活運用教材教法及器材設備

來輔助學生學習，如此則更能做到個別差異的適應。

七、社會化原則

　　社會化教學的目的，是應用共同參與的方法，使個人變化爲社會人。學校是個人社會化主要的場所之一，學校中的教學可幫助個人適應社會、利用社會，進而去改造社會。因此，教學上欲做到社會化，須增加社會價值較大及可發展羣性的課程，如聯課活動或課外活動，多利用團體活動的學習方式，採民主教學的方法和精神，並運用各種社會資源，如參觀社區建設、旁聽議會咨詢等，使學生能夠逐漸變化成「社會人」。

八、熟練原則

　　我國自古即重視學習的熟練，如論語中的「學而時習之」「溫故而知新」，以及中庸的「有弗學，學之弗能，弗措也；有弗問，問之弗知，弗措也；有弗思，思之弗得，弗措也；有弗行，行之弗篤，弗措也。人一能之，己百之；人十能之，己千之。果能此道矣，雖愚必明，雖柔必強。」不但說明熟練的重要，而且指出熟練的功用和如何熟練之道。尤其孟子所謂「居之安，資之深，取之左右逢其源」，更說明熟練的價值，以及熟練在於植基深厚穩固、印象深刻，則應用可以靈活方便。

　　教學上做到熟練，在教材方面，要使教材有組織，有意義，以便容易學習和理解。在教法方面，

指導有效的學習方法，經常練習和應用所學，都可以有助於學習的熟練。（註四）

九、同時學習原則

同時學習原則乃是認為在一個教學活動中，可指導學生同時學習許多事物，如知識、技能、態度和興趣等。這些又可分為主學習、副學習與附學習。無論就學習的主體、內容或目的而言，這種同時學習都非常重要而且正確。以國文教學為例，可參照第二節所述，語文訓練為主學習，指導學習方法為副學習，精神陶冶為附學習。因此，在教學上做到同時學習，教學的設計必須各方兼顧，使主學習、副學習及附學習得有適當比例。教師並須身教言教並重，一方面以身作則，一方面把握適當之機會，提示或指導學生作價值的批判及情趣的欣賞，使學生不僅能習得知識、技能，並能在精神上受到潛移默化，以收精神陶冶之效。

十、評鑑原則

評鑑是運用適當的方式，對教學所預期之效果加以評量。在教學上評鑑原則的應用包括：預先決定評鑑方式，注重平時評鑑，與教學活動密切配合，在教學活動中隨時觀察、評鑑，評鑑的結果乃作為補救教學及教師檢討教材、教法，進度是否合宜之依據。

以上十原則，在國文教學活動中，可視實際需要，靈活運用。國文教學的過程，約可分為準備活

動，發展活動，綜合活動與評鑑活動四階段。此四階段的設計必須科學化，這可以說是「系統化原則」的應用。第一階段中的「預習指導」，即爲「準備原則」之應用。預習指導之目的，在培養學生自學能力，使其能自發自動的收集各種資料，做好預習作業，即爲「自動原則」之應用。第二階段中，教師指名學生講述舊教材，即爲利用舊經驗以引入新經驗的「類化原則」之應用。教師利用團體活動的學習方式，進行討論，即爲「社會化原則」之應用。第三階段深究與鑑賞部分，是語文訓練與精神陶冶的綜合性活動，即爲「同時學習原則」之應用。應用練習部分，詞語的造句練習，仿造句型等，即爲「熟練原則」之應用。第四階段的隨堂測驗，即爲「評鑑原則」之應用。評鑑後之補救教學，即爲「個別適應原則」之應用。整個教學活動過程中，教師隨時靈活變化教學方法，以促使學生全神貫注，專心致志，即是「興趣原則」之應用。

以上僅就教學活動中，常用的原則，加以說明，並大略舉例以爲參考，但最重要的是「了解原則，靈活運用」，才能發揮原則的功效，達到教學的目標。

【附 註】

註　一　參照方炳林著　普通教學法　教育文物出版社印　民國六十五年二月修正三版　頁五七。

註　二　同註一，頁七二。

註　三　同註一，頁七四。

註　四　見註一　頁七九─八〇

第四節 教法的意義

教法又稱教學法，教學法所指的就是教學的方法。教學的意義在第一節中已作說明，方法則是一種有系統、有目的的做事程序和手續，其中包括辦法和技術。合而言之，教法的意義就可以說是：「教學法是一種有系統、有目的的程序和手續，教師可用以刺激、指導和鼓勵學生自動學習，以達成教育目的。」（註一）

教學方法可因教育目的或教材的內容、性質不同，而有不同。此外，配合學生的資質或學校設備，乃至於教師本身的能力、性格，也都使教學法的運用極需靈活，至於恰當與否，則有賴教師的經驗選擇，以下介紹十二種普通教學方法，以為教師使用時之參考：

一、啓發教學法

孔子說：「學而不思，則罔；思而不學，則殆。」學而不思，則所得的知識是死的，不能活用；思而不學，則淪於空想，亦難有所成就，可見學與思是相輔相成的。而所謂啓發式教學，便是重視學生思想之啓發，以學生的經驗能力為基礎，啓發其思想，使其能運用思想去思考、分析、判斷、歸納，以期產生積極的學習活動，進而「觸類旁通」「舉一反三」，逐漸擴張經驗、增加知識。啓發法與

傳統注入法是相對的，它強調師生共同的活動，而避免被動地接受教師所注入與傳授的知識，故孔子說：「不憤不啟，不悱不發」這可以說是啟發教學法最好的說明。

二、問題教學法

所謂問題教學法，是應用系統的步驟，指導學生解決問題以增進知識、啟發思想和應用所習。（註二）採用問題教學法，乃是以實際的生活來教導學生，從學生的生活中找出有意義的問題，指引學生去思考、解決，而非將教材內容改爲問題形式即可。

問題教學法實施的方式，有「團體」和「個別」兩種。團體的問題教學，就是使學生共同研究一個問題、共同搜集資料，共同討論以求得結論，個別的問題教學，則是學生各自研究一個問題，由教師指導而獲得結論。至於何時運用團體問題教學，何時運用個別問題教學，則視學生能力、問題性質而定。

三、設計教學法

所謂設計是指在實際的活動中，由學生根據目的，自己計劃和實行以完成的學習活動。利用這種方式教學的，便是設計教學法。（註三）由以上說明可知，設計教學法是一種有目的、有計劃、有實際活動的學習活動。在活動進行中，必有一實際問題，由學生根據其學習目的，自行擬訂工作計劃，

自己運用材料，從實際活動中去完成工作。可見設計教學重視實際活動與思考活動，所以它是手腦並用的。設計教學首先被應用於勞作科，後被推廣於中小學各種學科，是一種被廣泛應用的教學法。

四、單元教學法

所謂「單元」是指教材、範圍、目標相近而自成一體系者，單元教學法即以單元為範圍之教學方法。單元教學的種類一般言之可分為：學科單元、合科單元、聯合單元及大單元設計活動等四種。一般單元教學是以一篇課文、一個章節、一個問題或一個活動為範圍，通常可分為準備活動、發展活動及綜合活動三個過程，在「綜合活動」以後再增加「評鑑活動」，目前國內盛行之行為目標單元教學便屬此類。單元教學的特點是：它是完整的學習，需要較長的時間；聯繫各科教材及注重學生活動。（註四）

五、自學輔導法

所謂自學輔導法即教師佈置環境、安排時間，並用適當而有效的方法，提供學生自我學習和自我適應。自學輔導法由教師指定作業範圍，指示學習方法，使學生在教師指導下學習。有些學校要學生在教室或圖書室內自修，然而因缺乏教師指導，學習效果不佳。因此，有些學者主張在教學時間內劃出一部分時間，由任課教師指導學生自學。此法優點在學生自學而有教師指導，教室的環境較家庭環

境適於自修；學生在原任教師指導下，可應用更有效的學習方法，養成良好的學習習慣。等到自學的習慣養成之後，他們就可自己去研究學問了。（註五）

六、練習教學法

練習教學法是以反覆操作和練習，使某些動作、技能、經驗和教材，達到純熟和正確反應的教學方法。其教學步驟為引起興趣→教師示範→學生模仿→反覆練習。（註六）在反覆練習中，通常分佈練習優於集中練習，整體練習優於部分練習，而正確性又應優先於快速性。教學的目的若在使學生養成某種習慣、技能或記憶某種重要教材時，便可採用練習教學法。但並非任何教材均可採用此法。大體來說，技能科目如體育、音樂、美勞及書法以練習教學為主；國文、英文、數學則思考教學與練習教學兼顧；其他如史地、公民、理化、生物等，則練習教學僅居輔助地位，而以思考教學為主。

七、社會化教學法

社會化教學法是利用團體活動的方式來進行學習。教師指導學生共同討論一個問題，彼此交換意見，共同解決問題，共同從事學習活動，以培養學生互助合作的精神。目前的班級教學，若加以改善、運用，可成為社會化教學最方便和最有利的場所，社會化教學法主要是在培養學生社羣能力，團體意識，學習民主精神、生活，改變學習態度，增強學習效率，以使教育能社會化。因此，其就一般情

形說來，可由「大班級教學」、「小組討論」及「分組活動」三種方式進行。

八、欣賞教學法

欣賞教學法乃在學生學得知識與技能之外，給予品格陶冶，養成正當的態度和興趣，培育情操和理想，以指導人生和陶冶性情。由此可知，欣賞教學法之目的即在：養成正當態度，培養高尚理想，樹立高尚品德，以指導人生行為。然而，這些理想、態度等的養成，往往是各科「附學習」的結果，且欣賞內容複雜，難收效又難考查，故在傳統教育中常易受忽略，實有待改進與加強。

九、發表教學法

發表教學法是指在教學活動進行中，教師指導學生透過音樂、戲劇、工藝、圖畫、語言、文字等不同途徑與方式，來表達自己的知、能、情、意，以達成教學的各種目的。人類在生活環境中，常要表現自己的意見與感情和他人溝通，藉以增進彼此了解，而發表教學法不但可以達到上述目的，且可訓練學生知行合一，手腦並用，進而陶冶性情、清晰思想，創造更新的文化。因此，發表的內容必須充實創新、發表的技巧必須條理清晰而生動，這些則必須藉由知識、思想、能力及興趣，來指導學生作充實的發表。

十、創造教學法

創造教學便是思考教學，也可以說是屬於發表教學的一種。其所以有如此不同的性質，乃是在於「創造」一詞的解釋。其主要說法有二：一視創造為歷程，一視創造為能力。其實，創造是思考的能力，亦是思考的歷程，而且還包括成果的表達，三者具備，才是真正的創造。所以可以說：創造乃是使獨特的思維、見解與感受，發為新穎獨特的具體成果之能力、歷程和表達。而創造教學，便是指導學生發展創造才能，鼓勵學生經由創造歷程，學習作有效創造之活動。若在教學過程中，教師能推陳出新，匠心獨運，產生不同凡響之教學，則又是另一種創造的教學。（註七）創造教學可使教學效果提高，教學方法革新，使教學進入高深的藝術境界，亦可使學生滿足需要，實現自我。雖然，創造是可遇而不可求，並非指導便可產生者，不過對具有創造能力的學生，提供學習機會，指導其方法，激勵其思想，就教師而言，實有其必要。因為教導學生創造，有賴於教師創造的教學。

十一、編序教學

編序教學是將教材重新組織，按照邏輯的程序，編成許多細目或細小步驟，構成一個緊密的學習階梯，俾使學生能從前一細目到後一細目，循序漸進地學習的一種教學法。編序教學是一種自學的教學方法，必須學生確實的閱讀、作答及核對來進行學習。一般而言，它常常配合教學機及電腦來實施，為了方便學生學習，編序教學都提供了正確的答案，學生可立即核對學習結果，獲得回饋，有利於提

高學生的學習動機與興趣。在編序教學中，學生可依本身的興趣、需要及能力，自由調整學習速度，以適應個別差異。同時編序教學不但使程度好的學生繼續直線進行學習，並且亦可提供分支式的編序教材，使程度差的學生能有複習和補救的機會，因此，對程度較差的學生而言，編序教學不齊為一良好的教學方法。

十二、協同教學

協同教學是採用目前流行的團隊工作模式，由若干教學人員共同組成一個教學團，利用各個教學人員的專長、才能，經由不同方式、合作計劃、合作教學和評鑑的新安排。這種安排便是教學團的組織。協同教學的特質是：在一個或幾個學科領域中，應用各種教學器材，以指導兩個或更多傳統班級的學生學習。因此，協同教學可說是一種合作教學的教學方法。它能適應師生之間的差異，充分利用學校設備，改進教學型態，兼顧學生的個性與群性，以促進互助合作，並聯繫協調科際之間的教學。

這種教學方式，能使學生獲得較佳較多的指導，所以協同教學可說是一種值得極力推行的教學方法。

【 附 註 】

註
一　參見方炳林著　普通教學法　教育文物出版社印　民國六十五年二月修訂三版　頁四。

註
二　同註一，頁八六。

註
三　同註一，頁九一。

註
四　同註一，頁九七。

註
五　參見孫邦正著　普通教學法　正中書局印　民國六十二年臺修一版　頁一九五。

註
六　同註一，頁一〇七―一〇九。

註
七　同註一，頁一八九。

第一章　緒　論

第五節　教材的內涵

教材即教學所用之材料，一般人對中學國文教材之直接反應，就是認為其所指者為課本之範文部分，然而依據現行課程標準之規定，當可發現，中學國文教材之內容其實極為豐富而不止於此。

國中國文教材之範圍，除範文外，尚有作文、書法、語言訓練、課外閱讀等。其中範文共一百一十八課，若以文白來分，包括文言文與語體文二部分；若以文體來分，則包括記敘文、抒情文、論說文及應用文，並有語文常識十八篇；作文練習每學期二小時者十次，一小時者四次；書法練習第一學年上學期每兩週一小時，下學期每週一小時。第二、三學年上、下學期皆每三週一小時，並令學生每日作大楷十字、小楷五十字以上，均於課外行之，語言訓練着重隨時指正，課外閱讀除鼓勵學生每日閱讀有益之報章雜誌外，並選定國文補充讀物每月至少一本。茲錄民國七十二年七月部頒「國民中學國文課程標準」之教材綱要以資參考：（註一）

第一學年：

類別　要項　學期	第一學期（每週六小時）	第二學期（每週六小時）

二二

範	文	範	文
每週四小時	1記敘文 (1)語體文六篇：必讀五篇 選讀一篇 (2)文言文三篇：必讀二篇 選讀一篇 2論說文 (1)語體文三篇：必讀 (2)文言文二篇：必讀一篇 選讀一篇 3抒情文 (1)語體文三篇：必讀二篇 選讀一篇 (2)文言文一篇：必讀 4.應用文 語體文二篇：必讀	每週四小時	1記敘文 (1)語體文六篇：必讀五篇 選讀一篇 (2)文言文三篇：必讀二篇 選讀一篇 2論說文 (1)語體文三篇：必讀 (2)文言文二篇：必讀一篇 選讀一篇 3抒情文 (1)語體文三篇：必讀二篇 選讀一篇 (2)文言文一篇：必讀 4.應用文 語體文二篇：必讀

作文	書法	語言訓練	課外閱讀
每三週四小時 命題作文　兩篇	每兩週一小時 1.寸方楷書及小字之練習 2.應用文格式之練習 3.常見行書之認識	每兩週一小時及每週隨堂練習 1.課文預習口頭報告 2.時事報告 3.名人故事講述 4.演說之訓練	每月至少一本 1.國父傳 2.蔣總統傳 3.其他短篇文藝名著 4.閱讀報告之習作
每三週四小時 繼續上學期	每週一小時 繼續上學期	每週一小時及每週隨堂練習 繼續上學期	每月至少一本 1.本國名人傳記 2.其他中外名著

第二學年：

類別　要項　學期	第一學期（每週六小時）	第二學期（每週六小時）
範　圍	每週四小時	每週四小時
	1.記敘文	1.記敘文
	(1)語體文五篇：必讀四篇 選讀一篇	(1)語體文五篇：必讀四篇 選讀一篇
	(2)文言文三篇：必讀二篇 選讀一篇	(2)文言文三篇：必讀二篇 選讀一篇
	2.論說文	2.論說文
	(1)語體文三篇：必讀	(1)語體文三篇：必讀
	(2)文言文二篇：必讀一篇 選讀一篇	(2)文言文二篇：必讀一篇 選讀一篇
	3.抒情文	3.抒情文
	(1)語體文二篇：必讀	(1)語體文二篇：必讀
	(2)文言文一篇：選讀	(2)文言文一篇：選讀

文	作　文	書　　法	語言訓練	課　外　閱　讀
4. 應用文 (1)語體文二篇：必讀 (2)文言文二篇：必讀	1. 繼續上學年 　每三週五小時 2. 命題作文 　兩小時兩次 　一小時一次	1. 繼續上學年 　每三週一小時 2. 指導學生臨帖	1. 繼續上學年 　每三週一小時及每週隨堂練習 2. 三分鐘演講練習	1. 中外名人傳記 　每月至少一本 2. 歷史故事 3. 社會學科或自然學科之論著
4. 應用文 (1)語體文二篇：必讀 (2)文言文二篇：必讀	繼續上學期 每三週五小時 每三週一小時	指導學生臨帖並欣賞碑帖 繼續上學期	繼續上學期 每三週一小時及每週隨堂練習	1. 中外名人傳記 　每月至少一本 2. 古今名人書信 3. 其他文藝作品或科學論著

第三學年：

類別　項別＼要學期	第一學期（每週六小時）	第二學期（每週六小時）
範	每週四小時 1. 記敘文 　(1)語體文二篇：必讀 　(2)文言文二篇：必讀 2. 論說文 　(1)語體文四篇：必讀 　(2)文言文四篇：必讀二篇　選讀二篇 3. 抒情文 　(1)語體文二篇：必讀 　(2)文言文二篇：必讀一篇　選讀一篇 （可選論語或孝經各一、二篇）	每週四小時 1. 記敘文 　(1)語體文二篇：必讀 　(2)文言文二篇：必讀 2. 論說文 　(1)語體文三篇：必讀 　(2)文言文四篇：必讀二篇　選讀二篇 3. 抒情文 　(1)語體文二篇必讀 　(2)文言文一篇：選讀 （可選論語或孝經各一、二篇）

文	作　文	書　法	語言訓練	課　外
4.應用文 (1)語體文二篇：必讀 (2)文言文二篇：必讀一篇　選讀一篇	1.繼續上學年　每三週五小時 2.命題作文　兩小時二次　一小時一次	1.繼續上學年　每三週一小時 2.欣賞碑帖	1.繼續上學年　每三週一小時及每週隨堂練習 2.五分鐘演講練習	1.科學家傳記　每月至少一本
4.應用文 (1)語體文二篇：必讀 (2)文言文二篇：必讀一篇　選讀一篇	繼續上學期　每三週五小時 繼續上學期　每三週一小時	繼續上學期　每三週一小時	繼續上學期　每三週一小時及每週隨堂練習 繼續上學期	1.工商企業家之傳記　每月至少一本

閱
讀

2.古今名人書信

3.其他文藝作品或科學論著

高中國文教材的範圍，包括範文、中國文化基本教材、課外閱讀、作文、書法等。其中範文共九十三課，若以文白來分，有文言文與語體文；若以文體來分，則有記敘文、論說文及抒情文，其所附之語文常識則偏重應用文。中國文化基本教材之內容，依其義理，採分類編輯，選授論語、孟子及大學、中庸。課外閱讀分為閱讀及報告二部分，閱讀部分每月至少一本，報告部分每學期二至四篇。作文練習每學期至少十篇，由教師命題，間可指導學生自由命題。書法練習以正楷、行書為主，臨摹法帖古碑，第一學年每週限交大楷六十字，小楷一百八十字，第二學年每週限交行書一百八十字，均於課外行之。茲錄民國七十二年部頒「高級中學國文課程標準」之教材綱要於后：（註二）

第一學年：

學期＼要項＼類別	第一學期（每週五小時）	第二學期（每週五小時）
範	每週三小時 1.記敘文 (1)語體文二篇 (2)文言文二篇	每週三小時 1.記敘文 (1)語體文三篇 (2)文言文二篇

項目	甲	乙
文	2.論說文 (1)語體文二篇 (2)文言文四篇 3.抒情文 (1)語體文二篇 (2)文言文三篇	2.論說文 (1)語體文二篇 (2)文言文四篇 3.抒情文 (1)語體文一篇 (2)文言文三篇
中國文化基本教材	四書 每週一小時	四書 每週一小時
課外閱讀	1.閱讀部分：每月至少一本 (1)本國名人傳記 (2)散文小品名著 2.報告部分：每學期二至四篇	1.閱讀部分：每月至少一本 (1)本國名人傳記 (2)短篇小說名著 2.報告部分：同上
作文	每兩週二小時 命題作文一篇	每兩週二小時 命題作文一篇
書法	每週（於課外臨摹碑帖） 1.大楷六十字 2.小楷一百八十字	每週（於課外臨摹碑帖） 繼續上學期

第二學年：

類別要項　項目　＼　學期	第一學期（每週五小時）	第二學期（每週五小時）
範 文	每週三小時 1. 記敘文　(1)語體文一篇　(2)文言文三篇 2. 論說文　(1)語體文二篇　(2)文言文五篇 3. 抒情文　(1)語體文二篇　(2)文言文三篇	每週三小時 1. 記敘文　(1)語體文一篇　(2)文言文三篇 2. 論說文　(1)語體文二篇　(2)文言文五篇 3. 抒情文　(1)語體文二篇　(2)文言文三篇
中國文化基本教材	每週一小時 四書	每週一小時 四書
閱讀	1. 閱讀部分：每月至少一本	1. 閱讀部分：每月至少一本

第三學年：

類別　項目　要學期　範	第一學期（每週六小時）	第二學期（每週六小時）
課外閱讀	(1)本國通俗小說名著 (2)外國名人傳記 (3)勵志性論著或古文觀止、唐詩三百首等。 2 報告部分：每學期二至四篇	(1)本國歷史小說名著 (2)名人札記 (3)勵志性論著或古文觀止、唐詩三百首等 2 報告部分：同上
作文	命題作文一篇 每兩週二小時	命題作文一篇 每兩週二小時
書法	行書一百八十字 每週（於課外臨摹碑帖）	繼續上學期 每週（於課外臨摹碑帖）
範	每週四小時 1 記敘文 (1)語體文一篇 (2)文言文二篇	每週四小時 1 記敘文 (1)語體文一篇 (2)文言文二篇

文	中國文化基本教材	課外閱讀	作文
2. 論說文 (1) 語體文一篇 (2) 文言文七篇 3. 抒情文 (1) 語體文一篇 (2) 文言文四篇	四書 每週一小時	1. 閱讀部分：每月至少一本 (1) 古今名人書信 (2) 學術思想性論著 (3) 社會學科或自然學科論著 2. 報告部分：每學期二至四篇	每兩週二小時 命題作文一篇
2. 論說文 (1) 語體文一篇 (2) 文言文七篇 3. 抒情文 (1) 語體文一篇 (2) 文言文三篇	四書 每週一小時	1. 閱讀部分：每月至少一本 (1) 古今名人書信 (2) 學術思想性論著 (3) 社會學科或自然學科論著	每兩週二小時 命題作文一篇

至於所附之「語文常識」部分，內容相當廣泛，國中課本包括有標點符號的用法、文章作法、文字基本構造、工具書使用法及應用文書如借據、便條之用法與說明等，高中課本所附者，則偏重於應用文，如：書信說明、各種契約之訂定、規章之內涵、以及各級公文之意義、方法與範例。

此外，高中國文教學除本科外，另設文法與修辭、國學概要、應用文及書法等科目，學生至少應選其中一科。

【附　註】

註　一　參見民國七十二年七月教育部公布之「國民中學國文課程標準」頁六一—六七。

註　二　參見民國七十二年七月教育部公布之「高級中學國文課程標準」頁二八—三一。

第六節 教材與教法的關係

「教學」是師生共同的活動，其目的乃為實現教育目標。因此，在教學的過程中，教材是實現教育目標的材料，教法是實現教育目標的手段。教師在教學之前，必須先確定其教學目標，然後選用適當教材，運用有效教法，來實現此一教學目標。由此可知，教材的選擇與教法的運用兩者之間，並非各自獨立，而是息息相關的。然而，一般談論教材或教法之書籍，往往為了討論方便，而將其分做兩大部分探討，鮮有涉及二者關係之探究，故常將教材、教法視為兩平行線，各行其是。現在，我們明白教材與教法之間是有相互影響的關係，這種關係應包含那些因素在其間發生作用呢？前已述及，「教學」為教師與學生的共同活動，教師、學生自為教材與教法關係中的重要因素。此外，師生的活動乃是在學校中進行，故學校亦是教材教法之間的一個影響因素。

原則上，教師依據已確定的教學目標，並考慮本身之性格、能力，同時顧及學生之能力、需要、興趣，以及學校之設備、資料而決定教材、教法兩者如何配合。因此，教材、教法之間，便經由教師、學生、學校三者而建立關係，如下圖：

第一章 緒 論

教師
教材 ─── 學生 ─── 教法
學校

三五

舉例來說，有關宋詞常識及部分作品介紹之教學，如果教師本身對宋詞極有心得，亦尚須視學校有關資料及設備如何，才能決定教學活動如何進行。若有電氣化設備如錄音機、錄音帶或投影片等，便可採用，否則就須自作教具，此外更要配合其授課班級中，學生之能力與興趣，然後才能決定採用啟發式教學法、自學輔導法，或其他教學法。

一般而言，由教材透過教師、學生、學校三者決定教法取向的時候多；而由教法決定教材的機會少。並且某些特定教材採用某些特定教法，效果最好。例如書法教學，採用練習教學法最好；詩歌教學採用欣賞教學法，效果較佳；而作文教學則採用創造教學法最宜。

今日中等學校的國文教材，其範文部分都採用國立編譯館主編之課本。因此，在中等學校，國文教材是固定的內容、固定的份量，不因教師個人因素、學生個別差異、學校特殊環境而有所不同。然而中等學校國文教材，經過設計及修訂，當能普遍適合一般學校之學生與教師。惟教師仍應配合上述三個影響教材、教法取用關係之因素，將課本中之次序或授課時數，予以適當之調整，並選取適當之教學方法，使其更趨完美。

第七節 選材的原則

中學國文選材的原則，可依其教材內容分類說明如下：

壹、範文

根據七十二年七月部頒之「國民中學國文課程標準」規定，有關教材編選之原則為：

一、課文之選材，必需同時具有語文訓練、精神陶冶及文藝欣賞三種價值（應用文注重實際應用價值），並切合學生心理發展及其學習能力。

二、課文教材為求適應學生學習能力高低不同程度之施教，分必讀教材與選讀教材兩種。必讀教材，無論能力較低或能力較高之學生均須教學；選讀教材，可由教師斟酌學生程度自行增減（其增減量以不超過必讀教材與選讀教材總分量十分之二為限）。

三、編選課文時，應將三學年六學期所選用之教材，作通盤計畫，按內容性質、文體比例、文字深淺，作有系統之編排。

四、選文注重下列各點：

（一）思想純正，足以啟導人生真義，培養國民道德者。

㈡旨趣明確，足以喚起民族意識，配合國家政策者。

㈢理論精闢，足以啟發思路者。

㈣情意眞切，足以激勵志氣者。

㈤材料新穎，足以引起閱讀興趣者。

㈥文字淺顯，適於現代生活應用者。

㈦層次清楚，便於分析者。

㈧詞調流利，宜於朗誦者。

㈨韻味深厚，足以涵泳情性者。

㈩篇幅適度，便於熟讀深思者。（註一）

「高級中學國文課程標準」規定，國文教材選材原則如下：

㈠思想純正，足以啟導人生意義，培養國民道德者。

㈡旨趣明確，足以喚起民族意識，配合國家政策者。

㈢內容切時，足以培養民主風度及科學精神者。

㈣情味濃厚，足以培養欣賞文學作品之興趣者。

㈤理論精闢，足以啟發思路者。

㈥情意眞摯，足以激勵志氣者。

㈦文字雅潔，足以陶鍊辭令者。

㈧篇幅適度，便於熟讀深思者。

㈨層次分明，合於理則者。

㈩文詞流暢，宜於朗誦者。（註二）

可見國、高中之選材原則大致相同。

其次，有關各種文體教材之選擇，亦各有其特殊條件，如：語體文與文言文教材之擇用，據「國民中學國文課程標準」之規定爲：

語體文應選其詞彙語法合於國語者；文言文應採用明白曉暢之作，且適合時代潮流者。（註三）

「高級中學國文課程標準」之規定則爲：

語體文除現代作品外，可酌採古人接近語體之作。文言文宜盡量採用古代典籍內明白通暢含有嘉言懿行堪資表率之篇章，或酌採時代代表作品。先從近代，上溯至古代。（註四）

此外，有關記敍文、論說文、抒情文、應用文之選取，「國民中學國文課程標準」另有規定如下：

㈠記敍文宜由寓言故事入手，漸進於人、事、情、物之描述及名人之傳記。二、三年級，並宜酌採記言或記事中附有意見感想者，以啓導論說文之學習。

㈡論說文宜由短篇入手，以至於夾敍夾議及理論精確之教材；三年級並可略選有辯論性之教材。

第一章 緒 論

三九

（三）抒情文宜取其真摯感人者。如係舊體詩詞，宜選淺顯明白者。舉凡矯柔虛飾及消極頹廢之作，應予避免。

（四）應用文以書啟、束帖為主，其他有關應用文之各類體例，列為附錄。（註五）

貳、課外讀物

選取課外讀物之原則，於「國民中學國文課程標準」中規定，除前述範文選材之各項原則外，尚須注意下列四點：

一、事理易明

二、詞彙易解

三、語句易讀

四、結構易辨（註六）

於「高級中學國文課程標準」中，則謂：

課外讀物之選材，除中外名人傳記古今明白通暢之書牘、札記外，應酌選近代純正優美之文藝作品，及有關敦品勵志之論著。（註七）

參、語文常識、中國文化基本教材、國學概要

據「國民中學國文課程標準」之規定，有關語文常識之範圍及選用原則為：

語文常識，包括語法、修辭法、文章作法、文字基本構造、書法、工具書使用法、標點符號使用法及演說辯論法等。舉凡課文內所具有之材料，應盡量剖析運用，並酌加補充。（註八）

「高級中學國文課程標準」中關於中國文化教材之內容及編選原則為：

㈠中國文化基本教材之內容，選授論語、孟子及大學、中庸。

㈡教材之編選，應依據其義理，採用分類編輯，先闡明章旨，必要時譯為語體，或加以申述。（註九）

關於選修之國學概要，其內容及選材原則為：

一、本科以介紹國學常識為主，教材內容應力求簡易。

二、選取之材料應具有代表性、正確性。

三、舉例應盡量與國文教材配合。（註一〇）

【附 註】

註 一　參見民國七十二年七月教育部公布之「國民中學國文課程標準」頁五八—五九。

註 二　參見民國七十二年七月教育部公布之「高級中學國文課程標準」頁三二一—三二三。

註 三　同註一。

註　四　同註二。

註　五　同註一。

註　六　同註一。

註　七　同註二。

註　八　同註一。

註　九　同註二。

註一〇　同註二。

第八節　教材的配置

教材有深淺難易之別，如何定其配置之比例，以合乎學生的能力、需要與興趣，這是本節所討論的範圍。部頒中學「國文課程標準」曾分別就國、高中定有各學年語體文與文言文分配之比例及各類文體分配之比例，茲抄錄如下：

國民中學

一、各學年語體文與文言文分配之比例：

學年 百 分 比別	第一學年		第二學年		第三學年	
文體	第一學期	第二學期	第一學期	第二學期	第一學期	第二學期
語體文	80％	70％	60％	60％	50％	40％
文言文	20％	30％	40％	40％	50％	60％

說明：右表所列之百分比，第一、二學年語體文可酌增，文言文可酌減；第三學年文言文可酌增，語體文可酌減，但其增減量，均以百分之五為限。

二、各學年各類文體分配之比例：

文別 ＼ 百分比 ＼ 學年	第一學年	第二學年	第三學年
記敍文	45%	35%	20%
論說文	30%	35%	45%
抒情文	20%	20%	20%
應用文	5%	10%	15%

說明：㈠右表所列之百分比，可斟酌增減，但其增減量，以百分之五爲限。
㈡所選各類文體，一年級內容以銜接國小六年級國語課本程度爲原則，二、三年級逐漸加深。（註一）

高級中學

一、各學年語體文與文言文之比例

文別 ＼ 百分比 ＼ 學年	一	二	三
語體文	四○%	三○%	二○%
文言文	六○%	七○%	八○%

說明：上表所列百分比，可酌量增減，但以百分之五爲限。

二、各學年各類文體之比例

文別　百分比 / 學年	一	二	三
記敘文	三〇%	二五%	二〇%
論說文	四〇%	四五%	五〇%
抒情文	三〇%	三〇%	三〇%

說明：①各體文篇數之總和，應用文應占百分之二十。

②上表所列之百分比，可酌量增減，但以百分之五爲限。（註二）

從以上語體文與文言文的比例而言：國中一年級第一學期，語體文百分之八十；文言文百分之二十。這樣的配置是由易而難。從各學年各類文體分配的比例而言；記敘文的比例，先重後輕；論說文的比例，先輕後重；抒情文的比例，則國中低於高中。這樣配置也是由易而難，由淺而深。細觀上列二表所定的分配量，我們可以體會到它完全符合於國文課程標準教學目標的精神──國民中學：繼續學習標準國語，並培養閱讀能力及寫作技巧。高級中學：提高閱讀及寫作語體文之能力，培養閱讀淺近古籍興趣，及寫作明易文言文之能力。

【附　註】

註　一　參見七十二年七月教育部公布之國民中學國文課程標準　頁五九—六○。

註　二　參見七十二年七月教育部公布之高級中學國文課程標準　頁三三—三四。

第二章 範文教學

第一節 教學目標

壹、國民中學

依據部頒之國民中學國文課程標準，有關範文教學之目標如下：

一、指導學生由國文學習中，繼續國民小學之教育，增進生活經驗，啟發思辨能力，養成倫理觀念，激發愛國思想，並宏揚中華民族文化。

二、指導學生學習課文，明瞭本國語文之特質，培養閱讀能力及寫作技巧。」（註一）

以上兩項內容，第一項是「精神陶冶」，第二項是「語文訓練」及「文藝欣賞」，茲分別闡釋其義如下：

一、繼續國民小學之教育：自從民國五十七年實施九年義務教育後，國民教育遂分為二段，前六年為國民小學階段，後三年為國民中學階段。由此可知，國民中學是繼續小學之教育。國文教學自然是繼續小學六年的國語教學而來。

二、增進生活經驗：教育的任務在充實學生的生活內容，可見生活教育在學校教育中，佔著極重要的

地位。今天的國民中學既以全體青少年爲施教的對象，爲了適應其實際生活的需要，必須以增進生活經驗爲前提；國文科也應配合各科的教材內容，啓導學生，以便使其將來能營求圓滿的生活。

三、啓發思辨能力：「啓發」一詞可以「開啓」和「發展」的觀點來解釋，如此，則啓發思辨能力便是開啓人類思辨的理性，發展人類潛在的思考判斷的能力。通常所謂啓發式教學，是針對注入式教學而言，以學生的經驗，能力爲基礎，啓發其思考，推理及判斷的能力，以擴張其經驗，增進其知識。國文教學之實施，應藉種種精當、正大、崇高、美善的事理、思想，闡揚我國傳統文化的精神、美德，及現時代民主、科學的思潮。因此教師應以如此廣博的內容，啓發學生批判性思考的能力，陶冶其情意志操，以培養其健全的人格。

四、養成倫理觀念：倫理道德是中國文化的精髓，國文教學應透過博大精深的文化遺產，使學生明瞭五倫之義──「父子有親，君臣有義，夫婦有別，長幼有序、朋友有信」，讓學生了解到人生的價值及人類處世之方法。孟子滕文公篇所說：「設爲庠序學校以敎之……皆所以明人倫也。」可見古代敎育是以道德倫理爲中心，廣義的倫理道德係指促進社會幸福的思想行爲而言。敎育上應重視養成團體生活的習慣，自治的精神。發揚我國固有的美德，向善的意志及崇高的理想。國文教學應分擔此一重任。

五、激發愛國思想：國文範文的選材，應重視精神陶冶，配合國家政策，喚起民族意識。 國父曾昭示我們：「心理建設爲一切建設的基礎。」我們應趕快將我崇高偉大的民族精神、國民道德，從

根救起，使新一代的血輪能明瞭建國的艱辛歷程及今後努力的方向。國文教學更應配合學校整個教育的目的，激發學生愛國思想及培養學生努力報効國家的志願。

六、宏揚中華民族文化：做一個中國青年，若不知道我們祖先遺留下來的文化遺產的價值，不正如一個敗家的不肖子嗎？國文教學由於是直接教導學生認識我國自己的文化內容，因此更應將民族優秀深邃的文化內涵，予以宏揚闡發，使學生能由明瞭我國文化，進而愛護我國文化，且有志於擔負傳承宏揚的重任。國文教學的過程中，必須使學生深切的體認到中華民族文化是中國民族智慧的表現、生活的反映、精神的寄託，歷經數千年而不衰，且能愈加精良，可見我們民族文化的價值是有其無比的光輝。

七、指導學生學習課文：課文是指課本中的範文而言，學生學習課文是國文教學的重點所在。教師可就範文內所具有之材料儘量剖析運用，並酌加補充。課文教學是經由一篇篇課文的討論、講解、闡發、提指，令學生體會熟習，以至能消化運用為主要目的。範文教學在此亦即精讀教學，其他如課外閱讀，書法練習，語言訓練等全部語文訓練的課程，大多要經過精讀教學而後完成，因此，精讀教學是整個國文教學的主力。

八、明瞭本國語文之特質：中國文字是一字一形體，一字一音節。它是注音的，不是拼音的。它不僅教我們從聽覺上聽到它的聲音，還教我們從視覺上看到它的形象。同時透過聽覺和視覺，則聲音和形象交織而成的意義，立刻呈現出來。例如「蘭」、「芷」、「蕙」、「茅」這些字都從「艸

」形，當我們讀到這些字時，各種各色花草的形象，就伴隨著不同的聲音（就是閩、止、惠、矛那些音），而顯現在我們的眼前。使用拼音文字的文學作品，就不能直覺到這種境界了。我國每一個字音都可分析為「聲」、「韻」和「調」。發音為「聲」，收音為「韻」，音高為「調」。而「聲」又有喉、牙、舌、齒、唇的分別，有清、濁的分別，有送氣、不送氣的分別，有塞音、擦音、塞擦音、邊音、鼻音種種的分別；「韻」又有平、上、去、入的分別。中國文字以其繁複的字音，千變萬化二三四等洪細的分別，「調」又有陰、陽的分別，有開口、合口的分別，有一的音調，錯綜交疊出世界上最富有音樂性的文學。此外，中國文字正因為是一字一形體，一字一音節，便可以兩兩相對，駢儷成文。如詩詞曲賦裏所用的對句，更是多彩多姿，韻致躍然。故在範文教學中，必須仔細各國文學所做不到的。至於詞句的構造，既富整齊美，又有對稱美，這是正確的指導學生明瞭本國語文的特質。

九、培養閱讀能力：學校的國文課程，雖然以精讀、習作為正式，為主體，把課外閱讀、寫作，視為是學生自求進益的一點補充，但若從國文教學的效果上言，那麼，精讀與習作，不過是手段，是準備，學生自己能閱讀，能寫作，以發揮其生活應用的讀、寫技能，才是眞正目的。因此範文教學的目的，是要培養學生閱讀能力的基礎，使其對於一篇文章的詞語音義、章句組織，設計經營，意境情致等都能徹底理解，以至於消化運用。

十、培養寫作技巧：此處所言是指在範文教學中，對於一篇文章的審題、立意、運材、佈局、遣詞、

造句以及思辨、組織等等法度技巧，仔細教導學生，以培養學生自己寫作技巧的基礎，所以仍屬範文教學的範圍，是附在範文教學中的一環，並非真正的習作教學。但「範文教學」與「作文教學」，必須相互聯繫，方能達到培養學生寫作技巧之目標。

貳、高級中學

依據部頒之高級中學國文課程標準，有關範文教學之目標如下：

「一、指導學生研讀語體文，提高其閱讀及寫作語體文之能力。

二、指導學生精讀文言文，培養其閱讀淺近古籍之興趣及寫作明易文言文之能力。

三、教導學生研讀中國文化基本教材，培養其倫理道德之觀念，愛國淑世之精神。」（註二）

以上三項內容，第一、二兩項是「語文訓練」及「文藝欣賞」，第三項是「精神陶冶」，茲分別闡釋其義如下：

一、提高學生閱讀語體文之能力：學生接受過三年國中的語文基礎訓練後，進入高中。高中國文範文的深度、廣度增加了。學生在舊有的閱讀基礎上再接受指導，以提高其閱讀語體文的能力，使其閱讀得更迅速，理解得更透徹，以備將來能作為研求高深學問的基礎。

二、提高學生寫作語體文之能力：國中階段，學生已對生活實用有關的事理，能用語體文通順的表達出來。到了高中階段，再經教師對於範文悉心的指導，自然必能提高寫作語體文的能力。

三、培養學生閱讀淺近古籍之興趣：高中階段，語體文的閱讀與寫作，大致已經不成問題。而明易文言文的遣字造句，在國中已略識門徑；這時要更進一步，透過精讀文言文的過程，以引發學生閱讀淺近古籍的興趣。所謂淺近是指事理易明，詞彙易解，語句易讀，結構易辨。這應是運用文言字彙，文言調子，而條理上情趣與語體文相差不遠的文言文。因此訓練學生由淺近的文言文入手，才能從平易進入艱深，而為研究高深學問的預備。

四、培養學生寫作明易文言文之能力：目前報章雜誌公文書信，還有一部分用文言文寫作。為使學生畢業後能應付社會生活需要起見，在範文教學中，應注意文言文中文辭章法的運用，多所比較，多所歸納，揣摩體會，一字一語皆不能放鬆，以培養學生寫作明易的文言文。

五、培養學生倫理道德之觀念：這是透過中國文化基本教材（即四書——論、孟、學、庸）的教學活動，教導學生從中國固有經典中，了解中國文化的精義，體認中國立國之道。民國七十三年八月初版的中國文化基本教材教師手冊第一冊中說：「四書中所講的倫理道德，是人與人相處之道，人與人的關係，古今相同，未嘗稍變。孟子所謂『父子有親，君臣有義，夫婦有別，長幼有序、朋友有信。』大學所謂『為人君，止於仁；為人臣，止於敬；為人子，止於孝；為人父，止於慈；與國人交，止於信。』這些基本精神，現代亦未能稍變。」四書為中國文化的寶典，儒家學說之精粹，非口耳之學，乃身心之學。應教導學生由此學到做人做事的基本原則，進而在生活中身體力行，以有助於個人的立身處世。

六、培養學生愛國淑世之精神：儒家思想就是人生哲學，形成於春秋戰國動亂的時代，其中心思想是濟世安民。以今日觀之，仍具有時代意義。數千年來，儒家思想陶鑄了中華民族的民情風俗，形成了中國文化的特質。此時此地讀四書，不是抱殘守缺，而為的是恢復民族自信心，建立和諧的倫理觀念。因此教導學生研讀中國文化基本教材，是要其體認中國文化的精博，培養其愛國救國的精神。從個人的道德修養與行為實踐做起，以奠定家庭倫理，社會秩序與國家建設的基礎，進而實現社會大同的理想。

【附　註】

註　一　參見民國七十二年教育部公布之國民中學國文課程標準　頁五七

註　二　參見民國七十二年七月教育部公布之高級中學國文課程標準　頁二七

第二節　預習指導

壹、前言

依據部頒國文課程標準，有關範文教學之「預習指導」，實施方法如下：

一、國民中學「預習指導」之要點：

「課文教學，宜先指導學生課外預習，並作筆記；；教學時，酌由學生試讀、試講、討論、訂正、補充、整理等方式，以養成其自學能力。」（註一）

二、高級中學「預習指導」之方式：

「範文講讀，宜先指導學生課外預習，明瞭課文大意。講讀時，酌令學生試讀、試講、再給予指正補充。」（註二）

據此可知「預習指導」之目的，在養成學生「自學能力。」教師應按部就班的輔導學生熟練既得的知識，以發展新知，同時更應注重學生思考判斷能力的啟發。孔子所謂「不憤不啟，不悱不發」的教學方法，當落實在預習的工夫之上。唯有在篤實的預習態度中，學生方能真正地深入新課文的天地，努力地思考、探究、分析和判斷，從而養成自動自發、自我學習的習慣。因此在中學國文的教學過

程中，教師對學生的預習指導，是必須且重要的課題。但在預習指導之前，教師本身須有充分的準備。因此，預習的工作應該包括教師與學生兩方面。

貳、教師的預習

　　教師的預習，首先須對學生的程度，做徹底的評量，以免指定的預習內容超出學生程度太多，達不到預習的效果。此外，教師尚須徹底了解學校有那些可用的圖書設備？學生家庭環境如何？以便作為指定預習作業之參考依據，同時亦應顧及學生各科學習的負擔，在平行學習的條件下，指定預習的內容及範圍。最後則是教師必須對教材作深入的研究。例如：體裁作法、作者生平、生難字詞、典故出處、人名地名，虛字用法、修辭技巧、全篇義旨及全文結構等，均須詳加查考，深入研究。如此充分準備，方能滿足學生的求知欲，並以實力而贏得學生的愛戴。

參、學生的預習

　　學生的預習工作，教師可就「導引學習意識」、「講解必要事項」、「指定預習範圍」、「指導考查方法」等方面進行。（註三）首先教師應考慮學生的程度，學校的設備，教材的難易，然後配合學習進度，訂定完整的計劃。於教學的同時，應將求知的方法，傳授給學生，以期達到訓練學生自動自發的學習態度、習慣及能力之目的。以下即就單元教學活動設計中，有關預習指導的活動過程，逐

項說明之。

一、導引：中學國文教學過程中的「導引」，與小學教學過程中的「引起動機」相同，其目的皆在啟引學生的學習意識。但在中學的教學，其導引活動的表現手法，不必和小學相同。可視學生的年齡、心理，靈活變化，以啟引學生對新課文的學習動機與學習興趣。其導引方法，茲舉數例，說明如下：

(一)以舊經驗導引：利用學生已有的舊經驗，以導引其學習意識。如國中國文第二冊第十六課熊崑珍的「路」，可由「路」的功能，引起學習動機。

(二)以實物導引：利用觀察實物以導引其學習意識。如國中國文第二冊第十三課周敦頤的「愛蓮說」，可由觀察蓮花，引起學習動機。

(三)以圖片導引：利用圖片以導引其學習意識。如第三冊第十六課彭端淑的「為學一首示子姪」，可由觀察普陀山的圖片，引起學習動機。

(四)以吟詠詩歌導引：吟唱詩、詞、曲，極易引起學習興趣。如國中國文第一冊第一課為「國歌歌詞」，第五課為「五言絕句選」，第十五課為「七言絕句選」，皆可由吟詠詩歌而引起學習動機。

二、解釋題文：解釋題文包括「題意解釋」與「題文背景說明」二項。有些題目很抽象，學生既不易了解，亦無從預習起，為避免學生預習時，因困難而減低學習興趣，教師應略為扼要的解釋，使學生有粗略的認識。同時，教師應將作者為何寫作此文，及定此題目的動機、目的等「題文背景

」，作一略而不詳的說明，以引發學生自行探索的興趣。此外，有些題目爲作者所定，亦有些題

目爲後人所追加，教師亦應提示有關資料或方向，讓學生自行尋找答案。

三、考查作者生平及本文出處：教師應指導學生閱讀課文後的「題解」、「作者」，並補充參考資料

，提供學生考查的線索。

四、閱讀課文：教師指名國語較好的學生誦讀課文，其他學生則隨時勾出不懂的生字難詞，以備回家

查考。

五、辨認文體：指導學生辨認新課的體裁，若是學習過的文體，教師僅需略加提示，令學生複習一次

；未學習過的文體，教師則需略加解釋，並提示參考書籍或文章，供學生詳細參考。

六、考查生難詞語：學生的生字難詞，可回家查考。其查考方式，教師可指導學生參閱文後注釋，若

爲注釋所無，或注解中之生難詞句，則指導學生利用工具書，查考其正確的字形、讀音和意義。

七、分辨全文段落及要旨：指導學生認清全文段落，並逐段索解文意。提挈要旨記於預習筆記簿中。

並進而指導學生揣摩課文的結構及作法。

八、說明全文主旨：教師將課文的內容與主旨作一綜合性的概述，大略點出全文主旨，以免學生茫無

頭緒。學生預習後，可將心得記錄在預習筆記中。

九、深究及鑑賞：可分爲二方面來指導：

（一）教師考量學生的能力，有計劃的從課文之構思、立意、運材、布局及寫作技巧與風格特色等項

㈡ 指引學生將課文中特殊句型或優美語句標示出來。

肆、結語

以上所述即為預習指導的全部活動過程，教師在進行預習指導時，除前已述及之考慮學生程度、學校設備，配合學習進度之外，尚須注意下列各項：

一、學生的精力、時間及程度有限，如要求學生預習時面面俱到，反而容易有疏漏；或使學生因負荷不了而生倦怠；且教材本身的需要，亦各有不同，並非每一部分皆有加強預習的必要，因此，教師指導預習範圍時，應斟酌實際情形，靈活變化。期使學生能確實實行，以提高預習效果。

二、學生在預習過程中，最重要的是工具書的使用。因此教師必須指導學生使用工具書，以培養其自學能力。工具書的範圍很廣，字典類如：康熙字典、辭源、辭海、國語辭典、國語日報辭典、中文大辭典、形音義大辭典等。專科性辭典類如：文科大辭典、歷史地理大辭典、中國人名大辭典、中國古今地名大辭典，以及植物、動物、礦物、教育、文學、成語等，也各有其不同的辭典。史表類如：歷代官職表、二十五史人名索引、兩千年中西曆對照表、中西歷史紀年表等。地圖類如：中國歷史地圖、歷代疆域形勢圖等。教師應於教學之初，或學生入學之初，探詢學生對於工具書使用方法的了解程度，擬定指導計劃，務求在短期內使學生能盡速熟習。若是普通字

典中查不到的詞句，教師應指導學生使用專科性的辭典；或使用參考圖書。不過參考圖書畢竟只是補工具書之不足，因此，在同時有數種參考圖書可供參考時，教師宜指導學生使用查考手續最簡單的一種即可。

三、實施預習指導時，教師須了解本身的能力及授課時間，作適當的安排，不可虎頭蛇尾，徒具形式，亦不可妨礙實際教學過程的正常進行。一般而言，預習指導最好在前課課文結束時，留下約十五至二十分鐘的時間行之，較爲合宜。

總之，預習指導並非在考驗學生，而是希望學生經由預習之途徑收到最高的學習效果，並使學生養成自學的能力態度與習慣，以達成自我教育之目標。學生能主動追求知識，熱愛知識，眞正作到「樂知」，便是預習指導所希望實現的理想了。

【附　註】

註　一　見民國七十二年七月教育部公布之國民中學國文課程標準

註　二　見民國七十二年七月教育部公布之高級中學國文課程標準

註　三　參見章師銳初先生中學國文教學法

第三節　討論講解

壹、前言

談到「國文教學」，我們最常聽到的批評和感歎，大概是「今天中學生，甚至大專學生的國文程度日漸低落」，造成此一現象的原因，固然很多，我們可以說是教材的不妥當；也可以說是社會風氣的影響；更可以說是升學主義的作祟……，但是，不可否認的，我們也可以說是老師的教法欠佳所致。

有人認爲，國文是最簡單的一科，只要是中國人都認識中國字，只要認識幾個中國字的人，都可以教國文。其實，教學是一種藝術，各科有各科的教法，各門有各門的學問，國文不僅僅是中國字，照本宣科，一味注入式的講解（即教學上所謂注入式教法 Framming mode of teaching），教師講一句，學生聽一句，教師寫一句，學生抄一句，只是教出一批批背書的機器人，嚴重的摧殘了學生對於中國文學的熱愛，因此，想要挽救學生國文程度低落的危機，提昇他們的學習情緒，有效可行的辦法之一即是講究教學法，以範文教學中「討論講解」的部分而言，教師應該注意到：「題文講解」、「作者介紹」、「分段讀講」等三個階段的討論。這三個階段如何進行？其所討論的內容如何？以下分別加以說明。

貳、題文的講解

大凡選作範文教材的文章，必有一個題目。一般說來，題文的決定，常在文章完成之時，也正由於如此，更見題文有畫龍點睛之妙。題文對課文內容的聯繫，學生思想的激發，有不可忽視的地位。所以教師從事教學必然應由此著手，揭開範文教學的序幕。

一、題文的類別

題目的作用，原是作者用以標舉中心思想，統攝全文的，可是有些題目簡單明瞭，有些題目艱澀難懂，有些題目標明體裁，有些題目與文義無關。若就題目的性質分類，有抽象者，有具體者。若就題目的涵意分類，或剖析義蘊，或探究理則，或繹理探原，或陳述識見，真是形形色色，不一而足。題目教師必須先經過解剖分析的過程，才能從題義見出它統攝全文的梗概，進而對學生作良好的導引。題文的類別，茲大致舉例說明如下：

(一)題目與文義無關者：如高中國文第三冊第十六課選錄古詩二首，第一首「行行重行行」，第二首「庭中有奇樹」。這兩首詩，皆是以首句命題，題目與內容文義無關。又如國中國文第五冊第七課「西江月」，西江月是詞調名。辛棄疾依譜填詞，抒發鄉村的恬靜風光和夜行時的閒適心情，其內容文義與詞調無關。再如：國中國文第六冊元曲選「梧葉兒」，梧葉兒是曲牌名，張可久填寫這首小令，抒寫春天明媚的風光，故其內容亦與曲牌無關。

(二)題目是選者所加而非本題者：如國中國文第一册第四課「母親的教誨」，這一篇文章是從作者四十自述中九年的家鄉教育節選出來的。在這一篇節選的短文裏，作者敍述他小時候母親苦心管教的種種情形，以及所給予他的深遠影響。藉著自己的懷念來寫母親的劬勞與美德，和別的專爲記錄母親行事或發抒思念母親心情的作品不同，所以筆者於民國七十二年改編國中國文課本時，把這篇原題「我的母親」改爲「母親的教誨」，使其題目與內容文義相稱。又如：國中國文第一册第十七課「論語論學選」、第二册第十七課「論語論孝選」、第三册第十七課孟子選「齊人」，這些題目皆爲編者所加，而非作者本題。其中「齊人」乃是取篇首二字爲題。

(三)將題目寫於文章之後者：如高中國文第一册第十三課韓愈師說「李氏子蟠，年十七，好古文，六藝經傳，皆通習之，不拘於時，請學於余，余嘉其能行古道，作『師說』以貽之」。第四册第十五課白居易琵琶行「今夜聞君琵琶語，如聽仙樂耳暫明，莫辭更坐彈一曲，爲君翻作『琵琶行』。」國中國文第一册第十二課孤雁「雖說是逃脫了性命，然而，卻已多半成了『孤雁』；『孤雁』從此也就多起來了。」第十九課藍蔭鼎飲水思源「人的一生，就是上天與社會的賜與，所以一個人做人做事該當『飲水思源』，滿懷感激。」

(四)將題目寫在文章中間者：如國中國文第一册第二課先總統 蔣公的我們的校訓：「所謂做人的道理是什麼呢？簡單的說，就是『我們的校訓』——禮、義、廉、恥——四個字。」第二册第八課朱自清的「背影」：…「這時我看見他的背影，我的眼淚很快地流下來了。」第二册第十九課羅家

倫的運動家的風度：「養成人生的正大態度……這就是所謂「運動家的風度」。」第四冊第九課夏丏尊「骨觸發」一文：「所謂「觸發」，就是由一件事感悟到其他的事。」

(五)有的題目是一個「字」，看似簡單，卻可以從極多的層面探討。如國中國文第二冊第十六課熊崑珍的「路」。第三冊第九課梁實秋的「鳥」。

(六)有的題目是一個「詞」，這些複詞，主要在表達作者行文的義旨，有簡明而生動的效果。如國中國文第一冊第二十課朱自清的「匆匆」。第二冊第三課吳勝雄的「負荷」。第八課朱自清的「背影」。第三冊第二十課鄭頻的「成功」。

(七)有的題目是一個「句」。這類題目能表達明確的概念。又包括單句和複句。單句者，如國中國文第二冊第四課陳正光的「平易中見偉大」。複句者，如國中國文第四冊第十七課孟子「生於憂患，死於安樂」。

(八)有的題目已標示出文章體裁。如國中國文第一冊林良「父親的信」，屬於書信體。第二冊第七課蘇軾「記承天寺夜遊」，屬記敘體。第十八課陶淵明的「五柳先生傳」，屬傳狀體。第三冊第十八課梁啓超的「論毅力」為論說體。第四冊第七課岳飛的「良馬對」為對問題。

二、題文的解釋

由前述題目的分類可知，題目雖然只有寥寥數字，看似簡單，但若想解說詳盡，使學生藉此瞭解全文篇旨，也並不容易。以下提供應該注意的幾點意見，作為實際教學的參考：

(一)注意題文表面的意義：如王維「山中與裴迪秀才書」一文：題文中的「山」指何山？「與」字屬

何詞性？作何解釋？「裴迪」是何許人？官居何職？籍貫何地？與王維關係如何？「秀才」又是

怎樣的含意？均應一一交待清楚，絲毫不可馬虎。又如錢穆「陽明成學前的一段經歷」，題中「

陽明」指的是誰？何時人？生平怎樣？甚麼是「成學」？「經歷」又作何解？均須詳細推敲。

(二)注意考證題文與本篇的背景本事：如陶潛的「歸田園居」，於解釋題文時，必須和「歸去來辭」

一文相連繫。因二文都是陶氏彭澤歸來之作。同時「歸田園居」共六首，此為其第三首。而第一

首中有「開荒南畝際」，「守拙歸園田」，證明本詩命題由此而來。足徵大家行文，即使是短短

題目，亦有來歷，決非憑虛臆造。

(三)注意題文的性質：因為每一個題文，其內容所包含的成分不同，而有單扇題、雙扇題或多扇題之

別。如羅家倫的「論自我實現」，和李文炤的「儉訓」，都成分單純，可謂「單扇題」。先總統

蔣公的「為學做人與復興民族」，和梁啓超的「最苦與最樂」，因為題中含有雙重的概念，可稱

為「雙扇題」。又胡適之的「讀書」，雖題文簡單，但「讀何書」「如何讀書」「讀書的目的何

在」等問題很多，作者既可貼緊一面，直接發抒題意，同時也可以從多方面去寫，來兼顧題文的

廣泛要求，所以可稱得上是「多扇題」。

(四)注意本文的體裁：不同的文章，就算體裁屬同類，作法也不一樣，如「樂聖貝多芬」與「居里夫

人傳」，同屬傳狀類之記敘文，而「樂聖貝多芬」的作法，是先記敘其相貌、體態、眼神、特徵

，然後再由出生至去世，鋪述其生平事蹟。「居禮夫人傳」之作法，卻是先說明他是一位發明家

，然後再由身世與人格兩方面分敍。至於「五柳先生傳」，更連作者姓氏均不可知，結構尤爲奇

特。

(五)淺而易見的題目，一望便知題文的意義，勿作不必要的解說。如國中國文第一册第十八課張騰蛟

溪頭的竹子，只要說明「這一篇文章是描寫溪頭竹林的景色」便可。（註一）

探究篇旨的方法，以何者爲宜？敎師可酌情決定。如能選用適當方法，指導學生明白篇旨所在，

當有利於敎學活動之進行。

【附　註】

註　一　參見王更生國文敎學新論

參、作者的介紹

文心雕龍體性篇云：「情動而言形，理發而文見，蓋沿隱以至顯，因內而符外者也。故才有庸雋

，氣有剛柔，學有淺深，習有雅鄭，並情性所鑠，陶染所凝，故筆區雲譎，文苑波詭者矣。」劉勰認

為作家的天賦才氣與後天學習，對作品均有莫大的影響力。

作者介紹，雖然不是課文本身的事，卻有助於對課文的理解，是範文精讀教學中，教師必須詳細

處理的項目。孟子云：「讀其書，誦其詩，不知其人可乎？」而欲知其人，必先論其世，亦即「知人

論世」。每位作家都有自己的個性，思想，際遇，而其為文又要受寫作動機、時代背景，以及家世、

師承，交遊等等的影響。所以作者不同，為文的用心亦不同，用心不同，作品的風格形貌必各有所不

同了。可知要欣賞作品，必須認識作者，因此作者的生平介紹是範文教學中重要的一環。有關教師如

何介紹作者的問題，以下分為九項加以說明：

一、姓名字號：對於作者來說，每一個字號都有一段不平凡的經歷故事，教師應盡可能的搜集作者常

用的筆名，化名，異名，別號，而加以考證。因為許多作者的字號傳抄錯誤，所以教師介紹作者

應盡可能引用第一手資料。譬如 國父的名諱問題，國內出版的大小字辭典上均稱「國父姓孫

名文字逸仙號中山。」而 國父在倫敦蒙難後手書自傳原文云：「僕姓孫名文字載之號逸仙」由

國父親筆資料上所記載的字號當然是最正確。如此，則 國父的名諱問題不澄自清。

二、鄉里籍貫：教師在介紹作者家鄉籍貫時，若其隸屬於古代郡縣者，應舉現今地名對照之；若為陌

生或無名小郡縣，也應標舉附近熟悉有名的地點以明其大概方位，總要使學生對久遠的作者，有

空間上的正確認識。

三、生卒年月：教師在介紹作者的生卒年月時，應當注意，若爲民國以前的作者，不管任何朝代，均應列舉西元或民國紀元前若干年，予以對照，或是提舉當時重要的史實，總要使學生對遙遠的作者有時間上的正確概念。

四、時代背景：對於作者所任的官職，教師應取現制官名相比，以說明其職司。對於作者生平行事的梗概最好能按照時間順序介紹，使學生能體會作者的成長過程。在介紹作者生平時，必牽涉到其所處的時代背景，文心雕龍云：「時運交移、質文代變。」是指時代環境的改變，必影響作者的處事心境，作品風格必然亦隨之改變、譬如讀杜甫的春望之前，我們應先瞭解當時的背景。安史之亂，起於玄宗天寶十四年十一月，到了十五年六月，潼關失守，玄宗奔蜀，杜甫由白水挈家逃至鄜州的羌村。七月，肅宗即位於靈武。八月，杜甫動身希望能投奔靈武。不料中途陷入賊手，被送回已淪陷的長安城。這年秋天，寫成懷念鄜州妻小的月夜，第二年春天，寫了白世同悲的春望。我們由時代背景的推移下，瞭解杜甫東飄西泊的動蕩感，更能體會他在春望中所表現出對國家破碎的沈痛與山河光復的信心。因此教師在介紹作者時，應當注意與其息息相關的時代背景，才不致犯了以今臆古的弊病。

五、家庭環境：教師在介紹作者成長的歷程時，不應忽略家庭環境，往往作者一生行事所持的操守與志節，都是受到幼年時代家庭環境的影響。例如胡適爲我國著名的學者，畢生提倡白話文學，鼓吹民主自由，對我國學術影響很大。胡適之所以能有如此偉大的成就，實得力於其小時候，受到

母親苦心管教的影響。胡適在四十自述中說：「我在我母親的教訓之下住了九年，受了她的極大極深的影響。……在這廣漠的人海裏，獨自混了二十多年，沒有一個人管束過我。如果我學得了一絲一毫的好脾氣，如果我學得了一點點待人接物的和氣，如果我能寬恕人，體諒人——我都得感謝我的慈母。」由此可知，家庭環境對於一個人的影響是很大的。教師在介紹作者幼年時代時，不應忽略這一點。

六、師承交遊：師承與交遊，可能對作者的思想，或意識形態上有相當的影響。由此寫出的作品，直接間接多有密切的關係。例如舊唐書韓愈傳：「大曆貞元之間，文字多為古學，效揚雄董仲舒之述作，而獨孤及梁肅最稱淵奧，儒林推重。愈從其徒遊，銳意鑽仰，欲自振於一代。」由此段記載看來，韓愈的古文運動，當有所承，乃由梁肅、獨孤等古文家而來，至韓愈而蔚為風氣。在交遊方面例如李白與杜甫，他們是「醉眠秋共被，攜手日同行」（註一）的好朋友。又曾同登吹臺，慷慨懷古，時或同上單父琴臺，曠望平蕪。故白有沙丘城下寄杜甫詩：「思君若汶水，浩蕩寄南征。」李白長杜甫十二歲，曾醉後同登吹臺，慷慨懷古，時或同上單父琴臺……三夜頻夢君，情親見君意。」並諄諄提醒：「水深波浪濶，無使蛟龍得。」均可見出這對好友彼此間的情誼。教師在介紹作者時，可由師承及交遊這兩面認識作者的情感意識。

七、學識經歷：我們可以從作者的學識，經歷，認識作者思想發展的型態，而探究篇旨所在。例如……

蘇東坡是一位博學高才，曠達不羈的文人，自從王安石做宰相以來，屢次遭受貶謫，因此，他的

心中不免鬱悒不樂。但他為了忘懷過去不幸的遭遇，求取優游自得的歡樂，只好放情山水。所以

他在元豐五年七月十六日遊赤壁時所作的散賦，便是在這種複雜的心情之下而寫成的。

赤壁賦，在表面上是一篇描寫赤壁的遊記，其實，它是作者借泛舟夜遊赤壁的記載，來論說優遊

自得的道理。此篇散賦的思想，根據宋人周密的研究，是受莊子及楞嚴經的影響，所以他在「浩

然齋雅談」上說：「赤壁賦謂：自其變者而觀之，則天地曾不能以一瞬；自其不變者而觀之，則

物與我皆無盡也。此蓋用莊子（德充符）句法：自其異者視之，肝膽楚越也；自其同者視之，萬

物皆一也。又用楞嚴經意，佛告波斯匿王言：汝今自傷髮白面皺，其面必定皺於童年，則汝今時

觀此恒河，與汝昔時觀河之見，有童老不？王言，不也。世尊佛言：汝面雖皺，而此見精性未嘗

皺；皺者為變，不皺者非變。變者受生滅，不變者元無生滅。」

周氏之說甚是，東坡「物我無盡」的思想，確是源自於莊子與楞嚴經。至於赤壁賦的思想架構，

從其全篇文義來看，第三段的「方其破荊州，下江陵，順流而東也，舳艫千里，旌旗蔽空，釃酒

臨江，橫槊賦詩，固一世之雄也，而今安在哉？」這一段話正是表示「盛衰消長」的意思，其實

，蘇東坡「盛衰消長」的思想，即是源自於莊子，莊子的「秋水篇」說：「物之生也，若驟若馳

，無動而不變，無時而不移，何為乎？何不為乎？夫固將自化。」人在變化無常的宇宙裏，究竟

應該如何自處呢？蘇東坡認為人必須認同莊子萬物一齊的思想，放情山水，乃可使自己的心情歡

悅，所以他在赤壁賦的第四段說：「逝者如斯，而未嘗往也；盈虛者如彼，而卒莫消長也。蓋目

其變者而觀之，則天地曾不能以一瞬；自其不變者而觀之，則物與我皆無盡也。而又何羨乎？且

夫天地之間，物各有主。苟非吾之所有，雖一毫而莫取，惟江上之清風，與山間之明月；耳得之

而為聲，目遇之而成色。取之不盡，用之不竭。是造物者之無盡藏也，而吾與子之所共適。」東

坡的這一段話，的確是智者之言。人在困頓，失意的時候，如果能夠擺脫自己的形體，忘懷世俗

的名利，遨遊於山水之間，的確可以獲得不少的喜樂。赤壁賦的最末一段：「客喜而笑，洗盞更

酌。肴核既盡，杯盤狼藉。相與枕藉乎舟中，不知東方之既白。」這就是東坡優游自得的寫照。

清人吳楚材在「古文觀止評註」上所說「讀此兩賦（前後赤壁賦），勝讀南華一部」，甚是。東

坡的赤壁賦，在表面上是一篇描寫赤壁的遊記，其實，它是作者借泛舟夜遊赤壁的記載，來論說

優游自得的道理。（註二）由於東坡在仕途上所遇的挫折經歷，使他悒鬱憂悶，然其酷愛老莊思

想，使得他得以放懷解脫，寄情山水，認識了東坡的「學識」、「經歷」之後，當更能瞭解赤壁

賦所蘊含的深意。因此教師應從這兩點分析，才能使學生透徹了解。

八、思想個性：文心雕龍云：「文心者，言為文之用心也。」作品是作者內心情意的反映，是心的投

影，因為「各師成心」，所以「其異如面」。因此作者的思想，志趣、胸襟可以決定作品的風格

。例如五柳先生傳為陶淵明假托五柳先生之名而為自己作傳。蕭統陶淵明傳說：「淵明少有高趣

，博學善屬文，穎脫不群，任真自得，嘗著五柳先生傳以自況，時人謂之實錄。」梁啟超以為淵

明是最能將個性表現在作品中的作家，梁說：「陶淵明之沖遠高潔，盡人皆知......何以能有如此高尚的品格和文藝？一定有他整個人生觀在背後。他的人生觀是什麼呢？可以拿兩個字來包括它：『自然』......愛自然的結果，當然愛自由。淵明一生都是為精神生活的自由而奮鬥。鬥的什麼？鬥物質生活。」（註三）淵明堅定地潔身自好，有所不為，不肯與當時的政治環境妥協，能順應自然之本性，自能達到「不以躬耕為恥，不以仕進為榮」的曠放境界，我們由此可推知其作品真摯淳樸，高潔脫俗的風格。教師在介紹作者時，應當重視其全面的思想性格，如韓愈關佛老，尊儒衞道的思想，王維好靜的個性等，如此一來，才能把握住作品的真精神，以探討其內涵的價值所在。

九、學術著作：教師在介紹作者時，應列舉其代表著作，並說明其對後世的影響。例如鄭玄箋詩，以毛本為主而又不時違背毛義，兼採三家的優點，於是鄭箋盛行於世，齊魯韓三家受此影響而衰微亡佚，注解尚書用古文，而又和馬融不同，仍然兼採今文尚書的長處，於是鄭注盛行，今文歐陽氏和大小夏侯的尚書因此而逐漸亡佚。鄭玄以革新的姿態為毛詩作箋，為尚書注解，終於使得紛擾了兩百多年的今古文之爭，平息下來，奠定其在學術界的地位。教師若能如此介紹鄭玄，則學生讀到戒子書「但念述先聖之玄意，思整百家之不齊」，便能深入體會文中之含義。

以上九點，提供教師在範文教學時之參考，如能掌握重點，適當處理，以引導學生深入理解，應能提高教學效果。

【附　註】

註　一　參見杜甫與李十二同尋范十隱居詩

註　二　參見張學波高中範文篇旨的探究

註　三　參見梁啓超陶淵明之文藝及其品格

肆、分段讀講

　民國七十二年七月教育部公布國民中學與高級中學國文課程標準，對範文教學之「要點」、「方式」及「過程」皆有詳細說明，茲錄述如下：

國民中學「課文教學」之要點

（一）課文教學：教學時對於詞彙、語法及其精義，均須明白解釋；同時對於閱讀及寫作方法（如審題、立意、運材、布局等項）應詳加指導，舉凡文中所具有之語文知識，應予隨機提示。

（二）文言文詞語使用、句法結構有異於語體文之處，應舉語體比照；遇有現行文言文所罕用之詞語句法，教師並應特加提示。

(三)課文中之語文常識，應以略讀方式，提示篇中要點，指導學生練習應用。

高級中學教學方式及過程

(一)精讀範文以熟讀深思爲主，短篇文言文及長篇文言文之精彩段落均宜背誦。講讀時並須注意下列各點：

1.體裁及作法。

2.生字之形、音、義，詞彙之組合，及成語典故之出處、意義。

3.文法及修辭。

4.全篇主旨、內容精義及段落大意（包括全篇脈絡及結構）。

5.文學作品之派別、風格及其價值。

6.有關語體文與文言文之文法異同，並應於課前製作比較表，指導學生徹底了解應用。

7.每課講授完畢，宜作課文分析，繪成課文分析表，指示學生全文之段落作用及前後之相互照應，以培養學生欣賞寫作之能力。

8.前項之文法比較表及課文分析表，簡易者亦可指導學生繪製（分析表之繪製，可參考部頒高中國文科設備標準）。圖表製作優良者，並可列爲敎具設備之一部分。

9.敎學時並應利用錄音器材，自行灌製吟誦錄音帶，以資學生欣賞，藉以增進了解。

(二)略讀範文以培養欣賞之興趣爲主。講讀時，應提示全篇主旨、各段要旨、內容精義及文章結構，

以提問討論方式進行，教師從旁補充指正，以養成學生自學能力。

分段讀講在整個範文教學中，佔有極大的分量。為了培養學生自學的能力，這個階段的進行步驟，大致是先由學生試讀試講，讀時宜注意句讀、字音的正確，講時應注意詞義、句義的清晰和語言的得體，教師並應隨時以問語提示啟發。若遇有專名、典實、成語、引句之類，則就他們能表達文義的最低限度內，作簡短的說明。每一段讀講完畢，就指導學生共同討論，相互訂正。最後由教師有系統辭的技巧、義旨的探究、作法的審辨、篇章的結構等。以下茲就此八項，分別詳述之。的作補充整理。其所涉及的範圍，大略是：字詞的區別、詞語的分解、虛字的用法、文法的剖析、修

一、字詞的區別

「字」是文章書寫的基本單位，「詞」是語言表意的基本單位，漢字之中，雖然大多數的一個字，便是一個詞，但是，有些詞卻需要兩個以上的字，結合在一起而不可分離，才能適切的表達意思。因此閱讀一篇文章之後，必須使學生明辨字、詞的差異，並指導他們自己從課文中發現生字生詞，加以考查索解，養成自動研究的態度，一般說來，字、詞的區別如下：

(一)字──即「單字」，又可分為兩類，其一為不成詞的，換句話說，一字無法自成一個意思，必合兩字以上，始有意義，如：蝴蝶、蜈蚣、鸚鵡、玫瑰、彷彿……等，其中每一字，都是不成詞的單字；這種單字，一旦分開獨立，就沒有意義了。因此，說文解字「鸚」字下解釋為：「鸚鵡，能言鳥也。」「鵡」字下解釋為「鸚鵡也。」「玫」字下解釋為：「火齊珠，玫瑰也。」「瑰」字

下又解釋為：「玫瑰也。」……其二為成詞的，也就是一個字能成為一個意思的，這種單字為數最多，如：桌、椅、靜、坐、人……等都是，像這種單字，每一個字都具有一獨立的意義，表示一個整體的觀念，都成為一個「詞」。可見，一個「單字」，不一定是「詞」；然而一個「詞」，必須是一個或兩個以上的「單字」構成的。

（二）詞——即「語詞」或「詞類」，用以表示思想中的一個概念，也可以分兩類，一為單音詞，即用一個音表示一個概念。如：「無」、「道」、「人」、「之」、「短」……等，一個字，一個音，就代表一個概念。二為複音詞，即由兩個以上的單字合成的，兩個以上的音，才表示一個概念。如：我們、他們、現在、過去、影子、燕子……等。另有三個字、三個音連在一起，表示一個概念的複音詞，如：徐志摩、怯怜怜、赤裸裸……等。當然用四個字、四個音連在一起，表示一個概念的複音詞，或者四個字以上，四個音以上連在一起，表示一個概念的，也不在少數，如：中華民國、三民主義、伶伶俐俐、國立編譯館、國立故宮博物院……等。這種複音詞，是現在的字典所不能包括的，如：「三民主義」分開來是「三」、「民」、「主」、「義」四個字，在字典上可以查到，若合為「三民主義」一個詞，則字典上查不到，只有在辭典中才可以查到。（註一

【附　註】

註　一　參見國中國文課本第三冊

二、詞語的分解

累字以成句，積句以成章，連章以成篇，篇章以字句爲基礎，要使學生能深入了解一篇文章，必須先使他們明白詞語的音義和構造，方能更進一步探討全文的內涵，並及於作法研究。

文章不外由「字」、「句」、「章」、組織而成「篇」，凡練字不精，度句不妥，都不足以成就完美的篇章，其中「練字」和「度句」尤爲作文的基本工夫，詞語分解看似細微末節的工作，卻有助於斟酌的字句，亦爲對一篇文章進行深究與鑑賞的首要步驟，談到詞語的分解，主要是從字形、字音、字義三方面著手，以下便依序論述之。

㈠字形的辨識：

中國文字構造的法則有六種，古人稱爲六書。包括：一、象形，二、指事，三、會意，四、形聲，五、轉注，六、假借。其中象形和指事這兩種都是字形不能再加以分析的「獨體」，稱爲「文」；會意和形聲這兩種都是字形可以分析的「合體」，稱爲「字」。以上四種都是造字的基本法則；轉注和假借則是文字構造的補充法則。欲淸楚的辨識字形，必先了解六書：

1 象形

說文解字敍說：「象形者，畫成其物，隨體詰詘，日、月是也。」「詰詘」一詞就是屈曲的意思。整句話的含義是：造字的人客觀地運用一些簡單的筆畫隨著物體的形象屈曲地表示出來；像日、月二字就是這一類的例子。

象形字（嚴格地說，應當稱為「文」）所表示的物體形象大約含有四類：㈠屬於人體方面的形象，如：♀（子）、人（人）、口（口）、心（心）等。㈡屬於動、植物方面的形象，如：牛（牛）、木（木）、瓜（瓜）等。㈢屬於天文、地理方面的形象，如：日（日）、月（月）、山（山）、水（水）等。㈣屬於器物方面的形象，如：冊（冊）、琴（琴）、弓（弓）、門（門）等。

2 指事

說文解字敍說：「指事者，視而可識，察而見意，二、二是也。」這句話的意思是：看了字的構造，就知道它是一種什麼樣的記號；仔細觀察，便知道它的含義所在；像二（上）、二（下）這兩個字便是這一類的例子。由於指事字（嚴格地說，應當稱為「文」）所表示的是抽象的「事」，而不像象形字所表示的是具體的「物」，所以它只能用記號以表示出一件事情。例如：先用一長畫「一」表示位置，再用一短畫「-」表示物體；物體在位置上方的就是二（上），物體在位置下方的就是二（下）。

指事字的構造，主要可以分為兩種：一種是純粹用記號以表示事情的文字，如：一（一）、一（

一）、△（△）、〉〈（八）等。一種是在象形字上加上一部分符號以表示事情的文字，如：本（本）

末（末）、𡵆（牟）、匁（双）等。

3.會意

說文解字敘說：「會意者，比類合誼，以見指撝（ㄏㄨㄟ），𢧐（武），信是也。」比是「並」，合併的意思；類是指象形、指事等「字類」；誼是指字義。合併兩個或兩個以上的字（嚴格地說，應當稱為「文」），將它們的字義會聚成一個新的字義，叫做「比類合誼」。見要讀作「現」，即表現；指撝，即「指揮」，是字造成以後的含義所在。一個會意字造成以後，讓人知道它的字義所在，叫做「以見指撝」。例如「𢧐」（武）是由「止」、「戈」二字合併而成的，會聚這兩個字的意思，表現出「制止干戈等武器而不使用」，便是「武」的字義所在。「信」是由「人」、「言」二字合併而成的，會聚這兩個字的意思，表現出「人所說的話一定要誠實可靠」，便是「信」的字義所在。除了武、信二字以外，如：「社」字是合併「示」、「土」二字，以表示「土地神」的意思；「伐」字是合併「人」、「戈」二字，以表示「拿兵器攻擊」的意思；「解」字是合併「刀」、「牛」、「角」三字，以表示「解剖」的意思；「祭」字是合併「又」（手）、「𠕎」（肉）、「示」（神）三字，以表示「祭祀」的意思。

4.形聲

說文解字敘說：「形聲者，以事為名，取譬相成，江、河是也。」「以事為名」的意思是依事物

的類別造字。「取譬相成」的意思是用字音相同或相近的字為聲符所造成的字。所以形聲字是由「形符」和「聲符」兩部分結合而成的。例如：江、河二字用水作形符，表示它們都是屬於水類；用工、可二字作聲符，表示江、河二字的字音。又如咆、哮二字用口作形符，表示它們和口有關係；用包、孝二字作聲符，表示咆、哮二字的字音。

形聲字依照字形的排列，可以分為六類：㈠左形右聲，如：時、伴、鰻、杪等。㈡右形左聲，如：鷄、翅、判、郡等。㈢上形下聲，如：菁、篁、霖、裳等。㈣下形上聲，如：驚、烈、摩、劈等。㈤外形內聲，如：裏、匈、衕、固等。㈥內形外聲，如：辯、瓣、聞、悶等。

5. 轉注

說文解字敘說：「轉注者，建類一首，同意相受，考、老是也。」對於許慎的這一句話，後人的解釋很紛歧，比較普徧的說法有兩種：

一種說法是將「建類一首」的「類」解釋為「形類」，指兩個字在字形上部首相同或相關，意義又相同或相近，卻因為時間的變遷或地域的不同，分別造出形體不同的字，彼此便可以互相注釋。像「考」、「老」兩個字，部首都是「老」部，部首相同，而且都有「年紀大」的意思，卻分別造成兩個字了，因此就可以用「考，老也」、「老，考也」來互相注釋。再舉例來說，如「問」與「訊」兩個字，「問」的部首是「口」部，「訊」的部首是「言」部，部首相關，而且又都有「質詢」的意思，卻分別造成了兩個字，因此就可以用「問，訊也」、「訊，問也」來互相注釋。

另一種說法是將「建類一首」的「類」解釋爲「音類」，指兩個字在字音上有同音（聲母、韻母都相同）、雙聲（聲母相同，韻母不同）或疊韻（聲母不同，韻母相同）的關係，意義又相近，卻因爲時間的變遷或地域的不同，分別造出了形體不同的字，彼此便可以互相注釋。像「考」、「老」兩個字，在字音上有疊韻的關係（韻母都是ㄠ），而且又都有「年紀大」的意思，卻分別造成了兩個字，因此就可以用「考，老也」、「老，考也」來互相注釋。再舉例來說，如「追」與「逐」兩個字，在字音上有雙聲的關係（聲母都是ㄓ），而且又都有「趕上去」的意思，卻分別造成了兩個字，因此就可以用「追，逐也」、「逐，追也」來互相注釋。

從以上的說明，可以看出轉注字是由於時間的變遷或地域的不同，而分別造出來的；字的形體雖然不同，意思卻相同，所以轉注是「多字一義」。

6.假借

說文解字敍說：「假借者，本無其字，依聲託事，令、長是也。」這句話的意思是說：本來並沒有爲某個事物造出文字，但是已有代表這個事物的語言，後來就借用與這個事物同音或聲音相近的文字，來表示這個事物的意思。像「令」的本來意思是「發號施令」，「長」的本來意思是「滋長」，引申爲「高大」的意思；可是在漢代，人口在一萬戶以上的大縣，縣裏的最高行政首長叫做「縣令」，人口在一萬戶以下的小縣，縣裏的最高行政首長叫做「縣長」；原來並沒有爲「縣令」的「令」、「縣長」的「長」造出文字；但是由於縣令可以發號施令，縣長的地位在縣裏是最高大的，所以就用

聲音相同的發號施令的「令」和高大之意的「長」字，做爲表示縣「令」、縣「長」的意思。像這一類的例子，便是假借。

再舉例來說，如「烏呼」的語助詞「烏」字，本來並沒有爲它造出文字，後來便借用聲音相同，本來的意思是「烏鴉」的語助詞「烏」字來表示。又如「亦不詳其姓字」的代名詞「其」字，本來也沒有爲它造出文字，後來才借用聲音相近，本來的意思是畚箕的「其」字來表示。

在假借字中，發號施令的「令」，高大之意的「長」，雖然被假借爲縣令的「令」、縣長的「長」，但是和縣令的「令」，縣長的「長」，意思還有關聯，像這種情形是有義的假借。但是本來的意思是烏鴉的「烏」，被假借爲語助詞「烏」；本來的意思是畚箕的「其」，被假借爲代名詞「其」；在意思上並沒有關聯，像這種情形是無義的假借。

從以上的說明，可以看出「令」這一個字有「發號施令」、「縣令」兩種意思；「烏」這一個字有「烏鴉」、語助詞「烏」兩種意思，所以假借是「一字多義」。

（筆者主編國中國文，以上六書的意義，曾轉載於民國七十四年一月出版之國中國文課本第二冊「語文常識」——中國文字介紹。）

此外，如今標準本課文的字形雖多趨向正楷。而坊間一般書籍，仍不免出現部份「古今」字、俗體」字、「或體」字、「通假」字甚至「簡體」字，這些問題，在字形辨識的過程中，均應一併說明，以免使學生混淆而正俗不辨。

1古今字：字所以有古、有今，其發生的原因約略有二：一是由於古代字少，一字常須兼數字之

用，直到後世感覺不便，於是就其所兼之義，分別另外造字。二是由於字義的演變，習慣上大家用假借字代替原來的本字。古今字所謂的「今」指的是許慎所處的漢朝，「古」則指許慎之前的時代，並且二者俱見於說文解字書中，以下舉例說明之：

辟，說文釋爲：「法也」。但在古書裏，代表的意義卻很多，例如：

(1) 辟雍，天子之學。此「辟」字假爲「璧」。

(2) 辟馬，跛足之馬，荀子正論篇：「不能以辟馬毀輿致遠」。此「辟」字假爲「躄」。

(3) 躲避之「避」，可寫作「辟」。左傳宣公二年，晉靈公從臺上拿彈弓打人，「而觀其辟丸也」，此「辟」字假爲「避」。

(4) 開闢之「闢」，可寫作「辟」。孟子梁惠王上：「辟土地」，此「辟」字假爲「闢」。

(5) 譬如，可寫作「辟如」。中庸：「辟如行遠必自邇，辟如登高必自卑」，此「辟」字假爲「譬」。

(6) 邪僻不正之「僻」，亦可寫作「辟」。詩經大雅板篇「民之多辟」，孟子梁惠王上「放辟邪侈」，「辟」字皆假爲「僻」。

(7) 便嬖，可寫作「便辟」，論語季氏篇「友便辟」，即「友便嬖」。

由以上諸例可見，最初可能只有一個「辟」字，後來逐漸造出璧、躄、避、闢、譬、僻、嬖諸字。此外，再以「結婚」的「婚」字來說：

在上古社會裏，結婚，並不需要父母之命，媒妁之言。一個青年小夥子，發現別族有一位二八

年華的小姑娘，甚合我意，於是騎了大白馬，黃昏時盤桓在她家的門前，趁人家不注意時，衝進門去，攜了小姑娘，抱上馬去，快馬加鞭的奔回自己家，這小姑娘就算是我的妻子。女方家人起初以爲是強盜，等姑娘被搶走了，才明白原來是搶婚的。周易屯卦的「屯如邅如，乘馬班如，匪寇，婚媾」，賁卦的「賁如皤如，白馬翰如，匪寇，婚媾」，都是描寫此種情形的。因爲搶婚都在黃昏時，所以古書中「結婚」字只寫作「昏」。甲骨文裏只有「昏」，鐘鼎文裏「昏」、「婚」仍只是一字，到說文解字才變成了兩個。

2.俗體字：俗字或稱俗書，一言以蔽之，是指不合六書原理的文字，當然也不見於說文。例如：

(1)猒，說文：「飽也，足也。從甘肰」。

(2)厭，說文：「笮也，從厂，猒聲」。

「猒」字從甘，甘肰，美也；肰者，犬肉也（肰讀若然）狗肉最肥美，所以吃得飽足。笮是迫近的意思，古人作揖，把兩手合在一起，先推向外，再由外向下而引向內迫近胸口，這推向外的動作叫「揖」，引向內叫「厭」。但厭從猒聲，所以各書皆假厭爲猒。本來好吃的東西會吃得飽足，但過於飽足則生厭憎，故猒足、猒憎本一義之引伸。後人不明此理，既以厭爲猒憎字，而另造了一個「饜」字，作爲飽足字，就飽足這一概念來說，猒是本字，厭是假借字，饜字不見說文，又無當於六書之理，則是俗字了。

另外如：崗（岡）、暮（莫）、燃（然）、曝（暴）、菓（果）、蓆（席）、傢俱（家具）之

類皆是俗體字。（註一）

3. 或體字：說文大徐本，有所謂「或作某」者，便是或體字。換言之，一字二形即是或體字。例如：

(1) 砥：或作底。詩經：「周道如砥」，孟子引作「底」。

(2) 枏：或作楠，又作柟。廣群芳譜：「柟生南方故作楠」。

(3) 翻：或作飜。說文新附：「翻或從飛」。

(4) 媮：或作偷。鄭板橋與弟書：「風俗偷則不同爲惡。」偷同媮。左傳昭公十六年：「不可偷。」又襄三十年：「晉未可媮也。」

(5) 貉（ㄏㄜˊ）：或作貊（ㄇㄛˋ）。荀子勸學：「干越夷貉之子。」集韻：「貊北方豸種也，或從百。」說文「貔字，段注：『今字乃假貉爲貔，造貊爲貉。』」

4. 通假字：通假字即今日所謂的「別字」，它和假借字不同，假借字的產生是由於「本無其字」，通假字是「本有其字」，這種字的發生實由於古人讀書，多由口授，弟子筆錄時，有時不免寫些音同或音近的「白」字，或者是古人行文之時，明知有一本字，但勿促之間，未能記憶，便以一音同或音近的字來代替它，有時後人又再加沿用，便造成通假字逐漸增多的現象。例如：

(1) 凭欄：「凭」通「憑」。如空城計：「凭欄而坐」。

(2) 啣觴：「啣」通「銜」。如五柳先生傳：「啣觴賦詩」。

(3)甚蕃：「蕃」同「繁」。如愛蓮說：「可愛者甚蕃」。

(4)蚤起：「蚤」通「早」。如孟子：「蚤起，施從良人之所之。」

為了節省篇幅，以下只舉出古籍中常見的一些通假字和它的本字，至於例證則從略。

丄—功　士—事　士—仕　方—旁　反—返　女—汝

亡—無也邪　午—迕　內—納　井—阱　正—政　正—征　甲—狎

中—得　午—忤　由—猶　北—背　生—性　台—怡　田—陳　左—佐　矢—誓

不—丕　由—猶　功—攻　而—如　而—能　有—又　共—供　共—拱　共—恭

巨—距　見—現　后—後　州—廻　刑—形　列—裂　希—稀

兌—銳　狄—逖　材—裁　弟—悌　弟—梯　告—誥　良—諒　伯—霸

光—廣　知—智　或—惑　其—期　忽—笏　佻—挑　尚—上

邑—悒　常—嘗　易—場　拂—弼　受—授　具—俱　直—特　舍—捨

尚—常　知—智　免—勉　要—邀　信—伸　為—謂　很—狠　指—旨

罔—惘　枝—肢　免—勉　畏—威　施—迤　孫—遜　邵—隙　畜—蓄　倍—背

屏—摒　俞—愈　畏—威　施—迤　孫—遜　邵—隙　畜—蓄　倍—背

時—是　蚤—早　蚤—爪　原—願　害—曷　財—材　匪—非　築—傑

振—震　容—裕　疾—嫉　從—縱　庸—用　竟—境　戚—慼　莫—謨

莫—幕　惟—唯　圍—禦　剝—攴　被—披　常—當　常—尚　敝—蔽

崇—終　僞—爲　視—示　馴—順　馴—訓　復—複　鄉—向　鄉—饗

順—愼　隊—墜　隊—隤　虛—墟　極—亟　傅—附　距—拒　執—熟

鈞—均　曾—增　曾—層　費—拂　萌—氓　隋—隳　禽—擒　尊—遵　葆—保

詳—佯　聞—問　辟—避　辟—闢　辟—僻　繆—斃

經—徑　飾—飭　厭—饜　厭—壓　蚩—飛　需—儒　說—悅　蓋—盍

幕—漠　漸—潛　疑—擬　屬—癩　悉—忐　罷—疲　趣—促　適—嫡

適—敵　數—促　論—倫　與—舉　與—譽　與—歟　墨—默　質—贄

調—朝　數—普　衡—橫　驪—歡　錫—賜　錯—措　遺—餽

縣—懸　雖—惟　歸—饋　爵—雀　矗—朝　繆—穆　戲—義

翼—翌　離—權　嚮—響　覺—較　輮—煣　道—導

5.簡體字：中國文字，在今日流行於世界的各種文字中是最古老的，國父曾說：「自人類有史（註二）

以來，能紀四、五千年之事，翔實無間斷，亦惟中國字所獨有」。今天社會形態雖仍在急遽變

化中，新的發明亦層出不窮，我國文字由於是衍形的，形與聲之間，沒有必然的關係，因此，

語言無論如何改變，字形則固定不變，千年前所寫的字，與今無異，只要認得字，讀最古的周

易、尚書，與讀今人作品。則無不同，文字之價值，不言而喻。近代有人倡言中國文字難學，

應加廢除或改革，完全忽視中國文字的優點，主其說者共分兩派，一派主張根本廢除，代以拼

音文字，另一派則主張造出一套簡體字來代替現行文字的。由於我國同音字太多，單用拼音文

字不足以明確的表意，前者的說法顯然不通。至於再創一套簡體字，等於迫使已認識現行正體

字的人，須重新再認識一套文字，豈非增加使用者的負擔。至於下一代的人，只須認識簡體字

，似無痲煩，然我國自古至今所有書籍，幾乎全以正字刊印，中國五千年來的文化，也完全寄

託於其中，下一代不識正字，無法閱讀古書，中國文化不是要由此斷絕了嗎?文字對文化的保

存與傳播，功用不可限量，學生們倘有寫簡字的習慣，教師應本此觀點以糾正之。

(二)字音的講究

上古之時，未有文字，已先有語音，以表意義，等到後世，製爲文字，而後形、音、義三者，便

爲一貫之勢，一般而言，音近之字，儘管形體的差別很大，而意義卻往往不甚相遠，故訓詁學上，往

往利用「音同義近，音近義通」的原則，去貫通不同形體而聲音接近的詞彙意義，以得到怡然理順的

解釋。既然如此，我們討論詞語的分解，就不可不講究字音，中學課本在字音方面常見的問題爲:

1. 雙聲：所謂雙聲，一般多指在廣韻中相同聲紐的字，廣泛一點，指古聲紐相同的字（如黃季剛

先生有「古聲十九紐」之說），或者，更廣泛一點，指發音部位相同的字（如章太炎先生有「

古雙聲」之說）。例如：玲瓏、凜冽、參差、瀰漫、嬝娜……等是。

2. 疊韻：所謂疊韻，一般指在廣韻中相同韻類的字，或者，廣泛一點，指古韻部相同的字（如黃

季剛先生有「古韻二十八部」之說），或者，更廣泛些，指古韻部相通轉的字（如章太炎先生有

「成均圖」）。例如：窈窕、娉婷、爛縵、嫖姚、齷齪……等是。

3. 疊字：疊字又稱重言，普通的疊字，大多數都是兩字相同。例如：冥冥、漠漠、浩浩、栩栩……等是。但也有小部份，寫法不盡相同。如：詩經大雅公劉：「于時處處，于時廬旅，于時言言，于時語語。」馬端辰毛詩傳箋通釋：「廬旅古同聲通用……詩上下文處處、言言、語語，皆用疊字，不應廬旅獨異詞。」

4. 破音字：我國具有五千多年悠久的歷史文化，文字隨著社會生活的進步，漸漸地不敷應用，便開始分化起來，部份文字，字形雖不改變，而意義則變爲不同，而以不同的音、調來作區別，這種字叫做「破音字」，又叫「歧音字」。例如：

(1) 阿：

① 用作姓氏、名詞和佛經梵文時念「ㄜ」。如：姓阿、阿房宮、吉林阿城縣。

② 用作發語詞時多念入聲「ㄚ」（˙ㄚ）。如：阿伯、阿爺、阿兄。（註：「˙ㄚ」舊入聲，今變去聲。）

③ 用作外國語文譯音名詞表音之字時多念去聲「ㄚ」。如：阿拉伯、阿摩利亞、阿們。

④ 用作感歎詞表疑訝時念上聲「ㄚˇ」。

⑤ 與「啊」字通用作助詞時念陰平「ㄚ」。如：兒阿、阿呀。

(2) 雨：

①用作名詞時念上聲「ㄩˇ」。如：雨水、雨露。

②當動詞用作自上而下之意時念去聲「ㄩˋ」。如：雨淚、雨雪、雨我公田。

(3) 矜：

①用作動詞時念「ㄐㄧㄣ」。如：矜惜、矜式。

②用作名詞時念「ㄍㄨㄢ」。如：矜寡。

(4) 殷：

①用作姓氏時念「ㄧㄣ」。如：殷先生。

②用作顏色之一時念「ㄧㄢ」。如：殷紅。

(5) 匙：

①用作食具、姓氏時念「ㄔ」。如：湯匙、匙兒。

②用於鑰匙一詞裏念輕聲「ㄕ」。

5. 又讀：又讀指的是同義異讀之類。例如：

(1) **鶩** ㄨ　又讀ㄇㄨ。如：落霞與孤鶩齊飛。

(2) 茹 ㄖㄨ　又讀ㄖㄨˊ。如：茹毛飲血。

(3) 翮 ㄏㄜ　又讀ㄍㄜ。如：奮翮高飛。

(4) 劊 ㄎㄨㄞˋ　又讀ㄍㄨㄟ。如：劊子手。

(5) 馨 ㄒㄧㄣ 又讀ㄒㄧㄥ。如：馨香。

此外，另有一些容易讀錯的字音，既非又讀之例，也不是破音字，而是一般人以訛傳訛，積非成是的結果，或許因爲形聲字表聲符的部分，有的和本字的音完全相同，如：從文得聲的：玟、紋、蚊。有的和本字的音近似，如：從包聲的：泡、炮、砲。然而，卻有不少聲符和本字的音雖有密切的關係，讀起來卻大不相同，如：從台聲的：怡、治。從肅聲的：鏽、蕭。讀音已完全改變了，一般人在「有邊讀邊」的心理下，就常常產生錯誤的讀音而不自覺，教師應加以強調並指正，如：

1. 喟然歎息，「喟」，音「ㄎㄨㄟˋ」而非「ㄨㄟˋ」。

2. 鍥而不舍，「鍥」，音「ㄑㄧㄝˋ」而非「ㄑㄧˋ」。

3. 流水淙淙，「淙」，音「ㄘㄨㄥˊ」而非「ㄗㄨㄥ」。

4. 驀然回首，「驀」，音「ㄇㄛˋ」而非「ㄇㄨˋ」。

5. 一蹴可幾，「蹴」，音「ㄘㄨˋ」而非「ㄐㄧㄡˋ」。

其他又有地名讀異音者，如：「朱提」的「提」讀爲「·ㄕˊ」、「敦煌」的「敦」讀爲「ㄊㄨㄣ」、「沁陽」的「沁」讀爲「ㄕㄣ」。水名讀異音者，如：「治水」的「治」讀爲「ㄊㄞˊ」、「澠水」的「澠」讀爲「ㄕㄥ」、「墊江」的「墊」讀爲「ㄉㄧㄝˊ」。姓名讀異音者，如：「万俟卨」讀如「墨其屑」、「鄳食其」讀如「歷異其」、「金日磾」讀如「金覓底」。古國名讀異音者，如：「身毒」讀如「捐篤」、「大宛」讀如「大鴛」、「烏秅」讀如「鴉拏」。王后名讀異音者，如：「可汗」讀

如「克寒」、「閼氏」讀如「煙支」。器物讀異音者，如：「夏楚」的「夏」讀爲「ㄐㄧㄚ」、「綸巾」的「綸」讀爲「ㄍㄨㄢ」、「齊衰」讀爲「ㄗ ㄘㄨㄟ」。重疊字讀異音者，如：「肺肺」讀爲「ㄈㄟˋ ㄈㄟˋ」、「刺刺」讀爲「ㄑㄧˋ ㄑㄧˋ」、「活活」讀爲「ㄍㄨㄛˋ ㄍㄨㄛˋ」、「啞啞」讀爲「ㄜ ㄜ」。（

（註三）

（三）字義的探求：

中國文字的構成，有三大要素，即：字形、字音、字義。說明字形的稱爲文字學；說明字音的稱爲聲韻學；說明字義的稱爲訓詁學，前面論及字形的辨識、字音的講究，牽涉了文字、聲韻之學，以下討論字義，則屬訓詁學的範圍。根據許愼及段玉裁的解釋，「訓詁」二字合起來就是順其條理解說故舊之言以教人。因爲古今語言必有差別，意義難免隔閡，有了隔閡自難明白，所以需要順其條理而加以解說，使他就已知的意義，進而明瞭他所不知的意義，這就是訓詁。訓詁的工作包括：解釋各地方言、古今異語；溝通同時同地，卻數語而一義，或殊名而共實，研究語言的根源，溝通文字的形義……等，字義的探求就在其中，探求字義主要有以下兩個方向：

1.求其本義：

一個文字，它所代表的意義，是最初造此字時的概念，則此字便是此一意義的本字；此一意義，也就是此字的本義。以下以「王」字爲例加以說明：

「王」字共有五義：①帝王②大③旺（即今旺字）④勝⑤往。五義中以「帝王」爲本義，由帝王

之義，引申為大，為昳，為勝，又假借為往。

一般討論本字本義，都以說文為根據，但文字的形體是逐漸有所改變的，從甲骨文而鐘鼎文，而古文、籀文，到李斯整齊天下文字使歸於一，而變為小篆，字形已不知改變了多少，與原始形體，相去甚遠。許慎生當東漢，文字又已由小篆而變為隸書，故他所能看見的小篆，已非文字原始形態，欲根據小篆以推究本形本義，難免有誤，自從甲骨、鐘鼎大量出土後，後人據以與說文相對照，發現說文中雖有不少錯誤，不過，說文中講得精確的仍居多數，也不能妄加貶責。

2.求其引申義：

所謂引申義，是從本義引申出來的，換言之，即從本義擴展出來的。一個字通常有許多意義，但是它們之間往往是互相聯系著的，而且，往往是環繞著本義作為中心，所以，若能從本義的發展去研究其他各種引申義，可以徹底了解詞語的意義。例如：「朝」字的本義是旦，是早晨，引申為朝向，朝見，再由朝見引申為朝廷，又由朝廷引申為朝代，都是由近及遠，從本義發展出來的。

引申義在古籍的詞義之中，為數最多，應用最廣，若在辭典中任擇一字，來作例子，便會發現，除了那個字的一個本義和少數幾個假借、通假意義外，其餘大多數的，便是這個字在古籍中使用時的各種引申義了。因此，了解引申義的性質和來源，對於閱讀古書，有相當的幫助。

附一　字辨

(一)形體相似的文字（註四）

1. 丐丐

丐《历，乞求，如「乞丐」。

2. 互互

互厂メ，彼此相關的意思，如「互相」、「互愛」。

互《乃，延長的意思，如「綿互」、「互古」。

3. 代伐

代勿历，更替，如「替代」。

伐ㄈ丫，又讀ㄈ丫。宣布對方的罪狀而出兵去打伐叫伐，如「征伐」。

4. 仰抑

仰一尢，擡頭的意思，如「仰頭」。

抑一，制止的意思，如「抑制」。

5. 含舍

含厂乃，容納口中，如「含哺」。又當包容的意思，如「含笑」、「含羞」。

舍尸ㄜ，家屋的意思，如「田舍」、「茅舍」。

6. 佳佳

佳ㄐ一丫，美好的意思，如「佳節」、「佳境」。

佳业メへ，短尾鳥的總名，如雁、雞等字都從隹。

7. 傳傳

傳彳メㄢ，輔導的意思，如「師傅」。

傳ㄔ乂ㄢ，轉移的意思，如「傳遞」。又音业乂ㄢ，解釋經文的著作，或記載人物生平的文章，都叫「傳」。

8. 刺剌

刺ち，戳的意思，如「刺殺」。魚骨也叫「刺」。

9. 刺徒

刺ㄅㄚˋ，乖戾、違反的意思。如「乖刺」、「刺謬」。

徒ㄊㄨˊ，步行，如「徒步」。又解作空的意思，如「徒手」、「徒勞」。

10. 復愎

徒ㄒㄧˇ，遷移，如「遷徙」。

復ㄈㄨˋ，再、回、報的意思，如「復活」、「復原」、「復仇」。

愎ㄅㄧˋ，自以爲是，不接受別人勸告，如「剛愎」。

11. 崇祟

崇ㄔㄨㄥˊ，高、尊重的意思，如「崇高」、「推崇」。

祟ㄙㄨㄟˋ，作怪叫祟，如「鬼鬼祟祟」。

12. 卿鄉

卿ㄑㄧㄥ，古代官等的一種，如「公卿」。

鄉ㄒㄧㄤ，城鎮以下俗稱爲鄉，如「鄉村」。

13. 捐損

捐ㄐㄩㄢ，以財物助人，如「捐款」。

損ㄙㄨㄣˇ，減少、傷害的意思，如「增損」、「損害」。

14. 宄究

宄ㄍㄨㄟˇ，做壞事叫宄，如「姦宄」。

究ㄐㄧㄡˋ，細心推求叫究，如「研究」。

15. 茶荼

茶ㄔㄚˊ，樹名，樹葉可做飲料，如「茶葉」。

荼ㄊㄨˊ，苦菜，引申做苦的意思，如「荼苦」。

16. 炙炙

炙ㄓˋ，燒烤叫炙，如「驕陽如炙」。

17. 筋筋
筋ㄐㄧㄣ，一種肌肉纖維，如「筋肉」。

筋ㄓㄨ，筷子叫筋。

灸ㄐㄧㄡ，我國治病的一種方法，以艾燃火在皮膚上燒灼，叫「灸」。

18. 壺壺
壺ㄏㄨ，盛液體的器具，如「酒壺」、「水壺」。

壺ㄎㄨㄣ，宮庭裏的巷道。宮庭裏的政事，叫做「壺政」。

19. 眨眨
眨ㄓㄚ，眼睛一開一閉叫眨。

20. 段段
段ㄅㄧㄢ，減低的意思，如「貶值」。

段ㄐㄧㄚ，假的本字，如「段借」。

段ㄉㄨㄢ，分截的意思，如「段落」。

21. 許許
許ㄒㄩ，應允，如「允許」。

許ㄐㄩ，揭發短處，如「攻許」。

22. 貸貸
貸ㄉㄞ，借的意思，如「借貸」。

貨ㄏㄨㄛ，錢財器物，如「貨幣」、「貨物」。又有饒恕的意思，如「寬貸」。

23. 幹幹
幹ㄍㄢ，軀體，如「軀幹」。草木的莖也叫幹。

幹ㄨㄛ，轉的意思，如「幹旋」。

24. 肄肄
肄ㄧ，習的意思，如「肄業」。

肆ㄙ，放蕩的意思，如「放肆」。

(二)形聲相似的文字（形體、聲音相似的文字）（註五）

1. 仿仿

仿ㄈㄤˇ，學習別人的樣子去做叫仿，如「摹仿」。又有看不清楚的意思，如「仿佛」。

彷ㄆㄤˊ，意志不定的樣子，如「彷徨」。

2. 侯候

侯ㄏㄡˊ，古時的爵位，如「諸侯」。

候ㄏㄡˋ，問好叫候，如「問候」。又當等待與時間講，如「等候」、「時候」。

3. 兢競

兢ㄐㄧㄥ，戒慎的意思，如「兢兢」。

競ㄐㄧㄥˋ，爭逐的意思，如「競賽」、「競爭」。

4. 偏徧

偏ㄆㄧㄢ，不平不正叫偏，如「偏心」、「偏差」。偏也有出於意料之外的意思，如「偏不湊巧」。

徧ㄅㄧㄢˋ（讀音）、ㄆㄧㄢ（語音），周到，如「普徧」、「徧地」。

5. 嚮響

嚮ㄒㄧㄤˋ，朝向的意思，如「嚮往」、「嚮導」。

響ㄒㄧㄤˇ，聲音叫響，如「響應」、「影響」。

6. 妨防

妨ㄈㄤˊ，阻礙，如「妨害」、「妨礙」。

防ㄈㄤˊ，戒備，如「防備」、「預防」。隄壩也叫防，如「隄防」。

7. 宴晏

宴ㄧㄢˋ，安樂的意思，如「宴安」。以酒食請客也叫宴，如「宴會」、「酒宴」。

8. 晏密

晏一ㄢˋ，天空無雲叫晏，如「天清日晏」。又有晚的意思，如「晏起」。

密ㄇㄧˋ，不疏的意思，如「稠密」。不宣露也叫密，如「祕密」。周到也叫密，如「精密」。

9. 岡罔

岡ㄍㄤ，山脊叫岡，如「高岡」、「岡陵」。

罔ㄨㄤˇ，網的本字，如「罔罟」。

10. 幣弊

幣ㄅㄧˋ，財貨總名，如「錢幣」、「紙幣」。

弊ㄅㄧˋ，奸偽叫弊，如「弊端」、「作弊」。

11. 彊疆

彊ㄑㄧㄤˊ，有力的叫「彊」，與「強」同，如「堅彊」、「彊暴」。

疆ㄐㄧㄤ，界限叫疆，如「疆域」、「邊疆」。

12. 徹澈

徹ㄔㄜˋ，通達，如「徹底」、「貫徹」。

澈ㄔㄜˋ，水靜而清叫澈，如「清澈」。

13. 幸辛

幸ㄒㄧㄥˋ，福，如「幸福」。又有僥倖的意思，如「幸免」。

辛ㄒㄧㄣ，辣味，引申為勞苦的意思，如「辛苦」。

14. 慨概

慨ㄎㄞˇ，慨激，如「慷慨」。也作歎講，如「感慨」。

概ㄍㄞˋ，統括的意思，如「大概」、「概要」。

15. 惱腦

惱ㄋㄠˇ，心中生氣，如「惱恨」、「煩惱」。

腦ㄋㄠˇ，頭髓，如「頭腦」、「首腦」。

16. 即既

即ㄐㄧˊ，就的意思，如「即位」。又有假使的意思，如「即使」。又當便是講，如「即是」。

既ㄐㄧˋ，已經的意思，如「既然」、「既往」、「既而」。

17. 折折

折ㄓㄜˊ，拗曲的意思，如「曲折」。又有判斷的意思，如「折獄」。又有減除的意思，如「折扣」。

拆ㄔㄞ，（語音ㄔㄞ）毀裂，如「拆卸」、「拆毀」。

18. 斑班

斑ㄅㄢ，雜色，如「斑馬」、「斑竹」。

班ㄅㄢ，等級的意思，如「班次」、「班級」。

19. 曆歷

曆ㄌㄧˋ，歲時節氣的推算法，如「曆法」、「日曆」。

歷ㄌㄧˋ，指經歷，如「閱歷」、「學歷」。

20. 栽裁

栽ㄗㄞ，種植草木，如「栽培」、「栽花」。

裁ㄘㄞ，製衣，如「裁剪」。減削，如「裁員」。又作判決講，如「裁判」。

21. 獲穫

獲ㄏㄨㄛˋ，獵得的意思，如「獵獲」、「緝獲」。

穫ㄏㄨㄛˋ，刈穀，如「收穫」。

22. 積績

積ㄐㄧ，漸漸聚集起來叫積，如「積蓄」。力圖進取也叫積，如「積極」。

績ㄐㄧ，把麻分細接長叫績，如「績麻」。功業成效也叫績，如「政績」、「成績」。

23. 盲肓　盲ㄇㄤˊ，眼睛看不見叫盲，如「盲人」。

肓ㄏㄨㄤ，心下橫膈膜上面的部位叫肓，如「病入膏肓」。

24. 睹睹　睹ㄉㄨˇ，看見，如「目睹」。

賭ㄉㄨˇ，以財物爭輸贏，如「賭博」。

25. 祇祇　祇ㄓˇ，但，只，如「祇應」、「祇得」。

祇ㄑㄧˊ，神，如「神祇」。

26. 祥詳　祥ㄒㄧㄤˊ，福，善，如「吉祥」。

詳ㄒㄧㄤˊ，完備，如「詳細」。又舉止從容合度叫「安詳」。

27. 籍藉　籍ㄐㄧˊ，書，如「書籍」、「典籍」。

藉ㄐㄧㄝˋ，襯墊的意思，如「憑藉」、「枕藉」。

28. 糜靡　糜ㄇㄧˊ，粥，如「肉糜」。又當「爛」講，如「糜爛」。

靡ㄇㄧˇ，又讀ㄇㄧˊ，偃仆的樣子，如「披靡」、「委靡」。又當奢侈講，如「奢靡」、「靡麗」。

29. 練鍊　練ㄌㄧㄢˋ，煮練使熟而白叫練，如「匹練」。又作閱歷、精熟的意思，如「練習」、「訓練」。

鍊ㄌㄧㄢˋ，冶金，如「鍛鍊」。

30.藹靄

藹靄，樹木繁盛的樣子，如「藹藹」。和氣也叫藹，如「和藹」。

靄ㄞˇ，雲色很盛的樣子，如「暮靄」。

31.辨辦

辨ㄅㄧㄢˋ，判別，如「分辨」。

辦ㄅㄢˋ，做事叫辦，如「辦公」、「辦事」。

32.載戴

載ㄗㄞˋ，記錄，如「記載」。裝運，如「載運」。

戴ㄉㄞˋ，把東西放在頭頂上，如「戴帽子」。擁護，如「愛戴」。

(三)形義相似的文字（註六）

1.官宦

官ㄍㄨㄢ，為國家治事的人，如「做官」、「官員」。

宦ㄏㄨㄢˋ，做官叫做「宦」。如「仕宦」。

「做官」不能寫成「做宦」；「仕宦」也不能寫成「仕官」。

2.忽怱

忽ㄏㄨ，不經意叫「忽」，如「疏忽」；又時間過得很快叫「倏忽」、「忽忽」。

怱ㄘㄨㄥ，「悤」字的俗寫，也簡寫作「匆」。急速的意思，如「怱怱」。

「疏忽」不能寫成「疏怱」；「怱忙」也不能寫成「忽忙」。

3.巢窠

巢ㄔㄠˊ，鳥窩在樹上的叫「巢」，如「鵲巢」；又盜賊聚居的地方也叫「巢」，如「巢穴」。

窠ㄎㄜ，鳥窩在洞裏的叫「窠」；又陳舊的格式叫「窠臼」，如「窠臼」。

「巢穴」不能寫成「窠穴」；「窠臼」也不能寫成「巢臼」。

4. 踏蹋

踏ㄊㄚˋ，腳著地叫「踏」，如「踏步」、「踏青」。

蹋ㄊㄚˋ，去實行叫做「蹋」，如「蹋火」；又潔身遠引叫「高蹋」。

「踏青」不能寫作「蹋青」；「蹋火」也不能寫成「踏火」；「高蹋」更不可寫成「高踏」。

5. 網綱

網ㄨㄤˇ，是捉魚、捕鳥的用具，引申用作「法網」、「天網」等。

綱ㄍㄤ，是維繫網的粗繩。引申用作「綱紀」、「綱領」等。

「網」和「綱」的分別很大，不能混用。

6. 履屨

履ㄌㄩˇ，又讀ㄌㄩˋ，鞋子的通稱，又當「踏」字字講，如「履冰」；又實踐叫「履」，如「履行」。

屨ㄐㄩˋ，麻革做的鞋子。「織屨」可以說成「織履」；但「履冰」、「履行」就不能寫成「屨冰」或「屨行」。

7. 墜墮

墜ㄓㄨㄟˋ，當「落」字講，如「墜落」、「墜地」；又物體上掛著的小東西叫「墜子」，如「耳墜子」。

墮ㄉㄨㄛˋ，也當「落」字講，如「墮地」；又品性變壞叫「墮落」。

「耳墜子」不能寫成「耳墮子」；品性變壞的意思也不能寫成「墜落」。

8. 趣趨

趣ㄑㄩˋ，有一定的方向，而趕快前去的意思，如「志趣」；又當「意味」講，如「趣味」、

「樂趣」。

趣ㄑㄩ，向前快走的意思，如「趣前」；又向一定的目的去做也叫「趣」，如「趣利」；又

奔走依附有力的人叫「趣附」。

「興趣」不能寫成「興趣」；「趣炎附勢」也不能寫成「趣炎附勢」。

(四)音義相似的文字 （註七）

1. 伏服

伏ㄈㄨˊ，臉朝下趴著叫伏，如「伏案」；又當承認講，如「伏罪」。

服ㄈㄨˊ，是衣裳的總稱；又當順從講，如「服從」；又當慣字講，如「水土不服」。

2. 佳嘉

佳ㄐㄧㄚ，指美好，或值得欣賞，如「佳人」、「佳話」、「佳期」。

嘉ㄐㄧㄚ，指美好，或良善，如「嘉言」、「嘉禮」、「嘉賓」、「嘉禾」。

3. 供貢

供ㄍㄨㄥ，當奉字講，如「供養」；又或獻給神佛，如「桌上供著鮮花」；又音ㄍㄨㄥˋ，把財

物給需要的人叫「供給」；又在法庭上把一切事情說出來叫供，如「口供」、「供認」。

貢ㄍㄨㄥˋ，把東西獻給人家的敬語，如「貢獻」。

4. 依倚

依ㄧ，當靠字講，側重貼近的意思，如「依附」、「依憑」；又當聽從講，如「依從」；又

當照字講，如「依樣畫葫蘆」；又「依然」是仍舊的意思；「依依」是不忍分離的樣子。

倚ㄧˇ，也當靠字講，側重伏恃的意思，如「倚老賣老」、「倚勢凌人」；斜靠著也叫倚，如

「倚欄」、「倚閭」；又當偏字講，如「偏倚」。

5. 係繫

係ㄒㄧˋ，當相關講，如「關係」；又當是字講，如「確係」。

繫ㄒㄧˋ，當掛字講，如「繫念」；又當聯字講，如「聯繫」；又音ㄐㄧˋ，當結字講，如「繫鞋帶」。

6. 原緣

原ㄩㄢˊ，平廣的土地叫原，如「平原」；又當是本來的叫原，如「原物」；又當根本講，如「本原」、「原因」；又當饒恕講，如「原諒」。

緣ㄩㄢˊ，當起由講，如「緣起」、「緣故」；又由於自然的關係，不是人力造成的叫緣，如「緣分」；又當順著講，如「緣木求魚」；讀音ㄩㄢˋ，謂衣服的邊緣。

7. 多都

多ㄉㄨㄛ，數量很大叫多，如「許多」；又剩下的叫「多餘」。

都ㄉㄨ，人口及貨物聚集的地方叫都，如「都市」；又當美盛講，如「麗都」；又音ㄉㄡ，當皆字講，概括全部的意思，如「都好」、「都是」；又「大都」是大概的意思。

8. 少稍

少ㄕㄠˇ，不多叫少，如「少數」；又當欠缺講，如「缺少」；又「少頃」是一會兒的意思；又音ㄕㄠˋ，當年輕講，如「少年」、「少女」。

稍ㄕㄠ，當略微講，如「稍微」、「稍稍」。

9. 廢費

廢ㄈㄟˋ，除去叫「廢止」、「廢棄」；毀壞無用叫廢，如「廢物」；殘缺不全叫「殘廢」。

費ㄈㄟˋ，作財用講，如「公費」、「經費」；又當損耗講，如「消費」、「浪費」；引申用為「費心」、「費神」。

10. 制製

制ㄓˋ，成法叫制，如「法制」、「制度」；又當訂立講，如「制作」、「制禮」、「制服」是制定形式的衣服；又裁斷叫「裁制」；管理叫「統制」；又守父母之喪叫「守制」。

製ㄓˋ，造作器物叫製，如「製造」，鍊藥叫「炮製」；文字的法式叫「體製」。

11. 需須

需ㄒㄩ，表示欲求的意思，如「需求」、「需要」；又指需要的對象，如「軍需」。

須ㄒㄩ，表示必定的意思，如「必須」、「無須」；又做應當講，如「須知」；又時間短暫叫「須臾」。

12. 至致

至ㄓˋ，當「到」字講，如「至今」、「賓至如歸」；又當極端講，如「至善」、「至尊」。

致ㄓˋ，是使他（它）到達的意思，如「招致」、「以致」、「致書」、「致意」；又當意態講，如「情致」、「興致」；又當盡字講，如「致力」。

13. 景境

景ㄐㄧㄥˇ，指光、色、形象，如「景物」、「景象」、「美景」；又高明的德行叫「景行」；又仰慕叫「景仰」。

境ㄐㄧㄥˋ，當疆界講，如「境域」；又當地步講，如「境地」、「佳境」；又指人的遭遇、狀況，如「境遇」、「逆境」、「順境」。

14. 驚警

驚ㄐㄧㄥ，受嚇、懼怕叫驚，如「驚訝」、「驚奇」；受到驚嚇醒悟過來叫「驚醒」；又騷擾叫「驚動」、「驚擾」。

警ㄐㄧㄥˇ，戒備叫警，如「警戒」；心存戒備，睡眠易醒叫「警醒」；又當告戒講，如「警報

15. 玩頑

玩ㄨㄢˊ，遊戲叫玩，如「玩耍」、「玩弄」、「玩世不恭」；心愛物也叫玩，如「珍玩」。又音ㄨㄢˋ，輕忽戲弄叫玩「」、「警鈴」。又當把弄欣賞講，如「玩賞」。

頑ㄨㄢˊ，愚鈍、固執叫頑，如「頑固」、「頑民」；小孩調皮不服教誨叫「頑皮」、「頑童」。

16. 濫爛

濫ㄌㄢˋ，水漫溢叫濫，如「氾濫」；又當過度講，如「濫用」；不自檢點也叫濫，如「濫交」、「濫汙」；浮泛不實也叫濫，如「濫調兒」。

爛ㄌㄢˋ，熟透而輭叫爛，如「爛糊」；又當腐敗講，如「爛蘋果」；又當光明講，如「燦爛」。

17. 殘慘

殘ㄘㄢˊ，毀壞叫殘，如「殘廢」；又當暴虐講，如「殘忍」、「殘酷」；又有將盡或剩餘的意思，如「殘冬」、「殘羹」。

慘ㄘㄢˇ，當傷痛講，如「慘痛」、「悽慘」；又當狠毒講，如「慘急」；又黯淡無光叫「慘澹」。

18. 敝鄙

敝ㄅㄧˋ，破損叫敝，如「敝屣」；又可用來謙稱自己的處所，如「敝校」、「敝店」、「敝處」。

鄙ㄅㄧˇ，又音ㄅㄧ，邊遠的地方，如「邊鄙」；又當粗俗卑陋講，如「鄙夫」、「卑鄙」；又

19. 意義

當輕視講，如「鄙笑」；又可用來謙稱自己，如「鄙人」。

義一、心的思慮叫意，如「意圖」、「意念」、「意見」、「意趣」；又當推測料想講，如「意料」；又任性行事不顧一切叫「意氣用事」。

義一、行為合乎道德、正理叫義，如「義行」、「義士」；又道義的精神叫「義氣」；又當道理講，如「義理」、「義疏」。

20. 噪嘈

噪ㄗㄠ，蟲鳥的聲音很大而且煩人叫噪，如「蟬噪」、「鵲噪」、「噪聒」；又騷擾人的聲音叫「噪音」。

嘈ㄘㄠ，各種聲音一起響起來叫嘈，如「嘈雜」。

附二 文言白話詞語的比較（註八）

(一)文言詞語跟白話詞語相同，例如：

(甲)單音詞

天 地 山 水 人 手 牛 羊 銅 鐵 求 嫁 娶 愛 怨 吞 吐 抱 掃 大 小 長

短 方 圓 正 直 輕 重 冷 熱

(乙)複音詞

蟋蟀 蝴蝶 婚姻 商量 欣賞 經營 提拔 聰明 正直 淒涼 蕭條 寂寞 逍遙 滑稽 婆娑

(二)文言詞語跟白話詞語形式相同，但意義已變，例如：

(甲)單音詞

（古） （今）

去：離開　　去：往

說（ㄕㄨㄟˋ）：勸說　　說：言

樂：快活　　樂：笑

兵：兵器　　兵：士卒

股：大腿　　股（單位詞）

江：長江　　江（通名）

河：黃河　　河（通名）

(乙)複音詞

（古）　　　　　　　（今）

國語：書名　　　　　國語：現代中國標準語

數學：陰陽變化之學　數學：算學

交通：交往、勾結　　交通：客貨運輸和郵電往來

經濟：經世濟民　　　經濟：關於財貨的事項

消息：生滅，盛衰　　消息：音訊，新聞

時髦：一時的英才　　　　一時的崇尚

(三)文言詞語跟白話詞語部分相同，例如：

(甲)文言單音詞包含在白話複音詞裏邊：

鼻子　孫子、鴨子　橘子△　帶子△　珠子△　銀子△　櫃子△　貓兒△　盆兒△　花兒△　杏兒△　繩兒△　字兒△　詞兒△
名兒△　舌頭△　指頭△　拳頭△　石頭△　木頭△　磚頭△　外頭△　前頭△　老虎△　老鷹△　老鼠△　欺負△　頭髮△　嘴唇△
耳朵△　眉毛△　胸脯△　肩膀△　膝蓋△　翅膀△　月亮△　雲彩△　蝗蟲△　國家△　窗戶△　睡覺△
巴掌△　螞蟻△　蟋蟀△　跳蚤△　兄弟△　毛病△　乾淨△　熱鬧△　討厭△　可憐△　相信△　呵欠△

(乙)合兩個文言單音詞成一個白話複音詞：

身體　頭腦　皮膚　婦女　長官　行為　思想　樹木　美麗　惡劣　空虛　悲哀　驕傲　吉利　懶惰
孝順　追逐　更改　生產　分析　覺悟　依賴　忍耐　考試

(四)文言詞語跟白話詞語全部不相同，例如：

(甲)都是單音詞

　　（古）（今）　　　　　　（古）（今）
都：是
食：吃　　　　　　齧：咬
甘：甜　　　　　　置：放
足：腳　　　　　　引：拉

履…鞋

辛…辣

㈡都是複音詞

（古）（今）

肩輿…轎子

湯餅…麵條兒

孀妻…寡婦

（古）（今）

首途…出發

遺男…遺腹子

縱容…放任

㈢文言單音詞，白話複音詞

（古）（今）

日…太陽

帘…簾幕

雉…野雞

語（ㄩ）…告訴

濯…洗滌

弈…下棋

比（ㄅㄧ）…等到

妾…姨太太

（古）（今）

遣…打發

弛…放鬆

犢…小牛

筯…筷子

婢…女佣人

誨…教導

汲…打水

這裏所謂「古」，是指一個詞語在古代（文言）常用的意義；「今」，是指一個詞語在今天（白話）常用的意義。「古」「今」只是一種相對的說法，沒有一定的界限。一個詞語，往往有多種意義，那是在詞典裏可以查考的。這裏的重點，只是說明文言、白話詞語異同的概略情形。

【附註】

註一　參見于大成文字文學文化

註二　參見胡楚生訓詁學大綱

註三　參見黃錦鋐中學國文教材教法

註四　錄自國中國文課本第一冊

註五　同註四

註六　錄自國中國文課本第二冊

註七　同註六

註八　錄自國中國文課本第四冊

三、文法的剖析

前 言

文法是語文的結構方式。每一個族語都有它特殊的結構方式，所謂「國文文法」就是中華民族語言（嚴格地說該稱為漢語）結構的方式。

國文教學的目標，以語文訓練為主。為了增進學生閱讀及寫作的能力，文法的剖析是必需的。在「範文教學」方面，我們可以透過文法的分析，正確掌握語句的意義，減少誤解的產生，避免時間精力的浪費，進而增進學生理解的能力。在「作文教學」方面，清晰的文法觀念，可以幫助學生確切的遣詞造句，提高他們的表達能力，以達到溝通情意的目的。文法剖析的重要性，由此可見。

不過，文法只是將既成的語文習慣，整理出有系統的原則，依此原則，教人組織準確而通順的說辭或文章，至於如何使言辭瑰麗、文章美妙，則是修辭學的領域。大致言之，文法重在客觀的分析，所求的是準確；修辭則偏重主觀情意的表現，所求的是美妙，兩者在層次上是有所不同的。

本文嘗試以四個單元，探究範文教學之「文法剖析」，將「國文文法」的重要觀念，予以有系統的介紹。取例儘量採用民國七十二年七月教育部公布國中與高中國文課程標準後，新編國民中學國文課本之範文，並註明其「冊次」、「篇名」及「作者姓名」。如無適當資料，則採用新編高中國文課本之範文，或其他常見的文章為例。凡例句皆加上「▲」號，以為區別。希望能以簡淺的文字，將「國文文法」做一概略性的說明，以供中學國文教師參考。在定義、分類及術語的選用方面，將大抵依據

許師世瑛先生的中國文法講話（註一），並廣收參考資料，以充實其內容。國文教師在處理教材時，可循此系統，用比較歸納的方法，剖析課文中語句的結構，指導學生運用原則，加強分析語句，並練習造句，以培養其欣賞文學作品之興趣及能力，從而達到國文教學的目標。

甲、詞的意義、種類及配合

(一)詞的定義：

「詞」是能夠代表一個意義的語言成分。在中國文法裏，字與詞是有分別的。有時候，一個字就有一個意義，這叫做「單音詞」。例如：「劍」、「馬」等；但是，有時候一個字並不能代表一個意義，必須由兩個或兩個以上的字合起來才有一個意義，這叫做「複音詞」。例如：「葡萄」，是水果的一種，假使你單說一個「葡」字或一個「萄」字，是沒有意義的。因此，「葡」與「萄」都只是字而非詞。

(二)詞的種類：

(A)詞的種類：

①單（音）詞──由一個字構成一個詞。例如：「筆」、「紙」等。

②複（音）詞──由兩個或兩個以上的字構成，卻只表示一個意義。例如：「葡萄」是雙音詞；「圖書館」是三音詞；「三民主義」是四音詞。複詞又可分為若干類，茲分述如下：

1.衍聲複詞：

衍聲複詞是以聲音關係相結合而成的，構成方式有以下幾種情形：

(1) 雙聲雙音節衍聲複詞：衍聲複詞中上下兩個字的聲母相同者。例如：「崎嶇」、「彷彿」。

(2) 疊韻雙音節衍聲複詞：凡是同韻（不管介音的有無）的雙音節衍聲複詞，就是疊韻的雙音節衍聲複詞。例如：「荒唐」、「逍遙」。

(3) 雙聲疊韻衍聲複詞：既雙聲又疊韻的雙音節衍聲複詞，但並不一定同音。例如：「玲瓏」、「綣孌」。

(4) 非雙聲疊韻衍聲複詞：既不雙聲，也不疊韻，同時上下兩個字或詞，又不是以義合成的，而是因聲音關係拼合的。例如：「蝴蝶」、「葡萄」。

(5) 疊字式衍聲複詞：兩字上下重疊稱疊字，由兩字重疊構成，以聲音關係衍生的複詞，稱疊字衍聲複詞。例如：「關關」、「喃喃」、「漸漸」、「輕輕」。

(6) 多音詞：多音詞的構詞法，無一定之規則，屬於一種綜合運用。大約可以分為以下幾種：

① 單字加疊字法：例如：「嘩啦啦」、「滑嗖嗖」。

② 雙疊字法：例如：「嘻嘻哈哈」、「嘰嘰呱呱」。

③ 多重雙聲疊韻法：借雙聲疊韻的綜合運用，摹擬同中有異，異中有同的複雜聲音。例

如：「唏哩嘩啦」、「劈哩啪啦」。

④贅語法：增加音綴作用，所加之字並無意義，但使文辭產生情趣。例如：「糊裡糊塗」的「糊裡」、「吊兒郎噹」的「吊兒」都可稱爲贅語法的運用。

⑤駢語法：上二字與下二字意義一樣，表面似重複累贅，但語氣較有力。例如：「牽腸掛肚」、「歡天喜地」。

2.附加複詞

附加複詞是在一個基本詞前附加一個詞頭；或在一個基本詞後附加一個詞尾。前者稱爲「前加複詞」；後者稱爲「後加複詞」。茲分別說明如下：

(1)前加複詞

這類複詞是由「音」＋「義」的關係所構成。表音的成分在前，表義的成分在後。例如：「老虎」、「老鼠」的「老」表音；「虎」與「鼠」表義便是。「老虎」與「老鼠」的「老」字，沒有「老」字的意義在內，只是因爲單說一個「虎」或「鼠」，怕聽的人不清楚，所以加一個「老」字在「虎」或「鼠」的上面，成爲雙音詞，比單音詞聽得清楚些。像這樣用法的「老」字，我們把它稱做「詞頭」。其他的例子像小張、小王的「小」，阿蘭、阿英的「阿」也是詞頭。在文言文中如「購機見祝」的「見」字，不是修飾動詞「祝」的副詞；「辱承相邀」的「相」字，並沒有「互相」的意思，不是修飾動詞「邀」字；「張三所愛」的「所」字，也不是修飾動詞「愛」字，所以「見」、「相」、

「所」等字，依據許師世瑛先生的說法，也都可稱爲「詞頭」。

(2)後加複詞

這類複詞是由「義」＋「音」的關係所構成。表義的成分在前；表音的成分在後。例如：「桌子」的「桌」表義；「子」表音便是。其他如：「房子」、「窗子」、「花兒」、「鳥兒」、「木頭」、「念頭」的「子」、「兒」、「頭」都是沒有意義的字，我們稱爲「詞尾」。白話文中形容詞後面加個「的」字，如「美麗的」、「漂亮的」、「聰明的」，依據許師世瑛先生的說法，這些「的」也不妨說是詞尾。在文言文中，很多形容詞都帶詞尾，如「沛然」的「然」、「戚戚焉」的「焉」、「巍巍乎」的「乎」、「莞爾」的「爾」、「行行如」（剛強的樣子）的「如」、「沃若」（柔嫩的樣子）的「若」、「忽其」（與「忽然」同義）的「其」等都是「詞尾」。

3.合義複詞

合義複詞的拼成，不是由於聲音關係，而是以義相合的，這類複詞又可以分爲三類：

(1)聯合式合義複詞

這是由並列關係聯合而成的複詞。若就其聯合的關係而言，大約可細分爲平行、類似、包含、對立、偏義等關係。這類複詞的兩個字，一定要緊密聯合，只有一個意義。如果各有其義，就不是合義複詞，只能算是「詞聯」。例如：「國家」，只有「國」的意義；假如「國家」指「國」和「家」，便不算是合義複詞，只能算是「詞聯」。又如「繩墨」的意思是「法度」、「規則」，這是形成合義

複詞後所產生的新義；假如「繩墨」指「繩」和「墨」，便不是合義複詞，只能算是「詞聯」。這類複詞構成的關係，大約有以下幾種：

①平行關係

由平行關係所構成的複詞，其上下兩個詞的意義相同。例如：「巨大」、「宮室」、「養育」、「美麗」等。

②類似關係

由類似關係所構成的複詞，其上下兩個詞的意義相似。例如：「保養」、「辛苦」、「身體」、「擁護」等。

③包含關係

這類複詞的兩個詞之間，是由大小、輕重等關係所構成，例如：「尺寸」（在長度計算單位上，一尺包含十寸）、「斤兩」（在重量單位上，一斤包含十六兩）、「分寸」、「千萬」等。

④對立關係

由對立關係所構成的複詞，其上下兩個詞的意義相反，但在合成複詞後，卻產生了一個新的意義。例如：「東西」、「利害」、「橫豎」、「是非」、「買賣」、「開關」等。

⑤偏義關係

這類複詞，也是由上下兩個意義相反的詞所構成，但在形成複詞後，只保留其中一個詞的意義，

另外一個詞的意義卻消失了。例如：諸葛亮出師表：「宮中府中，不宜異同。」其中的「異同」，只有「異」的意思。劉向縋縈救父：「緩急非所益」，「緩急」只有「急」的意思。其他如「好歹」、「早晚」等都是偏義複詞。

(2)組合式合義複詞

這是由主從關係組合而成的複詞，其中一個爲主體，另一個爲附加成分。例如：「火車」，「火」與「車」二字本各有其義，但拼合之後，只表示一種交通工具，在這個複詞中，「車」是主體，「火」是附加成分，用以修飾主體。這類複詞的兩個字一定要產生新的意義，否則上下二字是以組合的方式構成，只能算是「詞組」。例如：「大門」不是「大的門」，而是專指建築物「最外層的門」。「小人」不是「小的人」，而是指「心術不正的人」，這便是組合式合義複詞。而「紅馬」是指「紅色的馬」，只能算是「詞組」。

(3)結合式合義複詞

這是兩個詞結合而成一個複詞時，既非並列，又非主從，而是以句子的形式相結合。上下二詞緊密結合後產生新的意義，這便是結合式合義複詞，否則只能算是「詞結」。例如：「懸壺」，「懸」是述詞（又叫「動詞」），「壺」是「懸」的賓語（即「受詞」），但二詞拼合之後，僅表「行醫」一義，所以「懸壺」是結合式合義複詞。若像「寫字」一詞，因爲沒有產生新的意義，所以只能算是「詞結」。結合式合義複詞按其結合型式，大約可以分爲以下幾類：

① 主謂格　「主語」＋「謂語」（由動詞擔任）例如：「輪廻」、「地震」、「春分」、「夏至」、「霜降」、「氣喘」等。

② 修飾性的主謂格　這是由表態句型而來。例如：「肉麻」、「嘴硬」、「眼紅」、「雀躍」、「聲張」、「髮指」等。

③ 動賓格　「動詞」＋「賓語」（受詞）例如：「留神」、「出版」、「幫忙」、「司機」、「出名」、「拚命」、「混帳」、「勞駕」等。

④ 後補格　以一動詞為中心成分加後補成分。例如：「說明」（說而使之明白）、「推翻」、「拒絕」、「克服」、「延長」等。

⑤ 其他類　非組合式、聯合式，又非前四種者。例如：「傷風」、「傷寒」等。

(B) 按詞在句中所擔任的實際職務分類：

㈠ 實詞　凡本身能表示一種概念的是實詞。若依其在句中的職務，實詞又可分為以下幾種：

1. 名詞：凡實物的名稱，或哲學、科學等所創的名稱，都是名詞。例如：父、母、草、木、鳥、獸、天、地、水、火、政府、議會、道德、品行、氫、氧等。

2. 形容詞：凡表示實物德性的詞（用以修飾名詞的詞），都是形容詞。例如：紅、白、高、矮、貴、賤等。

3. 動詞：凡描述行為或事件的詞，都是動詞。例如：來、去、跑、跳、吃、喝、想、寫、愛

、恨、生、死等。

4.副詞（或稱限制詞）：凡是用來表示形容詞或動詞的程度、範圍、時間、處所、可能性、否定作用等，而不能單獨指稱實物、實情或實事的詞，都是副詞。例如：很、甚、總、又、今、昔、內、外、能、會、不、莫等。

5.代詞（代名詞，或稱指稱詞、稱代詞）：凡是指稱或稱代人、事、物的詞，都是代詞。大約有以下幾種：

(1)三身指稱詞　例如：你、我、他、彼、其、之等。

(2)特指指稱詞　例如：這、那、此、彼等。

(3)疑問指稱詞　例如：孰、何、奚、什麼等。

(4)數量指稱詞　例如：一、十、千、萬、多、些、每、各等。

(5)單位指稱詞　例如：斤、枝、片、張、頭、塊等。

(二)虛詞　凡本身不能表示一種概念，只是語言結構工具的便是虛詞。若依其在句中的職務，又可分爲以下幾種：

1.關係詞：連詞和介詞合起來稱爲關係詞，是用以聯接或介系「詞」和「詞」，或「句」和「句」的詞。

(1)連接詞：用以連接同種類的「詞」與「詞」，或「句」與「句」的詞。例如：和、跟、

因爲、所以、如果、假設等。

(2)介詞：置於名詞或代名詞之間，而介紹名詞或代名詞與另一詞發生關係的詞。例如：給、把、替、自等。

2. 語氣詞：用來表示一種情緒或語氣的詞。大約可分爲：

(1)歎詞：凡是用來表示各種情緒的詞，都是歎詞。又稱爲獨立的語氣詞。例如：嗚呼、哎喲、噫等。

(2)助詞

凡是用來表示各種語氣的詞，都是助詞。大致包括一般所謂的「句首、句中、句末語氣詞」。例如：夫、焉、哉、耳、也、者、了、啊等。

(三)詞與詞的配合關係：

詞和詞（這裏說的詞，是指名詞、形容詞、動詞等說的）之間的配合關係，可以有左列三種：

㈠聯合關係——並列關係

詞的聯合關係簡稱詞聯。這是兩個或兩個以上同類詞（指名詞與名詞、形容詞與形容詞、動詞與動詞）以平列、並立的關係相聯合。例如：

▲我們的校訓——禮、義、廉、恥。（第一冊 我們的校訓 蔣中正）

「禮、義、廉、恥」四詞都是名詞，這是以並列的關係相聯合，稱爲詞聯。詞聯的兩詞之間可以插進關係詞，名詞與名詞間可以加入「和」、「跟」、「與」、「同」、「及」等關係詞。動詞與動詞，形容詞與形容詞間可以加入「又」、「且」、「而」、「又……又……」、「且……且……」等

關係詞。若是聯合式合義複詞，中間就絕對不能加進關係詞了。

㈡組合關係——主從關係

詞的組合關係簡稱詞組，也叫主從關係或附加關係。這種關係的兩個詞，一定是不同詞類。下面一個是主體詞，叫做端詞，上面附加的詞，叫做加詞。端詞永遠是名詞或帶名詞性的詞，加詞則可以是名詞、形容詞、動詞或代詞；不過，這時的名詞、形容詞、動詞、代詞都已經形容詞化了。例如「紙蝴蝶」、「紅花」、「飛鳥」、「他父親是一位書法家」等。

㈢結合關係——造句關係

詞的結合關係簡稱詞結，這是詞跟詞構成句子的形式，所以又叫造句關係。其形式有二：

1.句子形式的詞結

這種形式，包括主語、謂語兩部分；或主語、述詞、賓語三部分。可以獨立成句，也可以只做句中的一個文法成分。如「貓捉老鼠」是一獨立句，但在「你見過貓捉老鼠嗎？」一句中，卻只做為「見」的賓語。

2.謂語形式的詞結

凡是缺少主語的句子形式，都可稱為謂語形式的詞結，這又可分為四小類：

(1)述詞（動詞）＋賓語（受詞）　例如：「騎馬」、「看花」等。

(2)限制詞（副詞）＋述詞＋賓語　例如：「不從命」、「會騎馬」等。

(3)限制詞＋形容詞　例如：「很漂亮」、「好快樂」等。

（4）限制詞＋動詞　例如：「快跑」、「慢走」等。

詞與詞的配合關係，除以上三種外，另有一種，如「師道之不傳」，形式上是詞組，而實質上是詞結，這可稱之為「組合式詞結」。組合式詞結的性質與詞結無異。

詞結的觀念很重要，因為繁句與簡句的區分，要看主語及謂語（或賓語）是不是詞結而定。結合式合義複詞，在句子裏只做一個文法成分用。例如：「方寸亂矣」句中的「方寸」是指「心」而言，它只做這一句的主語用，這是應該注意的。

乙、句子的定義及種類

㈠句子的定義：

由兩個以上的詞聯綴而成，能夠表示一個完整意思的獨立表現單位，即為句子。通常一個句子必須包含兩個部分：一是主語，一是謂語（包含述詞及賓語）；主語是句中的主要成分，謂語則是說明主語的成分。

㈡句子的種類：

句子可分為「簡句」、「繁句」、「復句」三大類。

㈠簡句：凡句中的文法成分皆由單詞、複詞、詞聯、詞組所構成者謂之簡句（沒有一個成分是由詞結擔任）。這又可以分為以下四類：

　1.敍事簡句

(1)敘事簡句的句型：主語＋述詞＋賓語

敘事簡句（又稱敘述簡句）是敘說一種事情的句子。這件事的中心是一個動作。キ語即動作的發出者，述詞即所行之動作，賓語為接受動作者。例如：

▲故人具雞黍。（第二冊　過故人莊　孟浩然）

主語「故人」是組合式合義複詞，述詞是「具」，賓語「雞黍」是詞聯。

▲我愛鳥。（第三冊　鳥　梁實秋）

主語「我」，述詞「愛」，賓語「鳥」，皆是單詞。

(2)敘事句的補語：

主語、述詞、賓語是構成敘事句的三個主要文法成分，然而一件事情或一個動作常牽涉多方面，為了使敘事完足，勢必將與這事或動作有關的人或物都放入句中，這些有關的人或物，我們都稱為「補語」。敘事簡句的補語大約有八種，茲分述如下：

①受事補語

有些敘述動作的述詞，如「賣」「寄」「還」等，常有人和物同時接受這個動作。我們把有關的「事」稱為「直接賓語」（直接受詞），簡稱賓語，而「人」叫做「間接賓語」（間接受詞），即「受事補語」。例如：

▲他寄兩本小說給我。

「他」是主語，「兩本小說」是賓語，「我」是受事補語，「寄」是述詞，「給」是關係詞，連

繫賓語和「我」。

　　②關切補語

　　主語通常對這類補語有一種服務關係。連接這類補語的關係詞，白話文常用「替」、「給」，文

言文用「為」。例如：

　▲爲長者折枝。（梁惠王篇　孟子）

　　這句主語省略，「爲」是關係詞，「長者」是關切補語，「折」是述詞，「枝」是賓語。

　　③交與補語

　　這類補語是指與主語共同動作的人物。連接這類補語的關係詞，白話文用「和」、「跟」，文言

文用「與」。例如：

　▲（其妻）與△其妾訕其良人，而相泣於中庭。（第三冊　齊人　孟子選）

　　這句主語「其妻」承上省略了，「其妾」是交與補語，「與」是連繫它的關係詞，「訕」是述詞

，「其良人」是賓語。

　　④憑藉補語

　　這類補語是指主語賴以完成動作的事物。用來連接這類補語的關係詞，白話文用「拿」、「憑」

、「用」等，文言文用「以」或「用」。例如：

國文教材教法

一二四

▲以△○○白紙糊窗。（第一冊　閒情記趣　沈復）

「白紙」為憑藉補語，主語省略。

⑤處所補語

這類補語是用來說明事情或動作發生的地點。用來連接這類補語的關係詞，白話文通常用「在」，文言文則用「於」、「乎」等。例如：

▲雜植蘭桂竹木於庭○○○。（項脊軒志　歸有光）

「庭」為處所補語。

⑥時間補語

這類補語是用來說明一件事發生的時間。連接這類補語的關係詞，白話文用「在」、「到」、「自」、「從」等，文言文則用「於」、「及」等。例如：

▲子於是○○日哭，則不歌。（述而篇　論語）

「是日」為時間補語。

⑦原因補語

原因補語是用來說明一件事（或動作）發生的原因。連接它的關係詞，白話文用「為（ㄨㄟ）」，文言文用「以」、「為（ㄨㄟ）」、「由」、「用」等。例如：

▲君子不以言舉人，不以人廢言。（衞靈公篇　論語）

上句的「言」，下句的「人」為原因補語。

⑧目的補語

這類補語是說明一件事（或動作）的目的。連接這類補語的關係詞，白話文用「為了」，文言文用「以」或「為」。例如：

▲為了節約，我家要搬到鄉下去了。

「節約」為目的補語。

上述八種敘事句的補語，在有無句、表態句、判斷句也常用到。

2.表態簡句

表態簡句的句型：主語＋謂語（表語）

表態簡句（又稱描寫句）是記述人、事、物的性質或狀態，是形容性的詞。例如：

▲雄兔腳撲朔，雌兔眼迷離。（第四冊 木蘭詩 佚名）

這是兩個表態簡句，主語皆由詞組構成，謂語則為複詞。

▲山川壯麗，……。（第二冊 國旗歌歌詞 戴傳賢）

主語「山川」，與謂語「壯麗」皆是詞聯。

3.判斷簡句

，謂語則是記述人、事、物的性質或狀態的句子。這類句型的主語通常是人、事

(1)判斷簡句的句型：主語＋（繫詞）＋謂語（斷語）

繫詞是用以溝通主語和謂語的橋樑，白話的判斷句必定要用繫詞：肯定句用「是」，否定句用「不是」；文言的肯定判斷句，常不用繫詞，若用繫詞，則「乃」、「即」、「爲」等較常見；至於否定判斷句，則常用「非」做繫詞。例如：

▲天祥爲宋狀元宰相。（第五冊　文天祥從容就義　胡廣）

本句的主語是複詞（專有名詞），謂語是詞組，「爲」是繫詞，作「是」解。

▲我們是一列樹。（第一冊　行道樹　張曉風）

本句的主語、謂語都是詞組，「是」是繫詞。

(2)準判斷簡句的句型：主語＋（準繫詞）＋謂語（斷語）

準判斷句的地位在判斷句與敍事句之間，所用動詞的性質介乎普通動詞與純粹繫詞之間，我們稱這個動詞爲準繫詞，如「做」、「化」、「成」、「謂」、「猶」、「如」、「似」、「像」……等。繫詞與準繫詞的區別在於：使用繫詞時主語與謂語間是「相等」的關係（例如：「天祥爲宋狀元宰相」，「文天祥」就是「宋狀元宰相」，「宋狀元宰相」就是「文天祥」，二者間是完全相等的關係）；而準繫詞上下的主語與謂語間，只是「類似」的關係，或者主語本身已產生變化，二者間並不完全的相等。例如：

▲徒使兩地眼成穿而骨化石。（第六冊　與妻訣別書　林覺民）

其中「眼成穿」、「骨化石」是兩個典型的準判斷句，「成」與「化」是準繫詞。「穿」和「石」是由主語「眼」和「骨」變化而來的。

▲情感和理智，像鳥的雙翼。（第二冊　大好春光　吳兆奇）

本句主語是一詞聯，「像」是準繫詞，謂語是詞組。而主語和謂語間，則有類似的關係存在。

4.有無簡句

有無簡句的句型：主語＋述詞（限用「有」、「無」）＋賓語

有無簡句是表明事物的有無。它的結構與敍事簡句相同，但述詞限用「有」或「無」。例如：

▲圓門東邊有○○三間舊房。（第二冊　大明湖　劉鶚）

「圓門東邊」本是處所補語，在此也可視為「有」的主語。

▲君子有○終身之憂。（第二冊　最苦與最樂　梁啓超）

「君子」是主語，賓語「終身之憂」是詞組。

㈡繁句：凡敍事句或有無句的主語跟賓語，表態句跟判斷句的主語或謂語，是由詞結擔任的，都是繁句。茲分別舉例說明如下：

1.敍事繁句

▲小弟聞姊來，○○磨刀霍霍向豬羊。（第四冊　木蘭詩　佚名）

上句即為一敍事繁句。「姊來」是敍事句詞結作「聞」的賓語。

▲○○
開軒面場圃，把酒話桑麻。（第二冊　過故人莊　孟浩然）

這是兩句敍事繁句，其中「開軒」與「把酒」分別是擔任兩句主語的詞結。

2.表態繁句

▲○○
山川壯麗，物產豐隆。（第二冊　國旗歌歌詞　戴傳賢）

下句爲一表態繁句，主語「物產」爲一詞結。

▲○○
月落、烏啼、霜滿天。（第一冊　楓橋夜泊　張繼）

「霜滿天」爲一表態繁句，其中「霜」爲主語，「滿天」爲一詞結擔任的謂語。（此一大句由三

小句表態句組成）

3.判斷繁句（含準判斷繁句）

▲○○
立志是讀書人最要緊的一件事。（第一冊　立志做大事　孫文）

主語「立志」爲一詞結。

▲○○
臣事君，猶子事父也。（蘇武傳　漢書）

主語「臣事君」與謂語「子事父」均由詞結擔任，「猶」是準繁詞。

4.有無繁句

▲○○
交鄰國有道乎？（梁惠王篇　孟子）

主語「交鄰國」爲一詞結。

▲得罪了人沒有賠罪。（第二册　最苦與最樂　梁啓超）

賓語「賠罪」爲一詞結。

5.致使繁句

致使繁句屬於敍事繁句的一種，但這類敍事繁句裏的述詞，可使賓語有所動作或起變化，故在賓語後面還要再加一個述詞，做第二個述詞，或加上個謂語，使得這個賓語合上後面所加的述詞或謂語，也構成一個詞結。也就是第一個述詞後的賓語，成爲第二個述詞的主語。致使繁句的第一個述詞，一定是致使動詞，例如：「叫」、「讓」、「使」、「令」、「推」、「學」等。

▲（田單）令甲卒皆伏。（第六册　田單復國　司馬遷）

「令」是致使動詞，主語「田單」省略，「令」後面接的是敍事句型的詞結。「甲卒」對「令」來說是賓語，對「伏」來說是主語。

▲又留蚊於素帳中，徐噴以煙，使之沖煙飛鳴。（第一册　兒時記趣　沈復）

「使」是致使動詞，主語「沈復」省略，「使」後面接的是表態句型的詞結。「之」（指「蚊」）對「使」來說是賓語，對「沖煙飛鳴」來說是主語。

致使繁句有時可以不用致使動詞，直接把賓語後之述詞提到前面，使它具有「致使」的作用，這種用法稱「使動用法」。例如：

▲天將降大任於是人也，必先苦其心志，勞其筋骨，餓其體膚……。（第四册　生於憂患死於安

就是從「使其心志苦，使其筋骨勞，使其體膚餓」變化而來的。

6.意謂繁句

形式與致使繁句類似，但此類句子的述詞，不像致使繁句，可以使賓語有所動作或變化，並表現於事實，它只是存在於動作發起者的心目中而已。意謂繁句常用的述詞為意謂動詞「以為」，可以合用，也可以分用。例如：

▲一人雖聽之，一心以為有鴻鵠將至。（告子篇　孟子）

下句即為意謂繁句，主語承上省略，「以為」是述詞，「有鴻鵠將至」為謂語式的詞結，做「以為」的賓語。

▲以叢草為林，以蟲蟻為獸。（第一冊　兒時記趣　沈復）

此二句皆為意謂繁句，主語省略，「叢草」、「蟲蟻」兼做「以」（述詞）的賓語及下句的主語。「為」是準繫詞，相當於「做」。

文言文中有時可以不用「以為」等字，直接把形容詞提上去做述詞用，稱「意動用法」。例如：

▲叟！不遠千里而來。（梁惠王篇　孟子）

「不遠千里」就是由「不以千里為遠」轉換成的。「遠」在句中擔任述詞的任務，而「千里」是「遠」的賓語。

㈢複句：含有兩個或兩個以上的詞結，它們之間，不是一個詞結做另一個詞結的文法成分，而是以聯合、因果、轉折等關係構成的，稱爲複句。約有十八種形式，茲分別說明如下：

1. 聯合關係：兩個詞結間，以聯合的關係構成。此類句子可以用連接詞「而」「也」「亦」等連繫，也可以不用。例如：

▲大形、王屋二山方七百里，（而）高萬仞。（第四冊　愚公移山　列子）

2. 加合關係：這種關係是聯合關係的加強，通常以「又」表示這種關係。例如：

▲串起了罪惡和戰爭，也串起了愛和友情。（第二冊　路　熊崑珍）

▲曾文正說：「辦事無聲無臭，既要精到，又要簡捷。」（第六冊　力行的要旨　蔣中正）

3. 平行關係：這種關係與聯合關係很相近，句子形式整齊的，我們叫它平行關係，不整齊的，叫它聯合關係。例如：

▲每日早起，須要學草字一百個，楷書五十個，既要學像，又要學快。（第二冊　家書　蔣中正）

▲生活的目的，在增進人類全體之生活；生命的意義，在創造宇宙繼起之生命。（第四冊　爲學　做人與復興民族　蔣中正）

4. 補充關係：這種關係構成的複句，是上下兩句的意思互相補充。例如：

▲吾資之昏，不逮人也；吾材之庸，不逮人也。（第三冊　爲學一首示子姪　彭端淑）

▲學而不思則罔，思而不學則殆。（第一冊　論學　論語選）

一三二

▲有村舍處有佳蔭，有佳蔭處有村舍。（第四冊　我所知道的康橋　徐志摩）

5.對待關係：這種關係構成的複句，一定是以一正一反的兩句合成的，兩句的主語或相同或不同。例如：

▲君子成人之美，不成人之惡。（顏淵篇　論語）

兩句主語相同。

▲僧之富者不能至，而貧者至焉。（第三冊　為學一首示子姪　彭端淑）

兩句主語不同，上句是「僧之富者」，下句是「（僧之）貧者」。

6.轉折關係：這種關係構成的複句，是指上下兩句所敍之事不諧和，或句意背戾。例如：

▲臣有二馬，日啗芻豆數斗，飲泉一斛，然非精潔即不受。（第四冊　良馬對　岳飛）

▲我不知道他們給了我多少日子，但我的手確乎是漸漸空虛了。（第一冊　匆匆　朱自清）

7.交替關係：這種關係就是「數者居其一」的關係，常用連接詞「或」字。例如：

▲它們的背景應該是來今雨軒，應該是諸趣園，應該是故宮的石階，或亭閣的柵欄。（第五冊　失根的蘭花　陳之藩）

▲兵刃既接，棄甲曳兵而走，或百步而後止，或五十步而後止。（梁惠王篇　孟子）

8.排除關係：凡句式為「除……外」或「自……外」者為排除關係。例如：

▲（除）一死之外，無可為者。（第五冊　文天祥從容就義　胡廣）

▲除了木瓜樹以外，所有結實**纍纍**的果樹都只能在圖畫、電視和電影中看到。（第一冊 第一次真好 周素珍）

9.比較關係：凡句式為「與其……寧」者為比較關係。這種關係構成的複句是比較事物類同、高下、利弊等的關係。例如…

▲與其使我先死也，無寧汝先吾而死。（第六冊 與妻訣別書 林覺民）

此句是比較事物的利弊。

▲雲是白的，山也是白的；雲有亮光，山也有亮光。（第三冊 黃河結冰記 劉鶚）

此句是比較事物的同類。

10.時間關係：這種關係構成的複句是指兩句之間有時間上的關聯。例如…

▲太丘舍去，去後乃至。（第一冊 陳元方答客問 劉義慶）

▲老殘洗完了臉，把行李鋪好，把房間鎖上，也出來步到河堤上看。（第三冊 黃河結冰記 劉鶚）

11.因果關係：這種關係構成的複句，通常是上下二句，前句為因，後句為果。以「因為」、「為了」、「所以」、「以」、「為」、「故」為關係詞。例如…

▲宅邊有五柳樹，因以為號焉。（第二冊 五柳先生傳 陶淵明）

▲主有蘆田的農人，因為蘆柴的出息遠不如桑葉，所以改種桑樹。（第二冊 志摩日記 徐志摩）

12.目的的關係：這種關係構成的複句，上下二句的關係，不是因果，而是目的。例如：

　吾與汝畢力平險，指通豫南，達于漢陰。（第四冊　愚公移山　列子）

▲你在此須要小心，休惹人說不是；早出晚歸，免我懸念。（第二冊　王冕的少年時代　吳敬梓）

13.假設關係：這種關係構成的複句是上下二句，前句提出假設，後句說明假設的後果。常用的關係詞是「假使」、「如果」、「若」、「即」、「苟」等。例如：

▲使天下無農夫，舉世皆餓死矣！（第五冊　寄弟墨書　鄭燮）

▲人生若能永遠像兩三歲小孩，本身沒有責任，那就本來沒有苦。（第二冊　最苦與最樂　梁啟超）

14.條件關係：條件關係與假設關係相似，但前者是提出一個具體條件，然後根據條件推出後果；後者則是提出一個假設，然後推出後果。常用的關係詞是「就」、「便」、「則」、「即」、「斯」等。例如：

▲汝以事宋者事我，即以汝爲中書宰相。（第五冊　文天祥從容就義　胡廣）

▲處處盡責任，便處處快樂；時時盡責任，便時時快樂。（第二冊　最苦與最樂　梁啟超）

15.推論關係：這種關係構成的複句是上下二句，前句爲前提，後句爲結論。前提句是用「既」、「既然」等詞，結論句用「就」、「則」、「即」、「乃」等與之相應。例如：

▲既來之則安之。（季氏篇　論語）

▲我們既做了一個人，便要做一個眞正的人，不愧天地父母所生我這個人。（第四冊　爲學做人與復興民族　蔣中正）

16.擒縱關係：這種關係是「欲擒故縱」的用法，常見的句型是「雖……也……」。例如：

▲不說也罷，（雖）說了你們也是不信的。（第四冊　我所知道的康橋　徐志摩）

▲汝時尤小，當不復記憶，吾時雖能記憶，亦不知其言之悲也。（祭十二郎文　韓愈）

17.襯托關係：這種關係構成的複句是上下二句，前句爲襯托，後句爲主體。表示襯托關係的關係詞，白話用「不但」、「不獨」等；文言用「不惟」、「非惟」、「不獨」等；，而下句用「連……也……」（即「……亦……」）（文言）等照應。例如：

▲不獨是對於一個人如此，就是對於家庭、對於社會、對於國家、乃至對於自己，都是如此。（第二冊　最苦與最樂　梁啓超）

▲自己不但不能料理薪水，連丈夫身上一針一線也照顧不來。（兒女英雄傳第二十七回）

「連……也……」（白話）「即……亦……」

18.逼進關係：這種關係構成的複句是由淺入深，襯托關係是用深證淺，此爲二者之不同處。逼進關係常用「別說」做關係詞，句型是「乙尚且如此，別說是甲。」甲事比乙事有更大的理由。例如：

▲大禹之聖，且惜寸陰；陶侃之賢，且惜分陰，又況聖賢不若彼者乎？（第六冊　勤訓　李文炤）

▲就是朝廷宮裏也有定例，幾年一挑，幾年一放，沒有長遠留下人的理；別說你們家。（紅樓夢

‧曹雪芹）

丙、句與詞組的轉換

句子和詞組的分別，只是配合方式不同，因此，一個句子多數可以改換成一個詞組；同樣地，詞組也可以改變成一個句子。茲舉例說明如下：

（一）敍事句與詞組的轉換：敍事句轉換成詞組和句法變化最有關係。

㈠以主語做端語的詞組。例如：

▲我愛鳥。↑→愛鳥的我○

▲故人具雞黍。↑→具雞黍之故人○

㈡以賓語做端語的詞組。例如：

▲老牛拉車。↑→老牛拉的車○

▲世人盛愛牡丹。↑→世人盛愛之牡丹○

㈢以補語做端語的詞組。例如：

1.憑藉補語轉換成的詞組，通常指的是物。例如：

▲以白紙糊窗。↑→所以糊窗之白紙○

▲我用話來激他。↑→我用來激他的話○

2.受事補語、關切補語、交與補語轉換成的詞組，通常是將對「人」的敘述，轉換成詞組。白話中通常在關係詞之後，還要加上代名詞「他」字。例如：

▲天將降大任於是人也。↓天所將降大任之人

此句中「於」是介系詞，「是人」是受事補語。

▲我替一位老朋友拍照。↓我替他拍照的老朋友

此句中「替」是介系詞，「老朋友」是關切補語。

▲我常和王先生下棋。↓我常和他下棋的王先生

此句中的「王先生」是交與補語。

3.處所補語、時間補語轉換成的詞組。例如：

▲（越明年），貧者自南海還。↓貧者所自還之南海

此句中「自」是介系詞，一定要加，以說明「還」（述詞）這個動作的方向性，「南海」為處所補語。

▲子於是日哭則不歌。↓子哭之日則不歌

此句中「於」是介系詞，「是日」爲時間補語。

㈡表態句與詞組的轉換：以主語做端語，加語是「形容性」。例如：

▲春晨多霧。↓多霧的春晨

▲芳草鮮美，落英繽紛。 ↓ 鮮美之芳草，繽紛之落英

▲張小姐美麗大方。 ↓ 美麗大方的張小姐

(三)判斷句與詞組的轉換：以謂語爲加語，以主語爲端語，加語與端語是「同一性」。例如：

▲孫中山先生是我們的 國父。 ↓ 我們的 國父孫中山先生。

▲長江是中國第一大江。 ↓ 中國第一大江長江。

此類傳記性的判斷句，可以轉換成詞組，但是注釋式的判斷句，例如：「馬動物也」，「仁者人也」等，都不能轉換成詞組。

(四)有無句與詞組的轉換：有主語的有無句，可以轉換爲詞組，但無主語的有無句，卻不能轉換成詞組，因爲在那樣的句子中，只含有一個實義詞，如「有賊」，有無句轉換成的詞組，是以賓語做端語，述詞「有」不必保留，而加語則是「領屬性」，因此光是「有賊」二字，並沒辦法轉換成詞組。 例如：

▲我有書。 ↓ 我的書

▲民有飢色。 ↓ 民的飢色

▲蜀之鄙有二僧。 ↓ 蜀鄙之二僧

丁、句子的變化

句子變化的目的，在使語句流暢自然，符合語言習慣，同時也豐富語言的內容。 句子變化的方式

很多，在此僅列出常用的三種，即「省略」、「倒裝」及「外位」。

(一)省略：為使句子的文字精簡，避免重覆，在行文上往往有所省略，在文言裏省略尤為常用。教師遇此情形，當詳細分析文義，說明省略之所在，並加以補充，以免學生產生混淆。省略的方式，就行文言，有「承上省略」、「探下省略」兩種，此外尚有泛稱之省略，義理當然之省略等情形。以下分別就省略發生的情形舉例說明：

㈠主語的省略：例如：

▲陳太丘與友期行，（共）期日中，（友）過中不至，太丘舍（之）去。（太丘）去後，（友）乃至。（第一冊　陳元方答客問　劉義慶）

這是承上省略，括號中的文字，即是被省略的主語。

▲（回）退而省其私，亦足以發，回也，不愚！（爲政篇　論語）

這是探下省略。

▲（人）學而不思則罔，（人）思而不學則殆。（第一冊　論學　論語選）

這是泛稱的省略。

▲孟子曰：「許子必種粟而後食乎？」

陳相曰：「然。」

（孟子曰：）「許子必織布而後衣乎？」

（陳相）曰：「否，許子衣褐。」

（孟子曰：）「許子冠乎？」

（陳相）曰：「冠。」……

這是對話省略。文言對話及現代小說中，常可見此種記錄方式。開頭先交代是誰和誰對話，其後便省略去主語，有時連主語下的曰字亦省去。

㈡賓語的省略：

1. 致使繁句中第一個賓語的省略。例如：

▲今後吾將再病，教（吾）從何處呼汝耶？（祭妹文　袁枚）

這是承上省略。

2. 「以」字後賓語的省略。例如：

▲貧者自南海還，以（之）告富者。（第三冊　為學一首示子姪　彭端淑）

這是文義當然的省略。

3. 「與」字後賓語的省略。例如：

▲士志於道，而恥惡衣惡食者，未足與（之）議也。（里仁篇　論語）

這是承上省略。

4. 「為」字後賓語的省略。例如：

▲即解貂覆生，為（生）掩戶。（左忠毅公軼事　方苞）

這是承上省略。

5.後接「以……」、「於……」之賓語的省略。例如：

▲又留蚊於素帳中，徐噴（蚊）以煙，使之沖煙飛鳴。（第一冊　兒時記趣　沈復）

這是承上省略。

▲家貧，無從致書以觀，每假借（書）於藏書之家而觀之。（送東陽馬生序　宋濂）

這是承上省略。

6.其他

▲友人慚，下車引之，元方入門不顧（友人）。（第一冊　陳元方答客問　劉義慶）

這是承上省略。

㈢介系詞「以」、「於」的省略。例如：

▲客聞之，請買其方（以）百金。（逍遙遊　莊子）

這是文義當然的省略。

▲秦始皇大怒，大索（於）天下。（留侯世家　司馬遷）

這是文義當然的省略。

㈡倒裝：凡顛倒文法順序的句子，稱做倒裝。

㈠敘事句賓語的倒裝

1.以疑問詞爲賓語的倒裝。例如：

▲子何恃而往？（第三冊 爲學一首示子姪 彭端淑）

「子」是主語，「恃」是述詞，「何」是賓語，在這裏是疑問詞，所以放在述詞「恃」之前。此句的原形是「子恃何而往。」

2.否定句以指稱詞爲賓語的倒裝。例如：

▲不患人之不己知，患不知人也。（學而篇 論語）

「己」是「知」的賓語，爲第一人稱指稱詞，其上「不」爲否定限制詞。此句的原形是「不患人之不知己」。

3.賓語、述詞中間加「是」、「之」的倒裝。例如：

▲主義是從。（第一冊 國歌 孫文）

「從」是述詞，「主義」是賓語，主語省略，「是」乃句中語氣詞，無義，在此表示賓語提前。此句的原形是「從主義」。

4.「唯……是……」句型中賓語的倒裝。例如：

▲唯利是圖。

「圖」是述詞，「利」是賓語，主語省略，「是」乃語氣詞，表示賓語提前。此句的原形是「唯

圖利」。

5.介系詞「以」字賓語的倒裝。例如：

▲勤以補拙，儉以養廉。

「以」是介系詞，「勤」「儉」二詞是憑藉補語，做「以」的賓語，「養」與「補」二者是述詞，「廉」與「拙」則分別是「養」與「補」的賓語。此二句的原形是「以勤補拙，以儉養廉。」

㈠敘事句述詞的倒裝。例如：

▲又向前跨了一步，這蒼白的歲月。（年　楊喚）

此句的主語是「這蒼白的歲月」，述詞是「跨」。原形是「這蒼白的歲月，又向前跨了一步。」

㈡敘事句補語的倒裝。例如：

▲讚賞朋友的成功，用誠意；檢討自己的失敗，用勇氣。（朋友　季薇）

「誠意」、「勇氣」是憑藉補語，此句的原形是「用誠意讚賞朋友的成功；用勇氣檢討自己的失敗。」

㈣表態句謂語的倒裝。例如：

▲孝哉閔子騫。（先進篇　論語）

這是一個表態簡句，原形是「閔子騫孝哉。」

▲靜極了，這朝來水溶溶的大道。（第四冊　我所知道的康橋　徐志摩）

此句的原形是「這朝來水溶溶的大道靜極了。」

㈤複句主從的倒裝。例如：

▲不可，直不百步耳，是亦走也。（梁惠王篇　孟子）

這是一個轉折複句，原形是「不可，是亦走也，直不百步耳。」

▲賜也，始可與言詩已矣，告諸往而知來者。（學而篇　論語）

這是因果複句，原形是「告諸往而知來者，賜也，始可與言詩已矣。」

▲沒有一處能吸引人多看它一眼，如果把它丟在街心的話。（車禍在北回歸線　朱西寧）

這是假設複句，原形是「如果把它丟在街心的話，沒有一處能吸引人多看它一眼。」

▲那裏有工夫，即使有心想親近你自己。（再剖　徐志摩）

這是擒縱複句，原形是「即使有心想親近你自己，那裏有工夫。」

㈢外位：凡是句中的文法成分離開其本位的，叫做「外位」；這些離開本位的成分，稱爲「外位語」。文言文中，在外位語的原位，常有指稱詞「之」、「是」塡補，白話裏，則多數讓它空著。

㈠外位主語：判斷句的主語可以提前，而在原位補上一個指稱詞，形成外位，例如：

▲德之不修，學之不講，聞義不能徙，不善不能改，是吾憂也。（述而篇　論語）

▲西瓜、香蕉、鳳梨，這些是臺灣盛產的水果。

「是」做「此」解，是形式上的主語，真正的主語，是前述各項。

㈠「這些」是指稱詞，為形式上的主語。

㈡外位賓語：敍事句或有無句中的賓語可以提前，而在原處放進一個「之」字，做為形式上的賓語。例如：

▲老者安之。（第三册 孔子的人格 張蔭麟）

「之」為指稱詞，稱代「老者」，原形是「安老者」。

▲新招佃地人，必須待之以禮。（第五册 寄弟墨書 鄭燮）

「之」為指稱詞，用以稱代「新招佃地人」，做形式上的賓語。

▲家裏的事，你不用管（它）。

白話中，指稱詞往往可以省略，故此句在省略指稱詞之後，亦可視作倒裝。

㈢外位補語。例如：

▲刀，吾以之削梨。

「刀」是外位憑藉補語。

▲張生，吾與之共遊阿里山。

「張生」是外位交與補語。

▲燕太子丹，荊軻願為之效死。

「燕子太丹」是外位關切補語。

▲○是役○也，草木爲之含悲，風雲因（之○）而變色。（黃花岡七十二烈士事略序 孫文）

「是役」是外位原因補語。

結 語

一篇文章是由字構成詞，由詞構成句，再由語句構成篇章。因此，詞語教學和語句教學，是國文教學中最基本的活動，欲達成此二教學過程的預期目標，捨文法則不爲功。

現今中學國文教學的根本問題，除了學生單詞認識不清，和詞彙貧乏外，便是句讀不明。文法的學習，正是要從語句的剖析中，讓學生明白語句的組織與變化，並辨明句讀，以增進閱讀與寫作的能力。中學國文課文中，幾乎到處可見繁複的語句，若不明白其組織與變化，則雖然能懂得表面的釋義，仍無法消化運用。因此，教師當對國文文法有完整的認識，在教學時對於詞彙、語法及其精義，均須明白解釋。尤其必須隨時提示學生文言、白話在語法上的異同，並適時練習，俾使學生能充分理解，進而能熟習應用。

（以上「文法的剖析」，原載於國立臺灣師範大學教學與研究第八期。民國七十五年八月曾轉載於國立編譯館主編之國民中學國文教師手冊第五冊。）

【附 註】

註 一 參見許師世瑛先生中國文法講話 臺灣開明書店 民國七十一年十月修訂十六版

四、虛字的用法

前言

自從清代劉淇作助字辨略，開始對古書中虛字的用法有所說明，此後，王念孫讀書雜志、王引之經傳釋詞、經義述聞、吳昌瑩經詞衍釋、俞樾羣經平議、古書疑義舉例、古書疑義舉例續補等書，先後繼作，對於讀古書的人神益很大，然而他楊遇夫的詞詮、高等國文法、古書疑義舉例續補等書，裴學海古書虛字集釋、以及們都認爲文言虛字乃通常用法，人人都習知，不予說明，他們用以解釋虛字的方法，仍採用「某，某也」的辦法。此種訓釋，讀者依舊會感到茫然，因爲同一個「是」字，可以是「此」的意思，仍採用「某，某也」的訓釋，不能理解的部分，還是無法理解（註一）。所以「某也」，是指稱詞。但也可以等於口語常說的「孔子是聖人」的「是」字，就詞性說，是繫詞。所以「某，某也」的訓釋，不能理解的部分，還是無法理解（註一）。直至許師世瑛先生，才嘗試選出若干常用文言虛字，並加以淺顯的解說，講出它們的詞性和用法，且盡量去找和它相當的口語裏的詞彙指點出文言和語體表現方式的不同，對於初學文言文的學生頗有幫助。

所謂「虛詞」，原是用來作爲語言結構的工具，只代表「語法作用」，而不表示「詞彙意義」，一般說來只包括四類——介詞、連詞、助詞、歎詞。爲比較上的方便，本文也列出某些字在作「實詞」用時之意義，並加上「▲」號，以爲區別。此外，文言虛詞名目繁多，作用也不一而足，以下僅就常用的情形，作一說明。取例亦儘量採用民國七十二年後，新編國中國文課本之範文，並註明其「冊次」、「篇名」及「作者姓名」。如無適當資料，則以新編高中國文課本之範文，或其他常見的文章

為例，採用許師世瑛先生的說法，歸納說明虛字的用法。本文沒有提到的部分，可以參考一般解釋虛詞的書。

㈠乃：

㈠作關係詞用，和語體文中的「但是」、「如果」相當。例如：

1.「吾未能有行焉，乃△所願，則學孔子也。」（公孫丑篇 孟子）

2.「今君乃△亡趙，走燕，燕畏趙，其勢必不敢留君，而束君歸趙矣。」（廉頗藺相如列傳 史記）

▲㈡作限制詞（副詞）用，又可分為二種：

1.和語體文中的「就」、「纔（才）」、「這纔」相當。例如：

(1)「乃△放老馬而隨之，遂得道。」（第三冊 老馬識途 韓非）

(2)「過中不至，太丘舍去。去後乃△至。」（第一冊 陳元方答客問 劉義慶）

2.和語體文中的「卻」、「竟」、「反」相當。例如：

(1)「古人以儉為美德，今人乃△以儉相詬病。」（訓儉示康 司馬光）

(2)「而廷尉乃△當之罰金。」（第三冊 張釋之執法 司馬遷）

▲㈢作繫詞用，和語體文中的「是」相當。例如：

1.「臣非知君，知君乃△蘇君。」（張儀傳 史記）

2.「至拜大將，乃韓信也。一軍皆驚。」（淮陰侯列傳　史記）

▲㈣作指稱詞用，和語體文中的「你的」相當。例如：

1.「必欲烹乃翁，幸分我一杯羹。」（項羽傳　漢書）

2.「王師北定中原日，家祭無忘告乃翁。」（示兒詩　陸游）

㈡也：

㈠作句末語氣詞用，又可分為四種：

1.表直陳語氣，和語體文中的「啊」、「呢」相當（有的則無適切語詞可翻譯）又可分為三類：

(1)表判斷的語氣，例如：

①「蓮，花之君子者也。」（第二冊　愛蓮說　周敦頤）

②「牡丹，花之富貴者也。」（第二冊　愛蓮說　周敦頤）

(2)表解釋的語氣，例如：

①「忽有龐然大物，拔山倒樹而來，蓋一癩蝦蟆也。」（第一冊　兒時記趣　沈復）

②「卒之東郭墦間之祭者，乞其餘；不足，又顧而之他。此其為饜足之道也。」（第三冊
齊人　孟子）

(3)表堅決的語氣，例如：

① 「昏與庸，可限而不可限也。」（第三冊　爲學一首示子姪　彭端淑）

② 「迄乎成，而亦不知其昏與庸也。」（第三冊　爲學一首示子姪　彭端淑）

2. 表疑問語氣，和語體文中的「呀」、「啊」、「呢」相當。例如：

(1) 「奈何不至貧且匱也？」（第六冊　儉訓　李文炤）

(2) 「何謂也?」（第二冊　論孝選　論語）

3. 表感歎語氣，和語體文中的「啊」相當。例如：

(1) 「西粤之去南海，不知幾千里也。」（第三冊　爲學一首示子姪　彭端淑）

(2) 「而士獨於民大不便，無怪乎居四民之末也；且求居四民之末，而亦不可得也。」（第五冊　寄弟墨書　鄭燮）

4. 表命令語氣，和語體文中的「啊」、「呀」相當。例如：

(1) 「毋游移而不決也。」（第五冊　與荷蘭守將書　鄭成功）

(2) 「子曰：『以吾一日長乎爾，毋吾以也！』」（先進篇　論語）

㈠ 作句中語氣詞用，表停頓語氣，和語體文中的「啊」、「呀」相當。例如：

1. 「揖讓而升，下而飲，其爭也君子。」（第二冊　運動家的風度　羅家倫）

2. 「形之尨也類有德，聲之宏也類有能。」（黔之驢　柳宗元）

㈢ 之：

㈠作介詞用，又可分爲兩種：

1.作介詞用，和語體文中的「的」字相當。例如：

⑴「物外之趣。」（第一冊　兒時記趣　沈復）

⑵「累世之藏，盡廢於一人之手。」（第六冊　儉訓　李文炤）

2.作介詞用，和語體文中的「的」字不相當。例如：

⑴「吾資之昏，不逮人也。」（第三冊　爲學一首示子姪　彭端淑）

⑵「人道之所不能廢，稱情以適焉。」（第六冊　儉訓　李文炤）

㈠作句中助詞用，表示賓語提前。例如：

1.「何信義之有？」（第三冊　恢復中國固有的道德　孫文）

2.「蓮之愛。」（第二冊　愛蓮說　周敦頤）

㈢作語尾助詞用，表示順適語氣。例如：

1.「久之，以爲行已過。」（第三冊　張釋之執法　司馬遷）

2.「頃之，燕昭王卒。」（第六冊　田單復國　司馬遷）

▲㈣作動詞用，和語體文中的「往」相當。例如：

1.「吾欲之南海。」（第三冊　爲學一首示子姪　彭端淑）

2.「卒之東郭墦間之祭者。」（第三冊　齊人　孟子）

㈤作指稱詞用，和語體文中的「他」、「它」相當。例如：

1.「或置酒而招之。」（第二冊　五柳先生傳　陶淵明）

2.「昂首觀之，項為之強。」（第一冊　兒時記趣　沈復）

㈣夫：

㈠作語氣詞用，又可分為三種：

1.表疑問語氣，和語體文中的「嗎」相當。例如：

(1)「吾歌，可夫△?」（孔子世家　史記）

(2)「仁人亦樂此夫△?」（外篇　晏子春秋）

2.表感歎語氣，和語體文中的「吧」相當。例如：

(1)「三年之喪，亦已久矣夫△！」（檀弓篇　禮記）

(2)「逝者如斯夫△，不舍晝夜。」（子罕篇　論語）

3.表發議論的語氣。例如：

(1)「夫△天地之化，日新則不敝。」（第五冊　勤訓　李文炤）

(2)「夫△束修自好者，豈其無人。」（第五冊　寄弟墨書　鄭燮）

㈡作指稱詞用，和語體文中的「那個人」相當。例如：

1.「妾傷夫△死者不可復生。」（緹縈救父　劉向）

2.「（晉文）公曰：『不可，微夫人之力不及此。』」（左傳僖公三十年）

(五)乎：

㈠作關係詞用，和「於」字的作用相同。在語體文中和「跟」、「同」、「和」相當。例如：

1.「好學近乎知，力行近乎仁，知恥近乎勇。」（中庸篇 禮記）

2.「治生之道，莫尚乎勤。」（第五冊 勤訓 李文炤）

㈡作語氣詞用，又可分爲四種：

1.表疑問語氣，又分爲四種：

(1)表推測的意思，和語體文中的「吧」、「嗎」相當。例如：

①「聖人之所以爲聖，愚人之所以爲愚，其皆出於此乎？」（師說 韓愈）

②「日食飲得無衰乎？」（趙策 戰國策）

(2)用於是非問句之末，和語體文中的「嗎」相當。例如：

①「天下事有難易乎？」（第三冊 爲學一首示子姪 彭端淑）

②「人之爲學有難易乎？」（第三冊 爲學一首示子姪 彭端淑）

(3)用於抉擇式的是非問句之末，和語體文中的「呢」相當。例如：

①「吾能之乎？抑汝能之乎？」（第六冊 與妻訣別書 林覺民）

②「我何貴而彼何賤乎？」（第五冊 寄弟墨書 鄭燮）

(4)用於反詰問句之末，和語體文中的「呢」相當。例如：
①「則何若量入為出，享恒足之利乎？」（第六冊　儉訓　李文炤）
②「窮民將何所措手足乎？」（第五冊　寄弟墨書　鄭燮）

2.表商量語氣，和語體文中的「吧」相當。例如：
①「味其言，茲若人之儔乎！」（第二冊　五柳先生傳　陶淵明）
②「汝不能舍我，其時時於夢中得我乎！」（第六冊　與妻訣別書　林覺民）

3.表感歎語氣，和語體文中的「唉」、「啊」、「呀」相當。例如：
①「天乎，人乎，而竟已乎！」（祭妹文　袁枚）
②「惜乎，子不遇時！」（李將軍列傳　史記）

4.表停頓語氣，又可分為二種：
(1)表停頓語氣，和語體文中的「啊」、「呀」相當。例如：
①「無怪乎居四民之末也。」（第五冊　寄弟墨書　鄭燮）
②「參乎！吾道一以貫之。」（里仁篇　論語）
(2)表停頓語氣，在提前的謂語之後，和語體文中的「啊」、「呀」相當。例如：
①「牡丹之愛，宜乎眾矣。」（第二冊　愛蓮說　周敦頤）
②「生於我乎館，死於我乎殯。」（檀弓篇　禮記）

㈡作形容詞詞尾用，和語體文中的「……的樣子」相當。例如：

1.「浩浩乎如馮虛御風，而不知其所止，飄飄乎如遺世獨立，羽化而登仙。」（前赤壁賦　蘇

2.「浩浩乎如馮虛御風，而不知其所止，飄飄乎如遺世獨立，羽化而登仙。」（前赤壁賦　蘇

軾）

㈥且：

㈠作關係詞用，又可分為四種：

1.連接兩個形容詞，和語體文中的「又……又……」相當。例如：

(1)「一飯十金，一衣百金，奈何不至貧且匱。」（第五冊　勸訓　李文炤）

(2)「君子有酒旨且多。」（詩經　小雅　魚麗首章）

2.連接兩個動詞，和語體文中的「一邊……一邊」相當。例如：

(1)「且引且戰。」（李廣傳　史記）

(2)「高祖已從豨軍來。至，見信死，且喜且憐之。」（淮陰侯列傳　史記）

3.連接兩個抉擇式問句，和語體文中的「還是」相當。例如：

(1)「王以天下為尊秦乎？且尊齊乎？」（齊策　戰國策）

(2)「足下欲助秦攻諸侯乎？且欲率諸侯破秦也？」（酈生列傳　史記）

4.連接兩句不是疑問的句子，下句比上句的意思更進一層，和語體文中的「並且」、「而且」

相當。例如：

(1)「而士獨於民大不便，無怪乎居四民之末也。且△求居四民之末而亦不可得也。」（第五冊

寄弟墨書　鄭燮）

(2)「及與汝對，又不能啓口，且△以汝之有身也，更恐不勝悲。」（第六冊　與妻訣別書　林

覺民）

▲㈠作限制詞用，又可分為三種：

1.作限制詞用，和語體文中的「將要」相當。例如：

(1)「年且△九十。」（第四冊　愚公移山　列子）

(2)「夫以自由之美德，而一涉放縱，則且△流於粗暴或殘忍之行為而不覺。」（第六冊　自由

與放縱　蔡元培）

2.作限制詞用，和語體文中的「暫且」、「姑且」相當。例如：

(1)「故且△緩攻即墨，以待其事。」（第六冊　田單復國　司馬遷）

(2)「諾！且△留待之須臾。」（西門豹治鄴　褚少孫）

3.作限制詞用，和語體文中的「尚且」相當。例如：

(1)「大禹之聖，且△惜寸陰，陶侃之賢，且△惜分陰。」（第五冊　勤訓　李文炤

(2)「臣死且△不避，巵酒安足辭？」（項羽本紀　史記）

(七)以：

作關係詞用，又可分爲以下六種：

㈠作關係詞用，和語體文中的「把」相當。例如：

1.「越明年，貧者自南海還，以（之）告富者。」（第三册　爲學一首示子姪　彭端淑）

2.「望今後有遠行，必以（之）見告。」（第六册　與妻訣別書　林覺民）

㈡作關係詞用，和語體文中的「於」、「在」相當。例如：

1.「孟嘗君以五月五日生。」（孟嘗君列傳　史記）

2.「東野云：汝歿以六月二日。」（祭十二郎文　韓愈）

㈢作關係詞用，和語體文中的「因爲」相當。例如：

1.「汝不必以無侶悲。」（第六册　與妻訣別書　林覺民）

2.「且以汝之有身也。」（第六册　與妻訣別書　林覺民）

㈣作關係詞用，和語體文中的「又……又……」相當。例如：

1.「夷以近，則遊者衆。」（遊褒禪山記　王安石）

2.「險以遠，則至者少。」（遊褒禪山記　王安石）

㈤作關係詞用，和語體文中的「以至」相當。例如：

1.「將繼先生之志以有成。」（第六册　祭中山先生文　蔡元培）

2.「我誠願與汝相守以死。」（第六冊 與妻訣別書 林覺民）

㈥作關係詞用，和語體文中的「拿」、「用」、「憑」、「依」相當。例如：

1.「必須待之以禮。」（第五冊 寄弟墨書 鄭燮）

2.「又留蚊於素帳中，徐噴以煙，使之沖煙飛鳴。」（第一冊 兒時記趣 沈復）

㈧是以：

作關係詞用，和語體文中的「所以」相當。例如：

㈠「我是以敢與之來。」（郭子儀單騎退敵 司馬光）

㈡「紂之不善，不如是之甚也，是以君子惡居下流，天下之惡皆歸焉。」（子張篇 論語）

㈨何以：

作疑問語氣詞用，和語體文中的「為什麼」、「怎麼樣」相當。例如：

㈠「法人好勝，何以自繪敗狀，令人氣喪若此？」（觀巴黎油畫院記 薛福成）

㈡「一室之不治，何以天下國家為？」（習慣說 劉蓉）

㈩而：

㈠作轉折關係，又可分為四種：

1 表轉折關係，和語體文中的「卻」、「但是」相當。例如：

⑴「予獨愛蓮之出於淤泥而不染。」（第二冊 愛蓮說 周敦頤）

国文教材教法

(2)「可遠觀而不可褻玩焉。」（第二册　愛蓮説　周敦頤）

2. 表時間關係，和語體文中的「就」相當。例如：

(1)「王右軍聞而大笑。」（忿狷篇　世説新語）

(2)「迄乎成，而亦不知其昏與庸也。」（第三册　爲學一首示子姪　彭端淑）

3. 表聯合關係，和語體文中的「與」、「及」、「又……又……」相當。例如：

(1)「徒使兩地眼成穿而骨化石。」（第六册　與妻訣別書　林覺民）

(2)「以管仲之聖，而隰朋之智，至其所不知，不難師於老馬與蟻。」（第三册　老馬識途　韓非）

4. 表假設關係，和語體文中的「如果」、「如或」相當。例如：

(1)「子產而死，誰其嗣之？」（子產執政　張蔭麟）

(2)「人而無信，不知其可也。」（爲政篇　論語）

㊀作連詞用，表副動連接。例如：

1.「且且而學之。」（第三册　爲學一首示子姪　彭端淑）

2.「子路率爾而對曰。」（先進篇　論語）

▲㊁作指稱詞用，和語體文中的「你（的）」相當。例如：

1.「珍瑤不急之物，悉聽而歸。」（示荷蘭守將書　鄭成功）

一六〇

2.「吾翁即汝翁，必欲烹而翁，則幸分我一杯羹。」（項羽本紀　史記）

(土)耳：

作句末語氣詞用，又可分爲二種：

㈠作句末語氣詞，和語體文中的「而已」、「罷了」相當。例如：

1.「徒然食息於天地之間，是一蠹耳。」（第五冊　勤訓　李文炤）

2.「何夜無月，何處無竹柏，但少閒人如吾兩人耳。」（第一冊　記承天寺夜遊　蘇軾）

㈡作句末語氣詞，和語體文中的「呢」、「了」相當。例如：

1.「以爲行已過，即出，見乘輿車騎即走耳。」（第三冊　張釋之執法　司馬遷）

2.「稱情以施焉，庶乎其不至於固耳。」（第六冊　儉訓　李文炤）

(圭)矣：

作句末語氣詞用，又可分爲三種：

㈠表直陳語氣，和語體文中的「了」相當。例如：

1.表已然之事，和語體文中的「了」相當。例如：

(1)「堪爲農夫以沒世矣。」（第五冊　寄弟墨書　鄭燮）

(2)「宋亡矣，天祥當速死，不當久生。」（文天祥從容就義　胡廣）

2.表將然之事，和語體文中的「了」相當。例如：

(1)「吾今以此書與汝永別矣！」（第六冊　與妻訣別書　林覺民）

㈠表感歎語氣，和語體文中的「啊」相當。例如：

(2)「惟恐他將之來，即墨殘矣。」（第六冊　田單復國　司馬遷）

1.「甚矣，汝之不慧！」（第四冊　愚公移山　列子）

2.「久矣！吾不復夢見周公。」（述而篇　論語）

㈡表命令語氣，和語體文中的「罷（吧）」相當。例如：

1.「王許我，汝可疾去矣。」（商鞅傳　史記）

2.「先生且休矣，吾將念之。」（淮陰侯列傳　史記）

㈢見：

㈠作代詞性助詞用：具有指示稱代的作用，放在動詞之上，動詞之下的賓語省略，被省略的賓語是一個指稱詞。例如：

1.「往以至誠與之言，或幸而見從，則四海之福也。」（郭子儀單騎退敵　資治通鑑）

2.「必以見告。」（第六冊　與妻訣別書　林覺民）

㈡作被動關係詞用，相當於語體文中的「被」。例如：

1.「平沙列萬幕，部伍各見招。」（第三冊　後出塞　杜甫）

2.「城中人見齊諸降者盡劓，皆怒，堅守，唯恐見得。」（第六冊　田單復國　司馬遷）

（十四）邪：

作句末疑問語氣詞用，又可分為二種：

㈠作句末疑問語氣詞，和語體文中的「嗎」相當。例如：

1.「羽豈其苗裔邪？何興之暴也！」（項羽本紀　史記）

2.「將軍怯邪？」（袁盎傳　史記）

㈡作句末疑問語氣詞，和語體文中的「呢」相當。例如：

1.「此間受用，正復不盡，何必名山吾廬邪△？」（第三冊　越縵堂日記三則　李慈銘）

2.「二年之別，千里結言，爾何相信之審邪△？」（第六冊　張劭與范式　范曄）

（十五）其：

㈠作語氣詞用，可分為五種：

1.表測度商量語氣，和語體文中的「只怕」相當。例如：

(1)「泰山其頹乎？梁木其壞乎？哲人其萎乎？」（檀弓篇　禮記）

(2)「微管仲，吾其被髮左衽矣！」（憲問篇　論語）

2.表反詰疑問語氣，和語體文中的「難道」、「哪裏」相當。例如：

(1)「王室其將卑乎？」（周語　國語）

(2)「欲加之罪，其無辭乎？」（檀弓篇　禮記）

3. 表期望語氣，和語體文中的「可」、「應該」相當。例如：

(1)「汝其勿悲！」（第六冊 與妻訣別書 林覺民）

(2)「汝其善撫之。」（第六冊 與妻訣別書 林覺民）

4. 表將然語氣，和語體文中的「將要」相當。例如：

(1)「其如土石何？」（第四冊 愚公移山 列子）

(2)「今殷其淪喪。」（微子篇 尚書）

5. 表順適語氣，詞性是語尾助詞。例如：

(1)「何其愚也！」（郭子儀單騎退敵 司馬光）

(2)「賜，汝來何其晚也！」（孔子世家 史記）

▲ ㈠作指稱詞用，又可分爲以下三種：

1. 作指稱詞用，和語體文中的「他（的）」相當。例如：

(1)「亦不詳其姓氏。」（第二冊 五柳先生傳 陶淵明）

(2)「見藐小微物，必細察其紋理。」（第一冊 閒情記趣 沈復）

2. 作指稱詞用，和語體文中的「那個」、「這個」相當。例如：

(1)「和乃抱其璞而哭於楚山之下。」（和氏璧 韓非）

(2)「神遊其中，怡然自得。」（第一冊 兒時記趣 沈復）

3.作指稱詞，和語體文中的「其中之」相當。例如：

(1)「其一貧，其一富。」（第三冊　爲學一首示子姪　彭端淑）

(2)「其不能發達者，鄉里作惡，小頭銳面，更不可當。」（第五冊　寄弟墨書　鄭燮）

(共)所：

㊀作代詞性助詞用，「所……」和語體文中的「所……」的（人、事、物）」相當。例如：

㊀「女亦無所思，女亦無所憶。」（第四冊　木蘭詩　佚名）

㊁「助天下人愛其所愛。」（第六冊　與妻訣別書　林覺民）

(七)於：

作介詞用，又可分爲以下七種：

㊀作介詞用，和語體文中的「在」相當。例如：

1.「又留蚊於素帳中。」（第一冊　兒時記趣　沈復）

2.「又常於土牆凹凸處，花臺小草叢雜處。」（第一冊　兒時記趣　沈復）

㊁作介詞用，和語體文中的「從」相當。例如：

1.「即是無論什麼事，得之於人者太多，出之於己者太少。」（第三冊　謝天　陳之藩）

2.「舜發於畎畝之中，傅說舉於版築之間，膠鬲舉於魚鹽之中，管夷吾舉於士，孫叔敖舉於海，百里奚舉於市。」（第四冊　生於憂患死於安樂　孟子）

㈢作介詞用，和語體文中的「到」相當。例如：

1.「箕畚運於△渤海之尾。」（第四冊　愚公移山　列子）

2.「俯仰其間，於△茲二年矣。」（正氣歌　文天祥）

㈣作介詞用，和語體文中的「對於」相當。例如：

1.「不戚戚於△貧賤。」（第二冊　五柳先生傳　陶淵明）

2.「貧者語於△富者曰。」（第三冊　爲學一首示子姪　彭端淑）

㈤作介詞用，和語體文中的「給」相當。例如：

1.「澤加於△民。」（第五冊　寄弟墨書　鄭燮）

2.「而士獨於△民大不便。」（第五冊　寄弟墨書　鄭燮）

㈥作介詞用，和語體文中的「比」相當。例如：

1.「又高於△農夫一等。」（第五冊　寄弟墨書　鄭燮）

2.「賢於△己者，問焉以破其疑，所謂『就有道而正』也。」（第四冊　問說　劉開）

㈦作介詞用，和語體文中的「被」相當。例如：

1.「今法如此而更重之，是法不信於△民也。」（第三冊　張釋之執法　司馬遷）

2.「人之思想不縛於△宗教，不牽於△俗尚，而一以良心爲準。」（第六冊　自由與放縱　蔡元培

）

㈥者：

㊀作停頓語氣詞用，和語體文中的「啊」、「呀」相當。例如：

1.「法者△，天子所與天下公共也。」（第三冊　張釋之執法　司馬遷）

2.「北山愚公者△，年且九十，面山而居。」（第四冊　愚公移山　列子）

▲㊀作稱代詞用，和語體文中的「……的」、「……的」、「的……」相當。例如：

1.「貧者△至焉。」（第三冊　為學一首示子姪　彭端淑）

2.「水陸草木之花，可愛者甚蕃。」（第二冊　愛蓮說　周敦頤）

㈨則：

作關係詞用，又可分為兩種：

㊀作關係詞用，和語體文中的「就」、「便」相當。例如：

1.「入則△孝，出則△弟。」（第五冊　誨弟墨書　鄭燮）

2.「汝不為宰相，則△為樞密。」（文天祥從容就義　胡廣）

㊀作關係詞用，和語體文中的「就是」相當。例如：

1.「學之，則難者亦易矣。」（第三冊　為學一首示子姪　彭端淑）

2.「然其脅迫之策，至於燒燬郵件，破壞美術品，則由放縱而流於粗暴矣。」（第六冊　自由與放縱　蔡元培）

㈡哉：

作語氣詞用，可分為三種：

㈠表感歎語氣，和語體文中的「啊」相當。例如：

1.「非人哉！」（第一冊 陳元方答客問 劉義慶）

2.「惜哉劍術疏。」（詠荊軻 陶淵明）

㈡表反詰語氣，和語體文中的「呢」相當。例如：

1.「士宜何如自立哉！」（自立說 張士元）

2.「然則昏庸聰敏之用，豈有常哉？」（第三冊 為學一首示子姪 彭端淑）

㈢表疑問語氣，和語體文中的「嗎」相當。例如：

1.「人之立志，顧不如蜀鄙之僧哉？」（第三冊 為學一首示子姪 彭端淑）

2.「若寡人者，可以保民乎哉。」（梁惠王篇 孟子）

㈢故：

㈠作複句關係詞用，和語體文中的「所以」相當。例如：

1.「見藐小微物，必細察其紋理，故時有物外之趣。」（第一冊 兒時記趣 沈復）

2.「故戶樞不蠹，流水不腐。」（第五冊 勤訓 李文炤）

▲㈠作限制詞用，和語體文中的「故意」相當。例如：

1.「而我故縱容之。」（第六册　自由與放縱　蔡元培）

2.「不足以故出兵。」（趙充國傳　漢書）

相：

作代詞性助詞用，「相……」和語體文中的「……（你、我、他）」相當。例如：

㈠「巨伯曰：『遠來相視，子令吾去；敗義以求生，豈荀巨伯所行邪？』」（荀巨伯伏義退賊　劉義慶）

㈡「雜然相許。」（第四册　愚公移山　列子）

▲盍：

作限制詞用，「盍……」和語體文中的「何不」相當。例如：

㈠「盍馳往油畫院一觀普法交戰圖乎？」（觀巴黎油畫院記　薛福成）

㈡「顏淵季路侍，子曰：『盍各言爾志？』」（公冶長篇　論語）

焉：

㈠作句末語氣詞用，又可分爲三種：

1. 表疑問語氣，和語體文中的「呢」相當。例如：

(1)「有民人焉，有社稷焉，何必讀書，然後爲學？」（先進篇　論語）

(2)「我雖死，有子存焉。」（第四册　愚公移山　列子）

2.表決定語氣，和語體文中的「了」相當。例如：

(1)「天地則已易矣，四時則已變矣，其在天地之中者，莫不更始焉。」（三年問篇　禮記）

(2)「而貧者至焉。」（第三册　爲學一首示子姪　彭端淑）

3.表結束語氣，例如：

(1)「因以爲號焉。」（第二册　五柳先生傳　陶淵明）

(2)「自是冀之南，漢之陰，無隴斷焉。」（第四册　愚公移山　列子）

▲作稱代詞用，又可分爲三種：

1.作稱代詞用，和語體文中的「於此」相當。例如：

(1)「吾舅死於虎，吾夫又死焉。」（檀弓篇　禮記）

(2)「旦旦而學之，久而不怠焉。」（第三册　爲學一首示子姪　彭端淑）

2.作稱代詞用，和語體文中的「他」、「它」相當。例如：

(1)「不如己者，問焉以求一得，所謂『以能問於不能，以多問於寡』也。」（第四册　問說　劉開）

(2)「賢於己者，問焉以破其疑，所謂『就有道而正』也。」（第四册　問說　劉開）

3.作稱代詞用，和語體文中的「於何處」相當。例如：

(1)「且焉置土石。」（第四册　愚公移山　列子）

(2)「焉△得賢才而舉之。」（子路篇 論語）

▲㈡作限制詞用，和語體文中的「怎麼」、「怎樣」、「哪兒」、「哪裏」相當。例如：

1.「子曰：『未能事人，焉△能事鬼？』」（先進篇 論語）

2.「汝輩焉△知，宜速退。」（三國演義第九十五回 羅貫中）

㈥然：

㈠作轉折關係詞用，和語體文中的「但是」、「可是」相當。例如：

1.「……然△徧地腥羶，滿街狼犬。」（第六冊 與妻訣別書 林覺民）

2.「臣有二馬，日啖芻豆數斗，飲泉一斛，然△非精潔即不受。」（第四冊 良馬對 岳飛）

㈡作形容詞詞尾用，和語體文中的「的樣子」、「似的」相當。例如：

1.「環堵蕭然△。」（第二冊 五柳先生傳 陶淵明）

2.「若無事然△。」（第四冊 良馬對 岳飛）

▲㈢作稱代詞用，和語體文中「如此」、「像這樣」相當。例如：

1.「然△則，昏庸聰敏之用，豈有常哉！」（第三冊 為學一首示子姪 彭端淑）

2.「今則不然△，一捧書本，便想中舉人，中進士。」（第五冊 寄弟墨書 鄭燮）

▲㈣作形容詞用，和語體文中「是的」、「對的」相當。例如：

1.「然△，有是言也。」（陽貨篇 論語）

2.「燕王以爲然。」（第六册　田單復國　司馬遷）

㈣爲：

㈠作介詞用，又可分爲五種：

1.作介詞用，和語體文中的「因」字相當。例如：

(1)「項爲之強。」（第一册　兒時記趣　沈復）

(2)「他爲貧而仕。」（第三册　孔子的人格　張蔭麟）

2.作介詞用，和語體文中的「爲了」相當。例如：

(1)「現在大家可以在學校裏受很好的教育，這是國家爲你們而設備的。」（第四册　爲學做人與復興民族　蔣中正）

(2)「宇宙萬物，都是爲我們而生，待我們而用。」（第四册　爲學做人與復興民族　蔣中正）

3.作介詞用，和語體文中的「被」相當。例如：

(1)「好人爲壞人所累。」（第五册　寄弟墨書　鄭燮）

(2)「堅立不爲動。」（文天祥從容就義　胡廣）

4.作介詞用，和語體文中的「替」相當。例如：

(1)「爲天地立心，爲生民立命，爲往聖繼絕學，爲萬世開太平。」（第四册　爲學做人與復

與民族 蔣中正）

(2)「爲天下人謀永福也。」（第六冊 與妻訣別書 林覺民）

5.作介詞用，和語體文中的「向」、「對」相當。例如：

(1)「故�役忍悲爲汝言之。」（第六冊 與妻訣別書 林覺民）

(2)「不足爲外人道也。」（桃花源記 陶淵明）

▲㈠作繫詞用，和語體文中的「是」相當。例如：

1.「士爲△四民之末。」（第五冊 寄弟墨書 鄭燮）

2.「燕王以爲△然。」（第六冊 田單復國 司馬遷）

▲㈡作準繫詞用，和語體文中的「當」、「做」相當。例如：

1.「堪爲△農夫以沒世矣。」（第五冊 寄弟墨書 鄭燮）

2.「彼稱我爲△主人。」（第五冊 寄弟墨書 鄭燮）

▲㈣作動詞用，和語體文中的「作」、「治」相當。例如：

1.「人之爲△學有難易乎？」（第三冊 爲學一首示子姪 彭端淑）

2.「一死之外，無可爲△者。」（文天祥從容就義 胡廣）

固逐：

作關係詞用，和語體文中的「於是」、「就」相當。例如：

㈤
㈠「遂令我輩開不得口。」（第五冊 寄弟墨書 鄭燮）
㈡「故遂忍悲爲汝言之。」（第六冊 與妻訣別書 林覺民）

㈥ 嗟：
作歎詞用，和語體文中的「唉」相當。例如：
㈠「嗟哉斯徒輩，其心不如禽。」（第三冊 慈烏夜啼 白居易）
㈡「嗟！來食！」（檀弓篇 禮記）

㈦ 嗟夫：
作歎詞用，和語體文中的「唉」相當。例如：
㈠「嗟夫！當時余心之悲，蓋不能以寸管形容之。」（第六冊 與妻訣別書 林覺民）
㈡「嗟夫！誰知吾卒先汝而死乎？」（第六冊 與妻訣別書 林覺民）

㈧ 與：
㈠作關係詞用，和語體文中的「和」、「同」相當。例如：
1.「是故聰與敏，可恃而不可恃。」（第三冊 爲學一首示子姪 彭端淑）
2.「吾與汝畢力平險。」（第四冊 愚公移山 列子）
㈡作句末助詞用，又可分爲二種：
1.表疑問語氣，和語體文中的「嗎」相當。例如：

(1)「季康子問：『仲由，可使從政也與。』」（雍也篇　論語）

(2)「為是其智弗若與？」（奕喻　孟子）

2.表感歎語氣，和語體文中的「啊」、「吧」相當。例如：

(1)「孝弟也者，其為仁之本與！」（學而篇　論語）

(2)「語之而不惰者，其回也與！」（子罕篇　論語）

㊄與其：

作復句關係詞用，「與其……無寧……」表比較關係，和語體文中的「與其……不如……」相當。

例如：

㊀「與其使我先死也，無寧汝先吾而死。」（第六冊　與妻訣別書　林覺民）

㊁「禮，與其奢也，寧儉。」（述而篇　論語）

㊅爾：

1.作句末語氣用，和語體文中的「罷了」相當。例如：

㊀「蓋為貴國人民之性命，不忍陷之瘡痍爾。」（第五冊　示荷蘭守將書　鄭成功）

2.「吾軍亦有七日之糧爾，盡此不勝，將去而歸爾。」（宣公十五年　公羊傳）

㊀作形容詞詞尾用，和語體文中的「……的樣子」相當。例如：

1.「子路率爾而對曰。」（先進篇　論語）

2.「夫子喟爾歎曰:『吾與點也。』」(仲尼弟子傳 史記)

▲㈠作指稱詞用,和語體文中的「你」、「你們」相當。例如:

1.「百鳥豈無母,爾獨哀怨深?」(第三冊 慈烏夜啼 白居易)

2.「應是母慈重,使爾悲不任。」(第三冊 慈烏夜啼 白居易)

寧:

㈠「故寧請汝先死,吾擔悲也。」(第六冊 與妻訣別書 林覺民)

㈠作句中助詞用,和語體文中的「寧願」相當。例如:

㈠「禮,與其奢也,寧儉。」(述而篇 論語)

蓋:

㈠作句首測度語氣詞用,和語體文中的「大概」相當。例如:

1.「蓋均無貧,和無寡,安無傾。」(季氏篇 論語)

2.「孔子罕稱命,蓋難言之也。」(外戚世家 史記)

㈡作句中助詞用,和語體文中的「大致是」、「原來是」相當。例如:

1.「吾之意,蓋謂以汝之弱,必不能禁失吾之悲。」(第六冊 與妻訣別書 林覺民)

2.「忽有龐然大物,拔山倒樹而來,蓋一癩蝦蟆也。」(第一冊 兒時記趣 沈復)

諸:

㈠作代詞兼助詞用，相當於「之乎」兩字的合音。例如：

1.「雖有粟，吾得而食諸△？」（顏淵篇 論語）

2.「人皆謂我毀明堂，毀諸△？已乎？」（梁惠王篇 孟子）

㈡作代詞兼介詞用，相當於「之於」兩字的合音。例如：

1.「投諸△渤海之尾，隱土之北。」（第四冊 愚公移山 列子）

2.「子張書諸△紳。」（衛靈公篇 論語）

㈤噫：

作歎詞用，和語體文中的「唉」相當。例如：

㈠「噫△！菊之愛，陶後鮮有聞。」（第二冊 愛蓮說 周敦頤）

㈡「噫△！微斯人，吾誰與歸。」（岳陽樓記 范仲淹）

㈥歟：

作句末助詞用，和語體文中的「嗎」、「吧」、「呢」相當。例如：

㈠「無懷氏之民歟△？葛天氏之民歟△？」（第二冊 五柳先生傳 陶淵明）

㈡「而一涉放縱，則且流於粗暴或殘忍之行為而不覺，可不慎歟△！」（第六冊 自由與放縱 蔡元培）

結語

文言文的閱讀，則以虛字的使用最使學生感到茫然。文言文和語體文最大的差別，亦在於所用虛字之不同。文言文的氣骨風神，半受虛字主宰，俗語所謂：「之乎也者矣焉哉，用得成章好秀才」，足見想要閱讀文言文，甚至能寫出明易的文言文，首先必須體會虛詞在文言文中的含意與作用。教師若能淺顯明白的指出文言和語體表現方式的不同之處，對於初學文言文的學生而言，必是莫大的幫助，所以虛字使用的探究，也是成功的國文教學活動中，不可或缺的一環。

（以上「虛字的用法」，原載於國立臺灣師範大學教學與研究第八期。民國七十五年八月曾轉載於國立編譯館主編之國民中學國文教師手冊第五冊。）

【附 註】

註 一 參見許師世瑛先生常用虛字用法淺釋　復興書局　民國六十二年四月七版

五、修辭的技巧

修辭法是研究如何調整語文表意的方法，設計語文優美的形式，使其精確而生動地表示出「說者」或「作者」的意象，以引起聽者或讀者共鳴的一種藝術。因此想把文章寫好，把話說得漂亮，就必須要熟稔修辭法。（註一）

修辭法的內容是說明語句修辭的各種方法。這非但可以幫助我們作文和說話；而且也可以幫助我們欣賞別人的言辭和文辭，我的老師高仲華先生說：「欣賞文學的人，不懂得『文法』與『修辭學』，固然也可以直覺到文章的妥切與美妙，而感到心情的滿足。但是『知其然』而『不知其所以然』，總使自己有一種『看不透』、『說不出』的苦惱。到底好文章的『妥切』在那裏？『美妙』在那裏？這必須借重『文法』與『修辭學』的智識，才能予以看透，才能予以說明。」（註二）這說明了「文法」與「修辭學」是國文教學的最好工具。國文老師在教學過程中，指導學生進行「深究與鑑賞」，就必須分析作者措辭造句的技巧，說明文辭美妙在何處，才能使學生由認識，經過思考、理解、練習，而後到消化應用。

國文教學，可以應用類化原則，以學生舊經驗爲融化新事物的基礎，用問答的方法引起學生回憶舊教材。在學生已經學習過的課文中，儘量舉證一些與本課文中同類的句型，加以比較分析，指導學生學習措辭造句的技巧。當學生缺乏必要經驗時，則設法補充類化的基礎，使其能循序而進，容易學習。

常見的修辭法有感歎、設問、摹寫、仿擬、引用、藏詞、析字、轉品、婉曲、誇張、譬喻、借代、轉化、映襯、雙關、倒反、象徵、示現、呼告、類疊、鑲嵌、對偶、排比、層遞、頂眞、回文、錯綜、倒裝、跳脫……等。本文茲就國民中學國文課本「範文」中所常見的修辭法，略舉十五種修辭格（註三），分別加以說明如下：

第二章　範文教學

一七九

（一）感歎

感歎是用呼聲表露情感的修辭法，藉各種歎詞、助詞來強調內心的驚訝或讚歎、傷感或痛惜、歡笑或譏嘲、憤怒或鄙斥、希望或需要。它的作用是藉自然的舒氣來表洩感情與思想。感歎法的使用原則是內心確有必須一歎方快的情思。例如：

（1）「噫！菊之愛，陶後鮮有聞。」（第二冊 愛蓮說 周敦頤）這是利用歎詞構成的感歎句。

（2）「他到底還是樂，不是苦呀！」（第二冊 最苦與最樂 梁啟超）這是利用助詞構成的感歎句

（3）「唉！我現在想想，那時真是太聰明了！」（第二冊 背影 朱自清）這是利用歎詞、助詞構成的感歎句。

（二）設問

講話行文，忽然變平敘的語氣為詢問的語氣，叫做設問。這種修辭法的寫作原則與作用有四：（一）用於篇首以提起全篇主旨。（二）用於篇末以製造文章餘韻。（三）首末均用以構成前呼後應。（四）連續設問以加強語文氣勢。例如：

（1）疑問：答案不知道。

1.「但是，聰明的，你告訴我，我們的日子為什麼一去不復返呢？」（第一冊 匆匆 朱自清

2.「以君之力，曾不能損魁父之丘，如太形、王屋何？且焉置土石？」（第四冊　愚公移山

列子）

(二)激問：答案在問題的反面。

1.「兩兔傍地走，安能辨我是雄雌？」（第四冊　木蘭詩　佚名）

2.「有事，弟子服其勞；有酒食，先生饌。曾是以為孝乎？」（第二冊　論孝選　論語）

(三)提問：答案附在問題的後面。

1.「什麼叫做大事呢？大概地說，無論那一件事，只要從頭至尾徹底做成功，便是大事。」（

第一冊　立志做大事　孫文）

2.「百鳥豈無母，爾獨哀怨深？應是母慈重，使爾悲不任。」（第三冊　慈烏夜啼　白居易）

(三)摹寫

對事物的各種感受，通過作者主觀加以形容描述，叫做摹寫。它的作用是描寫具體的反應，使讀
者產生鮮明的印象，產生信服或共鳴的情緒。摹寫的對象很廣，凡是具體的世界與活動的人生，都可
以加以觀察、選擇、組織，而呈現新的風貌，不僅為視覺印象，同時也包括聽覺、嗅覺、味覺、觸覺
等等的感受。它的原則是盡可能作動態的摹寫，作綜合的摹寫，但都必須通過作者主觀的觀點。例如
：

(一)「只見對面千佛山上，梵宇僧樓，與那蒼松翠柏，高下相間——紅的火紅，白的雪白，青的靛青

，綠的碧綠。」（第二冊　大明湖　劉鶚）這是視覺的摹寫。

□「黎明時，窗外是一片鳥囀，不是吱吱喳喳的痲雀，不是呱呱噪啼的烏鴉。」（第三冊　鳥　梁實秋）這是聽覺的摹寫。

□「這朵淡黃玫瑰的整個容貌，深深地印在我的心中，甚至花瓣的每一條細緻的紋理，都能宛然入目。而呼吸間一絲淡淡的甜甜的芳香，便瀰漫了我的案頭。」（第四冊　一朵小花　殷穎）這是嗅覺的摹寫。

四「風有意無意的吹著。忽然我感到某樣極輕柔的東西吹落在我的頸項上，原來是一朵花兒。」（回到家裏　張曉風）這是觸覺的摹寫。

五「每天享受新鮮的牛乳和雞蛋，肥碩的梨桃，香甜的果醬，鮮美的乳餅。」（收穫　蘇梅）這是味覺的摹寫。

（四）引用

語文中援用別人的話或典故俗語等，叫做引用。引用是一種訴之於權威；或訴之於大眾的修辭法。它的作用是利用一般人對權威的崇拜及對大眾意見的尊重，以加強自己言論的說服力。引用的原則是：

□不可失其原意。□不可使用僻典。□文字不可破壞全文語調之統一性。四引用應當根據原文，不可輾轉抄襲。五必須訴之於合理的權威。例如：

□明引：明白指出所引的話出自何處。

1. 「孔子所以說：『無入而不自得』正是這種作用。」（第二冊　最苦與最樂　梁啓超）

2. 「贊曰：黔婁之妻有言『不戚戚於貧賤，不汲汲於富貴。』味其言，茲若人之儔乎？」（第

二冊　五柳先生傳　陶淵明）

㈡暗用：引用時不曾指明出處。

胡兆奇）

1. 「『水可以載舟，亦可以覆舟』為善和作惡，動念都在方寸之間。」（第二冊　大好春光

2. 「有風度的運動家，要有服輸的精神。『君子不怨天，不尤人。』運動家正是這種君子。」

（第二冊　運動家的風度　羅家倫）

㈤轉品

一個詞彙，改變其原來詞性而在語文中出現，叫做轉品。它的作用是改變詞性，趨向省簡。漢語

中的同一詞彙，由於在句中位置次序的不同，可以分別作名詞、動詞、形容詞等使用，而不需改變字

形。轉品的原則是：㈠不可造成意義的晦澀。㈡不可產生意義的分歧。㈢必須豐富語言意蘊，使其新

穎而具體。㈣必須符合語言的法則，使其自然而親切。例如：

㈠「他們所做的，並不是一個柔軟的、玫瑰色的夢。」（第四冊　居里夫人小傳　陳衡哲）這是

名詞用如形容詞。

㈡「紅入桃花嫩，青歸柳葉新。」（奉酬李都督表丈文作　杜甫）這是形容詞用如名詞。

（三）「味其言，茲若人之儔乎？」（第二冊　五柳先生傳　陶淵明）這是名詞用如動詞。

（四）「紅的火紅，白的雪白。」（第二冊　大明湖　劉鶚）這是名詞用如限制詞。

（五）「這時候春光已是爛縵在人間。」（第四冊　我所知道的康橋　徐志摩）這是形容詞用如動詞。

（六）「家信的等待。」（第四冊　鄉愁四韻　余光中）這是動詞用如名詞。

（七）「有幾隻歸鳥從他們頭上飛過，他們也保持著仁愛的友誼，並不像饕家那樣，會想擎起槍來，把牠們打下來作盤飱。」（第一冊　鄉下人家　陳醉雲）這是動詞用如形容詞。

（六）誇飾

語言文字中誇張鋪飾，超過了客觀事實的，叫做誇飾。它的作用，在於能「語出驚人」；或是滿足讀者或聽者的「好奇心理」。誇飾的對象，有物象的、人情的、時間的、空間的種種。它的使用原則是主觀方面須出於情意之自然流露，客觀方面須不致誤爲事實。例如：

（一）「夏蚊成雷」（第一冊　兒時記趣　沈復）這是物象的誇飾。

（二）「初聞涕淚滿衣裳。」（第二冊　聞軍官收復河南河北　杜甫）這是人情的誇飾。

（三）「我們個人的生命……短促地曇華一現。」（第四冊　爲學做人與復興民族　蔣中正）這是時間的誇飾。

（四）「一株頂天立地的樹。」（第三冊　只要我們有根　王蓉芷）這是空間的誇飾。

（七）譬喻

譬喻是一種「借彼喻此」的修辭法，它的作用是：可以利用舊經驗，引起對新事物的認識。良好的譬喻可以引起讀者正確的聯想；新穎的譬喻可以使文字生動。譬喻的原則通常是：以易知說明難知；以具體說明抽象。凡二件或二件以上的事物中有類似之點，說話作文時，運用「那」有類似之點的事物來比方說明「這」件事物的，就叫做譬喻。

譬喻是由「喻體」、「喻詞」、「喻依」三者配合而成的。所謂「喻體」是所要說明的事物主體，所謂「喻依」是用來比方說明此一主體的；所謂「喻詞」是聯接喻體和喻依的語詞。如以第一冊從今天起中的「去惡，如農夫之務去草焉」為例，「去惡」便是喻體，「去惡」與「農夫去草」之間有類似之點是「盡力除去不好的東西」，因此以「農夫去草」為喻依，來比方說明「去惡」，中間的「如」字，就是喻詞。

凡「喻體」、「喻詞」、「喻依」三者具備的譬喻，叫「明喻」。凡具備「喻體」、「喻依」，而「喻詞」由「是」、「為」等代替者，叫做「隱喻」。凡省略「喻詞」，只有「喻體」、「喻依」的譬喻，叫「略喻」。凡將「喻體」、「喻詞」省略，只剩下「喻依」的，叫做「借喻」。茲分別舉例說明如下：

（一）「朋友能增長你的知識，擴充你的生活經驗，所以朋友真像是一本一本的好書。」（第一冊父親的信　林良）這是明喻。

（二）「群樹的綠蔭是一片油漆未乾的畫。」（第二冊　火鴣鴣鳥　吳延玫）這是隱喻。

（三）「菊，花之隱逸者也；牡丹，花之富貴者也；蓮，花之君子者也。」（第二冊　愛蓮說　周敦頤）這是略喻。

（四）「故戶樞不蠹，流水不腐，誠不欲其常安也。」（第五冊　勸訓　李文炤）這是借喻。

（六）　轉化

描述一件事物時，轉變其原來性質，化成另一種與本質截然不同的事物，而加以形容敍述的叫轉化。它的作用是增加「人生情趣」。轉化與譬喻都是由兩件不同的事物間求取修辭的法則，然而，譬喻是就兩件不同事物的相似點著筆，是觀念內容的修整；轉化是就兩件不同事物的可變處著筆，是觀念形態的改變。轉化方式有人性化、物性化與形象化。人性化是擬物為人，它是一種訴諸人類想像的修辭法，淵源於人類要追求一個自由與理想的圓滿人生。它的基礎是聯想作用，其原則是將現實人生綜合理想與幻想，而顯現一個自由、權威的人生。形象化是擬虛為實，它是一種訴諸感官的修辭法。其原則是必須使抽象的事物化為具體，必須使感覺器官產生鮮明的印象。例如：

（一）「暮靄已經籠罩大地的時候，等著鴨寶寶的歸來。」（第四冊　鄉居情趣　鍾梅音）這是擬物為人的人性化。

物性化是擬人為物，它是一種訴諸人類情感的修辭法。把人的生命移注於外物，於是本來只有物理的東西可具人情，本來無生氣的東西可有生氣。其原則是必須創造一個親切、生動的世界。

「就像阿公和阿媽，爲阿爸織就了一生，綿長而細密的呵護。」（第二冊 負荷 吳勝雄）這是擬人爲物的物性化。

(三)「我沒有夸父的荒誕，但晚景的溫存卻被我這樣偷嚐了不少。」（第四冊 我所知道的康橋 徐志摩）這是擬虛爲實的形象化。

(九) 映襯

在語文中，把兩種不同的，特別是相反的觀念或事實，對列起來，兩相比較，使其意義明顯的修辭方法，叫做映襯。它的作用是使語氣增強。映襯的原則有二：(一)對比越是強烈，印象越是鮮明。(二)事實不妨誇大，但是言辭卻要含蓄。例如：

(一)反襯：對於一種事物，用恰恰與這種事物的現象或本質相反的觀點，加以描寫，叫做「反襯」。

1.「敗草裏的鮮花。」（第四冊 我所知道的康橋 徐志摩）

2.「無聲的語言，無形的文字。」（第二冊 路 熊崑珍）

(二)對襯：對兩種不同的人、事、物，用兩種不同或相反的觀點加以形容描寫的，叫做「對襯」。

1.「燕子去了，有再來的時候；楊柳枯了，有再青的時候；桃花謝了，有再開的時候。」（第一冊 匆匆 朱自清）

2.「雖然宇宙是無窮大的空間與無限長的時間之結構，而我們個人的生命，卻渺小如滄海之一（第

（三）雙襯：對同一個人、事、物，用兩種不同的觀點加以形容描寫的，叫做「雙襯」。

△△△△淚，短促地曇華一現。」（第四冊　爲學做人與復興民族　蔣中正）

1.「立在城市的飛塵裏，我們是一列憂愁又快樂的樹。」（第一冊　行道樹　張曉風）

2.「只因爲這是生命中最沉重也是最甜蜜的負荷。」（第二冊　負荷　吳勝雄）

（十）倒反

言辭表面的意義和作者內心眞意相反，叫做「倒反」。它的作用是：設法促使對方進一步去反省，去尋找這個隱藏在言辭背面的「眞意」，並且享受發現後的愉悅，或承受體悟後的痛苦，這是一種具有十足幽默感的修辭法。倒反的原則是要注意事實和表象間的對比，使人同時悲戚與愉快，必須表現一種幽默感，但不可流於尖刻，流於煽動。例如：

（一）「我那時眞是聰明過份，總覺得他說話不太漂亮。……唉……我現在想想，那時眞是太聰明了！」（第二冊　背影　朱自清）

（二）「你沒有老子，是多麼得意的事！」（第一冊　母親的教誨　胡適）

（十一）類疊

同一個字詞或語句，接二連三反復地使用著，叫做類疊。它的作用是使用一連串有規則重覆出現的語詞，造成語文雄偉壯闊的氣勢，也可造成語文連綿不絕的感覺，又可造成語文輕快空靈的節奏，使讀者感受格外深切。文章前後呼應，能使全文結構更加綿密。類疊的原則是：應憑藉其數之多來傳

達雄健和諧的美感，應突破其單調以避免枯燥固定的弊病。例如：

(一)疊字：字詞連接的使用。

1.「朝辭爺孃去，暮宿黃河邊；不聞爺孃喚女聲，但聞黃河流水鳴濺濺。且辭黃河去，暮至黑山頭；不聞爺孃喚女聲，但聞燕山胡騎聲啾啾！」（第四冊　木蘭詩　佚名）

2.「太陽，他有腳啊！輕悄悄地挪移了……天黑時，我躺在床上，他便伶伶俐俐地從我身上跨過……」（第一冊　匆匆　朱自清）

(二)類字：字詞隔離的使用。

1.「關心石上的苔痕，關心敗草裏的鮮花，關心這水流的緩急，關心水草的滋長，關心天上的雲霞，關心新來的鳥語。」（第四冊：我所知道的康橋　徐志摩）

2.「遠近的炊烟成絲的、成縷的、成捲的……」（第四冊　我所知道的康橋　徐志摩）

(三)疊句：語句連接的類疊。

1.「來了！來了！從山坡上輕輕地爬下來了。」（第一冊　夏夜　楊喚）

2.「在你的生活中，有多少『第一次』值得你低廻品味？有多少『第一次』使你留下不可磨滅的印象？」（第一冊　第一次眞好　周素珊）

(四)類句：語句隔離的類疊。

1.「矇矓地，山巒靜靜地睡了；矇矓地，田野靜靜地睡了！」（第一冊　夏夜　楊喚）

2.「給我一瓢長江水啊長江水！酒一樣的長江水。醉酒的滋味，是鄉愁的滋味。給我一瓢長江水啊長江水！」（第四冊　鄉愁四韻　余光中）

(十二)　對偶

語文中上下兩句，字數相等、句法相似、平仄相對，叫做對偶。它的作用是：可使文章形式工整，語意自然，意境幽遠。也可以說：「工整」、「自然」、「意遠」就是對偶修辭的原則。對偶的方式，從句型上分類，不外乎「句中對」、「單句對」、「複句對」、「長對」四種。例如：

(一)　句中對
1.「當夜來的時候，整個城市都是繁絃急管，都是紅燈綠酒。」（第一冊　行道樹　張曉風）

2.「在這大好春日，圓顱方趾的萬物之靈，怎麼樣才能無負這大好的春光呢？」（第二冊　大好春光　胡兆奇）

(二)　單句對
1.「白日依山盡，黃河入海流。」（第一冊　登鸛鵲樓　王之渙）

2.「海風吹拂著，溪流嗚咽著。」（第四冊　鄉居情趣　鍾梅音）

(三)　隔句對
1.「處處盡責任，便處處快樂；時時盡責任，便時時快樂。」（第二冊　最苦與最樂　梁啟超）

2.「生活的目的，在增進全體人類之生活；生命的意義，在創造宇宙繼起之生命。」（第四冊

為學做人與復興民族　〔蔣中正〕

（四）長對

1.「困於心，衡於慮，而後作；徵於色，發於聲，而後喻。」（第三冊　生於憂患死於安樂

孟子〕

2.「子曰：「譬如為山，未成一簣，止，吾止也。譬如平地，雖覆一簣，進，吾往也。」（第

一冊　論語論學選　論語〕

（十三）排比

用結構相似的句法，接二連三地表出同範圍同性質的意象，叫做排比。它的作用是「意象鮮明」。排比的形式適於配合各種要表現的內容，使人輕快、緩慢、激昂、或消沉。排比常易和類疊或對偶混淆，它們的分別在那兒呢？先說類疊和排比：簡單地說，類疊是一種意象有秩序有規律地反覆發生，其秩序或為重疊的，或為反覆的；排比是數種意象有秩序有規律地連接發生，其秩序為交替的或流動的。再說排比和對偶的不同：對偶必須兩兩相對，對比也不拘；對偶必須字數相等，排比卻以字同意同為經常狀況。排比的原則是要恰當地配合各種的內容，力求具體而鮮明的表現技巧。例如：

（一）「蝴蝶和蜜蜂帶著花朵的蜜糖回家了，羊隊和牛群告別了田野回家了，火紅的太陽也滾著火輪

子回家了。」（第一冊　夏夜　楊喚）

（十四）

一「學問減去清醒的頭腦，常常等於精力浪費；聰明減去善心，常常等於罪惡。」（第二冊　大

好春光　胡兆奇）

（十五）
層遞

凡要說的有兩個以上的事物，這些事物又有大小輕重等比例，而且比例又有一定秩序，於是說話行文時，依序層層遞進的，叫做層遞。它的作用，在於使人的注意力不浪費、興趣不致停滯，並且易於了解與記憶，因而能滿足人類邏輯思維而使人快樂。層遞的原則是必須有一貫的秩序，並且盡量合乎邏輯的規則。例如：

一「做人要從喫苦做起；喫苦要從細微處做起。」（第六冊　儉訓　李文炤）

二「貧者見富者而羨之，富者見尤富者而羨之。一飯十金，一衣百金，一室千金，奈何不至貧且匱也？」（第六冊　享福與喫苦　何仲英）

（十六）
頂眞

前一句的結尾，來作下一句的起頭，叫做頂眞。頂眞的作用在使文章和諧，文意緊湊而且富有趣味。它的原則是要負起「橋樑」的責任，使讀者的注意力不知不覺中由「此」推至「彼」。例如：

一　聯珠法：是句與句間的頂眞。

1.「出門看火伴，火伴皆驚惶。」（第四冊　木蘭詩‧佚名）

2.「陳太丘與友期行，過中不至，太丘舍去，去後乃至。」（第一冊 陳元方答客問 劉義慶）

（二）連環體：是段與段之間的頂眞。

1.「那挺立的樹身，仍舊，

我們擁有最眞實的存在，

——只要我們有根，△△△

——只要我們有根，△△△

只要我們有根，△△△

縱然沒有一片葉子遮身，

仍舊是一株頂天立地的樹。」

（第三冊 只要我們有根 王蓉芷）

2.「萬里赴戎機，關山度若飛。朔氣傳金柝，寒光照鐵衣。將軍百戰死，壯士十年歸。歸來見天子，天子坐明堂。策勳十二轉，賞賜百千強。可汗問所欲，木蘭不用尚書郎，願借明駝千里足，送兒還故鄉。」

（第四冊 木蘭詩 佚名）

（以上「修辭的技巧」，原載於國立臺灣師範大學教學與研究第七期。民國七十五年八月會轉載於國立編譯館主編之國民中學國文教師手冊第五冊。）

【附註】

註一　參見師範專科學校國文教科書第五冊　頁一二六～一二七　國立編譯館主編　民國七十年八月初版

註二　見黃慶萱修辭學高序　三民書局　民國六十四年一月初版

註三　本文所述十五種修辭格之意義，參見國立編譯館主編之師範專科學校國文教科書第五冊（民國七十年八月版）及第六冊（民國七十一年二月版）「補助教材」部分。

本文舉例部分，取材於國立編譯館新編之國民中學國文教科書（第一冊是民國七十三年八月版。第二冊是民國七十四年一月版。三～六冊參考編審委員會新選之篇目。）如無適當資料，則採用常見的文章為例。

六、義旨的探究

「義旨」包括二層涵義：一是文義，二是文旨。文義是指文辭所直接表達的情意；文旨是文辭中所蘊藏的情意。

義旨的探究，是國文科精讀教學的目標之一，在這目標之下，基本成分的單詞和基本單位的語句既已分別瞭解透徹，則其文辭所表現的文義，就應絲毫無可隱遁；而其所蘊藏的文旨，也不難體認出來。但是中國文章，神奇變化，以中學生的能力，尚不足以融會貫通，非由教師作週詳精確的指導不可。

章師銳初先生，將義旨探究這個階段分成兩個步驟：第一步，從文義到文旨，是前進的，闡釋的可。

；第二步從文旨到文義，是回復的，發揮的。第一步工作，先將逐句聯合成小節，逐節聯合成小段，逐段聯合成全篇，就文辭意義一一講解清楚，其有因寫作技巧而活用詞句或變化組織的（如顛倒、省略、插補之類），隨即予以調整提點。至於所蘊藏的意思，則或表見解，或顯情感，或示褒貶，或發批評論斷；除事理之顯於字面者外，有的假借喻譬、飾代、史實，有的言近而指遠，有的即小以見大，所謂「秘響旁通，伏采潛發」，「觀一事於句中，反三隅於字外」。教師務應隨文義的講解，逐處闡明，申說補充，以使文意顯朗，文情透露，文氣暢遂（詞句只能表示個別的意義，須聯綴成節段，義旨通明以後，方能見出神情氣勢及其優美之處），並以啓導學生，策勵學生使其深切體會，於自己閱讀寫作時能去努力學習。第二步工作，則於第一步完畢以後，將全文的事理情意作一番綜合，再分別逐段、逐節，於其表示見解、情感；或褒貶、批評、論斷之處，予以詳盡發揮，俾能感染學生發生良好的作用與力量。同時指示逐個意思運材措辭之方，遣詞造句之法，參證題旨，認明中心意思，以至逐段對中心意思的任務、功用與地位，段中各節對全段的任務、功用與地位、價值；均令學生一一體認。逐段可以標列一個小題或要旨，以爲全文的大綱，逐節可以標列一個小題，或要旨，以爲全段的細目，合成一副全文內容的骨骼，而使條理大體，一目了然；從而使學生學習，有如輕車熟路，可以一往無阻。（註一）學生經過這一番陶冶洗鍊的工夫之後，思路可得以拓展，文理亦能全盤通明，則國文教學在語文訓練、精神陶冶、文藝欣賞三方面的功能，便可一併呈現而無遺。以下茲舉詩歌爲例以說明之：

（一）山居秋暝　　　　　　　　　　　　　　　　　王　維

空山新雨後，天氣晚來秋。

明月松間照，清泉石上流。

竹喧歸浣女，蓮動下漁舟。

隨意春芳歇，王孫自可留。

這首詩描寫秋日雨後，明月高照，山間風景，清幽怡人，值得流連盤桓。使我們在品賞「詩中有

畫」的境界之外，更體現了作者高雅絕俗的人格。

欲探究義旨，按照前述的兩個步驟來看，須先探求文義，而探求文義，又非從單詞語句入手不可，所以教師應該先來解釋這首詩的詞句。例如「竹喧歸浣女」，乃是「浣女歸而竹喧」的倒裝，它的意思是說：忽然聽見了竹林中人聲喧鬧，原來是洗衣的少女們正一路談笑著歸去。又如「蓮動下漁舟」，即「漁舟下而蓮動」的倒裝，意思乃是：忽然看見了水中的蓮葉搖動不已，原來是漁家郎正撐著船兒順流而下。瞭解了字句表面的文義之後，我們再來探究其深一層的涵意，亦即文旨所在。這首詩的前兩句「空山新雨後，天氣晚來秋。」寫的是山中的季節氣候，掌握了秋山天氣之佳。雨後的秋山，正像水洗過的樣子，一塵不染。薄暮時分，涼風習習，是何等的幽靜清新啊！「明月松間照，清泉石上流。」是承上文晚秋而寫薄暮景色，前者是靜態，後者是動態，一靜一動，情景無限。寫「月」與「松」、「泉」與「石」的關係，頗能令人玩味不已。夜晚的松林原是一片黑暗，因有明月相照，才使得松影鋪滿了大地；月兒懸於天際，明潔光亮，透過參差的松林，使明月增添了幾分朦朧和神

秘。錯落於泉水中的亂石，因有泉水不斷的洗滌，而愈發的清潔；泉水也正因為石的潔淨而顯得分外

清澈。「竹喧歸浣女，蓮動下漁舟。」轉寫人事，亦是山居秋晚常見之景，活潑鮮明，躍然紙上。遠

遠看去，竹林青翠蒼鬱，隱隱傳出陣陣喧聲，及至近處，豁然發現竹林中三五成群，穿紅著綠的少女

們，正一個個捧著盆子、提著籃子，裏面裝滿洗淨的衣服，有說有笑的結束一天的工作，嘻嘻哈哈的

踏上歸程。透過這句「竹喧歸浣女」，無形中也令人感染到那份輕鬆與喜悅。再看看，大片大片的蓮

葉浮在水上，青翠欲滴，水珠不斷地在葉上滾動著，突然，濃濃密密的蓮葉，像是受到了什麼驚擾，

不斷的顫抖晃動，正在疑惑之際，一隻漁船划破了聚集的層層蓮葉，出現在眼前。王維用一支筆將這

麼一幅畫在字裏行間渲染出來，讓讀者有身歷其境的感覺。

以上由文義探求文旨，是前進的，闡釋的。屬於第一個步驟。現在我們進行第二步驟，由文旨回

復到文義，逐處探求作者運材措辭，遣詞造句的手法。這首詩就其用字來說，「明月松間照，清泉石

上流」這兩句的動詞「照」與「流」都放在句末。第三聯的動詞「歸」與「下」就不宜再置於同樣的

地位了，因而詩人將「浣女歸」、「漁舟下」倒裝爲「歸浣女」與「下漁舟」，顯得十分生動而不呆

板。前六句寫「山居秋暝」的景色，最後兩句不再寫景，而以「隨意春芳歇，王孫自可留」作結，不

但切題，且蘊含了人生至高的境界。言外有「聊乘化以歸盡，樂夫天命復奚疑」的隱而不仕之意。此

處將秋比春，雖少了姹紫嫣紅的五顏六色，卻有別饒清幽的韻致。而「隨意」二字，道出了順應自然

，隨遇而安的心性涵養。更顯示了胸懷的澗大坦蕩。我們知道，當時序入秋，春草不可能常綠，它的

凋零該是自然而然的，順應時節的，人力永遠無法改變這個事實。而在人世間，也有許多事情不是人力所能挽回的，美好的時光亦不可能永遠停留，但是，春芳的「開」固是一番美景，春芳的「歇」又何嘗不是另有一番景致呢？公子們還是留下來欣賞秋山的景致吧！徘徊在人生道上的人們，也應有「隨遇而安」的心境，無論面臨怎樣的際遇，都要抱著欣賞、品味的態度去發掘它的妙處，那麼，人生又何嘗不是處處坦途呢？（註二）

教師經過以上兩個步驟的往返探討，將全詩的義旨，明白清晰的提指出來，必能使學生更透徹的了解課文。

（二）憫農詩

李　紳

　　鋤禾日當午，

　　汗滴禾下土。

　　誰知盤中飧，

　　粒粒皆辛苦？

教師首先應指導學生認識文義，例如：詩中的「鋤禾日當午」，「鋤」是除草，午前的十一時至午後的一時正為「午」時，整句是說太陽正當午時的時候，農夫還在稻田裏除草。詩中第三句「盤中飧」，「盤」為盛食物的器具，「飧」本義是晚餐，引申指煮熟的飯食。「盤中飧」就是盤中的食物。接著再指導學生探究全詩的內容涵意。這首詩是描寫農夫耕作的辛勞，教人記住糧食是經過辛苦得

來的，應該要好好地愛惜它。

首二句：「鋤禾日當午，汗滴禾下土。」詩人先攝取最生動感人的田家鏡頭，刻畫出農民辛苦耕作的形象。在炎日肆虐的正午，一般人都在屋內或樹蔭下避暑納涼，但農夫們卻仍然在出裏不停不休地鋤著草，滿身的汗水，一滴一滴的落在稻禾下的泥土上，沾濕著泥土，滋潤著禾苗，而一點也不畏避叫苦！正因為他們如此的勤奮辛勞，人們才有米飯可吃，才可免於飢餓之苦，所以朱柏廬治家格言告誡人們說：「一粥一飯，當思來處不易；一絲一縷，恆念物力維艱。」

但又有幾個人能真心感謝流血流汗的生產者，而加以愛護珍惜穀物呢？因此後二句作者轉入感嘆：「誰知盤中飧，粒粒皆辛苦？」從一般不事生產、坐享其成的人只知飽食終日，逞口腹之欲，浪費無度，既不知稼穡的艱辛，也不知流汗的滋味，從來就沒有想過碗中的每一粒米飯，農夫們是要流多少血汗才能換得來的，因而發出無限的感嘆，同時也是一種最嚴厲的譴責。

本詩作者採用對比的手法，取農民辛苦耕作的形象，來和不勞而食的人們浪費無度的習性，兩相對照，使得它的感染力特別強烈。（註二）

這是首字面上並不艱澀的詩，經過意旨探究之後，學生對於詩人發自肺腑真切的感慨，便能有了更深一層次的認識。

（三）國歌歌詞　　　　　　　　　　　　　　　　　　　　　　　　　　孫　文

這是一篇四言韻文，典雅雄肆，意旨恢弘，用作國歌歌詞，最能表現開國氣象的宏偉莊嚴，立國

精神的中正和平。由此，也更能激發我們弘毅堅忍、自立自強的決心，肩負起任重道遠的建國使命。

國歌是代表一個國家的歌曲，國歌歌詞能表現自己國家的建國理想和立國精神，樂譜則合乎自己的文化特色和民族情感。按照一定的法制釐定程序後，公布通行全國，於國內或國際間舉行各種典禮、集會時演奏，並由國民歌唱。國歌對外代表國家，對內團結國民，是國家精神的象徵之一。由於國歌是四言韻文，所以學生對於每一個字句，必須先瞭解透徹，才能體會出國歌歌詞所表現的立國精神。

例如：我們看「咨爾多士」的意義：「咨」是感歎詞，含有期勉、深切希望的意思，尚書堯典裏就已經有了「帝曰：『咨！汝羲暨和。』」的記載。爾，是指稱詞，「你們」的意思。此外，「多士」本來是尚書中的篇名，那一篇中就有「爾殷遺多士」、「肆爾多士」等語句，本意是眾多的官員，當「多士」作爲黃埔軍校的訓詞時，是指黃埔軍校的全體師生，但在國歌中則是指全國的有志之士。全句的意思等於是「諸位志士」。在這裏還要附帶說明「士」的意義，古代貴族的等級有：天子、諸侯、卿、大夫、士。而士又可分爲上士、中士、下士三等。後世則擴大了「士」的涵蓋範圍，學凡將士、讀書人，以及有志向、有才智的男女，都可以被稱作士。另外，我們再來看「夙夜匪懈」一句該怎麼解釋，這句話本是出於詩經大雅烝民：「夙夜匪懈，以事一人。」「夙」是早晨，「匪」則是「非」的通假字，意思是「不」。「懈」乃是懈怠、疏忽。經過了單詞的剖析之後，教師應該把整句話的意思加以說明，它是「從早到晚都不可懈怠、疏忽」的意思，這樣就十分清楚了。

如上所言，教師將字、詞、句等文辭表面所表現的「文義」講解清楚以後，進一步便是探究「文

旨」的工作。國歌歌詞首句便揭出「三民主義」以貫串全文，文中每一句話都圍繞著這四個字的主旨而發展。全文約可分為二段：第一段是「三民主義，吾黨所宗，以建民國，以進大同。」首句是全文總綱，次句「吾黨所宗」明示三民主義是我們革命建國的依據，三句「以建民國」說明三民主義的立國精神，四句「以進大同」更進一層闡發三民主義發展而來，這是由上一句發展而來，即由建國工作的完成，進而期望於促進大同世界理想的實現，在這之間很明顯的標示出三民主義施行的程序與最終理想。而這個以民族主義肇其端，以民生主義竟其功的建國歷程，所應秉持的精神與態度，則在第二段中，作了具體而微的說明。第二段：「咨爾多士……貫徹始終。」這部分是在勗勉全國志士，應該以夙夜匪懈、矢勤矢勇、必信必忠的精神，上下一心，以力行三民主義，實踐三民主義，不達成功，絕不中止。這種奮發勇往、銳進不已的剛健精神，正是我中華文化精髓中「法天自強」的具體表現。（註四）為了使各句文義與全文意旨之間的相依關係，更加清晰，以下列出全文結構分析表，以便明瞭全文聯絡照應的關鍵。

所以定為國歌，最能看出我們立國建國的具體主張與文化的內涵。

全文結構分析表

經過了以上兩個步驟的來回探討，教師指導學生研讀本文，不僅能使其明瞭歌詞的內容涵義，在演唱國歌的同時，也必能油然升起莊重肅穆的愛國情操，從而身體力行，做一個堂堂正正的中國人。

（以上「國歌歌詞的分析」，原爲筆者「國文教材教法」之講義，曾轉載於國立編譯館主編之國民中學國文教師手冊第一冊）

（四）國旗歌歌詞

戴傳賢

國旗歌歌詞是叶韻的韻文，共十五句，六十七字。「隆」、「雄」、「封」、「同」、「功」、「終」、「紅」，韻尾都是「ㄥ」。整首歌詞，聲調鏗鏘，音韻和諧，具有音節之美。全文主旨在闡明我們要光大民族精神，促進世界大同。讀來有鼓勵，也有警惕，洋溢著愛國的至誠。

我們依然是經由詞語的解釋，指導學生認識文義。例如：「炎黃世冑」一詞，炎是指炎帝，他就是上古時代的神農氏，因為以火德王天下，所以後人尊稱他為炎帝。黃就是指黃帝，姓公孫，名軒轅，他統一了我國上古時代紛雜的部落。炎黃世冑，也就是「炎黃子孫」的意思，這是國人所引以為傲的自稱。另外，「自暴自棄」一詞，是出自於孟子離婁上：「自暴者，不可與有言也。自棄者，不可與有為也。言非禮義，謂之自暴也。吾身不能居仁由義，謂之自棄也。」這句成語的涵意是說，一個天生美質的人，卻不知修身養性，終日曠廢隳惰，甘心暴棄。知道國旗歌歌詞中生難詞語的意義之後，教師應指導學生逐段探究其「文旨」。

第一段自「山川壯麗」，至「東亞稱雄」。大意是說明我國是亞洲最偉大的國家。由描述祖國山川的偉大、壯觀，物產的豐富、隆盛寫起，再說到建國於此的炎黃子孫，有悠久的歷史，輝煌的文化，自是優秀的民族，東亞的雄國。道盡了民族的光榮，以激發吾人思古之幽情，並喚起國人泱泱大國、莊嚴蕭穆的民族感情。

第二段自「毋自暴自棄」，至「促進大同」。大意是勉勵國人要自強不息。在承先啟後的歷史關頭，秉持中流砥柱的精神，淬礪奮發。身為炎黃的子孫，千萬不可以自甘墮落，不求上進，否則何以

對得起我們的歷史和先民？更不可以墨守舊法，不求進取。否則將使我們無法邁開前進的步伐，又如何能求取國家民族更大的光榮呢？我們有艱鉅的責任要擔負，那就是光大我民族愛好和平的精神，以促進整個世界早日邁向大同的理想境界，所以更應該要奮發圖強。

第三段自「創業維艱」，至「莫徒務近功」。大意是說明創業的艱難，薪火相傳的不易，我們實應朝夕警惕，兢兢業業，以繼承先人的志業。我們應該知道，如果不進步圖強，要想守住已經擁有的基業，必然不易；又何況這個世界的進步，日新月異，無論政治、經濟、軍事各方面，都是瞬息萬變，我們不應只著眼於當前短暫的利益，而應有深遠的眼光，為求取國家的長治久安而打算，為民族奠立萬世不移的根基而獻出我們的努力。

最後一段自「同心同德」，至「青天白日滿地紅」，是殷切期盼國人精誠團結，一心一德，有始有終，共同致力於建設富強康樂的國家，讓我們青天白日滿地紅的國旗飄揚在世界每個角落，世世代代，直到永遠。這是當年先烈們犧牲小我的目的，也是　國父從事革命的理想；我們應該起而效法，更應該敬愛國旗，珍惜並發揚這分愛國的情操。全文文辭簡潔，層層相接，絲絲入扣，讀來真是十分感人。（註六）

接着教師可透過全文結構分析表來指導學生探討「義」、「旨」之間的關係。茲列表如下，以供參考。

全文結構分析表

國旗歌歌詞

第一段
讚頌中華民族
讚頌中—山川壯麗、物產豐隆、地大物博
華民族—炎黃世冑、東亞稱雄、歷史輝煌

勉勵國人
精神—毋自暴自棄
態度—毋故步自封
奮發進取

第二段
建國目標
建國—光我民族—近程目標
目標—促進大同—終極目標
全文主旨

第三段
繼往開來
繼往—創業維艱、緬懷諸先烈—承先啓後
開來—守成不易、莫徒務近功—愛國建國

第四段
光大民族精神
光大民—同心同德—齊一心志的團隊精神
族精神—貫徹始終—自強不息的剛健精神

促進世界大同
青　天—光明純潔—象徵自由—民有—民族
白　日—坦白無私—象徵平等—民治—民權
滿地紅—犧牲流血—象徵博愛—民享—民生
三民主義

呼應　呼應　呼應

二〇五

（註七）

教師經過了上述意旨探究的指導後，學生應能深刻瞭解全文。

（以上「國旗歌歌詞的分析」，原為筆者「國文教材教法」之講義，曾轉載於國立編譯館主編之國民中學國文教師手冊第二冊）

【附　註】

註　一　參見章師銳初先生的中學國文教學法

註　二　參見曾永義主編的少年讀唐詩

註　三　參見教師手冊第一冊

註　四　同註三

註　五　同註三

註　六　參見教師手冊第二冊

註　七　同註六

七、作法的審辨

文章的作法，就是運材、措辭、裁章、謀篇等等的方法。因為作者的心營意度，往往千變萬化，靈活運用起來，不只是不同作者有不同的作品，就是相同的作者，運用不同的作法，也能使每篇文章寫來不同。陸機文賦說：「體有萬殊，物無一量，紛紜揮霍，形難為狀。」因此，我們既沒有何種定

法拿來指導學生，也不能牽強附會的說某篇文章那裏好，那裏不好，教學生亦步亦趨的學習。唯有就

篇論篇，根據文章本身，用欣賞的工夫去體認，探究它何處可啓示學生？是以何種姿態呈現出來？讓

學生多多體會，多多類推，漸漸心領神會，以增長其意匠的能力，稍曉文章的理路法度，而在閱讀與

寫作兩方面求得進步。至於一篇文章，在探求其作法時，我們如何著眼呢？以下提出四個審辨文章作

法的方向，以供參考：

㈠作者思想發展型態的探討：詩經大序上說：「詩者，志之所在也。在心為志，發言為詩。言之

不足，故嗟歎之；嗟歎之不足，故詠歌之。」文學最重要的功能可以說就在於表情達意了，所以不管

文章是苦悶的象徵或是志趣的流露，都不能脫離作者主觀的意識。我們要掌握作者這種卷舒自如、伸

縮自由的思想動態，就必須剖析其構思立意的過程，從文章縝密、精當的組合意象裏尋出作者思想的

脈絡，指導學生細細辨明整篇文章的「設計圖案」，進而體悟作者蘊涵於字裏行間的思想、情意。例

如李白的春夜宴桃李園序一文，以人生苦短若夢，宜及時行樂為中心意旨，以兄弟相聚敍天倫樂事，

共同賞月、賞花、飲酒、賦詩為具體表現，以桃李園月夜景色及宴會情形為描寫的材料，把握住中心

意旨而發為言論，此一曠達的思想又有其時代背景與生活環境為支柱，故在辭短韻長中，增添人許多

情思。這些都是教師在敎導學生審辨作法時，對於作者的思想型態發展所應把握的重點。使學生跟著

老師的指導，而進入作者的靈感想像中，自然領悟而有得於心。

㈡題材剪裁安排的探討：一篇文章不論是作者思想的體現，或是客觀事實的展現，作者所藉以表

明中心題旨的材料，無非是要從生活中所累積的經驗去尋找。也就是題材的取捨不能和生活情境脫節。

。我們可以說，題旨是作文的目的，取材便是達到這個目的的手段，因此作家對於材料的斟酌、剪裁

，應以題旨為準繩。一位深明為文之理的作家，在素材的處理上，必用心經營，決其去取，定其前後

，汰粕以存精，使作品繁者不會令人嫌其有所多餘；簡者不會令人嫌其有所闕漏。前後呼應，井然有

序，不致有讀來了無頭緒，不知所云的困擾。舉個例子來說，背影一文，朱自清先生以一個平凡的事

件作為畫面，來渲洩他對父親深深的繫念與衷心的感激。全文佈局乃經由憶述與現實等謹嚴的安排而

塑造出一份立體感。作者和他父親在南京勾留的時間共兩天，父親送他上車的時間只佔幾個鐘頭，但

作者在材料的運用上乃著意於從一些瑣事上表露出他父親的樸實與慈愛，所以對於父親送他上車的情

節以極細緻的筆法描繪出來，而在南京二日的其他時光，只用「有朋友約去逛逛，勾留了一日」等數

字輕輕帶過，這種由小見大的剪裁方法，讓人讀來倍覺切實，清新而感人肺腑。又如國中國文第三冊

中張釋之執法一文，作者為文的目的是欲彰顯張廷尉賢明、公正的品德。作者選擇了可靠的史料，從

一個罪案到廷尉判以罰金，文帝因不滿而憤怒，再經皇帝思索良久，終於承認廷尉所

為當是，完全是忠實而客觀地依序記敘，作者不必加上個人主觀的評價，讀者便能從整個事件的發展

裏，肯定了張釋之卓越的人格。

我們於審辨文章的過程中，應不忘時時提醒、指導學生明瞭文章的取材、鋪敘等技巧，因為評析

文章的優劣，這是一個重要的關鍵！

(三)遣詞造句技巧的探討：古人論文，多以章句修飾爲雕蟲小技，但是如果沒有燦爛的文采，神韻情理的流露便易流於晦澀、滯礙。黃季剛先生曾說：「若夫文章之事，固非一憭章句而即能工巧，然而捨棄章句，亦更無趣於工巧之途。規矩以取方圓，雖刻瑑衆形，未有�325於規矩之外者」（註一）。可見文章之形貌仍必須依附工巧的章句，才能得以生動活現。更何況作者所要表達的意念，極可能因措辭之不當而有所出入，故以讀寫基本訓練爲重的中學國文精讀教學，是不能忽略字句鍛鍊技巧的。在遣詞方面，我們知道作文是作者根據腦海中澎湃的文思去攫取詞彙，而不是漫無旨趣，一股腦兒地堆砌華而不實的文辭。而如何在一群意近的詞彙裏挑出一個最傳神的詞語，那就有賴於作家精煉的工夫了。茲舉一個作家最常使用的造詞技巧—夸飾—來作爲說明，這種鋪文設采的筆法可收到加強意象、渲染讀者耳目的巧妙效果。如一代大文豪蘇東坡的名句：「青山一髮是中原」，用「一髮」來形容「青山」，是多麼倔奇的比況，而它給人的感傷也就更加深刻了！

此外，在造句方面，不論是用切實的文筆，保存眞實的情狀，使人物的神情飛動於翰墨；或是用曲折的筆法，表達一己的意念，使文章婉曲而有情；抑或以含蓄的文句來暗示，不流露刻劃的痕跡（註二），凡此種種都是作家時常用以反映情實的造句技巧。如果我們對於作家技巧優長之所在不予明示，那麼學生是很難掌握住個中佳妙的！例如國中國文課本第三册中爲學一首示子姪，作者運用了對照的寫法，表現出一種句法和諧而統一的美感，使語意在對比之中更加剴切、中肯，此文振聾發聵的意義與價值便涵藏於彭端淑先生言簡意賅的造句手法中了！

(四)聯絡照應方式的探討：文章以不同的思想材料、不同的詞句節段而組合成統一有序的整體，這種結構的經營，是有賴於作家聯絡照應的意匠本領（註三）。從消極方面來說，這種技巧可以使文學作品愈趨純粹，不致有駁雜，矛盾之虞；從積極方面來說，則可使讀者印象清晰有條理，不致模稜兩可，所以聯絡照應的技巧，在文章寫作的過程中是有絕對的必要。

題旨的統一，有賴於作家化整爲零、廻復照應的筆下工夫，這是我們賞析文章時所不能忽略的一個重要文學技巧。鄭燮寄弟墨書一文，每一段均有一揭示文旨的語句，第一段說：「而今而後，堪爲農夫以沒世矣。」第二段說：「我想天地間第一等人祇有農夫。」第三段是「愚兄生平最重農夫。」最後一段則是「將來須買田二百畝，予兄弟二人，各得百畝足矣，亦古者一夫受田百畝之義也。」我們可以很清楚地感受到板橋先生語不離宗，強而有力地扣緊了主題，保持了論點之一致，而行文的重心也就在眉目醒豁，一路相爲提喚接應的段落裏彰顯出來了！

由以上的說明，我們可知一篇文章不可能漫無組織，顛三倒四而能將道理說明白的，教師在教導學生審辨作法時，應注意到文章貫串所用的聯絡照應手法。

【附　註】

註 一 參見黃季剛先生著文心雕龍札記

註 二 參見黃永武字句鍛鍊法

註 三 參見章師銳初先生中學國文教學法

八、篇章的結構

一篇文章可以分成幾個段落，這段落便叫做「章」。每一章中又包括若干「句」，將這些句子連成一章，其間必須有一個中心思想，這就是「章旨」。將許多「章」連成一「篇」，章與章間必須有脈絡可尋，各章的「章旨」必須互相連貫；所恃以連貫的，就是一篇的中心思想，這就是「篇旨」。

以國中國文課本而言，「題解」裏所說明的，便是「篇旨」。

篇文章是根據一個中心思想（篇旨），分立若干個段落（章），各段大意，便是「章旨」。（註一）一段組合成全篇的過程中，牽涉到謀篇、裁章的問題。所謂「著色原資妙選材，也須結構匠心裁」（註二），正說明篇章結構的重要性。

章法在詞章的創作上，無可懷疑的佔有極重要的地位，而這種文章構成的型態，雖然不免隨著作者設計經營手段的不同，而呈現多樣的變化，使得我們很難用幾個固定的格式來說明它們，俗語所謂「文無定法」，指的就是這個意思。不過，每個作家在謀篇布局之際，大都會不知不覺地受到人類共通理則的支配，以致寫成的作品，在各式各樣的枝葉底下，都無可例外地藏著有一些基本的、共通的

幹身」，這點，只要拿古今人的作品稍加剖析，即可以獲得證明，俗語說的「文成法立」，便是這個意思。而這些基本的、共通的幹身，大抵說來，可以用四個原則來加以概括，那就是：秩序、聯貫、統一和重點。對這四個原則，我們在教學時，如能加以掌握，作簡要的說明，那麼，不僅可以增進學生對課文文義的了解，從而提高他們的閱讀能力；也可以與習作教學取得緊密的聯繫，藉以加強他們的寫作本領。現在就針對這四個原則，依序舉例說明。（註三）

（一）秩序原則

這是就材料次第的安排來說的。通常，作者係依空間、時間或事理展演的自然過程作適當的安排。這種安排的方式，最常見的，以空間而言，有「由近及遠」、「由遠及近」、「由小而大」、「由大而小」等；以時間而言，有「由昔及今」、「由今及昔」等；以事理而言，有「由本及末」、「由末及本」、「由輕及重」、「由重及輕」、「先實後虛」、「先虛後實」、「先凡後目」、「先目後凡」等。茲以國中國文第三冊第十四課「科學的頭腦」一文為例，簡單說明如下：

科學的頭腦

任鴻雋

「我們常常聽見有人說，現今的世界是科學的世界。這句話的意思，是說現今的世界不但讓電燈、電話、輪船、火車、無線電、飛機——這些都是科學的發明——把我們的生活情形改變了；就是我們的一言一動，思想行為，也免不了受到科學的支配。換一句話說，做現今世界的人，必須具有科學的頭腦，不管你是科學家不是科學家。

怎樣才可以養成科學的頭腦呢？第一要注重事實。平常的人總是以耳為目，人云亦云。有科學頭腦的便不然，他必定要考查一件事情的實在。如古書說：「燕太子丹朝於秦，秦王留之，與之誓曰：『使日再中，天雨粟，烏白頭，馬角生，乃得歸。』當此之時，天地祐之，日為再中，天為雨粟，烏頭白，馬角生。」這一類的話，顯非事實，若不加考查，信以為真，便是沒有科學的頭腦。現今社會上還有許多奇怪的傳說，如鬼可以照相，甚至義和拳的法術可以使槍砲不能傷身之類，只要拿事實來考查一下，便可以不攻自破。事實是科學的根基，注重事實，便是養成科學的頭腦的第一條件。

第二要了解關係。天地間事物，總有一個因果的關係；不明白這個關係，要求無因之果，或是因果錯誤，便是迷信。俗語說：「種瓜得瓜，種豆得豆」，這種因果的關係是很明白的。不過在稍稍複雜的情形之下，我們就往往不容易明白關係的所在。譬如有了疾病，不請醫生而求祐於神道，希望後嗣繁榮，不注意教育而乞靈於風水。殊不知神道與疾病，風水與後嗣的繁榮，都沒有什麼關係的。科學是尋出事物關係的學問，能事事求出一個真正的關係，便是養成科學的頭腦的第二條件。

第三要精密正確。平常的人敘述一件事情，最喜歡用「大概」、「差不多」一類的詞語。有科學頭腦的人，則必用一定的數字來代表確實的量度。問你現在是什麼時候，你必須看一看錶，說現在是十二點三十分——如能說秒更好——不能說大概是十二點罷。問你的身長幾何，你必須回答一公尺五十二公分——如能說點幾更好——不能說大概一百五十公分罷。正確是一步不能放鬆的。許多科學的

發明，都是從細微的比較中得來。所以精密與正確，也是養成科學的頭腦的必要條件。

第四是力求透徹。凡做一件事，必須考慮周詳；研究一種學問，必須尋根究柢，這就是所謂透徹。

淺嘗輒止，或者半途自畫，都是成功的蟊賊，更不能算科學的頭腦。

以上四點，僅僅是個人日常生活上的幾種習慣，平淡無奇的，沒有什麼大了不起，可是它們卻是養成科學頭腦的必要條件。從來大科學家研究科學，沒有不是依賴它們而成功的。」

作者撰寫本文的目的，是要人明白養成科學頭腦的方法，以期糾正國人錯誤的觀念，全文共分六段：（註四）

（一）第一段說明生活在現代社會的人，不管是不是科學家，都必須具有科學的頭腦。本文的中心並不是專述科學的發明，而是運用科學的頭腦，實事求是地去應付日常的事物，所以作者在第二至第五段提供養成科學頭腦的條件。

（二）養成科學頭腦的第一條件，就是要「注重事實」。常人往往患了以耳代目、人云亦云的毛病，因此很容易以訛傳訛，將事情弄到疑眞疑假，卻又不肯去查考事情的眞相，一些虛妄不經、荒謬無稽的傳說，便由此而生。作者認爲只要去考查事物的眞相，一切的傳說便可以不攻自破。

（三）養成科學頭腦的第二個要件，就是要「了解關係」。了解事物間的因果關係，不可導致迷信。如果沒有科學的根據，那就是迷信。如果有了疾病，去請醫生診療，這是很科學的；如果有了疾病，卻去求祐於神道，冀求藉著誠心而得醫治，這就是迷信。此外如風水堪輿之事，也是沒有科學根據的

。因此作者提出要了解事物間真正關係，這才是具備科學頭腦的條件。

（四）養成科學頭腦的第三個條件，就是要「精密正確」。科學事事講求精密正確，例如運動會零點一秒也會影響運動員的成績和名次，火箭發射太空船上太空，數學家計算火箭的速度和所受阻力，都是分秒不差的。將這種科學的精神拿來應用於事物，也一樣的重要。否則，我們事事喜用「大概」、「差不多」一類的詞語，做起事來往往就誤事了。

（五）養成科學頭腦的第四個條件，就是要「力求透徹」。作者認為「凡做一件事，必須考慮周詳；研究一種學問，必要尋根究柢，這就是所謂透徹。」例如做化學實驗，如果你不按照步驟和所需的時間去做，那麼這次實驗，必不能成功，或者會產生出另外一種化學物品來。所以要養成科學的頭腦，是要有始有終，不能半途而廢的。

（六）末段是總結第二至第五段的話，指出以上所提出的四點，只是我們日常生活上的幾種習慣，並沒有什麼了不起，而從來的大科學家研究科學，卻都是依賴這些基礎而成功的。一方面鼓勵我們在日常生活中養成這些好習慣，來適應這個科學日益進步昌明的世界；另一方面更指出這些看似平淡無奇的習慣，對於科學研究所提供的深遠幫助與貢獻。

在文章作法方面，本文是以首尾雙括法構成：首段為開端。第二段言注重事實。第三段言了解關係。第四段言精密正確。第五段言力求透徹。末段為結語。層層推進，條理井然，秩序分明。第二、三、四、五段合為正文。

二、聯貫原則

　　這是就材料前後的接榫來說的。這種材料前後的接榫，方式頗多，根據現任師大國文系主任黃錦鋐教授著「中學國文教學法」一書所舉，屬於基本方面的，有聯詞、聯語、關聯句子、關聯段落等四種，可做上下文的接榫；，屬於藝術方面的，則有首尾呼應、暗伏明應、一路照應、層遞接應、過渡聯絡等。連詞如「所以」是直承連接詞，「然而」是轉折連接詞，「說到」是推展之用，「總而言之」是結束之用，韓愈在答李翊書中，第二段便是用「雖然」作為連接詞，以承接第一段。連詞如「由此觀之」是很常見的，司馬遷報任少卿書中的「且事本末未易明也」、「而事乃有大謬不然者」便是翻轉矯捷地利用連語。如果應用連詞尚不足以彰顯上下文的貫串，那麼我們可以更進一步地使用關連的句子，如墨子兼愛中寫道：「雖至天下之為盜賊者亦然，盜愛其室，不愛異室，故竊異室以利其室……」即是。至於關連的段落，它是作為前後二段文章的連鎖，如李陵答蘇武書中：「嗟乎！子卿，人之相知，貴相知心，前書倉促，未盡所懷，故復略而言之。」此段將前後關連甚遠的段落連綴得天衣無縫（註五）。此外，較為空靈的藝術聯絡技巧，是在文墨上不著痕跡，而在精神意趣上一氣貫串而下，所以這是屬於可意會而較難以言傳的層次。茲以國中國文第一冊第十一課「陳元方答客問」一文為例，就關聯詞句部份略做說明：

陳元方答客問　　　　　　　　　　　　　　　　劉義慶

　　陳太丘與友期行，期日中。過中不至，太丘舍去。去後乃至。元方時年七歲，門外戲。客問元方：「尊君在不？」答曰：「待君久不至，已去。」友人便怒曰

：『非人哉！與人期行，相委而去。』元方曰：『君與家君期日中，日中不至，則是無信；對子罵父

，則是無禮。』友人慚，下車引之，元方入門不顧。

本文以問答的方式記述陳元方小時候的聰穎機敏，更說明了信與禮的重要。文分二段：

(一)首段以直敘法交待故事發生的「前因」，而以「去後乃至」引起次段。

(二)第二段對話才是全文主旨。先敘述元方的年紀、行止，在情節的開展上，照應前段的情境部分

，「七歲」暗示元方年幼而穎異。這一段用作上下文接榫的語句，約有：「客問元方」、「答曰」、

「友人便怒曰」、「元方曰」、「友人慚」。藉著客與陳元方的對話，說明客之無信、無禮，末以「

元方入門不顧」的具體行動，表明無信、無禮之不足取。

全文先述故事背景，再引出客人和陳元方的對話，以上列語句作前後文的接榫，既得鮮明生動之

效果，又緊密連接全文。倘若缺乏這些關聯詞句，則全文將無法聯貫而顯得支離破碎。

(三) 統一原則

這是就材料情意的統一來說的。無論一篇文章如何冗長、複雜，必須針對一個主旨敘述，而使此

文從頭到尾都維持一致的思想情意。茲以國中國文第二冊第十六課「路」一文為例說明之：

熊崑珍

路

「從鄉村到城市，從簡陋到繁華；路，像無數縱橫錯綜的血管，聯繫各個不同的體系，促成了社

會風物習俗的新陳代謝。一滴血，一滴汗，血汗滲透了泥砂，浸蝕了巖石。在「人」的力量下，公路

平坦地展開了。而在荒林裏、田野間，更有無數的小路蜿蜒著。那些無名英雄們，默默地流著血汗，

關築了千萬條道路，而千萬條道路把人們引向無窮的前程。不該向築路的人，寄予由衷的感謝嗎？

路，是無聲的語言、無形的文字；它溝通了思想、文化，聯絡起感情、友誼。藉著它，人們得以

擴大生活的範圍。藉著它，人們緊緊地握起手來。舊的路衰老了，毀壞了；新的又從後一代手裏築建

起來。鑿石、填河，更寬敞的路無垠無涯地開拓、綿延，伸展到遙遠的土地；串起了罪惡和戰爭，也

串起了愛情和友情。

朋友！在你人生的過程中，已跋涉過幾多道路？你愛平穩安定嗎？那麼請循前人的道路行進。你

愛冒險進取嗎？那麼請用自己的血汗，來開闢一條新的道路。平穩的道路通向平穩的終程；崎嶇的道

路卻往往通向璀璨的前途。可是，不管你選擇什麼路，必須要不停地一步一步地走去。朋友，只管

走過去吧！不必逗留著採拾路畔的花朵來保存。一路上，花朵自會繼續地開放哩！」

作者藉描述路的有形、無形的功能，告訴我們除了要感激築路工人的辛勞以外，更勉勵我們依照

自己的性情，選擇適當的道路，穩健而持續的朝向最大的目標勇往邁進。 依其結構可分四段：

㈠首段：以倒裝修飾法帶起全文，並總括「路」之特性與功能。

㈡次段：感念前人篳路藍縷，才使後人得享成果。

㈢三段：詳述路的功能，並寓以溝通、聯絡、薪傳。

㈣末段：期勉大家依照自己的個性，選擇適當的路，以持續不輟、平和穩當的步伐邁向目標。

總觀此文，各段皆緊扣主題（路）而闡發。由於在同一個主旨之下貫串全文，因而發揮了統一的

功用，使文氣順暢成理。

(四) 重點原則

這是就材料內容的取捨來說的。喬吉論文章的結構方法提到：「鳳頭、豬肚、豹尾。」也就是說起要美麗，中要浩蕩，結要響亮，（註六）在文章材料搜集齊備之後，必須審慎選擇、剪裁，使文章「言之有物」，有其重點所在。而重點之闡發詳述，往往行之於「豬肚」。茲以國中國文第一冊第八課「兒時記趣」一文為例說明之：

兒時記趣

沈復

「余憶童稚時，能張目對日，明察秋毫。見藐小微物，必細察其紋理，故時有物外之趣。

夏蚊成雷，私擬作群鶴舞空，心之所向，則或千或百，果然鶴也；昂首觀之，項為之強。又留蚊於素帳中，徐噴以煙，使之沖煙飛鳴，作青雲白鶴觀，果如鶴唳雲端，為之怡然稱快。

又常於土牆凹凸處，花臺小草叢雜處，蹲其身，使與臺齊；定神細視，以叢草為林，蟲蟻為獸，以土礫凸者為丘，凹者為壑，神遊其中，怡然自得。

一日，見二蟲鬥草間，觀之，興正濃，忽有龐然大物，拔山倒樹而來，蓋一癩蝦蟆也。舌一吐而二蟲盡為所吞。余年幼，方出神，不覺呀然驚恐。神定，捉蝦蟆，鞭數十，驅之別院。」

這篇文章，是以童年的情趣為主題。所有的記敍，都是以這個主題為中心而開展出來的。全文共分四段：

(一) 首段：以回憶之筆總括全文。

㈡次段：描寫細察夏蚊，徐噴以煙所得之趣。

㈢三段：記敍他把土礫、草叢，想像爲丘壑、森林，神遊自得之趣。

㈣末段：以觀二蟲相鬥，二蟲爲龐然大物——癩蝦蟆所吞，他遂以巨人自居「捉蝦蟆，鞭數十，驅之別院」而得其趣。

本文重點全在「童稚時」的「物外之趣」，作者在構思之際，就必須把不合所需的材料裁去。並在合乎條件的材料中，確定何者可增強效果，靈活運用。如此不僅切合主題，統一篇旨，聯貫全文，並且在深入描繪中，益能顯出文章有其重心而且鮮活生動。

古人有云：「文章千古事，得失寸心知。」文雖無定法，卻有一般原則，尤其對於一個初學作文的學生，基本原理的介紹是有其必要的。在範文教學的過程中，若能指導學生作篇章結構的分析，並將此技巧運用於文章寫作中，必可提高其寫作能力。

【附　註】

註一　見國中國文課本第五冊

註二　參見趙翼論詩甌北詩鈔　絕句卷三十六

註三　參見陳蒲銘「章法教學」一文

註四　見教師手冊第三冊

註五　參見李日剛作文技巧與範例

註六　見陶宗儀輟耕錄

二三〇

第四節　深究與鑑賞

壹、深究

一、樂府詩的深究

前　言

「樂府」原是官府的名稱，後來成了民歌的代稱。漢武帝元鼎六年（西元前一一一）正式成立樂府官署，以便於採集民間的歌謠，加以增飾，供作朝廷祭禮宴享的音樂。自此樂府更張，「樂府」一辭才爲一般人所通用。它的含義已不僅是官署，更是民間歌謠的代稱，故「樂府詩」就是泛指民間歌謠而言，其後，文人大量仿製，使之成爲詩體的一種。

胡適在白話文學史上曾強調「樂府」在文學史上所創造的價值約有以下幾項：

(一)民間歌曲因此得了寫定的機會。

(二)民間的文學因此有機會同文人接觸，文人從此不能不受民歌的影響。

(三)文人感覺民歌的可愛，有時因爲音樂的關係不能不把民歌更改添減，使他協律，有時因爲文學上的衝動，文人忍不住要模倣民歌，因此他們的作品便也往往帶著「平民化」的趨勢，因此便添了不少的白話或近於白話的詩歌。

這三種價值，自漢至唐，繼續存在。故民間的樂歌收在樂府的，叫做「樂府」；而文人模倣民歌做的樂歌，也叫做「樂府」；而後來文人模倣古樂府作的不能入樂的詩歌，也叫做「樂府」或「新樂府」。

他接着又說：「樂府是平民文學的徵集所，保存館。這些平民的歌曲層出不窮地供給了無數新花樣，新形式，新體裁，引起了當代的文人的新興趣，使他們不能不愛玩，不能不佩服，不能不模倣。漢以後的韻文的文學所以能保存得一點生氣，一點新生命，全靠有民間的歌曲，時時供給活的體裁和新的風趣。」這話是很對的。

民歌產自民間，是人民心聲的流露，最眞摯，也最動人。它的歌聲辭意，反映了一時代，一區域人們的生活情形和民族特性，使我們了解到那個時地的人民的喜怒哀樂，產生了一種血肉相連的眞切感受。它在文學史中，永遠是個性最鮮明，最具有撼人力量的作品。我國的民歌，繼詩經國風、漢代樂府之後，發展到南北朝時期，又呈現了新的面貌，它不僅在內容方面，反映了新的社會現實，而且也創造了新的藝術形式和風格。一般說來，它篇制短小，除了少數七言或雜言的作品以外，大多是五言四句的形式，同時抒情多於敍事。（註一）

(一)原文

木蘭詩　　　　　　　　　　　　　　　　　　佚　名

茲舉木蘭詩爲例，說明如何深究與鑑賞。

唧唧復唧唧，木蘭當戶織。不聞機杼聲，惟聞女歎息。問女何所思，問女何所憶。「女亦無所思，女亦無所憶。昨夜見軍帖，可汗大點兵；軍書十二卷，卷卷有爺名。阿爺無大兒，木蘭無長兄，願爲市鞍馬，從此替爺征。」

東市買駿馬，西市買鞍韉，南市買轡頭，北市買長鞭。朝辭爺孃去，暮宿黃河邊；不聞爺孃喚女聲，但聞黃河流水鳴濺濺。旦辭黃河去，暮至黑山頭；不聞爺孃喚女聲，但聞燕山胡騎聲啾啾。

萬里赴戎機，關山度若飛。朔氣傳金柝，寒光照鐵衣。將軍百戰死，壯士十年歸。

歸來見天子，天子坐明堂。策勳十二轉，賞賜百千強。可汗問所欲，「木蘭不用尚書郎，願借明駝千里足，送兒還故鄉。」

爺孃聞女來，出郭相扶將。阿姊聞妹來，當戶理紅妝。小弟聞姊來，磨刀霍霍向豬羊。開我東閣門，坐我西閣牀。脫我戰時袍，著我舊時裳。當窗理雲鬢，對鏡貼花黃。出門看火伴，火伴皆驚惶：

「同行十二年，不知木蘭是女郎。」

雄兔腳撲朔，雌兔眼迷離。兩兔傍地走，安能辨我是雄雌？

(二)內容的深究

1.義旨的探究

(1)全文主旨

敍述女英雄木蘭代父從軍的故事。

(2)各段大意

第一段：寫木蘭決定代父從軍的原因。

第二段：寫出征前的準備及出征時的心情。

第三段：寫軍中的生活。

第四段：敘述戰勝回朝，天子賞賜，木蘭不欲作官，但願還鄉的情事。

第五段：寫家人迎接木蘭歸來，及木蘭換裝後，伙伴驚奇是女郎的情景。

第六段：寫作者對木蘭的讚語。

2.作者思想情意的發展

(1)思路的鋪敘

這一篇文章，作者是按照時間先後的發展次序，以平鋪直敘的手法，來敘述木蘭代父從軍的感人故事。

首段以設問，插敘的方式，讓讀者明白木蘭代父從軍的原因，這正是整個故事的前奏，也使得後面的出征、凱旋，不顯得突兀。作者以「唧唧復唧唧」的機杼聲來作為全文的開端，效果更是引人入勝。第二段的前半，「東市買駿馬，西市買鞍韉，南市買轡頭，北市買長鞭。」從多方面來描寫木蘭所買的軍用裝備，讀來更覺得木蘭的英雄形象歷歷如繪，和三、四段的征程、凱旋相互呼應，也和五段的恢復女妝及末段的四句詩相對照。後半自正面來抒寫木蘭離家的心情。家，是溫暖的，木蘭不免

流露出對雙親的懷念之情，這正和第五段返鄉時，家人無可掩抑的喜悅相為呼應。當木蘭離家後，征程更遠，而有了第五段的「萬里赴戎機，關山度若飛」兩句詩來。第三段，以六句詩來概括木蘭十年來的行伍生活，卻巧妙地避開了她在戰場上怎樣和敵人廝殺的經過，保持了全文的精緻和優美。最後以「將軍百戰死，壯士十年歸」，寫木蘭經由長期征戰，終於凱旋歸來。此段極其精鍊，全詩緊扣著「木蘭是女郎」來進行，用最經濟的筆調來剪裁，並配合了全詩的主旨——歌詠一尋常女子因著孝心而寫下的不凡事蹟。第四段原是緊承上段的「歸」，用誇張的手法來描繪天子對木蘭的厚賞，至此，又再度強調了木蘭的英雄形象。但，木蘭卻婉拒了厚賞，只願早日回到故鄉。此處是用問答的方式，比較活潑生動，把木蘭的孝心和保家衞國的崇高目的加以表明，此正和首段遙相呼應。第五段寫木蘭返鄉的喜悅和換上舊裝後，同伴驚惶的情景。本段描述了重聚的歡暢，充滿愉快的筆調更予全文喜劇的效果。如「脫我戰時袍，著我舊時裳。當窗理雲鬢，對鏡貼花黃」，一則與「市鞍馬」對照，一則與「當戶織」呼應，這都是向讀者明白交待木蘭畢竟是個女子，而最後「火伴皆驚惶，同行十二年，不知木蘭是女郎」是直接加以歌頌了。末段是木蘭的自豪語，同時也是作者對木蘭的頌揚，用比喻的手法表現了木蘭的智慧，也成功地替整個故事作完美的終結。

(2)情意的激發

　　木蘭詩是一首古代北方的民間歌謠，是剛強男性的社會喜劇，全詩充分表現了北國風光和北方民族的特性。北族民性強悍好武，我漢族兒女生息於河朔、秦隴之間，耳濡目染，在備受薰陶之餘，也

多能躍馬盤弓，同仇敵愾，能爲伸張國魂而戰鬥，這種尚武的精神，不僅表現在男兒身上，女子也並不例外。而木蘭的英雄事蹟出現在樂府民歌，正是把自古以來，我國忠孝兩全的崇高精神表現無遺，實具有不平凡的意義。木蘭原是一勤勞織作的普通姑娘，當戰事一起，竟能勇敢地代父從軍，這並不是一般婦女所能承擔的任務。她購備駿馬長鞭，跋涉黃河、黑山，萬里長征，十年轉戰，凱旋歸來，不肯接受官爵，只願恢復尋常女兒生活，以孝養雙親。這是多麼高貴的品德，氣概更是軒昂。

這首詩，說明了女子也能建立英雄豪傑的偉業，非男士所專美。我們身爲大時代的兒女，除了每個男同學都要做堂堂正正的大丈夫以外，女同學也應該培養寬潤的胸懷，在柔媚之外，要有擔當。尤其，是在國家面臨存亡絕續的時刻，更要關懷國事，發揮潛力，來共赴國難。忠孝雙全的木蘭正是我們學習的好榜樣。她的勤樸刻苦，不惜犧牲自我，不顧男女有別，自願代父從軍，捍衛國土。巾幗不讓鬚眉，爲千千萬萬女性揚眉吐氣，盡孝盡忠，也爲中華兒女樹立了極佳的典範。我國歷代婦女受木蘭的精神感動，挺身而出，帶兵打仗，立有大功勳的，在明末有秦良玉和沈雲英，在清末有鑑湖女俠秋瑾，現代效法木蘭從軍報國的女英雄更多了。

(三)形式的深究

　1.剪裁安排的方法

本詩於內容取材與編排方式上有二特點，第一，在描寫木蘭買鞍馬和回故鄉之時，敍事特別生動豐富，而於戰場征戰生活，則以六句話概括。兩相對比，正顯示出民歌富有變化趣味的特殊風格，前

國文教材教法

二二六

者以一件一件的排比描寫，正把到市場買鞍馬、代父從軍的迫切，忙碌心情和家人歡迎木蘭戰勝歸來的興奮熱鬧氣氛表現出來，令人讀來別有一番親切、具體且生動的感覺。後半則以最經濟之筆調剪裁而成，把行伍生活緊湊起來，且因此詩非戰爭之史詩，故將重點放在「木蘭是女郎」的描繪上。一則以精雕細琢之手法，一則是惜墨如金，此正顯示出作者剪裁安排的巧心。第二，最後一段「撲朔迷離」的比喻，正是民歌趣味的本色，可以將主旨顯現無遺，而並沒有畫蛇添足的感覺。尤其，其間敍筆十分簡鍊，卻包含了豐富的暗示，更是耐人尋味。

2.遣詞造句的技巧

此詩連續運用複疊與排比的句調，來增強民歌的表現力與音樂性。如「東市買駿馬」四句，平列東西南北，表面看來，好似呆板，但置於全詩之中，則見辭氣諧和，全文更為活潑跌宕。又如「爺孃聞女來」一段，用同樣句調作三次重疊，更能顯示出熱鬧歡悅的氣氛。

本篇所用對偶句頗多，而且非常工整，例如「朔氣傳金柝，寒光照鐵衣」等，其他則多為自然對句，用字純樸，不加雕琢，正是民歌本色。

全詩進行緊湊，所用詞句都很活潑，有的倒裝，有的誇飾，有的運用連珠格，使得本詩靈活婉轉，頗富韻味。

本文修辭格，茲列舉於下：（註二）

修辭格	作用	原文
類疊	表達諄切的感情。	△問女何所思，問女何所憶。 △女亦無所思，女亦無所憶。 △東市買駿馬，西市買鞍韉，南市買轡頭，北市買長鞭。 △爺孃聞女來，出郭相扶將。阿姊聞妹來，當戶理紅妝。小弟聞姊來，磨刀霍霍向豬羊。 △阿爺無大兒，木蘭無長兄。 △朝辭爺孃去，暮宿黃河邊，不聞爺孃喚女聲，但聞黃河流水鳴濺濺。且辭黃河去，暮至黑山頭，不聞爺孃喚女聲，但聞燕山胡騎聲啾啾。
排比與對仗	豐富辭彙，且使意思更加明顯。	△朔氣傳金柝，寒光照鐵衣。 △將軍百戰死，壯士十年歸。 △開我東閣門，坐我西閣牀。 △脫我戰時袍，著我舊時裳。 △當窗理雲鬢，對鏡貼花黃。 △雄兔腳撲朔，雌兔眼迷離。

修辭格	作用	例句
設問	用以引出下面的對答。	△問女何所思，問女何所憶。 △可汗問所欲。 △安能辨我是雄雌？
倒裝	喚起注意，增加文章的波瀾。	△問女何所思。（所思何？） △問女何所憶。（所憶何？） △鳴濺濺。（濺濺鳴） △關山度若飛。（度關山若飛） △萬里赴戎機。（赴萬里戎機）
誇飾	爭奇鬥豔，增加藝術美感，以悅人心目。	△將軍「百戰」死。 △壯士「十年」歸。 △策勳「十二轉」。 △賞賜「百千強」。 △願借明駝「千里足」。
頂真	使語句神旺氣足。	△軍書十二卷，卷卷有爺名。 △壯士十年歸，歸來見天子。 △歸來見天子，天子坐明堂。

△出門看火伴，火伴皆驚惶。

（註三）

聯絡照應的方式

本文重點即在「木蘭是女郎」一句上；所以，作者在本篇各處，都有其聯絡照應的字句，來彰顯烘托出難辨雌雄的主旨。例如：「木蘭當戶織」，「木蘭不用尙書郎，願借明駝千里足，送兒還故鄉。」，「脫我戰時袍，著我舊時裳。當窗理雲鬢，對鏡貼花黃。」等。

在第二段中，「不聞爺孃喚女聲」是另一個重點，它與「但聞黃河流水鳴濺濺」「但聞燕山胡騎聲啾啾」成了極爲強烈的對比，如此一來，也才能把木蘭離鄉背井，思念雙親的苦楚，寫得深刻感人。

第五段中，「爺孃聞女來，出郭相扶將。阿姊聞妹來，當戶理紅妝。小弟聞姊來，磨刀霍霍向豬羊。」又回應到前文「不聞爺孃喚女聲」，這種分離到團聚的情形，寫得十分生動自然。

4. 韻文聲律的探究

木蘭詩屬於古體詩，因此不受平仄、字數和聲韻的限制。全詩五、七言雜用，並轉了七次韻。其轉韻情形如下：

(1)從「唧唧復唧唧」到「女亦無所憶」，押入聲職韻，押韻的字爲：唧、織、息、憶。

(2)從「昨夜見軍帖」到「從此替爺征」，押平聲庚韻，押韻的字爲：兵、名、兄、征。

國文教材教法

二六〇

(3) 從「東市買駿馬」到「但聞黃河流水鳴濺濺」押平聲微韻，押韻的字爲：韉、鞭、邊、濺。

(4) 從「旦辭黃河去」到「胡騎聲啾啾」，押平聲尤韻，押韻的字爲：頭、啾。

(5) 從「萬里赴戎機」到「壯士十年歸」，押平聲微韻，押韻的字爲：飛、衣、歸。

(6) 從「歸來見天子」到「不知木蘭是女郎」，押平聲陽韻，押韻的字爲：堂、強、郎、鄉、將、妝、羊、牀、裳、黃、惶。

(7) 從「雄兔腳撲朔」到「安能辨我是雄雌」，押平聲支韻，押韻的字爲：離、雌。（註四）

5.全文結構分析表

木　蘭

詩

（第三段）（簡筆）　凱　歸 ── 將軍百戰死，壯士十年歸

封賞
　朝天子 ── 歸來見天子，天子坐明堂
　厚賞 ── 策勳十二轉，賞賜百千強，可汗問所欲
　心願 ── 木蘭不用尚書郎，願借明駝千里足，送兒還故鄉

（第四段）

榮歸（第五段）

家人之歡欣
　爺孃聞女來，出郭相扶將
　阿姊聞妹來，當戶理紅妝
　小弟聞姊來，磨刀霍霍向豬羊

木蘭之喜悅
　睹故物 ── 開我東閣門，坐我西閣牀
　改女裝 ── 脫我戰時袍，著我舊時裳，當窗理雲鬢，對鏡貼花黃

真相大白 ── 出門看火伴，火伴皆驚惶，同行十二年，不知木蘭是女郎（木蘭之智）

結語（末段）── 雄兔腳撲朔，雌兔眼迷離，兩兔傍地走，安能辨我是雄雌

照對

引證

二、古體詩的深究

前　言

唐人稱其詩為「近體詩」、「今體詩」，而別其前人的詩為「古體詩」或「古詩」。古詩，在梵音韻譜形成之前，並沒有嚴格的平仄限制。至於隋唐以後的古詩，雖略講押韻，但長篇古詩，可轉韻或不轉韻。（註五）

古詩與樂府詩如比較言之，則樂府可歌，古詩不能歌；樂府多長短句，古詩多五七言；樂府記功述事，古詩言情；樂府貴遒勁，古詩尚溫雅。古詩以平淺質樸的文句，來表現深厚的感情和內容，它沒有詩經的古奧，也沒有當時辭賦的貴族氣，更沒有六朝詩的雕琢，使讀者覺得它情韻濃溢，親切有味。

若就古詩的流變而言，五七言古詩產生於西漢，在東漢滋長，東漢以後，民間歌謠已發展到文人社會。陶淵明是此時的傑出作家，他的詩沖淡深粹，純出自然。到南北朝時，因日趨雕琢，形式格律化而衰頹。直到唐宋，方才復古。

以下舉唐白居易慈烏夜啼，燕詩示劉叟及東晉陶淵明歸園田居、詠荊軻四首古詩為例，說明深究與鑑賞的方法。

（一）慈烏夜啼　　　　　　　　　　　　　　　　　　　　　　　　　　白居易

1. 原文

慈烏失其母，啞啞吐哀音，晝夜不飛去，經年守故林。夜夜夜半啼，聞者為沾襟；聲中如告訴，未盡反哺心。百鳥豈無母，爾獨哀怨深？應是母慈重，使爾悲不任。昔有吳起者，母歿喪不臨。嗟哉斯徒輩，其心不如禽！慈烏復慈烏，鳥中之**曾參**。

2. 內容的深究

(1) 義旨的探究

① 全文主旨

本詩主旨，在闡揚孝道。|白居易藉著慈烏的表現，由正面來規勸世人重視孝道。

② 各段大意

前段藉慈烏的夜啼，來說明母愛的偉大，她給予子女的恩惠，無論如何也報答不了的。後段藉歌頌慈烏的孝心，來斥責不孝的人，連禽獸也不如。

(2) 作者思想情意的發展

① 思路的鋪敘

「慈烏失其母」以下四句，寫慈烏失去母親後，不忍離開故巢。寫的全是作者眼中的客觀事物。

「晝夜不飛去，經年守故林」二句，讓我們可以想見慈烏的孺慕之情。也正說明了慈烏「失其母」的既成事實，難怪牠要「啞啞吐哀音」了。「夜夜夜半啼」以下四句，是寫慈烏夜半哭啼，讓人聽了，

也不免要為之落淚。白居易此時母親去世不久，心中無限悲痛，半夜裏聽到慈烏的「哀音」，自然引起內心的共鳴。「聲聲如告訴，未盡反哺心」二句，不但寫出了慈烏的哀痛之情，也寫出了白居易自己的心境。「百鳥豈無母」以下四句，則是推想慈烏的心理，母親生前既特別慈愛，自己卻未能盡孝，以報答她的養育之恩，所以悲傷異常。這也該是白居易的心聲吧！（註六）

②情意的激發

全詩透過慈烏的夜啼，當使我們更能體會出「子欲養而親不待」的悲痛心情。此詩所以特別強調「夜啼」，大概是因為：一則慈烏是孝鳥，因夜半思母，才發出啼聲，也使天下失母的人聽了，觸動心弦而淚下；二則夜半時，萬籟俱寂，慈烏啞啞的啼聲，聽來格外淒楚，也烘托出了作者當時的心境。

3.形式的深究

(1)剪裁安排的方法

寫詠物詩，如果僅止於詠物，而別無寄託，無言外之意，那就容易失之於膚淺，沒有深刻的內涵。白居易的「慈烏夜啼」雖然也寫鳥的聲音、形狀，但，都是為了強調孝道這個中心思想來加以描摹的。

此詩以曾參和吳起為例，對孝與不孝者，作了鮮明的對比。在語氣上多少帶有教訓的意味，也正是本文構思、組織的獨到之處。藉此，讀者可深切了解兩者的差異，而有正確的選擇，達到闡揚孝道的。

的主旨。

(2)遣詞造句的技巧

慈烏夜啼一詩以整齊而樸實的文句，由正面來闡揚孝道，希望能喚醒大家對孝道的重視，而在遣詞造句上，具有白居易淺近易懂的風格，這種風格也最適合於說理。同時段落層次井然有序，不但是一篇有益世道人心的佳作，而且便於誦讀，同學們可以從中學習到一些寫作的技巧。例如：「啞啞」屬疊字，狀聲詞，更顯出其哀痛之深。「夜夜夜」也是疊字，言其孺慕之思。「百鳥豈無母，爾獨哀怨深？」採用設問的修辭格，屬於心中已有定見的設問格，故隨後有「應是母慈重，使爾悲不任。」予以應答。而末段以吳起、曾參為例，有對比警世的作用。

(3)聯絡照應的方式

全詩以「慈烏失其母」來貫串，寫慈烏失去母親，不忍離開故巢，所以有「晝夜不飛去，經年守故林。」「啞啞吐哀音」的孺慕之情洋溢；再從「哀音」加以鋪陳描寫「夜夜夜半啼，聞者為沾襟。」藉此說出慈烏未盡反哺的哀痛。也反襯了吳起「母歿喪不臨」的不孝。全詩從正面來歌頌慈烏的孝心，同時又將吳起與慈烏對比作結，加強了本詩闡揚孝道的主旨。

(4)全文結構分析表

慈烏夜啼

- **諷喻**
  - 提問：百鳥豈無母／爾獨哀怨深 ── 自問自答、上下呼應
  - 推斷：應是母慈重／使爾悲不任 ── 增強語氣
  - 舉例：昔有吳起者／母歿喪不臨 ── 相互對襯
    → 諷刺世上不知報答親恩的子女
  - 悲歎：嗟哉斯徒輩／其心不如禽
  - 讚誦：慈烏復慈烏／鳥中之曾參 ── 歌頌慈烏、文旨畢見

- **詠烏**
  - 全文：慈烏失其母 ── 耳聞之聲
  - 起筆：啞啞吐哀音 ── 聽覺的摹寫
    → 失母之痛烘托出作者的心境
  - 孺慕之情：晝夜不飛去 ── 眼見之實（視覺的摹寫）
  - 經年守故林 ── 視覺的摹寫
  - 思母：夜夜夜半啼 ── 聲中如告訴（聽覺的摹寫「夜深」）
  - 凄切：聞者為沾襟 ── 加深凄切之情「夜深」
    → 作者的心聲子，欲養而親不待
  - 夜啼：聲中如告訴 ── 引起作者內心共鳴
  - 原因：未盡反哺心 ── 內心共鳴

    → 心靈的感受；作者使用疊字摹寫

(5) 韻文聲律的探究

這首詩是五言古詩，簡稱五古。因為這種詩的體裁和「近體詩」的絕句、律詩不同，所以叫做「古體詩」。近體詩的句數、韻腳都有一定的限制，古體詩則或用平韻，或用仄韻，或轉韻，並沒有定則；又不必講對仗，不限定句數，所以較「近體詩」自由多了。本詩共十八句，每兩句叶韻，都用平聲「侵」韻。（註七）

(二)燕詩示劉叟　　白居易

叟有愛子，背叟逃去，叟甚悲念之。叟少年時，亦嘗如是。故作燕詩以諭之矣。

1. 原文

梁上有雙燕，翩翩雄與雌；銜泥兩椽間，一巢生四兒。四兒日夜長，索食聲孜孜，青蟲不易捕，黃口無飽期。嘴爪雖欲敝，心力不知疲。須臾十來往，猶恐巢中飢。辛勤三十日，母瘦雛漸肥，喃喃教言語，一一刷毛衣，一旦羽翼成，引上庭樹枝；舉翅不回顧，隨風四散飛。雌雄空中鳴，聲盡呼不歸，卻入空巢裏，啁啾終夜悲。燕燕爾勿悲，爾當反自思；思爾為雛日，高飛背母時。當時父母念，今日爾應知。

2. 內容的深究

(1) 義旨的探究

① 全文主旨

此詩主要在闡揚孝道，藉背親遠去的雛燕，來諷刺世上不知報答親恩的子女。

②各段大意

全詩可以分為兩段。

前段寫雙燕的築巢育兒，到雛燕長大後，舉翅高飛，背親遠去，最後剩下雙燕相對悲鳴的種種經過情形。

後段則用教訓的口氣，告訴不盡孝道的人：凡是背棄父母的兒女，將來也一定會被兒女所背棄。

(2)作者思想情意的發展

燕詩示劉叟是為鄰人劉叟而作。據題下自注所云，可知劉叟以前曾經背棄父母的養育之恩，置父母於不顧，所以他遭受到報應，他的愛子也背棄了他而遠走高飛。詩中的雙燕和雛燕，就是借喩劉叟夫婦及其愛子的。

「梁上有雙燕」以下四句，寫雙燕築巢育兒。「四兒日夜長」以下四句寫雛燕早晚索食。「嘴爪雖欲敝」以下四句寫雙燕為養育雛燕，辛勤覓食的情景。「辛勤三十日」以下四句寫雙燕為了教育雛燕，以致自己的身體羸弱了。「一旦羽翼成」以下四句寫雛燕長大後，就學翅四散，遠走高飛，一去不回，背棄了雙燕的養育之恩。「雌雄空中鳴」以下四句寫雙燕到處呼喚雛燕歸來，卻無結果，最後只好退守空巢，獨自傷悲。

3.形式的深究

(1)剪裁安排的方法

「梁上有雙燕，翩翩雄與雌」，「翩翩」一詞令人想見牠們輕快地飛翔的樣子，想見雙燕對未來的一分憧憬。

「嘴爪雖欲敝，心力不知疲，須臾十來往，猶恐巢中飢。」「十」字極言其次數之多，不必確指為十次，透過這四句，雙燕愛子之深切，育子之辛勤，可以說是躍然紙上。「辛勤三十日」以下四句寫雙燕教育雛燕的辛勞。「教言語」「刷毛衣」是雙燕教雛燕學啼叫，學飛翔的擬人寫法。「喃喃教言語」則和慈烏夜啼的「夜夜夜半啼」一樣，目的都在使「聞者為沾襟」，因為在寂靜的深夜裏，悲鳴哀切更能增加淒切的氣氛。故可和慈烏夜啼一詩並讀，且加以比較。（註八）

(2) 遣詞造句的技巧

燕詩示劉叟一詩以整齊且質實的文句，由反面來闡揚孝道，喚醒大家對孝道的重視，其遣詞造句淺近明白，同時段落層次也井然有序，便於誦讀，是一篇有益於世道人心的詩作，而且讀者可以由其中學習一些寫作技巧。例如：「翩翩」，疊字，令人想見雙燕在枝頭輕快飛翔的樣子。「孜孜」——狀聲詞。「喃喃教言語」「一一刷羽毛」都是採取擬人化的寫法，非常活潑生動。

(3) 聯絡照應的方式

慈烏夜啼是從正面來歌頌慈烏的孝心，而這首詩卻從反面來嘲諷忘恩負義的子女，寫得語語明白，如在目前，而且層次分明，脈絡相貫。全詩是以背親遠去的雛燕為主，說明自己給予父母的痛苦，以後也將由自己來承受，劉叟就是一個典型的例子。

(4) 韻文聲律的探究

全詩共三十句，也是每兩句叶韻，都用平聲「支」韻。（不過其中肥、衣、飛、歸四韻脚是用平聲「微」韻，但「微」「支」二韻在古詩中可通押。）都是一韻到底的。（註九）

(5)全文結構分析表

（三）歸園田居　　　　　　　　　　　　　　　　　　　　　　陶淵明

1. 原文

種豆南山下，草盛豆苗稀。

晨興理荒穢，帶月荷鋤歸。

道狹草木長，夕露沾我衣。

衣沾不足惜，但使願無違。

2. 內容的探究

(1) 義旨的探究

① 全文主旨

作者寫躬耕和對於躬耕的熱愛，敍述晨出晚歸的農事生活和感觸。從這首詩裏，我們可以看到作者任真自得的懷抱和安貧樂道的操守。這種懷抱和操守，值得我們敬佩和學習。

② 各段大意

前二句寫作者歸田園躬耕，不諳農事。接下來二句直接描述耕作情形，再來則寫荷鋤夜歸時路上情景，末兩句結語，則是重新反省，回顧之後再加以肯定。

(2) 作者思想情意的發展

歸園田居，一作歸田園居，原作共六首，成為一組，這是第三首。晉安帝義熙元年（西元四〇五

）十一月，作者從彭澤辭官歸隱，這些詩大概作於次年，當時作者已經四十二歲。這首〈歸園田居〉，就是作者辭官歸隱後，躬耕田畝的真實寫照，沒有真正為衣食而荷鋤種豆的詩人，絕對寫不出這樣言簡意賅、真摯動人的詩來。

開頭兩句「種豆南山下，草盛豆苗稀」，已經明白的點出，作者所擁有的並非肥美良田，祇是連餬口也艱難的山下薄田而已。三、四兩句直接描述耕作的情形。日出而作，日入未息，平實的記紋，自然流露出耕作的辛勞。五、六兩句寫的是荷鋤夜歸時，路上的情景。由於道狹，草木又長得繁茂，穿行其間，不免被夕露沾濕了衣裳。在月光籠照，涼露沾衣，草深無人的小徑上，荷著鋤頭及一天辛勞耕耘之後的疲累，詩人不由得不回顧自己所作的抉擇，究竟是否正確？因此而引出結語「衣沾不足惜，但使願無違。」衣裳之沾染露水固然代表躬耕田畝的辛勞，也代表辭官歸隱後所必須面對的一切艱難、貧困、挫折與最深沈的寂寞。他斷然而且極為肯定地說出「不足惜」三字，可見在他的心中，這一切困苦都不足以和違背初衷的痛苦相匹敵。但求心願無違，在重新反省回顧之後，他仍然認為自己當初的抉擇是對的。（註一〇）

陶淵明是我國著名的田園詩人，他親執犂鋤，體會到櫛風沐雨的辛勤和勞苦，與一般田園詩人，純是客觀的欣賞，畢竟是大有差異的，同時也倍加真實感人。

此首〈歸園田居〉，描寫了日出而作，日入而息的耕作生活，其間雖然辛苦，但也另有樂趣，他的文字清淡，有古樸之風。

魏慶之在《詩人玉屑》中評淵明詩說：「淵明意趣真古，清淡之宗，詩家視淵明，

猶孔門視伯夷也」。方東樹也讚美此詩爲：「……眞景，眞味，眞意如化工元氣自然，縣象著明。」

3.形式的深究

(1)剪裁安排的方法

「草盛豆苗稀」是全詩最重要的關鍵所在，居於承上啓下的地位。作者雖然只用白描的手法，但由於毫不矯飾，也不虛誇地記述其切身體驗，反而讓人覺得十分自然。其中所採取的「南山」、「豆苗」、「帶月荷鋤歸」皆是鄉村簡樸的意象，作者使自由自在的田園生活，展現在我們的面前。讀者可與其他五首歸園田居參讀，並參考歸去來辭。

(2)遣詞造句的技巧

作者以整齊、樸實的文句，寫出言簡意賅、眞摯動人的詩。詩中有他眞誠的心聲，是因爲這樣地懇摯，所以才格外感人的吧！此詩寫其歸隱後的生活，將農家平淡閒適的景象，眞實而又親切地表現出來。其結構綿密，寫景言志，均能呼應如響。全詩雖不加修飾，但從平淡中卻越咀嚼越見滋味，越探究越見工夫。（註一一）

(3)聯絡照應的方式

「草盛豆苗稀」一句是全詩的樞紐。因「草盛」故要「理荒穢」，因「豆苗稀」，故要到夜晚方能「帶月荷鋤歸」，明白地說出作者辭官歸隱後，躬耕田畝的辛勞情形。詩人的不諳農事，耕作的人手不足，表現無遺。陶淵明是最眞淳的性情中人，他毫不矯飾、毫不虛誇地記述了他切身的體驗。

(4) 韻文聲律的探究

歸園田居共八句，隔句叶韻，都用平聲「微」韻，一韻到底。

(5) 全文結構分析表

(四)詠荊軻

1. 原文

燕丹善養士，志在報強嬴。

陶淵明

招集百夫良，　歲暮得荆卿。

君子死知己，　提劍出燕京。

素驥鳴廣陌，　慷慨送我行。

雄髮指危冠，　猛氣衝長纓。

飲餞易水上，　四座列羣英。

漸離擊悲筑，　宋意唱高聲。

蕭蕭哀風逝，　淡淡寒波生。

商音更流涕，　羽奏壯士驚。

心知去不歸，　且有後世名。

登車何時顧，　飛蓋入秦廷。

凌厲越萬里，　逶迤過千城。

圖窮事自至，　豪主正怔營。

惜哉劍術疎，　奇功遂不成。

其人雖已沒，　千載有餘情。

2. 內容的深究

(1) 義旨的探究

① 全文主旨

　荊軻，戰國齊人，好讀書擊劍，為燕太子丹上賓。初，燕太子在秦國當人質，因秦王（秦始皇）待他不好，於是他逃回燕國，想招募壯士刺殺秦王。荊軻因此被薦，備受太子的禮遇。後來選定時機，帶著燕國的地圖佯為獻給秦王，卻在地圖中藏一利刃，以便行刺。臨行，太子及賓客皆白衣白冠送至易水之上。於是荊軻登車而去，終已不顧。見秦王，獻上地圖，圖窮而匕見，刺殺不中，荊軻被殺。

（註一二）

② 各段大意

　首四句言燕太子丹為報秦仇而招致荊軻。「君子死知己……猛氣衝長纓」寫荊軻感遇知己，決心冒死刺殺秦王。「飲餞易水上……且有後世名」寫荊軻至易水，送別之時，慷慨悲歌之情景，語語生動，句句悲憤，是此詩最動人之處。「登車何時顧……千載有餘情」語氣則如疾風暴雨，氣勢萬鈞。作者為荊軻惋惜，又何嘗不是替自己不能實現宏願而惋惜呢？

　　(2) 作者思想情意的發展

　這首詩是藉荊軻刺秦王的驚天動地的故事，來說明作者本人少年時代所懷的是報効國家的大志。這首詩寫得豪情萬丈，令人肅然起敬。沈德潛評說：「英氣勃發，情見乎詞。」蔣薰對此詩也有好評。他說：「摹寫荊軻出燕入秦，悲壯淋漓，知潯陽（淵明）之隱，未嘗無意於奇功，奈不逢會耳。先生心事通露如此。」

此詩為作者晚年作品，淵明的詩一向以閒適恬淡見稱，此詩卻沈雄豪放，有無限的激動之情。從這首詩裏，我們不難窺見詩人的另一面。他少年時代「猛志逸四海」「撫劍獨行遊」的壯志，始終在內心深處翻湧。朱熹說：「隱者多是帶氣負性之人為之，陶欲有為而不能者也。」說來也不無道理。

3. 形式的探究

(1) 剪裁安排的方法

開頭四句，作者以精省的筆法點出了關鍵人物，如燕太子丹，秦王嬴政與荊軻等，不作贅語，而能引起全篇。自「素驥鳴廣陌」到「羽奏壯士驚」一段，詩人傾全力來描寫荊軻出行，易水餞別的場面。篇幅佔得很多，卻也是全詩最精彩的地方。正是以「筆隨意轉」來說明壯士悲歌慷慨的豪情，其筆力、氣勢皆無懈可擊。「雄髮指危冠，猛氣衝長纓」，形容荊軻激昂慷慨的神情，以誇大語出之，讀來卻不覺其誇大，神氣活現，宛在目前。而詩裏用「蕭蕭」、「淡淡」、「悲」筑、「哀」風、「寒」波等字眼，正與「君子死知己……猛氣衝長纓」為鮮明對比，顯然是作者巧心安排，由激昂慷慨一變而為悲涼蕭瑟，其詩心曲折，可謂極頓挫之妙。

(2) 韻文聲律的探究

「詠荊軻」是一首古體詩，古體詩不限平仄和聲律，可以轉韻。而這首詩一韻到底，押庚青韻，韻腳為：嬴、卿、京、行、纓、英、聲、生、驚、名、廷、城、營、成、情。（庚青韻通轉）

(3) 全文結構分析表

詠荊軻

正文　　　　　　　　開頭

燕丹善養士　　燕丹之志
志在報強嬴
招集百夫良　　一士難求
歲暮得荊卿
　　　　　　　點出關鍵人物
君子死知己　　荊卿之志
提劍出燕京
素驥鳴廣陌　　白馬送行
慷慨送我行
雄髮指危冠　　壯士豪情
猛氣衝長纓
飲餞易水上　　送別場面
四座列群英
漸離擊悲筑　　知己悲歌
宋意唱高聲
蕭蕭哀風逝　　悲涼情景
淡淡寒波生
商音更流涕　　悲壯之音
羽奏壯士驚
心知去不歸　　訣別心境
且有後世名

易水餞別

應呼

筆伏

比對

(4) 遣詞造句的技巧

全詩素材雖然取自史記刺客列傳，但透過詩人的想像力，在悲壯氣氛的經營上，寫得非常成功。

「君子死知己」一語道破了千古才人志士不被賞識的悲哀，一旦有人「國士待我」，即「士為知己者死」，犧牲生命也在所不惜。作者此詩，以荊軻入秦，歸因於「君子死知己」，而後文又歎息荊軻劍術不精，其中頗堪玩味。自「素驥鳴廣陌」到「羽奏壯士驚」一段，可謂悲歌慷慨。作者由史記的「白衣冠」聯想到拉車的馬也應該是素白的顏色。「慷慨送我行」的「我」字，親切真摯，詩人對

（圖）

結語

登車何時顧
飛蓋入秦廷 — 義無反顧
凌厲越萬里
逶迤過千城 — 勇往直前
（誓死如歸）

圖窮事自至
豪主正怔營 — 行刺情節

惜哉劍術疏
奇功遂不成 — 失敗原因 — 論事（奇功不成）

其人雖已沒
千載有餘情 — 欽仰之情 — 懷人（餘情激盪）

荊軻的敬慕之情，不言而喻。北國悲風，易水寒波，響起了知己擊筑高歌的悲聲。商音、羽奏都是悲涼之音，在此生離死別之際，一切難以言喻而也無須多說的話語，都寄託在這悲壯的筑聲中了，也留給讀者極為深刻的印象。

作者將全詩重點置於易水餞別與入秦途中，司馬遷所著力描繪的秦宮行刺場面，卻祇點出圖窮七首見，秦王怔營的一幕。那慘死亂劍之下的景象，是作者不願提也不忍下筆的。

結語四句最堪玩味。「惜哉劍術疏，奇功遂不成。其人雖已沒，千載有餘情。」這「惜哉」二字道盡了作者對荊軻的敬慕和惋惜。「奇功遂不成」荊軻平生死不瞑目的大恨，作者感同身受，千載而下，心中仍「餘情」激盪。他歎惜奇功不成，壯志難酬，也令讀者為之扼腕長歎。

(5) 聯絡照應的方式

「百夫良」與「善養士」相互呼應，全為下文的「群英」埋下了伏筆。「歲暮」二字深具象徵意味，一士難求，此二字已足盡之。荊軻的命運遂被決定，他的生命不再屬於自己。司馬遷的生花妙筆，早已使易水送別一幕名垂千古，作者更以五言古詩的簡樸，配上詩人心底內熱外冷的蘊積，使當時的情境、氣氛，歷歷如見。「心知去不歸，且有後世名」，是作者摹擬荊軻訣別時的心境。自此句而下，全詩節奏轉快，飛車疾馳，足不沾塵，萬里千城，轉眼已過，我們從詩句的銜接轉變中，就可以看得出來。「登車何時顧」一句，以問語出之，特別強調了荊軻的義無反顧，往而不悔，其決心的堅定，不難想見，與結句的歎息語遙相呼應，組織是相當周密的。（註一三）

三、近體詩的深究

前言

詩有古體詩和近體詩之分，是在於爲了區別唐代以後限定字句，聲韻和平仄的絕律新體詩，和唐代以前不拘字句、聲韻和平仄的古詩而來的。

關於絕律的由來，李曰剛先生在中國文學流變史詩歌篇說：

近體詩亦名今體詩，對古體詩而言。有絕句、律詩、排律之別。字句均有限制（惟排律則不盡然），平仄並有定則，多用平韻，且一韻到底，概不轉韻。茲循其名目，溯其源頭，分絕句、律詩、排律三者述之。

㈠絕句　首凡四句，每句五言者稱五絕，七言者稱七絕。絕句之名始見於梁徐陵玉臺新詠之「古絕四首」。其中一首：「藁砧今何在？山上復有山。何當大刀頭，破鏡飛上天。」（按藁砧，謂夫也。言藁碪則兼言鈇矣。鈇與夫同音，故隱語藁碪爲夫也。藁，禾稈。椹俗作砧。「古有罪者席藁伏於椹上，以鈇斬之。言藁碪則兼言鈇矣。」「山上有山」爲「出」字，「大刀頭」有環，「環」與「還」同音，「破鏡」喻半月，謂丈夫外出，半月即將還家。）此乃述夫婦相思之隱謠，實爲後世絕句之始祖。至於絕句之由來，古有二說：

1.謂絕句後於律詩。元范梈德機首倡其說，以爲絕句即截句，乃截取律詩之半而成。清施補華峴傭說詩云：「五言絕句，截五言律詩之半也。有截前四句者，如『移舟泊烟渚，日暮客愁新。野曠

天低樹，江清月近人。」（孟浩然宿建德江）是也；有截後四句者如『功蓋三分國，名成八陣圖。江

流石不轉，遺恨失吞吳。』（杜甫：八陣圖）是也；有截中四句者，如『白日依山盡，黃河入海流。

欲窮千里目，更上一層樓。』（王之渙：登鸛鵲樓）是也；有截前後四句者，如『山中相送罷，日暮

掩柴扉。春草明年綠，王孫歸不歸？』（王維：送別）是也。七絕亦然。」

2. 謂絕句先於律詩。四庫提要於師友詩傳錄敍云：「漢人已有絕句，在律詩之前，非先有律詩

截爲絕句。」王夫之薑齋詩話亦云：「五言絕句自五言古詩來，七言絕句自歌行來，此二體本在律詩

之前，律詩從此出，演令充暢耳。有云『絕句者，截取律詩一半。或絕前四句，或絕後四句，或截首

尾各二句，或絕中兩聯。』審爾，斷頭刖足，爲刑人而已。不知誰作此說，戕人生理！」

今按第一說王士禎譏其「迂拘，總無足取」。詩法詳論引徐伯魯云：「五言絕句始自漢魏樂府，

如出塞曲、桃葉歌等篇，皆其體也。唐人始穩順聲勢，定爲絕句。樂府即以此奏之。或前以散起，後

二句對結；或二句對起，後以散結；或四句俱對，或前後俱散。謂截律詩前後中間兩頭成詩者非也。七

言同。」則第二說較爲合理。絕先於律，史實昭然，安可謂截律詩而爲之歟？

(二)律詩　首凡八句，每句五言者稱五律，七言者稱七律。以格律嚴整，異於古體，故曰律詩。唐

書文藝杜甫傳贊：「唐興，詩人承隋陳風流，浮靡相矜。至宋之間、沈佺期等，研揣聲音，浮切不差

，而號律詩。」王世貞藝苑卮言：「五言律，六朝陰鏗、何遜、庾信已開其體，但至沈佺期、宋之問

始可稱律。」文體明辨曰：「律詩者，梁陳以下，其屬對已工，堯典有『聲依永，律和聲』之語，其

為律已甚。」梁陳諸家漸多儷句，雖名古詩，實墮律體。唐興，沈宋之流，研鍊精切，穩順聲勢，號為律詩。」馬位秋窗隨筆曰：「聲律雖起於沈約，而以前已粗見之。陸雲相謔之詞，所謂『日下荀鳴鶴，雲間陸士龍。』是五言律聯。江淹別賦：『春宮閟此青苔色，秋帳含茲明月光。』是七言律聯。此近體之發端乎！」錢木庵唐音審體曰：「律者六律也。謂其聲之協律也。如用兵之紀律，用刑之法律，嚴不可犯。」齊梁體，二句一聯，四句一絕，律詩因之。加以平仄相儷，用韻必雙，不用單韻，律詩之製，權輿於梁陳，諧協於初唐，精切於沈宋。諸家或溯其原，或推其變，合而觀之，其說始備。」按人竟以此為定格。」按文體明辨云：「排律原於顏（延之）謝（瞻）諸人，梁陳以還，儷句尤切。唐始專此體，而有排律之名，不以鍛鍊為工，而以布置有序，首尾通貫為尚。」師友詩傳續錄王阮亭（王士禎漁洋）云：「唐人省試，皆用排律，本只六韻而止。至杜始為長律，中唐元、白又蔓延至百韻，非古也。其法則『首尾開闔，波瀾頓挫』八字約略盡之。」按排律富於杜集，後人多用之稱述公卿，襄功頌德，則文藝之末流，不足與言詩道矣。

（三）排律 律詩以八句四韻為普通格式，其有增至六韻，或更多至數十韻或百韻者，則謂之排律。唐無此名，自元揚士宏編唐音，始列「排律」一目，高棅唐詩品彙因之。其起、止、呼、應與長篇古風同。任意鋪排，聯句多寡不拘。唐音審體云：「自高棅唐詩品彙出，創排律之名。古人初無此名，今聲律』者，排偶櫛比，聲和律整也。乃於四字中摘取二字，呼為排律，於義何居？古人所謂『排比

至於絕律的體制，李先生又說：

聲律、對偶爲形成絕律之兩大要素。唯其講對偶，故體裁有駢散之配合；亦以務聲律，故韻節有平仄之協和。由是偶儷精切，聲調妍美，而爲美文之至者也。語其體制，可分篇式及調譜二者而明之。

篇式——絕句組織之篇式有四：

一曰：前散後對；二曰：前對後散；三曰：前後俱對，四曰：前後俱散。

絕句篇式

詩例 絕別 ＼ 篇式	五 絕	七 絕
① 前散	廻臨飛鳥上，高出世塵閒。	誰道君王行路難，六龍西幸萬人歡。
① 後對	天勢圍平野，河流入斷山。（暢當：登鸛鵲樓）	地轉錦江成渭水，天廻玉壘作長安。（李白：上皇西幸南京歌）
② 前對	綠螘新醅酒，紅泥小火爐。	回樂峯前沙似雪，受降城外月如霜。
② 後散	晚來天欲雪，能飲一杯無。（白居易：問劉十九）	不知何人吹蘆管，一夜征人盡望鄉。（李益：夜上受降城聞笛）

③	俱對 前後	④ 前後	俱散
白日依山盡，黃河入海流。欲窮千里目，更上一層樓。 （王之渙：登鸛鵲樓）	兩個黃鸝鳴翠柳，一行白鷺上青天。窗含西嶺千秋雪，門泊東吳萬里船。 （杜甫：絕句）	向晚意不適，驅車登古原。夕陽無限好，只是近黃昏。 （李商隱：登樂遊原）	少小離家老大回，鄉音無改鬢毛衰。兒童相見不相識，笑問客從何處來。 （賀知章：回鄉偶書）

律詩之篇式亦有多種：或起結不對，惟中二聯對；或起及二中聯對，唯結不對；或起不對，惟中二聯及結對；或八句皆對。此為絕律構成之正體，其他變體不一，不暇一一舉實。又律詩之八句各有專名，文體明辨云：「其詩一二名起聯，又名發句；三四名頷聯；五六名頸聯；七八名尾聯，又名落句。」上列四種以第一種最為通行，茲就五七律各舉唐人製作一首而標明之以為例：

律詩篇式：

詩例 聯次 律別	（五律）沈佺期：雜詩	（七律）李白：登金陵鳳凰臺
起聯（發句）	聞道黃龍戌，頻年不解兵。	鳳凰臺上鳳凰遊，鳳去臺空江自流。
領聯 對句	可憐閨裏月，偏照漢家營？	吳宮花草埋幽徑，晉代衣冠成古邱。
頸聯 對句	少婦今春意，良人昨夜情。	三山半落青天外；二水中分白鷺洲。
尾聯（落句）	誰能建旗鼓，一爲取龍城？	總爲浮雲能蔽日，長安不見使人愁。

調譜：絕律平仄之調譜，不論五七言，各有仄起、平起、入韻、不入韻四式。凡首句押韻者爲入韻，以後二、四、六、八叶韻；次句押韻者，爲不入韻，則四、六、八叶韻。若起聯相對，則首句可不押韻，但全篇相對而又照例叶韻者亦有之。絕律之變化，例以平仄聲各二組交互間用，惟單數可予變通，即俗謂「一、三、五不論，二、四、六分明」之說。在七言中第一、三、五字之平仄可寬假，其二、四、六則不可不合；在五言中應爲一、三不論，二、四分明。但七言第五字與五言第三字爲近體詩聲調緊要處，不可輕易。即五言雙句第一字與七言雙句第三字，有時亦不可寬假，否則即成拗句矣。律詩上下句中，平仄之排比相連有所謂「對」與「黏」之規定：所謂「對」即雙句二、四、六字之平仄，必與其上單句二、四、六字相反對。所謂「黏」，即單句二、四、六字平仄必與其上雙句二、四、六字黏連相同。不然，則謂之「拗」，即應對反黏，或應黏反對；換言之，即應仄反平，應

平反仄。在律詩中，此律最爲嚴格。故凡平仄不調之字句謂之「失黏」，亦曰「失黏」。茲將五七絕

律押平韵之各調譜，附以例詩，分別表列如後：

㈠五絕調譜：

句次＼調別（作者題目）	仄起不入韻　李白：敬亭獨坐	仄起入韻　盧綸：塞下曲	平起不入韻　王維：山中送別	平起入韻　皇甫冉：婕好怨
首句（起）	衆鳥高飛盡，	月黑雁飛高，(韻)	山中相送罷，	花枝出建章，(韻)
頷句（承）	孤雲獨去閒，(韻)	單于夜遁逃，(叶)	日暮掩柴扉，(韻)	鳳輦發昭陽，(叶)
頸句（轉）	相看（兩）不厭，	（欲）將輕騎逐，	（春）草明年綠，	借問承恩者，
尾句（合）	只有敬亭山。(叶)	大雪滿弓刀。(叶)	王孫（歸）不歸。(叶)	雙蛾幾許長。(叶)

1. 董文煥聲調圖譜云：「五絕之法雖仿自齊梁，但黏對尚未有定。唐人此體乃有『律絕』『古絕』『拗絕』之判。律絕者，即世所傳平起仄起四句是也。單用則爲絕句，雙用則爲律詩。其用韻則平多仄少與律詩大致相同。古絕者，五言古平仄韻各四句是也。其用韻平聲固多，仄聲則專以此體爲正，與古詩亦同。律、古二格雖殊，而黏對之法則一。此唐人絕句之正式也。拗絕者，即齊梁諸詩之

式，律古各句，可以間用，且不用黏對，與律、古二體迴別，與拗律亦異。此格最古，盛唐人間有用者。

2.上表所列諸調譜，皆爲五言，「律絕」所通用者，槪押平韵。律絕押仄韵者甚少，非正格，故不備。倘各句平仄聲不盡依上式者，非古絕，即拗絕。以近世作者絕鮮，七絕同。

3.五絕首句第二字以仄起者爲「仄起正格」，以平起者爲「平起偏格」。七絕反是。

㈡七絕調譜：

句式／作者題目／調別	平起入韻	平起不入韻	仄起入韻	仄起不入韻
（作者題目）	賈至：送李侍郎赴常州	朱慶餘：閨意	高適：別董大	王維：九月九日憶山東兄弟
首句（起）	（雪晴）雲散北風寒(韻)	（洞房）昨夜停紅燭。	（千）里黃雲白日曛(韻)	獨在（異）鄉爲異客。
領句（承）	楚水吳山道路難(叶)	待曉堂前拜舅姑(韻)	（北）風吹雁雪紛紛(叶)	（每）逢（佳）節倍思親(韻)
頸句（轉）	今日送君須盡醉。	（妝罷）低聲問夫壻。	（莫愁）（前）路無知己。	遙知（兄）弟登高處。
尾句（合）	明朝（相）憶路漫漫(叶)	（畫眉）（深）淺入時無(叶)	（天）下何人不識君(叶)	徧插茱萸少一人(叶)

1. 董文煥聲調圖譜云：「七言絕句之法與五絕同。亦分三格：曰律、曰古、曰拗。『律絕』與五律同黏對法，增以二聯即爲七律。『古絕』與七古平仄同，平仄韻皆如之。此二體亦有拗法。獨拗絕一種與七律拗體同。」

2. 「古絕」如杜秋娘之金縷詞：「勸君莫惜金縷衣，勸君惜取少年時，花開堪折只須折，莫待無花空(折枝)。」「拗絕」如杜甫春水生：「二月六夜春水生，門前小(灘)(渾)欲平，鸕鷀鸂鶒莫漫喜，吾與汝曹俱眼明。」句法多拗。

3. 七絕首句第二字以平起者爲「平起正格」，以仄起者爲「仄起偏格」。與五絕相反。

(三)五律調譜

調別	仄起不入韻	仄起入韻	平起不入韻	平起入韻
作者題目	杜甫：春望	李白：訪戴天山道士不遇	李益：喜見外弟又言別	張籍：沒蕃故人
起聯	國破山河在，	犬吠水聲中，	(十)年離亂後，	前年戍月支，
	城春草木深。(韻)	桃花帶雨濃。(叶)	長大一相逢。(韻)	(城)下沒全師。(叶)

尾聯	頸聯	頷聯
（白）頭搔更短， （渾）欲不勝簪。(叶)	家書抵萬金。(叶) （烽）火連三月，	恨別鳥驚心。(叶) （感）時花濺淚，
無人知所在， （愁）倚兩三松。(叶)	飛泉挂碧峰。(叶) 野竹分青靄，	（谿）午不聞鐘。(叶) （樹）深時見鹿，
（明）日巴陵道， 秋山又幾重。(叶)	語罷暮天鐘。(叶) （別）來滄海事，	稱名憶舊容。(叶) 問姓驚初見。
欲祭疑君在， 天涯哭此時。(叶)	無人收廢帳， （歸）馬識殘旗。(叶)	（死）生（長）別離。(叶) （番）漢（斷）消息，

1. 王漁洋律詩定體云：「五律凡雙句二、四應平仄者，第一字必用平，斷不可雜以仄聲，以平平止有二字相連，不可令單也。其二、四應仄平者，第一字平仄皆可用，以仄仄仄三字相連，換以平字無妨也。大約仄可換平，平不可換仄，第三字同此。若單句第一字可勿論。」又於仄起不入韵式第一、二句下注云：「如單句第三字拗用仄，則雙句第三字必拗用平。」第三句下注云：「如第四字拗用平，則第三字必用仄救之。古人第三句拗用者多，若第四句則不可。」於仄起入韵式首句下注云

：「第三字用仄聲，餘與不入韵者同。」於平起入韵式下注云：「平起入韵者少，與仄起入韵同。」

2. 律詩以四句爲一週期，八句則兩週期。試觀上列四式，後四句與前四句悉同可證。若以平起與仄起相較，知平起之一、二兩句，同仄起之三、四兩句，其三、四兩句又同仄起之一、二兩句，適顚倒而成一週期。

3. 五律首句仄起而不押韵者爲正格，平起而不押韵者爲偏格，無論仄起、平起而押韵者皆爲變體。七律反是。

㈣七律調譜

詩例聯次＼作者題目　調別	平起入韵	平起不入韵	仄起入韵	仄起不入韵
作者題目	沈佺期：古意	韋應物：寄李儋 元錫	李商隱：無題	杜甫：聞官軍收河 南河北
起聯	盧家少婦鬱金香(韻) 海燕雙棲玳瑁梁(叶)	(去)年(花)裏逢君別，(今日)花開又一年(韻)	(相)見時難別亦難(韻) 東風(無)力百花殘(叶)	劍外(忽)傳收薊北，初聞涕淚滿衣裳(韻)

聯				
領聯	九月寒砧催木葉，十年(征)戍憶遼陽(叶)	世事茫茫難自料，春愁黯黯獨成眠(叶)	春蠶到死絲方盡，蠟炬成灰淚始乾(叶)	(卻)看(妻)子愁何在？漫卷詩書喜欲狂(叶)
頸聯	(白)狼(河)北音書斷，(丹)鳳城南(秋)夜長(叶)	身多疾病思田里，邑有流亡愧俸錢(叶)	曉鏡但愁雲鬢改，夜吟(應)覺月光寒(叶)	(白)日(放)歌須縱酒，青春作伴好還鄉(叶)
尾聯	(誰)爲含愁獨不見？更教(明)月照流黃(叶)	(聞)道(欲)來相問訊，西樓望月幾時圓(叶)	蓬萊此去無多路，(青)鳥殷勤爲探看(叶)	(即)從(巴)峽穿巫峽，便下襄陽向洛陽(叶)

1. 王漁洋律詩定體云：「凡七言第一字俱不論，第三字與第五字與五言第一字同。凡雙句第三字應仄聲者，可換平聲，應平聲者不可換仄聲。」又於平起不入韵式首句下注云：「第三字可平，凡仄可使單。」第七句下注云：「單句第六字拗用平，則第五字必用仄以救之，與五言三四一例。」於起入韵式首句下注云：「第三字必平，凡平不可令單。」

2. 律詩最忌孤平及下三連。孤平即上下兩字皆仄聲，中間用一平聲字，如「仄平仄」。下三連即一句

。

下三字全用平聲或仄聲，如「平平平」或「仄仄仄」。

3. 七律以首句平起而押韻者為正格，仄起而押韻者為偏格，無論平起仄起而不押韻者皆為變體。

有了以上對絕律的由來和體制的了解，以下舉絕句三首，律詩兩首為例，說明深究與鑑賞的方法

(一)絕句之一　登鸛鵲樓（五言絕句）　　　王之渙

1. 原文

白日依山盡，

黃河入海流。

欲窮千里目，

更上一層樓。

2. 內容的深究

(1)義旨的探究

①全文主旨

這是藉登高望遠來描寫鸛鵲樓壯觀形勢的詩。

②各段大意

全詩分為兩段。

前兩句實寫登樓望遠，見山河勝概，雄偉闊遠，雖是咫尺，而有萬里之勢。後兩句則虛寫登樓，在筆墨之間，並不言樓高，而樓之高已極盡形容。同時，在客觀的景物描寫之外，更融入了詩人昂揚向上的激情和熱力，也給讀者極多的啟發，象徵著追求崇高的精神世界。

(2)作者思想情意的發展

清統志上說：「山西蒲州府（今永濟縣），鸛鵲樓在府城西南城上。舊志：舊樓在郡城西南，黃河中高阜處，時有鸛鵲棲其上，遂名。」夢溪筆談又說：「河中府鸛鵲樓三層，前瞻中條，下瞰大河。」據此，鸛鵲樓四周景物盡在腳下。巍巍的中條山，滔滔奔騰，一瀉千里的黃河，再遠一些，似乎還可以依稀想像渭河兩岸的秀麗風光。詩人登樓，放眼望去，面對這樣的山高海曠，江山無限，尺寸千里的壯麗景物，怎能不嘆為觀止呢？對生命，當能徹悟出更高的層次吧！於是，詩人的胸襟隨之展闊至更高遠，更開闊的境界，昂揚著熱力勃然的生命力。

3.形式的深究

(1)剪裁安排的方法

沈德潛說本詩：「四語皆對，讀去不嫌其排，骨高故也。」這是因為全詩是用烘托映襯的筆法，明寫鸛鵲樓，其實，何嘗不也寫出了宇宙的無限？灝氣流貫全詩，令人讀來有雄渾浩茫的氣概。

黃永武說：「這四句詩兩兩相對仗，機械的對仗並不曾減弱詩句的筆力，而把『樓』字放在最後，用以切準詩題的『樓』字，這種安排是將天地之廣大，凝聚到『樓』上來；後來柳宗元詩末用

「江雪」將千山萬徑的廣大，凝聚到『江雪』中來，就是學這種技巧。同時，山高海曠，景色早已不凡，而還在希望作自我突破的努力，以求成就得更大，這種引伸設想，就是詩人所希望達到的『小中見大』『淺中見深』的境界。」

(2)遣詞造句的技巧

詩人是以質實的辭藻，來完成這首情味奔放、氣象剛健的詩。在用字和句法上都相當出色。如「黃河入海流」一句，就可見出詩人遣詞造句的功夫。

「黃河流入海」原是很平順的語句，讀來像散文，而缺乏詩的韻味，但被改寫成「黃河入海流」，詞序顛倒之後，在文字的肌理中，便湧生出力量來。被動詞居於句末，由於有了充分的空間時，將動詞居於句末，由於有了充分的空間時，「黃河、入海、流──」，流字可以比其他字的聲音長一倍，用平聲宏亮的延長聲勢，充分地把黃河巨浪展延前進的力量模擬出來。

得以在句中扮演一個特出的角色，用平聲宏亮的延長聲勢，充分地把黃河巨浪展延前間以蓄滿衝力，

(3)聯絡照應的方法

這首詩前兩句以「白日依山盡」和「黃河入海流」相對寫起，對偶工整而極自然。將鸛鵲樓景物的壯闊，形勢的雄偉，用簡單的十個字就勾畫出來了。首句寫登高望遠，在燦爛的陽光下，面前景物盡收眼底，所看不到的，是因爲中條山太高大，遮住了視線。第二句寫低頭俯瞰，祇見一片空曠，黃河滾滾奔流，似乎可以看到它一直流入大海裏。「山」下接一「盡」字，「海」下接一「流」字，令

人覺得形勢更雄偉，氣象更恢宏，有一種山勢高亙，河流綿遠之感。三、四句是推進一層的寫法。「欲窮千里目」和「更上一層樓」句意相承，這種對法叫「流水對」。前二句所寫已夠壯觀了，但尚被中條山遮住，因此，想一盡千里之眺望，須上更高處。（據說鸛鵲樓原有三層，所以說「更上一層樓」。）結句點出「樓」字，更扣住題目，照應得法。如此，鸛鵲樓之高大，可以想見。而讀者也可以隨之眼界愈寬，胸懷愈廣。同時這兩句裏蘊含的言外之意，更能夠觸發讀者多方面的聯想，這首詩的內涵也就見尤見豐富了。（註一四）

(4) 韻文聲律的探究

白日依山盡，黃河入海流△

欲窮千里目，更上一層樓△

這首詩的格律，是標準的五言絕句。第一句不押韻，是五絕的正格。第三句「欲」按律應作平聲，但第一字可以不論，所以沒關係。其他每個字的平仄，都合乎格律。流、樓押的是平聲尤韻。這是一首仄起（第一句第二字是仄聲）平韻、首句不押韻的五言絕句。（註一五）

(5) 全文結構分析表

登鸛鵲樓

寫景　　　　　　　　　　　　　盧綸

　白日依山盡　　　　　實寫　登樓遠望江山無限

　黃河入海流　　　　　　　　低頭俯瞰黃河滾滾

抒情

　欲窮千里目　　　　　　　　詩人的激情和熱力

　更上一層樓　　　　　虛寫　追求更高層次的境界

(二)絕句之二　　塞下曲（五言絕句）

　1.原文

　月黑雁飛高，

　單于夜遁逃。

　欲將輕騎逐，

　大雪滿弓刀。

　2.內容的深究

　　(1)義旨的探究

　　　①全文主旨

　　　　這是一首描繪追亡逐北的詩。

　　　②各段大意

全詩分爲兩段。

前段描寫單于在沒有月亮，鴻雁紛飛的夜晚，率兵遁逃的事。後段描寫英勇的將軍，正要領兵追

擊，天正好下著大雪，堆滿了弓刀。表面上寫的是作戰的艱苦，實質上卻是在寫將士們的神勇。

(2)作者思想情意的發展

盧綸雖名列大曆十才子之一，但在他現存的詩中，多爲應酬贈別之作，詩風大多卑弱，而此曲卻

特別雄健可貴，不論是從思想性、藝術性去看，都不愧是上乘之作。

此曲原本共有六首，以前四首最爲人傳誦不已，所以前人章燮說：「四首前後布置層次井然，可

作一首讀。」本詩爲原組詩的第三首，因此，若欲探究此詩作者思想情意的發展，應當先了解前兩首

詩。

前兩首詩是「鷲翎金僕姑，燕尾繡蝥弧。獨立揚新令，千營共一呼。」和「林暗草驚風，將軍夜

引弓。平明尋白羽，沒入石棱中。」這兩首詩一方面在寫軍隊中號令嚴明，紀律嚴整；士氣高昂，萬

衆一心的團結力量。另一方面在寫一位勇猛善射，掌握一軍之權，有如李廣般勇武而受軍士愛戴的軍

中主將。借此以讚美這支保衞國家的軍隊，使人覺得這支軍隊有信心，也有力量去擊敗敵人。

於是，第三首的思想情意就由前二首延伸而來。這支隊伍旣如此精良，那麼又何堅不摧呢？詩人

是從側面下筆，着重在刻畫敵人的潰不成軍在黑夜裏遁逃；和我軍乘勝追擊的場景。至於戰鬥的過程

便成爲「蛇足」，故略而不寫。所以「月黑」和「大雪」，並不在顯示作戰的艱苦，而在於反襯主

將的堅決、果斷和士氣的激昂奮發，尤其是「大雪滿弓刀」一句，更是把勝利作了形象化的描繪，也因此才有第四首凱旋慶功的熱鬧場面。如此，不但把我軍所向披靡的英雄氣概烘托得更為鮮明突出，也使人更容易感受到作者着力點是對衛國戰士的歌頌，而不是只在寫一場戰爭而已。

3.形式的深究

(1)剪裁安排的方法

這首詩雖是側寫追亡逐北的景象。但在整篇的結構上，依然有其佳妙之處，黃永武分析說：「「月黑雁飛高」，是寫整個立體的天空，月與雁高低的層次，正加強了畫面的立體感。「單于夜遁逃」，則是降至平面來寫，寫平面的大地，一逃一追，一遠一近，這二個平面的點，在窈冥的夜色中，構成一種廣袤迷惘的遼闊感。然而由立體轉入平面，空間的感受已縮小許多。「欲將輕騎逐」，是寫近處的迫逐者，由彼處的逃者至此處的迫者，空間的視野尤加縮小許多。至「大雪滿弓刀」，純然從追者的裝備上去描寫，空間凝聚到弓刀的雪花上，整首詩也就停滯在這個凝聚的焦點上。本來整幅畫面是寫廣闊的天空，現在整幅畫面只橫着弓刀、積着雪花。由千萬里無限的大，縮到咫尺之小，且加以月黑與雪白色彩的對比，黑色原有一種壓迫攏來的空間狹窄感，使這凝聚的焦點變得十分引人注目。再則由於「欲將輕騎逐」的衝動，受「大雪滿弓刀」的遏阻，使意願與環境形成強烈的衝突，也增強了全詩的張力。」（註一六）

所以，鍾惺唐詩歸稱賞本詩說：「中唐音律柔弱，獨此可參盛唐。」許學夷詩源辨體也說：「綸

五言絕月黑雁飛高一首，氣魄音調，中唐所無。」可見此詩的評價是極高的。

(2)遣詞造句的技巧

清吳喬圍爐詩話說：「盧綸詩以眞而入妙。」這是說他的詩風骨力雄峻，造語饒有情韻。此詩辭

藻取材雖然簡單質實，可是它的氣魄音調可直追盛唐。「欲將輕騎逐，大雪滿弓刀」一句，不但寫出

了萬千豪情壯志，同時更流露出勝利的喜悅和奮發的激情，令人嘆賞。

(3)聯絡照應的方法

這首詩是寫追亡逐北的景象。

起首是寫一個沒有月亮的晚上，鴻雁似乎受了驚動，紛紛地高飛在空中。這在讀者心中，先造成

懸疑氣氛；第二句「單于夜遁逃」，才把它補述出來。「月黑」與「夜」、「高飛」、「遁逃」互相呼

應。交襯成文，一勝一敗的情景，便全盤托出。至於詩裏所暗含的音響效果（如雁的鳴聲），尤其給

人緊張的感覺。第三、四句，筆勢一轉，英勇的將軍，更打算帶領著行動敏捷的騎兵，繼續追擊，這

時候雪下大了，弓刀之上，都堆滿雪花。但是黑夜逐北，大雪紛飛，似狀作戰的艱苦，實乃寫將士之

神勇。「大雪滿弓刀」，更是個形象性的描繪，勝利的喜悅呼之欲出。

(4)韻文聲律的探究

月黑雁飛高 △ 單于夜遁逃 △

欲將輕騎逐　大雪滿弓刀 △

黑，職韻，屬入聲，所以是仄聲。騎，在這裏當名詞用，寘韻，屬去聲，所以也是仄聲。這首詩

除了第一句押韻，和登鸛鵲樓的格律不同之外，其他字句完全一樣，所以是仄起平韻、首句用韻的五

言絕句。高、逃、刀押的是平聲豪韻。（註一七）

(5)全文結構分析表

㈢絕句之三　楓橋夜泊（七言絕句）　　　　張繼

1. 原文

月落烏啼霜滿天，
江楓漁火對愁眠。
姑蘇城外寒山寺，
夜半鐘聲到客船。

2. 內容的深究

(1) 義旨的探究

① 全文主旨

此詩乃描寫秋夜羈旅所見的景物和愁思。

② 各段大意

全詩分為兩段。

前兩句寫詩人因周遭景物，而撩起滿懷愁思，久久不能成眠。這一段裏，同時點出了時間和時令，以及全詩的詩眼──「愁」字來。

後兩句寫夜半時分，姑蘇城外寒山寺的鐘聲，清晰地傳到客船來，在如此冷寂的秋夜聽來，更是倍覺淒清孤寂了。

（2）作者思想情意的發展

，留下了膾炙人口的詩作。

天涯羈旅，最是對月難排。這是我們作客異鄉時，常有的感受。李白、杜甫也曾見月而俯思低吟

這首詩裏，詩人面對點點漁火、片片楓紅、殘月將落、烏鴉悲啼、寒霜滿天，他怎能不感歲暮將盡，半生飄零呢？他又怎能在這鄉愁如湧的夜裡高枕安眠呢？就在詩人輾轉反側，無法入睡的當兒，驀然，一陣鐘聲廻盪在萬籟俱寂的夜裡，更加映襯出四野的寧靜，也為詩人帶來孤獨、淒涼的滋味，此時，愁緒翻騰，有如排山倒海而來，難以抵擋。

3.形式的深究

1.剪裁安排的方法

黃永武以為這首詩可作為詩的「空間的深度」設計的典範。他說：月落句寫的是天邊的遠景，江楓句寫的是船側的近景，一句寫天，一句寫水，遠近景交融，這濛濛的水天夜景，已將上下遠近空廓的空間構成。三、四句又寫出遠近景物的配置，遠處有姑蘇城和寒山寺，近處則有夜泊的客船，這些或遠或近的景物，表現出四面八方或晦或明交互配置的輪廓，更由於有著迢遞的鐘聲傳送，也使空間有了明確的深度。我們也可以換句話來說，正由於空間有了深度，所以，夜半鐘聲聽來就平添了特殊的韻味。鐘聲是愁客在聽，與常人所聽不同，獨自在聽，與眾人在聽不同；在秋夜時聽，與夏夜聽來不同；在靜寂時聽，與喧嘩時聽不同，更是從水上遠遠傳來，在水上聽的，與陸上聽的不同，聲音

從遼闊的水上傳來自然比空中要快得多，也嘹亮動人得多了。試想：船中不眠的旅人，看著月落，耳中傳來烏啼，觸及棱棱的霜威，再被這一陣遲遲的鐘聲敲打，他面對著吳江萬里，水天無盡的風物，能不興起虛空寥落的愁情？據此，我們當可明白這首詩剪裁安排的佳妙。

(2) 遣詞造句的技巧

張高評先生對這首詩的遣詞造句，作了以下的分析，可供為參考。他說：「本詩以『愁』字為詩眼，採白描手法，將詩境中的景物，由遠而近地作層次井然的排列，且交織融會視覺、觸覺、聽覺之意象，作對比而又和諧的設計，故有如此感人之藝術效果。就視覺形象而言，作者連下十二個實字：月、烏、霜、天、江、楓、漁、火、姑蘇城、寒山寺、鐘聲、客船；這些密集的實字，不僅能使詩句凝鍊壯健，表現非凡的筆力，而且增加了許多讓讀者自由想像的天地，使得詩意豐繁無比。這些形象，在此詩境中，各自顯現或明或暗，或靜或動的色彩來，令人有立體的感受。作者除用視覺感人外，又用觸覺刺激感官，加強意象，如落月與霜天，是冷色；江楓及漁火，卻讓人感受到暖意；冷色遠在天邊，暖意近在船側，兩者間有了強烈的對比，加深了『愁眠』的滋味。除外，作者又訴諸聽覺來搖盪性靈，此情此景，旅客已感到羈旅的不堪，再加上烏啼的淒涼，倍增深夜孤寂之感；又況夜半鐘聲直逼客船，則荒涼寂寥可知。本詩寫旅人孤寂，藉烏啼鐘聲反襯『愁眠』，寫景道情皆極真切，實非虛構者可比。」

(3) 聯絡照應的方法

這首詩在短短的二十八個字裡，除了表達出客觀的事實之外，也讓我們體悟到那種幽深淒冷的意

境。

作者告訴我們：讓一個深秋寧靜的夜半，一個失眠的旅客，在姑蘇城外的客船裡，望著滿天的霜

氣、江邊的楓葉、江上的漁火發愁，此時，烏鴉的啼聲和寒山寺夜半的鐘聲又劃破了原本寧靜的空間

，傳到船裡來，惹人倍增愁思。詩人不肯明說，而是把這些內容，用「暗示」的手法透露給讀者，讓

讀者自己去聯想，而後心領神會。他用字極為經濟，更可見其手法的高妙。

詩人在首句即說「月落」，可以知道這首詩的背景是在晚上；末句則說「夜半」，讓我們更能了

解他指的是三更時分。「霜滿天」暗示秋深了；和「江楓漁火」合讀，彷彿可以「看」到江邊轉紅了

的楓葉和漁火在黑夜裡襯托出淒艷的消息。而「愁眠」，我們知道有人失眠；末句說到「客船」，自

然更進一步明白本詩的主角是個旅人，這時正在客船上失眠著。詩人沒說到「秋」字，但我們知道此

時的時令；他也沒說此人正在船上，但我們自然能領悟出。他沒提到「靜」字，而我們卻為詩裏透出

的寧靜氣氛而屏息。因此，可見詩人「暗示」手法的高人一等了。

(4) 韻文聲律的探究

月落烏啼霜滿天△江楓漁火對愁眠△

姑蘇城外寒山寺　夜半鐘聲到客船△

七言絕句的格律，以仄起平韻為正格。第一句的第二個字要是仄聲字，就叫做仄起。**張繼**這首詩，首句「霜」字，第二句「漁」字，第三句「城」字，都應仄作平。因為「一三五不論」所以都是合律的。這首詩是標準的仄起平韻，首句入韻的七言絕句。要是首句不押韻時，按律應作「仄仄平平平仄仄」，不過七絕首句入韻者多。（天、眠、船押的是平聲先韻。）（註一八）

(5)全文結構分析表

楓橋夜泊

首段——要旨——對景感懷
　　月落烏啼霜滿天——點出時間——因周遭景物而滿
　　江楓漁火對愁眠——點出時令——懷愁思不能入眠

次段——要旨——心境孤寂
　　姑蘇城外寒山寺——鐘聲來源——萬籟俱寂傳來鐘聲
　　夜半鐘聲到客船——詩人感觸——引起作者心中感受

(四)律詩之一——過故人莊（五言律詩）

1.原文　　　　　　　　　　　　孟浩然

故人具雞黍，邀我至田家。

綠樹村邊合，青山郭外斜。

開軒面場圃，把酒話桑麻。

待到重陽日，還來就菊花。

2.內容的深究

(1)義旨的探究

①全文主旨

敍寫農村閒適的風光、恬淡的生活和老友眞摯的情誼。

②各段大意

一、二句：先說到被邀，老朋友準備雞肉菜飯的情誼。三、四句：未到莊前，先看到莊外渾然天成的景色。五、六句：眞實而平凡的話語，亦顯純樸意趣。七、八句：總結。從飲酒暢談之後，再約相聚，共賞菊花，更見情濃意眞，令人嚮往。

(2)作者思想情意的發展

孟浩然的詩，很有他自己的特色：一、就形式來說，他最喜愛寫五言詩，尤其是五言律詩，事實上他也以這種詩體寫得最好，寫得最多。孟浩然集所收詩篇，凡二百六十餘首，其中五言律詩即有一百七十幾首，所占比例最大。二、就內容來說，他最擅長描寫田園景色和山水風光。這兩個特色配合起來，造成了他經緯縝密、閒淡曠遠的風格。這篇「過故人莊」，描寫農村閒適的風光和老朋友眞摯的情誼，悠悠起筆，淡淡作結，造句自然，不見刻削，就是一首典型的代表作。（註一九）

孟浩然的作品可以說像是一彎清泉，讀者需要多用一些吟咏的功夫，才能品味出它的佳妙。透過

它淡淡的外表，再去體會它的內涵和韻味。作者用省淨的語言，平實的敍述，幾乎不見一個誇張的句子，沒有一個使人興奮的詞語，我們看孟浩然此詩雖有意淵明，但是，他的表現手法，卻無疑更接近於謝靈運詩。因為，陶詩着力於寫意，謝詩則着力於寫貌；一個好似坐著不動的隱士，隨著心境的變化去寫自然界的變化，一個卻是動的旅行家。……孟浩然四十歲前後，遍遊江南西北各地的名勝，也是屬於動的生活，所以他山水詩的作風是比較近於大謝的。以這一首看來，也的確是屬於動態的，不過細看之下，兩家的詩還是有所不同，謝詩過於雕琢，浩然的詩則比較恬淡自然。

3.形式的深究

(1)剪裁安排的方法

此詩的開頭是：「故人具雞黍，邀我至田家。」不明說自己的過訪，而先說是故人的相邀，更可見主人的殷切情意。「具雞黍」是說為了「有朋自遠方來」，因此主人殺雞作飯準備來招待客人，這在勤儉自持的田家來說，正是情意深摯的表示。只是寥寥幾筆，已經把老朋友醇厚的交誼勾勒出來了。

這樣的開頭，看來不甚着力，顯得平靜而自然，可是，對於將要展開的生活內容來說，卻是個極好的導入，顯示了氣氛的特徵，也為進一步豐富的發展鋪路。

第三句「綠樹村邊合」和第四句「青山郭外斜」這一聯按照格律是要講求對仗的。這兩句詩所要描寫的是自己應邀前來，在莊外所看到的景色。第三句寫故人村莊的四周，被樹木緊密地包圍著，一

片盎然的綠意——這還是正面的說法。俞陛雲曾說：「余昔年行役數千里，每於平疇浩莽中，遙見綠樹成叢，其中必有村屋，知三句合字之妙。」既然是故人的田莊，自己自然常來拜訪，所以一路行來，「於平疇浩莽中」，遠遠地望見了這一片熟悉的綠樹，便知道目的地已經近在眼前。這樣的解說或許較含蓄些。第四句接著寫，到了村莊門外，習慣地望望四周的景物。風景依然，在這恬靜的地方，似乎一切都沒改變，綠樹、田園的盡處，依舊是那城郭外斜走的一抹遠山。第三句的「合」字和第四句的「斜」字，都用得好，合字見樹之多，斜字見山之遠，遠近的景色都交疊在一片青翠裏。在讀者的想像中，雖然村莊內的景物尚未看到，但光是村外的風景，已經令人感到無比的恬靜與安詳。

第五、六句這一聯，承接第二句「邀我至田家」的「至」字。寫的是到了老朋友的田莊以後，飲宴談笑的情景。所見皆田家之景，所談皆田家之話，讀來無比地親切，令人嚮往。第五句是說，到了故人的田莊裏，故人已準備好豐盛的酒菜，殷勤相待。這時候大概是炎熱的夏天吧（從「綠樹村邊合」和「待到重陽日」二句可以推想而知），打開窗子，窗外就是蒔花種菜的園地，清爽的風陣陣送來花木禾稻的香氣。第六句是說，主人替客人夾了菜，又端起酒杯來，「來，再喝一杯！」客人也頻頻地回敬。一邊喝酒，一邊談論著農作物生長的情況，彼此說些生活瑣事。談的雖然是田家的生活瑣事，「話桑麻」正是呼應上一句的「面場圃」，因為面對著場圃，話頭自然而然地也就談到這上面去。「話桑麻」最適合田家故人的身分。

但我們讀了卻只覺得親切有味，因為「話桑麻」最適合田家故人的身分。

最後兩句是寫由於今日相聚的快樂，想再訂後約。這又接應了第二句的「邀」字。今日賓主相會

，飲宴甚歡，令人不由不想「再來一次」。用一「就」字，是說到了重陽節，即使故人不相邀約，我也要自來相就，章燮唐詩三百首注疏就說：「就字甚妙。故人即不來邀我，而我必待重陽之日，還要就君莊中飲菊花酒耳。」從這句話裏，我們也可以體會出老朋友間一分真摯的情誼。所以要「待到重陽日」再來相就的原因，一是因為田家平日工作辛勞，少有空暇，必須等到佳節吉日，才便於宴會親友；一是重陽節時，菊花盛開，比較富有詩情畫意，而且，在古人的觀念裏，這天喝了菊花酒，可以延年益壽，這又隱含有祝福的意思了。（註二〇）

(2)遣詞造句的技巧

從遣詞造句之中可看出作者訪問故人的活動過程：①雞黍與故人的相映襯，可見兩人情誼的親密。②「邀」我「至」田家：未說「過」，先敘「邀」。既說「至」，卻敘「望」。③還來「就」菊花：到莊之後，還留後約，用一「就」字，表示到了重陽，你不必邀約，我也自會相就，仍是自「邀」字中發揮而來。④此詩雖重在描繪田園風光，但卻刻劃出作者的情感來。如：「故人具雞黍，邀我至田家」，「把酒話桑麻」，「還來就菊花」。⑤寫景二句，對仗工整：綠樹村邊「合」，青山郭外「斜」。合、斜用字佳，乃電影分鏡手法，前句描寫近景，後句描寫遠景。俞陛雲說：「三四句言近樹則四面合圍，遠岫則一行斜抱，乃莊外之景。……五六句言場圃即在門前，桑麻皆資談助，乃莊中之事。更留後約，同賞菊花，益見雅人深致，滌盡塵襟也。」

(3)聯絡照應的方式

這首詩的前兩句敍述故人盛情相邀，緊緊扣住題目「過」字，顯出質樸的農家氣氛。次二句寫自己應邀前來，途上所見的莊外風光，是一片清新的天地。五六句寫到了故人田莊以後，飲宴談心的樂事，表現心情與環境愜意的契合。結尾二句更留後約，寄望在重陽佳節，共賞菊花。將訪問故人的活動過程，純任自然地次第敍述，實境實情，面面俱到。

(4)韻文聲律的探究

故人具雞黍，邀我至田家。

綠樹村邊合，青山郭外斜。

開軒面場圃，把酒話桑麻。

待到重陽日，還來就菊花。

第一句和第五句的平仄，按照格律應作「平平平仄仄」。這兒卻作「平平仄平仄」雖然每句第一個字和第三個字的平仄是可以不論的，但這二句第四個字的平仄也變了，這叫做拗，但也有人認為它是一種特別的格式，並不犯律。除此之外，這首詩的平仄都是合乎格律的，首句不押韻，也是五律的正格。第三句和第四句（稱為頷聯），第五句和第六句（稱為頸聯），詞性相對，是作者必須刻意講

求的地方。

家、斜、麻、花是押韻字，屬於平聲麻韻。（註二一）

(5)全文結構分析表

(五)律詩之二——聞官軍收河南河北（七言律詩） 杜甫

1.原文

劍外忽傳收薊北，初聞涕淚滿衣裳。

卻看妻子愁何在？漫卷詩書喜欲狂。

白日放歌須縱酒，青春作伴好還鄉。

即從巴峽穿巫峽，便下襄陽向洛陽。

2.內容的深究

(1)義旨的探究

①全文主旨

作者聽到失地收復的消息，欣喜若狂，準備還鄉。

②各段大意

一二句：極力描寫乍聞喜訊的情景。三四句：描寫喜極忘言和手足無措的神態。五六句：放歌縱酒慶祝一番，並計畫還鄉的路程。七八句：想到歸鄉要走最便捷的道路。

(2)作者思想情意的發展

這是杜甫在唐代宗廣德元年在梓州寫的佳作。此時，安史之亂延續了七年多了。上一年冬天，唐軍收復洛陽；這一年春天，叛將史朝義自殺，他的部將李懷仙斬了他的頭來獻，從此河南、河北亂事平定。詩人這時遠居四川，聽見這個消息，不禁欣喜若狂。在極度興奮中寫出這一首：「生平第一快詩」。正因為詩人自天寶之亂以來，親身感受到祖國的災難和民生疾苦的深重；他曾經陷入胡人的手中，目睹敵人殺戮的暴行；也曾經在戰區流亡，看到社會生產力受到嚴重破壞的慘相，他自己一家人

的生活，也受到極大的影響。因此，他對於撲滅這場災難，回復安定的局面，是懷有異常迫切的心情，現在忽然聽見敵人整個崩潰，大局自此平定，就再也無法抑制自己的激動，而需要運用「快」來傾吐與奮難過的感情了。由此可以看出，作者若非真正對自己的國家和人民有著血肉一樣深濃的感情，而要寫出如此動人心魄的好詩是不可能的。

3. 形式的深究

(1) 剪裁安排的方法

杜甫的這首七言律詩，充滿著驚喜之情，全詩音調輕快，而且一氣呵成。第一句「劍外忽傳收薊北」馬上便點明了題旨，用「忽傳收」三字貫串兩個地點，一是身之所在的「劍外」，一是心之所寄的「薊北」。杜甫飽經戰亂，雖寄寓於蜀中，但長久以來過著流浪的生活，在這段日子裡，他無時無刻不在期待著官軍打敗叛賊，削平禍亂，以便能夠回到洛陽去。然而，許多時日都過去了，期待的心情逐漸轉爲失望，就在此時，忽然傳來了官軍收復河南河北的大好消息，作者已經控制不住自己的感情，喜極而泣了。所以，第二句緊接著說：「初聞涕淚滿衣裳。」我們可以意會到作者在「忽傳」以前對於此一消息等待的殷切，以及他在這漫長的等待時日裡，曾有多少的辛酸和痛苦，如今也都化成了喜悅的眼淚流溢而出了。作者回憶起亂時飄泊流離的狼狽與痛楚，心中自然興起「苦盡甘來」的感慨，不免教人激動得涕淚縱橫了。何況，長期在心中盤旋著對國事的憂慮，此時全都解下，除了盡情一哭以外，再也找不到更好的發洩方法了，作者才高，所以能寫出真正的喜悅心

情。

第三、四句是承接上文「忽傳」而來的。作者藉「妻子愁何在？」「漫卷詩書」二事來表現他內心的狂喜。初聞捷報時，且驚且疑，又悲又喜，眼淚不禁迸流而出；等到眼淚流完之後，卻破涕而笑，純是一片歡喜，大大的歡喜。因為在那段漫長的等待裏，陪伴著他的只有妻子和書籍。妻子雖然分擔了自己生活上的煩勞，但因為離鄉背井，她始終愁容滿面。書籍雖然可以使自己在精神上得到一些安慰，暫時忘記現實的憂傷，但畢竟無法排遣深藏於內心的哀愁；往往眼睛看著它，心卻在那遙遠的地方。如今，妻子的愁容不見了，面面相對時，卻只看到對方含淚的微笑。於是那些素來藉以消愁的書籍，現在再也不具有什麼意義了，因此就順手把它捲起——捲起的不是書籍，而是那一段愁苦的日子，愁苦的回憶。

第五、六句又是承接第三、四句而來的。「放歌須縱酒」上承「喜欲狂」，「作伴好還鄉」上承「妻子」。戰亂平定了，家鄉得以歸去，這自然是令人歡欣鼓舞的事。在那段愁苦的日子裏，作者好久沒有心情歌唱了，現在心情歡愉，所以要聲高歌，縱情飲酒，來發洩胸中積壓的苦悶；過去有家歸不得，時常和妻子愁容相對，現在正好趁著明媚的春光和妻子一道回去，「作伴好還鄉」的好字，表示這是最好最適宜的時節。這二句說出作者心情的愉快，「白日」「青春」二詞，鮮麗的色彩感，尤其能烘托出這種歡愉的氣氛。

最後兩句，一口氣說出還鄉所須經過的路程，又是緊接上句的「還鄉」而來。在這一聯裏，杜甫

很巧妙地用了四個地名，來表現他還鄉的愉快心情。照常理說，兩句中用了四個地名，那容易令人覺得路程遙遠，還鄉不易，但是由於杜甫對於幾個詞語的善加運用，在「巴峽」「巫峽」間用一「穿」字，在「襄陽」「洛陽」間用一「向」字，再加上「即從」「便下」予人輕便快速的感覺，好像空間全無阻隔似的，因此，反而讓人覺得歸程似箭；毫無遲滯之感。這種原因，根據理智的判斷，當然可以解釋爲戰亂已經平定，所以處處可以通行無阻，但事實上，在誦讀時我們就可以發現它和四個地名的先後排列甚有關係。巴峽、巫峽兩個峽字，都是急促的入聲字，讀時有偏促狹隘之感；而襄陽、洛陽的陽字，是開口而響亮的聲音，讀時有開朗壯闊之感，所以它們先後排列在一起，就有由逆勢轉向順境的歡愉氣氛和「輕舟已過萬重山」的快速感受。（註二二）

(2)遣詞造句的技巧

前兩句點明了題旨。劍外指劍門以外，蜀地在劍門之南，所以用劍外做爲蜀地的代稱。倉卒間寫出了欲歌欲哭之狀，使人千載如見。

「卻看妻子愁何在」，寫妻子之愁，其實也正是寫自己的愁，同時更暗示了普天下之人的愁，然而以對面著筆方式來描述，更可以看出意象的生動。因而展開了下句的「漫卷詩書喜欲狂」，漫卷是胡亂地收捲，描寫心中狂喜之情。

五、六句，對仗工整。白日、青春，有鮮麗的色彩感，「作伴」與上三句「妻子」映襯。

最後，詩人以兩個副詞「即」「便」的對應，反映出千里跋涉的返鄉之行，彷彿也變成了一樁輕

而易學的事了。「穿」與「向」更含有動作的意象在內，顯得格外生動活潑。

　(3)聯絡照應的方式

　這首詩全篇一氣呵成，而無滯礙，讀來有如萬馬奔騰，將作者欣喜欲狂的心情，和手舞足蹈的姿

態生動的描繪出來。

　王文濡賞析說：「此詩句句有喜躍意，一氣流注，而曲折盡情，愈樸愈真，他人決不能道。」王

嗣奭說：「前四句爲收復而喜，後四句思急返故鄉，但通首一氣奔馳，如洪泉下注。」其實，這首詩

在作法上還有兩點特色：第一、整首詩完全是敍事抒情，沒有描寫景色的地方。這和孟浩然的過故人

莊是大不相同的。第二、最後兩句對仗，這是一般的七言律詩少有的情形。

　(4)韻文聲律的探究

劍外忽傳收薊北，初聞涕淚滿衣裳△

卻看妻子愁何在，漫卷詩書喜欲狂△

白日放歌須縱酒，青春作伴好還鄉△

即從巴峽穿巫峽，便下襄陽向洛陽△

　這首詩是仄起平韻首句不入韻的七言律詩。雖然忽、卻、放、即等字應平作仄，妻、巴等字應仄

作平，但因每句第一、三字的平仄可以不論，所以都算是合乎格律的。第三、四句，第五、六句二聯對仗都極為工整，也是律詩最宜留心處。本詩第七、八句也相對仗，這在律詩中是比較罕見的例子。

裳、狂、鄉、陽押平聲陽韻。（註二三）

(5)全文結構分析表

聞官軍收河南河北
┌ 乍聞喜訊 ┬ 劍外忽傳收薊北
│   └ 初聞涕淚滿衣裳 ─ 點明題旨
├ 狂喜神態 ┬ 卻看妻子愁何在
│   └ 漫卷詩書喜欲狂 ─ 意象生動
├ 戰亂平定 ┬ 白日放歌須縱酒
│   └ 青春作伴好還鄉 ─ 心情愉快
└ 計劃還鄉 ┬ 即從巴峽穿巫峽
           └ 便下襄陽向洛陽 ─ 歸程似箭

四、詞的深究

前言

文學作品原是人心情感與理念透過外在事物的一種表現。所以，就一首詞而言，有其「詞境」；就創作一首詞而言，便有作者的「心境」和所表現的「詞境」。至於讀者鑑賞作品，則在作者的心境與所表現的詞境以外，尚須具備自己的「悟境」。創作就是將「心境」映入「詞境」，再由「詞境」射入讀者的「悟境」；欣賞則反之，它成為創作者的回響，由「悟境」伸入「詞境」，由「詞境」進窺作者的「心境」。因此，我們鑑賞一首詞時，對於作品「詞境」的研析，作者「心境」的揣摩，皆為基本的條件；換句話說，不只要盡可能地考究作者的身世、背景，還須盡可能地剖析字句、格律、構思與手法，俾有助於認識作品的「詞境」與作者的「心境」。

內容和形式是構成作品的兩大要素。就內容來說，它是作者情感和理念的寄託，作者藉由外界各種不同的事物表現「心境」，但由於心境的不同，風格也就有了差異。就形式而言，形式表現在文字上的結構與辭采，作者藉由巧妙的結構和生動的文辭，使主題呈現，並激發讀者的美感經驗。因此，鑑賞一闋詞，約可由下列四個角度來加以透視：

（一）內涵——⑴賦情：就是描述愛情、離愁、客情、悼亡等情緒的作品。如溫庭筠的更漏子「玉爐香、紅蠟淚，偏照畫堂秋思。……」⑵懷古：這是憑弔古人、古事或古物遺跡的作品，甚至連以古人、古事為題材的「詠古」作品，也包括在內。作品中常暗蘊現實，或訴說自己的遭遇。如王安石桂枝香「登臨縱目，正故國晚秋，天氣初肅。……」⑶詠物：以「物」為描寫的對象。把所詠之物先給人格化起來，把它看成活生生的人，然後借它的嘴去說你的話。例如陸游卜算子「驛外斷橋邊，寂寞開無主

……」

（二）風格——可以分成「豪放」「婉約」與「閒逸」三派。⑴豪放派：多發表政治或功名上的感慨。是以文野多所不計，無暇在字句的詞藻上多下工夫。表現情感，直截了當，痛快說出，使人當下了然。常用雄健激情的調子，意旨恢宏，豪情萬丈。⑵婉約派：多敘兒女的情思，或流連光景之作。詞藻多偏於麗，注重詞的秀媚。含蓄委婉，借題取喻，使讀者聯想深思，自行領會。常用舒緩和暢的調子，填詞時字音的輕重清濁，必得考究。⑶閒逸派：多以田園山水為背景，寫出作者恬適的生活與瀟洒的胸襟。注重雅淡自然，清新曠遠。將清靜悠閒的心情，表現在大自然的景物上。就聲調音律言，與婉約派為近。

（三）結構——章學誠文史通義曾云：「古人文成法立，未嘗有定格也。」但在萬變之中，我們仍可尋出一些古人為文的線索。瞭解一些尋思的途徑與構想的技巧。前人創作詞，其謀篇布局的情形，可歸納為：⑴先景後情者，如范仲淹蘇幕遮。⑵先情後景者，如張先天仙子。⑶情景交融者，如王觀卜算子。⑷先提後敘者，如歐陽修采桑子。⑸先敘後提者，如馮延巳蝶戀花。⑹順寫者，與逆寫相反，這是依時間先後的順序或事態發展的次第來敘寫，這是一種最普遍的作法。⑺逆寫者，如晏幾道鷓鴣天。⑻對比者，如辛棄疾醜奴兒。⑼由遠而近者，如歐陽修朝中措上半闋。⑽由近而遠者，如李清照點絳唇下半闋。⑾由遠而近，又由近而遠者，如李白菩薩蠻。⑿由外而內者，如秦觀浣溪沙。⒀由內

而外者，如溫庭筠更漏子。

（四）文辭——有所謂「鍊字」「造語」「句法」「對偶」「聲韻」等等，顯示出作家的寫作技巧，構成作品的美感。（註二四）

⑭由外而內，又由內而外者，如歐陽修踏莎行下半闋等。

茲舉岳飛滿江紅與辛棄疾西江月為例，說明深究與鑑賞的方法。

（一）滿江紅　　　　　　　　　　　　　　　　　　　　　岳　飛

1. 原文

怒髮衝冠，憑欄處，瀟瀟雨歇。擡望眼，仰天長嘯，壯懷激烈。三十功名塵與土，八千里路雲和月。莫等閒，白了少年頭，空悲切！

靖康恥，猶未雪；臣子恨，何時滅？駕長車踏破賀蘭山缺。壯志飢餐胡虜肉，笑談渴飲匈奴血。待從頭，收拾舊山河，朝天闕。

2. 內容的深究

（1）義旨的探究

①全文主旨

本闋詞是作者抒發他光復故土的決心。

②各段大意

上片：寫作者的壯志未酬，滿心悲憤。下片：承接上片，直寫胸臆，抒發他光復故土的決心。

⑵作者思想情意的發展

岳飛的這首滿江紅，風格豪邁，音調激越，表達了他的滿腔忠憤之情。現在讀來，仍然覺得它「凜凜有生氣」，令人激動。作品的風格常是作者人格的反映，確實如此。

岳飛是宋朝的民族英雄，二十歲就從軍殺敵。那時宋室南遷，他目睹亡國之痛，立志掃清胡虜，迎接徽宗、欽宗二帝回朝，以洗除「靖康之亂」的恥辱。無奈朝中有權臣反對北伐，後方又有群盜為亂，使他有後顧之憂。因此，在深感壯志未酬之餘，發而為詞，自然忠憤填膺，非常激昂。

此詞在強烈的抒情中，表達了作者決心擊敗敵人、收復失地的愛國思想，其奮發有為的雄圖大志及忠心耿耿為國家、民族利益而戰鬥的精神面貌，也概括了當時人民抗敵禦侮的思想感情。

3.形式的深究

⑴剪裁安排的方法

這首詞分為兩段（這就叫做「雙調」），上段（也叫「上片」或「上闋」）是寫作者的壯志未酬、滿心悲憤。詞的一開頭，便表現出極度的憤怒之情。「怒髮衝冠，憑欄處，瀟瀟雨歇。」是說雨初停，作者憑欄遠望時，看到那一大片淪陷於異族鐵蹄下的祖國河山，便不由得憤怒的頭髮直豎起來。想到外敵入侵，國家多艱，一直在風雨飄搖之中，因而作者在「擡望眼」之餘，內心的忠憤之情，鬱悶之氣，無處宣洩，便不能不「仰天長嘯」了。「仰天長嘯」句同時也表現了氣吞山河的襟懷。「壯懷激烈」是直接的說明，加深了前面幾句的意思，也是整首詞的中心思想。「三十功名塵與土」是說年

已三十，雖曾建立了一些功勞，但那些功勞卻像塵土一樣，微不足道。「八千里路雲和月」，是慨歎轉戰數千里，披星戴月，歷盡艱辛，但頑強的敵人還未消滅。從這兩句詞中，我們可以想見作者當時的心境，是多麼地悲切！他雖有雄心壯志，但一直未能完成。語氣中似乎帶有悲憤不平之意，然而他並不消極，他仍然志在報效國家，消滅強虜；所以作者勉勵自己及時奮發，不要輕易地浪擲了寶貴的「少年」時光，要不然等到頭髮轉白，年老體衰時，再怎麼悲傷悔恨也沒有用了。上段的最後三句，充分地表現了一個愛國志士忠君報國的熱忱。

下片承接上片，直寫胸臆，抒發他光復故土的決心。寫得痛快淋漓。上片寫作者有壯志未酬，可是並沒有明言他的壯志是什麼，到了下片才明白地道出作者的壯志是消滅強虜，收復故土。「靖康恥，猶未雪；臣子恨，何時滅？」這四句是寫他「怒髮衝冠」的原因。「駕長車踏破賀蘭山缺。壯志飢餐胡虜肉，笑談渴飲匈奴血。」這三句由「臣子恨」引發出來，是說他誓必滅金，恢復中原，同時，呼應上片的「壯懷激烈」。「待從頭，收拾舊山河，朝天闕。」則總括全詞，是說他準備收復失土，重整河山，然後凱旋回朝，晉見天子，強調了光復故土的決心。（註二五）

(2) 遣詞造句的技巧

怒髮衝冠：描寫滿心悲憤的情景，強烈的誇飾詞格。「衝」字有憤怒的情緒。獨自憑欄，望斷故國山河，而興起「還我河山」的壯志。與辛棄疾「把吳鉤看了，欄杆拍徧，無人會，登臨意」的境遇相同，滿懷壯志不得伸的熱切愛國精神，躍然紙上。於是才有「仰天長嘯」之舉，想將內心的悲憤

借長嘯而化解。

「三十功名塵與土，八千里路雲和月」對仗工整，用來喻壯志未酬的感慨。於是，作者提出了呼告、警語、勉勵自己，也勉勵天下的人要及時奮發，「莫等閒，白了少年頭，空悲切！」語意婉曲，含意卻深刻。

然後，提出設問：「臣子恨，何時滅？」正因為「靖康恥，猶未雪」呀！與上片的「莫等閒」相呼應。至於「壯志飢餐胡虜肉，笑談渴飲匈奴血」更是對仗工整，寫出了雄壯的氣魄。

(3) 聯絡照應的方式

展開主旨：怒髮衝冠，憑欄處，瀟瀟雨歇之景中，觸景生情，而有「仰天長嘯，壯懷激烈」的悲憤。「三十功名塵與土，八千里路雲和月」呼應怒髮衝冠之因，而下續「莫等閒，白了少年頭，空悲切！」連貫展現了意旨。

提出「靖康恥，猶未雪；臣子恨，何時滅？」的疑問，而開「駕長車踏破賀蘭山缺」，與「壯懷激烈」相互呼應。然後有「壯志飢餐胡虜肉，笑談渴飲匈奴血」以表示收復故土的決心。最後以「待從頭，收拾舊山河，朝天闕」作為全文的總結，揭示了作者心中的抱負，亦和前文的壯懷激烈」的心志相呼應，可見全文的結構非常嚴謹。

(4) 韻文聲律的探究

滿江紅，詞牌名。這個詞調因為字句短、韻位密、聲洪亮，所以最適合用以描寫粗獷豪放的感情。

怒髮衝冠，憑欄處，瀟瀟雨歇。△

擡望眼，仰天長嘯，壯懷激烈。△

三十功名塵與土，八千里路雲和月。△

莫等閒，白了少年頭，空悲切！△

靖康恥，猶未雪；臣子恨，何時滅？△

駕長車踏破賀蘭山缺。△

壯志飢餐胡虜肉，笑談渴飲匈奴血。△

待從頭，收拾舊山河，朝天闕。△

格律工整，對仗工整。仄起韻。歇、烈、月、切，押入聲韻。雪、滅、缺、血、闕，亦押入聲韻。

(5)全文結構分析表

(二)西江月——夜行黃沙道中　　　　　　　　　　　辛棄疾

1. 原文

明月別枝驚鵲，清風半夜鳴蟬。稻花香裏說豐年，聽取蛙聲一片。　七八個星天外，兩三點雨山前。舊時茅店社林邊，路轉溪橋忽見。

2. 內容的深究

(1) 義旨的探究

① 全文主旨

這首西江月是辛棄疾家居上饒時的一篇作品。抒寫鄉村的恬靜風光和夜行時的閒適心情。

② 各段大意

上片：由聽覺寫起，來描繪寧靜的田園夜色。下片：由視覺來寫田園夜色的靜謐。

(2) 作者思想情意的發展

這首詞是從稼軒長短句裏選錄出來的。西江月，詞牌名。

宋孝宗淳熙八年，愛國詞人辛棄疾在江西安撫使兼隆興知府任上，因為遭到當地名士的攻擊，又覺得當時執政者顢頇無能，深怕皇帝聽信謠言，將會大禍臨頭，所以不久就辭官告退。退隱後，在江西上饒帶湖營建了一座歸隱的田園；一直過了十年投閒置散的隱居生活，才又出仕。這段時期的作品，大多在抒寫隱居生活的閒適和田園風光的恬靜。這首西江月就是一首膾炙人口的作品。

他以氣節自負，以功業自許，一生處戎馬間，而善為詞，慷慨豪恣，與蘇軾並稱蘇辛。他繼蘇軾之後，把詞的豪放風格，加以發揚光大，使這一宗派，終於成為詞壇的一大主流。於倚聲家為變調，而異軍特起，能於剪紅刻翠之外，屹然別立一宗，迄今不廢。」這種豪邁風格的形成，是由於他的作品具有愛國的熱忱所致。

他的作品，不拘守格律，以文為詞，問答如話，議論風生，不論經、史、諸子百家，都可入詞，使詞體能概括更豐富複雜的思想意境，風格也更加多變化。這是他詞的特點（註二六）

在這首詞裡，辛棄疾反映了農村生活的勤勞淳樸。在人生道路上備受挫折之後，他把自己的滿腔熱情與悲憤傾注於湖光山色之中，並且也和下層人民建立了深厚的友誼。

3.形式的深究

(1)剪裁安排的方法

開頭兩句：「明月別枝驚鵲，清風半夜鳴蟬。」是應該合在一起講的。「明月」「清風」是一組，「別枝驚鵲」「半夜鳴蟬」是一組。是說深夜裡，皎潔明亮的月光，升上樹梢，大地被映照得如同白晝一般，清涼的微風陣陣吹來；在樹上棲息的鵲兒是非常敏感的，以為天亮了，不免驚飛起來，噪叫著，這時候，蟬兒也跟著嘶鳴起來了。如此清風明月，辛棄疾在他隱居附近的黃沙道中漫步時，心情一定是閒適自得的，所以，下面接著說：「稻花香裏說豐年，聽取蛙聲一片。」古人認為蛙鳴是豐收的象徵，因此在鬧洋洋響成一片的蛙鳴中，還沒入睡的農夫們，他們閒談有關豐收的話語，隨著清

三〇〇

風飄送到耳旁來，而且，陣陣清風中還夾雜著稻花的香氣。這真是一首最優美的田園交響樂，同時也為作者的閒適心情，提供了最適合的背景。

照理說，鵲噪、蟬嘶、蛙鳴和農夫談話的這幾種聲音，應該會破壞了詞中所要表現的恬靜氣氛，可是，事實不然，這幾種聲音卻反而襯托出鄉村的恬靜。理由是：正如「蟬噪林逾靜，鳥鳴山更幽。」一樣，真正寂靜的感覺，並不一定要來自無聲的事物，夏日午後牆頭偶而傳來的幾聲雞啼，冬夜裡深巷中斷斷續續的賣粽的叫聲，餘音廻盪，不是更能夠襯托出空間的寂靜嗎？因此，在如此清風明月的夜晚，只聽到鵲噪、蟬嘶、蛙鳴等等幾種聲音，正可以看出周圍環境的寂靜和不嘈雜。

我們從詞中「鳴蟬」、「稻花香」、「蛙聲」等詞語來判斷，可以知道這首詞的寫作時間，大致是夏末秋初的時節。這個時節，天氣變化多端，盧延讓有詩云：「兩三條電欲為雨，七八個星猶在天。」可證，而黃沙道中多山（有黃沙嶺、西巖等），天氣應該更富於變化，因此，作者在夜行時，始則清風明月，如同白晝，繼則晨星寥落，天色將明，最後是一場驟雨，使得作者急於尋找一個避雨的地方。「七八個星天外」二句，同時也點明了時間的推移。最後兩句是顛倒句，「舊時茅店社林邊」是「路轉溪橋」時「忽見」的景物。順序來說的話，應該是這樣的：轉過溪橋，忽然發現了社林旁邊的舊時茅店。「忽見」二字，說出了看到「舊時茅店」的驚喜之感。（註二七）

(2)遣詞造句的技巧

上片藉鵲噪、蟬嘶、蛙鳴等幾種聲音，反襯出鄉村的恬靜和安詳；偏重在聽覺上的描述，也可以

反映出夜行者輕鬆喜悅的心情。

下片多從視覺上來敘寫。「七八個星天外，兩三點雨山前。」兩句造語雖然平淡、明白，卻不俗陋，對仗工整，寫作的技巧也一樣高明。而「舊時茆店社林邊，路轉溪橋忽見」則是通過景物，點出了夜行者豁然開朗的驚喜交集。

(3) 聯絡照應的方法

這首詞的原題是「夜行<u>黃沙</u>道中」，在<u>江西</u>上<u>饒</u>西面，作者閒居上<u>饒</u>帶湖的時候，常常經過這裏，很欣賞這裏的溪壑恬靜之美，這首詞通篇寫出他夏夜行經山徑中幽美的景色。

全文是由開朗與喜悅貫串而成的田居生活。

上片明月，清風的夜景，連鵲、蟬、蛙，都不甘寂寞地共賞。有他們的鳴叫，也更能反襯出夜涼如水的清靜。

下片是承由上片而來，夜行在小路上，「七八個星天外」點出時間的推移，天漸黎明，天空掛著寥落的星辰，山前灑了幾點早雨，而後有「舊時茆店林邊，路轉溪橋忽見」，使前後輝映，別饒趣味。

(4) 韻文聲律的探究

　　　　　　　△

明月別枝驚鵲，清風半夜鳴蟬。

稻花香裏說豐年，聽取蛙聲一片。△

七八個星天外，兩三點雨山前。△

舊時茅店社林邊，路轉溪橋忽見。△

(5)全文結構分析表

西江月（田園風光）

夜景

- 明月別枝驚鵲　——　描述視覺與聽覺（靜中有動）
- 清風半夜鳴蟬　——　描述感覺與聽覺（靜中有動）
- 稻花香裏說豐年　——　描述嗅覺與聽覺（靜中有動）
- 聽取蛙聲一片　——　描述聽覺（象徵豐收）

點出季節（對仗）

借幾種聲音，反襯鄉村的恬靜和安詳。

黎明之景

- 七八個星天外　——　描述視覺（倒裝句）
- 兩三點雨山前　——　描述視覺（倒裝句）

對仗

- 舊時茅店社林邊
- 路轉溪橋忽見　——　描述視覺（顛倒句）

時間的推移，夏末秋初時節天氣多變化（呼應起首兩句）。

抒寫恬靜的風光和夜行時的閒適心情。

五、曲的深究

前　言

曲有散曲和劇曲之分。劇曲有科（動作）白（說白），散曲卻沒有。散曲又可分為小令和散套兩種。

散套乃合一宮調或借管色相同諸曲為一套，自成首尾；小令則類似詩中之律絕或詞中之小令。

以下列舉水仙子與梧葉兒為例，說明深究與鑑賞的方法。

(一)水仙子——詠江南　　　　　　　張養浩

1. 原文

一江烟水照晴嵐，兩岸人家接畫檐。

芰荷叢一段秋光淡，看沙鷗舞再三。

捲香風，十里珠簾。

畫船兒天邊至，酒旗兒風外颭。

愛殺江南。

2. 內容的深究

(1) 義旨的探究

①全文主旨

描寫江南秋色。

② 各段大意

首二句，畫出一幅天然美景，描繪精雕的房舍密接不斷。次二句，寫在疏淡的秋光裡，閒逸地觀看沙鷗的再三飛舞。第五句，寫香風捲簾，極富麗、香艷。第六、七句，寫頻頻召喚的畫船兒，從天邊而來，酒店外，有酒旗隨風飄揚。第八句，寫總結並點明題意。

（2）作者思想情意的發展

首二句「一江煙水照晴嵐，兩岸人家接畫簷」相對仗。前句描繪出一幅天然美景，江面經由日光的照射，原本有些水氣蒸騰，岸旁有帶著嵐氣的山影，映入水中，氤氳蕩漾，更顯出煙水一片迷茫的景致。「兩岸人家接畫簷」，這是描畫精雕的房舍密接不斷。

接著再將鏡頭轉向自然景物。「芰荷叢一段秋光淡」四季中，秋光原本最為清爽而不濃烈。「看沙鷗舞再三」這是一份無所事事的悠閒，何等怡然。

「捲香風十里珠簾」，「香風」、「珠簾」正和前面的畫簷人家相互呼應。

「畫船兒天邊至，酒旗兒風外颭」這兩句不僅字面相對，所描述的情景也恰成對照。

最後一句「愛殺江南」總結全篇。

3. 形式的深究

（1）剪裁安排的方法

「芰荷叢一段秋光淡」，溫柔鄉裏本是春光濃郁，這裏反而用秋光疏淡去沖淡了它，彷彿有意泯

去了它的俗麗，而增添了幾分詩意。在疏淡的秋光裡，人的心情也比較瀟洒閒逸。

「捲香風十里珠簾」，這原是從杜牧的名句：「春風十里揚州路，捲上珠簾總不如。」轉換而來

。就文法上來說，「捲香風」是倒裝句，意義上自然是香風捲簾為平順，這種用法和宋代女詞人李清

照的名句：「簾捲西風」相類似。（註二八）

(2)遣詞造句的技巧

「芰荷叢一段秋光淡」，「淡」字用得妙。「捲香風十里珠簾」，「香風」、「珠簾」是充滿暗

示性的詞彙，代表的是香艷、富麗，和前面的畫檐人家相呼應。「叢」、「看」、「捲」、「畫船兒

」、「酒旗兒」皆是襯字。

(3)聯絡照應的方式

全曲先寫江南的天然美景「烟水迷茫」和人文景觀「富庶艷麗」，其次轉向自然景物的描繪，寫

「芰荷」和「沙鷗」，再寫「香風」和「珠簾」又和第二句的香艷富麗相照映。然後再寫一方的頻頻

召喚，一方的倦旅來歸。最後則是總結，點明題意。

(4)韻文聲律的探究

水仙子 詠江南　　張養浩

一江烟水照晴嵐◎兩岸人家接畫檐◎芰荷叢一段秋光淡◎看沙鷗舞再三◎捲香風十里珠簾◎畫船兒

天邊至。酒旗兒風外颭◎愛煞江南◎

三〇六

水仙子，曲牌名，又名湘妃怨、凌波仙、馮夷曲。屬雙調曲，亦入中呂宮、南呂宮，句法爲：七七五六三三四，共八句七韻。首二句宜對，三字兩句（本首指天邊至，風外颭二句）宜對，並例加襯字。

全曲押韻的字是：「嵐」、「檐」、「淡」、「三」、「簾」、「颭」、「南」。

(5)全文結構分析表

描寫江南秋景

(二)梧葉兒——春日書所見　　　　　　　　張可久

1.原文

薔薇徑，芍藥闌。

鶯燕語間關。

小雨紅芳綻，新晴紫陌乾，日長繡窗閒。

人立秋千畫板。

2.內容的探究

(1)義旨的探究

①全文主旨

寫春日所見。

②各段大意

首二句，寫春日繁花盛開的景致。第三句，寫鳥兒齊鳴靈動的春日。第四、五、六句，寫剛下的一場春雨，使園中的花朵一齊開放。雨後的陽光蒸乾了郊野的道路，此時有少女立於繡窗前，但覺日長人閒。第七句，寫少女獨自立在秋千畫板上，排遣內心愁悶。

(2)作者思想情意的發展

有人說，張可久的曲子很像詞，由此首語漢兒看來，果然不遜於花間集中的名家佳句，故可知元代散曲清麗一派推張可久為巨擘，並非偶然。

這首小令先寫春天庭園的景色，次寫在雨後新晴的春光映照下，有一個立在秋千畫板上少女的閒情，寫來精緻，而發展自然。

3. 形式的深究

(1) 剪裁安排的方法

先寫在薔薇遍植的小徑，在栽滿芍藥的欄杆前，春天的花園有怎樣的美景，這是靜態的，次寫聲音，有黃鶯的嬌語、燕子的呢喃，好不熱鬧；雨後新晴的春光，以及少女獨立秋千畫板的閒情，由靜寫到動，由花寫到鳥，再寫到人，安排井然有序，而且不蔓不枝，十分可喜。

(2) 遣詞造句的技巧

「薔薇徑、芍藥闌」首二句對仗，合乎曲律。「鶯燕語間關」的「語」字是擬人化的寫法，使鶯燕的啼聲更顯得活潑生動。「小雨紅芳綻，新晴紫陌乾」兩句對仗。「長日繡窗閒」點明了少女的等待，盼望只是徒然。「小雨」、「新晴」、「日長」皆是襯字。

(3) 聯絡照應的方式

先寫春日庭園的景觀，有「薔薇徑」「芍藥闌」還有「鶯燕語間關」，次寫雨後新晴，「小雨紅芳綻」「新晴紫陌乾」此和前文相互呼應，次寫少女的等待，這又和前面兩句呼應，「長日繡窗閒」點明了少女盼望的徒然，故有「人立秋千畫板」來排遣內心的愁悶，兩句互相對應。

(4) 韻文聲律的研究

梧葉兒　春日書所見　　　　　　張可久

薔薇徑。芍藥（平）闌（平）◎鶯燕語間關（平）◎小雨（平）紅芳綻（去）◎新晴　紫陌乾（平）◎日長（平）繡窗閒（平）◎人立秋千畫板（上）◎

梧漢兒，一名知秋令，喬吉文湖州集詞又稱碧梧秋商調曲，又入仙呂宮。句法是三三三五三三三六，末句一般作家都喜

，共七句五韻。首二句宜對，四、五兩句宜對。（或五韻，或六韻，或七韻均可。末句一般作家都喜

歡作成上三下四的七字句。）

此首押韻的字是：「闌」、「關」、「綻」、「乾」、「閒」、「板」等。

⑸全文結構分析表

六、新詩的深究

前言

新詩是白話文以後發展起來的。他的特點是自由，沒有固定的形式和格律，可以押韻也可以不押韻。從胡適的嘗試集開始，這種詩已經有了長足的進展。用現代的語言來抒寫現代人的感受，這應該

是我們都能接受的，更何況，新詩也不乏佳作。

以下列舉夏夜與鵝鑾鼻為例，說明深究與鑑賞的方法。

㈠夏夜　　　　　　　　　　　　　　　　　楊　喚

1.原文

蝴蝶和蜜蜂們帶著花朵的蜜糖回家了，

羊隊和牛群告別了田野回家了，

火紅的太陽也滾著火輪子回家了。

當街燈亮起來向村莊道過晚安，

夜就輕輕地來了。

來了！來了！

從山坡上輕輕地爬下來了。

來了！來了！

從椰子樹梢上輕輕地爬下來了。

撒了滿天的珍珠和一枚又大又亮的銀幣。

朦朧地，山巒靜靜地睡了！

朦朧地，田野靜靜地睡了！

只有窗外瓜架上的南瓜還醒著，

伸長了藤蔓輕輕地往屋頂上爬。

只有綠色的小河還醒著，

低聲歌唱著溜過彎彎的小橋。

只有夜風還醒著，

從竹林裏跑出來，

跟著提燈的螢火蟲，

在美麗的夏夜裏愉快地旅行。

2.內容的深究

(1)義旨的探究

①全文主旨

描寫夏夜給人的溫暖、豐富和愉悅的感覺。

②分段大意

第一段：從夏夜降臨前的黃昏寫起，進而描寫夏夜的富麗。第二段：描寫寂靜的夜景，並用一些

輕盈的動態，反襯出夜的靜謐。

(2)作者思想情意的發展

這首詩是透過兒童的眼睛和口吻來寫的，充滿了濃厚的童話氣氛。作者先從夏夜降臨前的黃昏寫起，一開始就給人熱鬧和溫暖的印象，有飛舞著的蝴蝶和蜜蜂，有擾攘的羊隊和牛群，有燦爛奪目的夕陽和映照滿天的彩霞。現在，他們都「滿足」地回「家」了——有的帶著蜜糖，有的腆著吃飽了的肚子，有的滾著玩夠了的火輪子。於是，田野倏然寂靜下來。

「街燈亮起」本是夜晚降臨的訊號，這裏把「街燈」擬人化，他的點燃似乎在向人道聲「晚安」。這一方面表示對人報告夜來的消息，一方面給人親切的感覺，所以這並非無意義的贅語。然後，「夜就輕輕地來了」。「輕輕地」形容夜在不知不覺中的降臨。等街燈一亮，人會忽然發現已經置身在夜的包圍中，夜色從四面八方襲來。所以以下便用重疊的民謠形式來抒寫：

夜來了！來了！
從椰子樹梢上輕輕地爬下來了。

來了！來了！
從山坡上輕輕地爬下來了。

來了！來了！

這語調中含有純真的喜悅之情和歡迎的意味兒，是不難體會出來的。夜從「山坡上」、「從椰子樹梢上」輕輕地爬下來，一方面生動地描寫夜神的降臨，一方面先把讀者的目光集中在近處，然後順著視線向上望去，就會忽然發現夜空已如此的璀璨。

「撒了滿天的珍珠和一枚又大又亮的銀幣。」用珍珠和銀幣來比喻星星跟月亮，是作者有意顯示夏夜的富麗。因為這二者都是珍貴的東西，給人珍奇富有的感覺。尤其是從孩童的眼中看來，月亮圓的，閃著銀色的光輝，說它像個銀幣是極樸實而自然的聯想。同時這首詩的主題是寫夏夜，而不是寫月夜。所以並不想特別突出的描寫月的皎潔明亮，也要避免秋月給人所引起的清冷的感覺，所以不用「明鏡」一類的譬喻，恐怕破壞了詩的整體效果！所以詩人在此處的確是深具匠心的。至於銀幣的社會作用是不相干的，人們在讀詩時，並不會作此聯想，如我國古代偉大詩人<u>杜甫</u>也曾有「開花無數黃金錢」（〈秋雨歎〉）之句，以黃金錢形容「決明」盛開的黃色花朵，給人極鮮麗珍貴的意象。在此誰又會想到錢的實用價值呢？無論古今，無論新舊，詩人在選擇譬喻，創造意象方面，一定是有所用心的，而這正需要讀者細心去領會。

另外在此詩裏，作者以比「銀幣」光度要強的「珍珠」比喻繁星，是有意強調星光，以增加人對夜空富麗的感覺。所以是採用與「月明星稀」的經驗相反的寫法。在朦朧的夜色裏，如果把月光寫得太強，與下文所製造出來的氣氛就不同了。（而他選用圓月的意象，是取其豐、滿之意，如果換成缺月，則必破壞了豐富之感）因為這首詩並非是完全寫實的。

第二段是寫靜謐的夜景，作者也不是呆板地作直接描繪，而是用一種輕靈的動態，反襯出深夜的安靜來，所以在寫山巒和田野朦朧的入睡之後，接著寫：「祇有窗外瓜架上的南瓜還醒著」，「祇有夜風還醒著」，這些「祇有」和「醒著」都增強了深夜寂靜的效果。同時這些動態的詞語也表現出夏

夜所具有的生機，跟冬夜的死寂是不同的。夏夜除了靜的一面之外，還有動的一面。由於動和靜的交織，才使得這首詩顯得更豐富起來。至於說「南瓜伸長了藤蔓輕輕地往屋頂上爬」，像是渴望一瞻夜空的神秘，「綠色的小河」和「夜風」都給人夏夜清涼愉快的感覺。再點綴上「提燈的螢火蟲」，夏夜的美麗與可愛就全被作者活潑靈動的筆觸勾勒出來了。這幾句從整體來看，給人一種如夢境般的美感，意境之雋永遠在文字之外。（註二九）

3. 形式的深究

(1) 剪裁安排的方法

這首詩雖沒有嚴格的形式，但還是注意到節奏和整齊之美。如前三句之末尾以「回家了」結束，而以「街燈亮起來向村莊道過晚安」作轉接和停頓。下面五句都以「來了」結束，而以「撒了滿天的珍珠和一枚又大又亮的銀幣」兜住。有了這樣巧妙的安排，自然能將節奏的變化顯現出來。第二段中「醒」、「蟲」、「行」是近乎押韻的形式。而「朧」、「靜」、「藤」、「輕」、「頂」、「聲」、「風」、「蟲」、「燈」等字在句中也造成類乎「協韻」的效果，使整段詩給人輕快的韻律感。

詩中擬人的手法並不在名詞或形容詞上，而在動詞的運用上。作者不用「夏夜像人般走來」的直接比喻法，而用「來了」、「爬下來了」、「撒了」等擬人的動詞，就把抽象的夜變得活生生的了。其他像「道晚安」、「睡了」、「醒著」、「跑出來」、「跟著」、「旅行」等都是用擬人的動詞達到擬人化的效果。故形成一種親切感，使自然與人融為一體。（註三〇）

(2)遣詞造句的技巧

① 排比

△蝴蝶和蜜蜂們帶著花朵的蜜糖回家了。

羊隊和牛群告別了田野回家了。

火紅的太陽也滾著火輪子回家了。

△只有窗外瓜架上的南瓜還醒著，伸長了藤蔓輕輕地往屋頂上爬。

只有綠色的小河還醒著，低聲歌唱著溜過彎彎的小橋。

只有夜風還醒著，從竹林跑出來，跟著提燈的螢火蟲，在美麗的夏夜裏愉快地旅行。

② 擬人化（幾乎全篇皆是）

△當街燈亮起來向村莊道過晚安，夜就輕輕地來了。○○

△撒了滿天的珍珠，和一枚又大又亮的銀幣。○○

△山巒靜靜地睡了。○○

△伸長了藤蔓，輕輕地往屋頂上爬。○○

△在美麗的夏夜裏，愉快地旅行。○○

△從竹林裏跑出來。○○

③ 類疊

△來了！來了！從山坡上輕輕地爬下來了。

來了！來了！從椰子樹梢上輕輕地爬下來了。

△朦朧地，山巒靜靜地睡了。

朦朧地，田野靜靜地睡了。

④譬喻

△滿天的珍珠（隱喻星）

△又大又亮的銀幣（隱喻月）

(3)聯絡照應的方式

第二段開頭「朦朧地，山巒靜靜地睡了」承接第一段「夜就輕輕地來了」。第一段「夜就輕輕地來了」是承上啓下的句子。文末「在美麗的夏夜裏，愉快地旅行」照應全篇文章。

(4)韻文聲律的探究

這首詩第十一句、十二句「朦朧」的「朧」，「靜靜」的「靜」，第十三句「醒著」的「醒」，第十四句「藤蔓」的「藤」，「屋頂」的「頂」，第十五句「醒著」的「醒」，第十六句「低聲」的「聲」，第十七句「夜風」的「風」，第十九句「提燈」的「燈」、「螢火蟲」的「蟲」，第二十句「旅行」的「行」，韻尾都是「ㄥ」。這樣用字，雖然不是押韻，但根據國音讀來，大致相叶，可以收到「協韻」的效果。

(5)全文結構分析表

夏夜

夜神降臨
　高潮　——撒了滿天的珍珠和一枚又大又亮的銀幣——自然的聯想——比喻
　　地點——從椰子樹梢上輕輕地爬下來了
　　來了！來了！來了！
　　地點——從山坡上輕輕地滑下來了
　　來了！來了！——疊句——排比（有時間的流動性）

夜臨訊號
　逼出主題——夜就輕輕地來了——感覺
　訊　號——當街燈亮起來向村莊道過晚安

黃昏景象
　自然界——火紅的太陽也滾著火輪子回家了——暗喻夏的季節
　生物界
　　大物——羊隊和牛群告別了田野回家了
　　小物——蝴蝶和蜜蜂們帶著花朵的蜜糖回家了——排比（豐麗溫馨）

一應　呼

(二)鵝鑾鼻

1. 原文　　　　　　　　　　　　　　余光中

我站在巍巍的燈塔尖頂，

俯臨著一片冷冷的蒼茫

在我的面前無盡地翻滾

整個太平洋洶湧的波浪。

一萬匹飄著白鬣的藍馬，

呼嘯著，疾奔過我的腳下，

這匹銜著那匹的尾巴，

直奔向冥冥、漠漠的天涯。

浩浩的天風從背後撲來，

將我的亂髮向前撕開；

我好像一隻待飛的巨鷹，

張翅要衝下浮晃的大海。

於是我也像崖頂的巨鷹，

俯視迷濛的八荒九垓……

向北看，北方是蒼鬱的森林；

向南看，南極是灰色的雲陣，

一堆一堆沈重的暮靄，

壓住浮動的海水，向西橫陳，

遮斷冬晚的落日、冬晚的星星，

遮斷渺渺的眺望，眺望崑崙——

驀然，看，一片光從我的腳下

旋向四方，水面轟地照亮；

一聲歡呼，所有的海客與舟子、

所有魚龍，都欣然向臺灣仰望。

2. 內容的深究

(1) 義旨的探究

① 全文主旨

作者寫他在鵝鑾鼻的燈塔上，面對著雄偉浩瀚的大海所生的感懷。

② 各段大意

第一段：藉著描寫太平洋的波濤洶湧，暗指我們的處境亦在動盪不安中。第二段：寫壯闊的海景

，浩浩的天風，激起詩人的壯懷，他想像自己是一隻待飛的巨鷹，要以大無畏的精神去突破黑暗。第

三段……將我們的國家比作自由世界的燈塔爲萬國所仰望。

(2)作者思想情意的發展

鵝鑾鼻的地理位置是在臺灣的最南端，爲全島最凸出和顯著的部分；而這兒的燈塔又居有非常重

要的地位。因此，詩人掌握住這些特點，而賦予豐富的象徵意義——象徵自由中國地位之重要，象徵

自由中國正是自由世界的燈塔，充滿了希望和光明的遠景。

這首詩雖然是以鋪敍的、寫實的手法來描述，卻具有複雜的象徵意義，內涵極爲深遠。（註三一）

3.形式的深究

(1)剪裁安排的方法

第一段中，「無盡的翻滾，呼嘯著疾奔過我的腳下，這四銜著那匹的尾巴」表面上看，是具體地

描寫太平洋的波浪洶湧，猶如萬馬奔騰的雄奇景觀，實則借喻當前時局的驚駭萬狀，而時間又如潮水

一樣的一去不復回，風雲際會，瞬息萬變，人生復如白駒過隙，有爲青年應及時奮起，機會稍縱即逝

。第三段中「蒼鬱的森林，灰色的雲陣，沈重的暮靄……壓住……遮斷……」等句，表面上看是描寫

夜晚日暮的景色，實則是藉以表現反顧神州以及渴望、期待、失望的心情。而最後「轟地照亮……仰

望……」等句，從直覺上看是寫燈塔突然亮起的景觀，實際上是藉此以點出臺灣是光明的象徵，是人

心嚮往的燈塔，是自由正義的精神堡壘。

(2) 遣詞造句的技巧

「浩浩」的天風，將我的亂髮向前「撕開」二句，雖則暗寫明風勢之猛烈強勁，實則暗寫生存在這個大時代的青年應憑著浩然的正氣，以大無畏的精神去揮動正義的力量，去突破黑暗，戰勝邪惡，這就是作者用「浩浩」與「撕開」的寓意。如果改「浩浩」為「怒吼」或將「撕開」改為「吹亂」，便不能表現此種意境了。

(3) 聯絡對應的方式

「我站在巍巍的燈塔頂尖」，暗示著臺灣是一座自由的燈塔，鵝鑾鼻正位於這個燈塔的「尖頂」。不過，這種暗示在開端時是隱約的。直到最後的四句，特別是末一句：「所有魚龍，都欣然向臺灣仰望。」才明白的說破。因此，從這首詩的整體來看，作者的意念由隱約到顯豁，正表示出這種意念是逐漸被發現的。這可能在作者的胸中已經醞釀很久的問題，而燈塔的登臨（也可以是想像中的登臨）刺激著這潛伏的意念明朗化。

第二句「俯臨著一片冷冷的蒼茫」到第八句「直奔向冥冥，漠漠的天涯。」這七句表面上是寫詩人探首燈塔之外所見的海景，實際上是寫詩人對這「燈塔」所處的環境，逐步加深的認識。海景的變化，也正反映詩人認識的變化。第二句「一片冷冷的蒼茫」反映詩人的心境是冷寂的，除了迷茫之外，也尚無所見。三、四兩句便使他注意到這外在的環境是在動盪不定之中；進一步看太平洋並不太平，我們實為面對著一個波浪洶湧的險惡境況──這更令人意識到我們的國家在亞洲、在太平洋中的地

位。

「一萬匹飄著白鬣的藍馬」是非常生動而美麗的比喻。而「海」的意義在這裏似乎改變了。大概

是澎湃的浪濤激起了詩人的壯懷，他想像著駕馭駿馬馳騁追逐，縱然風浪險惡，我們依然能夠開創出

新的局面來，甚至祇要一些年輕人（一萬匹）能夠前仆後繼（這匹銜著那匹的尾巴）勇往直前，就可

以有無限遠大的前程！（直奔向冥冥，漠漠的天涯。）

「浩浩的天風從背後撲來」是詩人感受到一種強大的力量正鼓舞著他，這力量是來自作為燈塔的

臺灣內陸，撕開他的亂髮——掃除他的困惑與憂慮而看出面前正確的道路。「我好像一隻待飛的巨鷹

，張翅要衝下浮晃的大海」。「鷹」是勇猛和理想的象徵，懷抱著理想，勇敢的衝入變動不息的大

時代之中。而「崖頂的巨鷹」，則更指出來「鷹」是具有高瞻遠矚的理想，它不僅注意到眼前的生存

環境，而且對整個世界和苦難都寄予關懷。因此，他站在超然的「崖頂」，清醒地俯視著「迷濛的八

荒九垓」正在昏睡與混亂之中。在這兒詩人看到的是臺灣以外的世界。無論是北方，還是南方都看不

出一點希望。而西方——大陸——尤其是在「沈重的暮靄」之下，近乎窒息了。「冬晚的落日」，「

冬晚的星星」是嚴酷的時代中一絲光明，也在陰雲密布中被遮斷了。對於大陸（崑崙）是完全絕望了

。

但是，世界並不致就此毀滅，希望也並未因而斷絕，詩人終於發現到「希望」就來自腳下——來

自他現在生存的地方‥「驀然，看，一片光從我的腳下，旋向四方，水面轟地照亮，一聲歡呼，所有

的海客與舟子，所有魚龍，都欣然向<u>臺灣仰望</u>。」這兒就是時代的燈塔，這兒就是自由世界的希望！

（「<u>轟地照亮</u>」，是以聽覺表現視覺，這種錯綜的表現方式，是現代詩中常見的。）（計三二）

(4) 韻文聲律的探究

第二句和第四句叶「茫」、「浪」。第五句和第七句叶「馬」、「巴」。第六句和第八句叶「下」、「涯」。第九句、第十句、第十二句和第十四句叶「來」、「開」、「海」、「垓」。第十一句和第十三句叶「鷹」。第十五句、第十六句、第十八句、第二十句叶「林」、「陣」、「陳」、「崙」。第二十二句和第二十四句叶「亮」、「望」。（這都是根據國語大致相叶，不是嚴格的押韻。）

(5) 全文結構分析表

鵝鑾鼻

抒情	高潮	轉折	想像	承接	寫景	點題

點題
我站在巍巍的燈塔尖頂
俯臨著一片冷冷的蒼茫

寫景
在我的面前無盡地翻滾
整個太平洋洶湧的波浪
一萬匹飄著白鬣的藍馬
呼嘯著疾奔過我的腳下
這匹銜著那匹的尾巴
直奔向冥冥漠漠的天涯

承接
浩浩的天風從背後撲來
將我的亂髮向前撕開

想像
我好像一隻待飛的巨鷹
張翅要衝下浮晃的大海
於是我也像崖頂的巨鷹
俯視迷濛的八荒九垓
向北看北方是蒼鬱的森林
向南看南極是灰色的雲陣

轉折
一堆一堆沈重的尊鱸
壓住浮動的海水向西橫陳
遮斷冬晚的落日冬晚的星星
遮斷渺渺的眺望崑崙

高潮
驀然看一片光從我的腳下
旋向四方水面所有的海
轟地照亮

抒情
所有魚龍都欣然向臺灣仰望
一聲歡呼所有的海客與舟子

感覺　視覺　排比　視覺　對比　觸覺　倒裝　倒裝

主旨　結果　原因　結果　原因　視覺

原因

呼　應

呼　應

迴　應

七、散文的深究

前　言

　　散文的實用性高於韻文，討論講解後，教師便應指導學生更深一層的理解，真正達到精讀的「精」，直至純熟無間，能夠在他們自己閱讀寫作時發生作用。

(一)內容深究方面：

　　這是在討論講解課文文辭以後對教材作更進一步的處理活動，指導學生構思、立意、設計、經營的法度，啟引學生揣摩文章義旨的興趣，以及教學上發揮陶冶的價值，多半賴此而達成。

(二)形式深究方面：

　　這是依據形式方面的教學目的對課文文辭作更進一步的處理，其作用在使學生對作者遣詞、造句、謀篇、布局等等深切的體認，引起文辭研習的興趣，而能有以應用之於自己的讀寫。例如：範文聯絡照應的方式，遣詞造句的技巧，句型句法的變化，教師皆可指導學生研討。對範文經營的體認，結構關鍵的審辨，特殊款格的辨別，以至組織的分析，詞句的類比，虛詞的使用，均可視其需要，或與討論，或爲講解。末了，則在本文前後可以相爲比較之課文，應比較其異同，並多舉例證，以促使學生注意，好讓學生積久成習，舉一反三，觸類旁通。

　　以下茲舉「春」及「岳陽樓記」爲例，說明深究與鑑賞的方法。

(一)春　　　　　　　　　　朱自清

1. 原文

盼望着，盼望着，東風來了，春天的腳步近了。

一切都像剛睡醒的樣子，欣欣然張開了眼。山朗潤起來了，水長起來了，太陽的臉紅起來了。

小草偷偷地從土裏鑽出來，嫩嫩的，綠綠的。園子裏，田野裏，瞧去，一大片一大片滿是的。坐着，躺着，打兩個滾，踢幾腳球，賽幾趟跑，捉幾回迷藏。風輕悄悄的，草綿軟軟的。

桃樹、杏樹、梨樹，你不讓我，我不讓你，都開滿了花趕趟兒。紅的像火，粉的像霞，白的像雪。花裏帶着甜味，閉了眼，樹上彷彿已經滿是桃兒、杏兒、梨兒。花下成千成百的蜜蜂嗡嗡地鬧着，大小的蝴蝶飛來飛去。野花遍地是：雜樣兒，有名字的，沒名字的，散在花叢裏，像眼睛，像星星，還眨呀眨的。

「吹面不寒楊柳風」，不錯的，像母親的手撫摸着你。風裏帶來些新翻的泥土的氣息，混着青草味，還有各種花的香，都在微微潤濕的空氣裏醞釀。鳥兒將窠巢安在繁花嫩葉當中，高興起來了，呼朋引伴地賣弄清脆的喉嚨，唱出婉轉的曲子，與輕風流水應和着。牛背上牧童的短笛，這時候也成天在嘹亮地響。

雨是最尋常的，一下就是三兩天。可別惱。看，像牛毛，像花針，像細絲，密密地斜織着，人家屋頂上全籠着一層薄烟。樹葉子卻綠得發亮，小草也青的逼你的眼。傍晚時候，上燈了，一點點黃暈的光，烘托出一片安靜而和平的夜。鄉下去、小路上、石橋邊，撐起傘慢慢走着的人；還有地裏工作

的農夫，披着簑，戴着笠的。他們的草屋，稀稀疏疏的在雨裏靜默着。

天上風箏漸漸多了，地上孩子也多了。城裏鄉下，家家戶戶，老老小小，他們也趕趟兒似的，一

個個都出來了。舒活舒活筋骨，抖擻抖擻精神，各做各的一份事去。「一年之計在於春」；剛起頭兒

，有的是工夫，有的是希望。

春天像剛落地的娃娃，從頭到腳都是新的，它生長着。

春天像小姑娘，花枝招展，笑着，走着。

春天像健壯的青年，有鐵一般的胳膊和腰腳，他領着我們上前去。

2.內容的深究

(1)義旨的探究

①全文主旨

描寫春光來到人間時自然界的形形色色。

②各段大意

第一段，盼望中的春天到了。第二段，描述萬物像剛睡醒的樣子。第三段，寫小草的模樣。第四段

，寫桃、杏、梨樹與蜜蜂、蝴蝶之風情。第五段，寫春風。第六段，寫春雨。第七段，寫春天中的人物

。第八段是結語，寫春天如娃娃、小姑娘與青年般充滿著朝氣與生命。

(2)作者思想情意的發展

春天，是新生的象徵。春天，是生命氣象的開始。作者寫下了春天的氣象萬千，也帶給了讀者清新可人的喜悅。

在嚴冬的蟄伏下，春天的腳步成爲人們所欲追尋的蹤跡。盼望著春景再現，也盼望著好風如水的清晨。作者以類疊句法來顯示他對春天的殷殷期盼，而春，也眞的近了。

春來的時候，首先進入作者眼簾的，是嫩嫩綠綠的小草。小草的新生如同初生的娃娃，充滿了茂盛的生命力。而桃樹、杏樹、梨樹也開滿了花，蜜蜂、蝴蝶的飛舞爲繽紛的世界點綴更多的動感。

溫柔的春風吹來，傳來風中的泥土，花香氣息。鳥兒呼朋引伴，在作者看來，世界是不孤寂的，大自然永遠與你爲伴。

雨一來，把大地洗刷得乾淨又漂亮，雖是尋常，卻滋潤了大地萬物。

春天中的人兒，舒活起筋骨，爲生計而努力，且抖擻起精神，如落地的娃娃般，茁壯成長，如小姑娘般，喜悅滿懷。如健壯的青年般，昂首健步的踏上人生大道。

3. 形式的深究

(1) 剪裁安排的方法

作者以輕鬆自然的方式，寫出如此帶有春意的散文來。整篇文章中全無刻意雕琢的華麗字句，自然絞來，不落俗套。

前兩段是一個平淡的開始，寫對春的殷盼，然而，「盼望著，盼望著」卻把全文的精神都提將起

國文教材教法

三二〇

來。而眾多的事物就陸陸續續地出籠，從視覺到觸覺，再由觸覺到嗅覺，從地上到空中，由風到雨。看來全文好似零散不整齊，卻正是作者的獨到之處，蓋輕鬆自然的筆調，疏疏落落的春景正將春天景色錯落有致，繽紛多采的特點淋漓盡致的表現出來。

(2)遣詞造句的技巧

作者運用豐富的寫作材料，如：山、水、太陽、星星、風、雨、泥土、青草、樹葉、石橋、蜜蜂、蝴蝶、鳥鳴、花香、牧童、短笛、牛毛、花針，以及娃娃、小姑娘、健壯的青年……等，構成春天的景色和氣象，極為活潑熱鬧。行文優美，字裏行間處處流露出青春的振奮和希望的情緒，暗示青年應及時努力，把握春光，向前行去。全文共分八段：

第一段藉人們盼望春天的情緒，引發出主題，類似散文詩的筆法是作者所慣用的，如國中國文第一冊二十課「匆匆」曾出現過，而本文第一段及末段都充分表現了詩的韻律及句法。現以第一段為例：

「盼望著，盼望著，東風來了，春天的**腳步**近了。」連續的兩個「盼望著」及「來了」、「近了」的運用，除更深刻地表現人們的期盼之情外，也有使文章顯現出節奏感的作用。此段並且利用東風的意象暗示春天的來臨。至於「春天的**腳步**」這種擬人化的寫法，除了六、七兩段外，更是每一段都可以見到。

第二段以「一切都像剛睡醒的樣子，欣欣然張開了眼。」承續第一段「春天的**腳步**近了」，並引

導出本段的後三句及後面幾段豐富熱鬧的景象，於此，可謂本文為春天拉開了序幕。其中以「剛睡醒的樣子」來狀擬春天乍臨大地的樣子，極為貼切而顯得生動鮮活。

第三段及第四段都是完全就大自然的景物來描寫春光。其中運用了大量的疊字，如「偷偷地」、「嫩嫩的」、「綠綠的」、「輕悄悄的」、「綿軟軟的」，及擬人化的使用，如：「小草偷偷地從土裏鑽出來」、「桃樹、杏樹、梨樹，你不讓我，我不讓你，都開滿了花趕趙兒。……野花遍地是：雜樣兒，有名字的，沒名字的，；散在草叢裏，像眼睛，像星星，還眨呀眨的。」堆疊出春天熱鬧的氣氛，都使人深深為春光的繽紛而眩惑。此外這兩段中也有一些句法值得注意。如：「打兩個滾，踢幾腳球，賽幾趟跑，捉幾回迷藏」，都在「打滾」、「踢球」、「賽跑」、「捉迷藏」中間夾帶數量詞；「紅的像火，粉的像霞，白的像雪」，都是指「紅色的花」、「粉紅色的花」、「白色的花」而言。

第五段及第六段除了繼續大自然的描寫外，漸次加入人類活動的景象。如：「牧童」、「人家屋頂」、「撐起傘慢慢走著的人」、「田裏工作的農夫」、「草屋」等。第五段主要是以風勾勒出春的面貌：春風給人的感覺是「吹面不寒楊柳風」，是「像母親的手撫摸著你」；春風給人嗅覺的刺激是「新翻泥土的氣息，混著青草味，還有各種花的香，都在微微潤濕的空氣裏醞釀」；春風還帶來了聽覺的刺激，「鳥兒……呼朋引伴地賣弄清脆的喉嚨，唱出婉轉的曲子，與輕風流水應和著」，「牧童的短笛，這時候也成天在嘹亮地響」。第六段則是描寫春雨，先說「雨是最尋常的，一下就是三兩天

。」但是「可別惱！」因爲春雨「像牛毛，像花針，像細絲，密密地斜織著」，頂多使「人家屋頂上全籠著一層薄烟」；或使「樹葉子綠得發亮」、「小草青得逼你的眼」，一些兒也不妨礙你。另外，由雨對自然及人的不同，也造成一次對比：「人家屋頂上全籠著一層薄煙」造成朦朧的氣象，而「樹葉子卻綠得發亮，小草青得逼你的眼」，則是雨洗後的清亮。其後則全是人類活動及事物的描寫，在春雨的浸潤下，呈現一片安和靜默的景象。

第七段全就人事來表現春光，並說出春天對人的影響，使得「城裏鄉下，家家戶戶，老老小小……抖擻抖擻精神，各做各的一分事兒去。」且帶給人們「『一年之計在於春』，剛起頭兒，有的是工夫，有的是希望。」的振奮。

第八段道出春天的精神是「像剛落地的娃娃，從頭到腳都是新的，它生長著」，是「像小姑娘，花枝招展的，笑著，走著」，是「像健壯的青年，有鐵一般的胳膊和腰、腳，它領著我們上前去」，連用三次春天結尾，給人新鮮、有力的感覺，並再度使用擬人法，回顧全文做一總結。

朱自清的散文所以歷久傳頌而感人至深，除了在他眞實地表達情感外，其遣詞造句，清新優美，故能發生極大的感動力，本文表現這種風格至爲顯明，足爲朱氏的代表作品。

(3) 全文結構分析表

春

分敍　　　　　　總提

花　　人　　草　　景　　情

野花　　樹花

野花：形狀　名字　分佈　景色
樹花：情狀　味道　顏色　情狀　種類

人：情意　姿態
草：分佈　顏色　質地　生長
景　　情

情：
盼望著，盼望著，
東風來了，
春天的腳步近了。

景：
一切都像剛睡醒的樣子，欣欣然張開了眼。（擬人化）
山朗潤起來了，
水長起來了，
太陽的臉紅起來了。
（疊句）（擬人化）

（疊句）（擬人化）

草：
生長——小草偷偷地從土裏鑽出來，（擬人化）
質地——嫩嫩的，
顏色——綠綠的。
分佈——園子裏，田野裏，瞧去，一大片一大片滿是的。
姿態——靜態——坐著，躺著，
　　　　動態——打兩個滾，踢幾腳球，賽幾趟跑，捉幾回迷藏。
情意——觸覺——風輕悄悄的，草綿軟軟的。
類疊

人：
情意——你不讓我，我不讓你，都開滿了花趕趟兒。
姿態

樹花：
種類——桃樹、杏樹、梨樹
情狀——閉了眼，樹上彷彿已經滿是
味道——花裏帶著甜味；
顏色——紅的像火，粉的像霞，白的像雪，
情狀——花下成千成百的蜜蜂嗡嗡地鬧著，大小的蝴蝶飛來飛去。
　　　　梨兒、杏兒、桃兒

野花：
景色——野花遍地是，
分佈——散在草叢裏，
名字——有名字的，沒名字的；
形狀——像眼睛，像星星，還眨呀眨的。

虛筆　　實筆

呼　應

應　呼

風
　感覺——「吹面不寒楊柳風」，不錯的，像母親的手撫摸著你。（擬人化）
　風裏帶來些新翻泥土的氣息，
　味道——混著青草味，
　　　　　還有各種花的香，
　位置——鳥兒將窠巢安在繁花嫩葉當中，都在微微潤濕的空氣裏醞釀。
　　——呼應「花」
　　——呼應「草」
　　伏筆「雨」

音
　鳥——高興起來了，
　聲音——呼朋引伴賣弄清脆的喉嚨，唱出宛轉的曲子，與輕風流水應和著。
　笛——牛背上牧童的短笛，這時也成天在嘹亮地響。
　（擬人化）
　呼應「風」「水」

雨
　特性——雨是最尋常的，一下就是三兩天。可別惱！
　情緒——看，像牛毛，像花針，像細絲，
　形狀——
　景色——密密地斜織著，人家屋頂上全籠著一層薄煙。樹葉子卻綠得發亮，小草也青得逼你的眼。
　夜景——傍晚時候，上燈了，一點點黃暈的光，烘托出一片安靜而和平的夜。
　　鄉下去，小路上，石橋邊，撐起傘慢慢走著的人；還有地裏工作的農夫，披著蓑，戴著笠的。
　　他們的草屋，稀稀疏疏的在雨裏靜默著。
　伏筆「人」
　呼應「樹、花」
　呼應「草」

晴
　人物——天上的風箏漸漸多了，地上孩子也多了。城裏鄉下，家家戶戶，老老小小，一個個都出來了。
　活動——他們也趕趟兒似的，舒活舒活筋骨，抖擻抖擻精神，各做各的一份事兒去。
　心情——「一年之計在於春」，剛起頭兒，有的是工夫，有的是希望。
　伏筆「人」
　　應　呼

總結
　希望、生長——春天，像剛落地的娃娃，從頭到腳都是新的，它生長著。
　愉快、活潑——春天，像小姑娘，花枝招展的，笑著，走著。
　茁壯、奮進——春天，像健壯的青年，有鐵一般的胳膊和腰腳，它領著我們前去。
　（擬人化）

(4) 聯絡照應的方式

本篇題爲「春」，自然地，全文都籠罩在「春」的氣息裡，不論寫山、水、草、樹、動物、人，無一不是春天的。

第一段中，「東風來了」，「風」在全文中也佔有相當重要的角色，預先爲全文的內容作鋪路。如第三段中「風輕悄悄的」。第五段「吹面不寒楊柳風」、「風裏帶來些新翻泥土的氣息」、「與輕風流水應和著」。

第三段中，「小草偷偷地從土裏鑽出來」，草與雨中之景相應和，如「小草也青得逼你的眼」。

第四段中，「桃樹、杏樹、梨樹」與第六段「樹葉子卻綠得發亮」相照應。

值得注意的是，作者寫春，亦正是寫「人」的活動，人性化的修辭格，與各段中屢次提到的人物，譜出了鮮活親切而又實在的世界。如「太陽的臉紅起來了」、「春天的脚步近了」、「坐著，躺著……」、「你不讓我，我不讓你……」、「娃娃」、「小姑娘」、「健壯的青年」皆是與人有關。「牛背上牧童的短笛」、「撑起傘慢慢走著的人」、「農夫」、「孩子」、「老老小小」、

（以上朱自清「春」的分析，原爲筆者「國文教材教法」之講義，曾轉載於國立編輯館主編之國民中學國文教師手册第四册。）

(二)岳陽樓記　　　　　　　　　　　　　　　　　范仲淹

1. 原文

慶曆四年春，滕子京謫守巴陵郡。越明年，政通人和，百廢具興，乃重修岳陽樓，增其舊制，刻唐賢今人詩賦於其上，屬予作文以記之。

予觀夫巴陵勝狀，在洞庭一湖。銜遠山，吞長江，浩浩湯湯，橫無際涯；朝暉夕陰，氣象萬千；此則岳陽樓之大觀也，前人之述備矣。然則北通巫峽，南極瀟湘，遷客騷人，多會於此，覽物之情，得無異乎？

若夫霪雨霏霏，連月不開；陰風怒號，濁浪排空；日星隱耀，山岳潛形；商旅不行，檣傾楫摧；薄暮冥冥，虎嘯猿啼；登斯樓也，則有去國懷鄉，憂讒畏譏，滿目蕭然，感極而悲者矣。

至若春和景明，波瀾不驚，上下天光，一碧萬頃；沙鷗翔集，錦鱗游泳；岸芷汀蘭，郁郁青青。而或長煙一空，皓月千里，浮光躍金，靜影沈璧，漁歌互答，此樂何極！登斯樓也，則有心曠神怡、寵辱偕忘、把酒臨風，其喜洋洋者矣。

嗟夫！予嘗求古仁人之心，或異二者之為，何哉？不以物喜，不以己悲，居廟堂之高，則憂其民；處江湖之遠，則憂其君。是進亦憂，退亦憂，然則何時而樂耶？其必曰：「先天下之憂而憂，後天下之樂而樂」乎！噫！微斯人，吾誰與歸！時六年九月十五日。

2. 內容的深究

第二章　範文教學

三三七

(1)義旨的探究

①全文主旨

表面上是記述岳陽樓，而主旨卻是自述胸懷，借題抒情。

②各段大意

第一段：敍作記的原由。第二段：略云巴陵勝概，專就登樓之人覽物異情著筆，引出下文「雨悲」、「晴喜」不同的境界。第三段：敍覽物而悲者。第四段：敍覽物而喜者。第五段：敍古仁人先憂後樂，以天下為己任，故能不以物喜，不以己悲；自抒抱負，且勉知己於遷謫之中。

(2)作者思想情意的發展

我們讀此文，應先把握作者寫此文的動機。據俞樾說：「滕子京被貶岳州巴陵當太守，滿腔哀怨，范仲淹為其同年進士，原想寫信去勸他，但不知道如何下筆，正好滕子京修建岳陽樓成，請范仲淹寫一篇記。於是范仲淹借題發揮，寓規勸之意。（見春在堂隨筆）。所以篇中皆記岳陽樓四周景物的變化，末段發為議論，未見提到岳陽樓本身的情狀。

第二段記岳陽樓之景，以「氣象萬千」為總括，正由於氣象萬千，所以遷客騷人，覽物之情，其必有異。作者可謂用心良苦，以「遷客騷人」接應了滕子京謫守巴陵郡一事，再順接「不以物喜，不以己悲」，末尾結出「先天下之憂而憂，後天下之樂而樂」，前呼後應，此皆為勸滕子京貶謫而發。

第三段述觀物而悲之情，從逆境着筆。

第四段敍覽物而喜之情，由人生的順境著筆。

末段言覽物之情有悲有喜，這是就一般的遷客騷人而言，若古仁人則不以物喜，不以己悲。

全文以岳陽樓爲賓，作者抒述情意是主。他以仁人之心勸勉滕子京忘懷個人的得失，所以引出「先天下之憂而憂，後天下之樂而樂」的崇高理想。

作者憂國憂民的情操，在其剛健的氣勢筆墨中表現無遺，古仁人先憂後樂仁民愛物的襟懷，更值得讀者努力學習。

3. 形式的深究

(1) 剪裁安排的方法

這篇文章在作法上，可以說不是記述實在的樓，而是以變態萬千的氣象，烘托出悲喜無定的情意，用以比喻世人患得患失之心。下文再以「不以物喜，不以己悲」的境界，說明「先天下之憂，後天下之樂而樂」的仁者之心。世俗之情所以或喜或悲者，皆因其不能超然於物外，生於得失。若古之仁者，不以個人得失干其心，故能「先天下之憂而憂，後天下之樂而樂。」結語時，作者更慨歎的說：「微斯人，吾誰與歸」，盼望滕子京與其同道而行，期勉友人，一往情深。

此文內容，雖是抒發個人的心志，但在形式上仍是以岳陽樓爲寫作的對象，並沒有離開岳陽樓來發揮，第一段寫滕子京重修岳陽樓索記開始，接下寫岳陽樓之大觀，再從岳陽樓之大觀論悲喜，但仍不離開岳陽樓，悲喜都是直接從「登斯樓也」而產生的。最後發揮議論，說悲喜憂樂，看來好似和岳

陽樓無關，但從文章的氣脈來說，也都和岳陽樓有間接的關聯，這樣全文就在「岳陽樓」的題旨下顯得一致了。

　⑵遣詞造句的技巧

　第二段中「遷客騷人，多會於此，覽物之情，則有異乎？」用的是設問格，當比「遷客騷人，多會於此，覽物之情，則有異也！」的直敍手法更吸引人注意。此設問格是屬內心已有定見的設問，有疑而發問，因問而釋疑。藉著自己疑問的解決，進而也使他人的疑問得到解決，因此引出第三段、第四段的悲喜二者之異來。

　第三段與第四段的文字色調則因內容不同而呈現相異的風貌，像「霪雨霏霏」、「陰風怒號」、「日星隱耀，山岳潛形」、「商旅不行，檣傾楫摧」、「薄暮冥冥，虎嘯猿啼」這些悲景寫來，則是一片昏暗蕭然，無怪乎遷客騷人，登斯樓也，則有感極而悲者矣。即令平常之人，見此悲景，能不隨之而悲夫？至於像「春和景明，波瀾不驚」、「上下天光，一碧萬頃」、「沙鷗翔集，錦鱗游泳」、「岸芷汀蘭，郁郁青青」、「皓月千里」、「浮光躍金」這一片明景，正是大地茂盛的生機，良辰美景，怎不令人樂孜孜，喜洋洋呢？

　本文對偶的句子很多，如「銜遠山，吞長江」、「北通巫峽，南極瀟湘」。第三段與第四段的對偶更多，再如第五段「不以物喜，不以己悲」、「居廟堂之高，則憂其民；處江湖之遠，則憂其君」、「先天下之憂而憂，後天下之樂而樂」，充分顯現出稱工整的美妙。因為對偶的佳妙，在於自然意

遠，透徹玲瓏，無跡可求。本文對偶確能令人領略平衡的作用，實爲佳構。

(3)聯絡照應的方式

第一段敍作記因由，由滕子京之謫守巴陵郡與重修岳陽樓，寫到囑己作記的情事，預爲下文對樓外景觀的敍寫鋪路。

第二段乃爲寫樓外常景。以「此則岳陽樓之大觀也，前人之述備矣。」來表示岳陽樓一般的記述已多，而自己所要記的，並不同於此。「然則北通巫峽，南極瀟湘，遷客騷人，多會於此，覽物之情，得無異乎」，「遷客騷人」接應了前段中「滕子京謫守巴陵郡」的「謫」字。謫字乃一篇之氣脈。全篇文意，皆從謫字出發。蓋此段文字雖短，卻肩負著聯貫和照應上下文的重大任務，「然則」聯詞一轉，引出「覽物異情」的意境來，也因此方有三、四兩段實寫「覽物異情」的文字，故而方有末段「不以物喜，不以己悲」，當「先天下之憂而憂，後天下之樂而樂」。以此勸滕子京貶謫而發，至爲明顯。

(4)全文結構分析表

末段「不以物喜，不以己悲」與三、四段「感極而悲者矣」、「其喜洋洋者矣」相照應。而「居廟堂之高……進亦憂，退亦憂」說明了「先天下之憂而憂，後天下之樂而樂」，全文一氣呵成，通暢一貫。

三、四兩段雨悲、晴喜，由覽物之情而引起。此悲、喜爲全文著眼點。

岳　陽

首段┬作記原由

慶曆四年春（時）滕子京（人）謫守巴陵郡（地）

越明年，政通人和，百廢俱興，乃重修岳陽樓

增其舊制—刻唐賢今人詩賦於其上（事）

屬予作文以記之

次段┬

略云巴陵勝狀┬

（予觀夫巴陵勝狀，在洞庭一湖（總點一句）

銜遠山，吞長江，浩浩湯湯，橫無際涯

朝暉夕陰，氣象萬千

此則岳陽樓之大觀也（總收）

前人之述備矣（撇開寫大觀）

轉記覽物異情┬

然則（轉折—專就覽物異情著筆）

北通巫峽，南極瀟湘（地位重要）

遷客騷人，多會於此—覽物之情，得無異乎？（伏筆揭出異字）

三段┬覽物而悲

若夫霪雨霏霏，連月不開；

陰風怒號，濁浪排空；

日星隱耀，山岳潛形；

商旅不行，檣傾楫摧；

薄暮冥冥，虎嘯猿啼；

登斯樓也　｜物

則有┬去國懷鄉
　　└憂讒畏譏

滿目蕭然→感極而悲者矣　｜情

紋

四段——覽物而喜

至若春和景明，
波瀾不驚，
上下天光，一碧萬頃；
沙鷗翔集，錦鱗游泳；
岸芷汀蘭，郁郁青青；
而或長煙一空，皓月千里；
浮光躍金，靜影沈璧；
漁歌互答，此樂何極；

日景　登斯樓也
則有　心曠神怡
　　　寵辱偕忘
　　　把酒臨風
物
夕景　→其喜洋洋者矣
情

末段——異於覽物而異情者

嗟夫！（以感慨起）
予嘗求古仁人之心，或異二者之為（又揭異字）
何哉？
不以物喜，不以己悲
居廟堂之高，則憂其民
處江湖之遠，則憂其君
是　進亦憂　退亦憂
然則何時而樂耶？（由憂轉至樂）
其必曰：先天下之憂而憂
後天下之樂而樂乎！
噫！微斯人，吾誰與歸！（以感嘆作結）
時六年九月十五日（記時與文首時序迴應）

論

八、讀法的深究

讀法教學是國文教學的一部分，是教導學生透徹理解文章的內容涵義，同時體會其表現形式的一種教學活動。也就是指導學生對於已經處理完畢，透徹理解的課文，經由誦讀而臻於純熟。誦讀時的聲氣，必須配合文句的結構及其包含的情感，而成抑揚頓挫的音調。

袁哲在國語讀法教學原論中說：「吾人須知讀法教學，負有國語教育的重大使命，此重大使命，一言以蔽之，即由語言、文字、文章之理會與發表，以謀兒童人格的完成，並使其參與文化價值的創造。」袁氏所說的目標難免理想化，然而所謂：「讀法教學的主力點是在國語的認識與運用」是不錯的。根據部頒國文課程標準，我們知道國民中學是「繼續學習標準國語，培養聽話及說話之能力與態度。」語文的學習，不比其他知識的學科，單憑眼到、心到記住了是不夠的，尤其是中國語文特具聲韻的條件，必須還要靠口、耳同到，一面體會文章的義旨，一面欣賞文章的藝巧，經由心維口誦的訓練過程，期使學生把語言文字運用得純熟自如。

朗誦的實施，在將語言的意義發表出來，使聽者同時感受到語言之「力」、「美」與「協調」，因此在朗讀實施之前，必須對於文章內容的思想感情，有透徹之瞭解。因此讀法指導置於教學過程之末，是很妥善的。朗讀的種類有二：

(一)正讀：正讀以指導學生正確發音為目標。實施時，教師務必指導學生清晰而正確的國語發音，並注意詞的聲調、抑揚及語勢。

（二）美讀：美讀的實施，不僅在傳達文章中的思想，同時尚須表達文章中的情感，並進而把握作者的個性。美讀的發表，除了有正確的國語發音外，還要講究文句的氣勢、情韻的優美，音調的高低、聲音的強弱及語速的快慢等，這樣才能將文章的內涵表現出來。

我們讀一篇文章時，應該注意兩方面：（一）形式方面：文章的結構單位有字、有詞、有語、有句，句中有單句、複句、排句、偶句、肯定句、疑問句、感歎句等等的分別。在這些文句裏，含藏著作者的心境。文章原是作者內在情意的抒發，等於以筆為言，某部分說話是心平氣和，某部分說話又是慷慨激昂；那一句話中他懷藏著戒慎恐懼之心；那一句話中，他又露出興高采烈之情，這些都要在深究文章內容時，分析清楚。

至於朗讀實施時，該注意那些原則呢？袁哲先生提出十五條原則，茲分述如下：

（一）朗讀以前，須徹底瞭解字句及全文之意義。

（二）朗讀一個句子時應以「詞」為單位，不應以「字」為單位。

（三）朗讀須依照口語的自然聲調，韻文應像吟唱歌曲，散文應像演說報告，戲文應像對話說白。

（四）朗讀的音，應該用國音，讀的音調，應該用國語的聲調。

（五）朗讀應根據句中各種不同的詞性，及各個詞在各該句中組織上的關係，而異其讀法。

（六）朗讀應根據語句不同的性質，讀出不同的情調，例如讀命令句，聲調須爽朗，收音須急速等。

（七）朗讀應根據文章的性質而確定其調子，例如激烈、和平、悲哀、快樂等性質的文章，均應異其

誦讀之調子。

(八)朗讀應根據文章中之位置，而變異其讀法。例如文章中之重要地方應重讀；各段落間須稍加休息；詩歌韻文，讀到叶韻的地方，應重讀而拖長等。

(九)朗讀時如有錯誤發生，切勿立時更正，斷其進程，應待讀完全課後，始提出討論或更正。

(十)朗讀時的聲音，須清楚高朗，但不宜用力直喊，以全體同學能聽清為度。

(十一)朗讀時應指導兒童讀至上一句時，兩眼視線，就移至下一句，練習既久，即可增其速度。

(十二)朗讀以後有批評訂正，遇必要時，即由教師示範朗讀。

(十三)朗讀練習，應多變化，通常所用的方法，有低音讀練習，高音讀練習，對讀練習，伴讀練習、表情讀練習、審美讀練習等。

(十四)朗讀時應注意頭部的正直，及身體的姿勢（改除動搖頭部、軀幹或下肢的惡習）。

(十五)朗讀時應注意學生拿書的姿勢，不可太近，亦不可太遠，應稍傾斜，書面與兩眼常保尺餘的距離。（註三三）

以上是朗讀時應該注意的原則。國文教師指導學生朗讀可資參考。務必使學生在正確而又不失其趣味的氣氛下，認真學習。

以上所談為散文的朗讀，至於詩歌朗讀，是要把詩歌的意義與音樂性完美的結合而表達出來。詩歌的文字符號，是平面的，透過唇齒的發音，便能成為立體的時空交會。因此詩歌朗誦是情意的表達

，聲音的藝術，既有文學性，也有音樂性。

近些年來，由於詩文美讀在國文教學上的需要，有識之士乃著手蒐集整理詩文吟唱的資料，記譜，製錄音帶。例如師範大學南廬吟社便整理出一份詩譜，是將工尺譜翻成現代簡譜，有利於吟唱教學，吟唱也為一般青年學子所喜愛。

詩歌朗誦包括徒誦與吟唱，徒誦只要揣摩詩歌中的情意和韻律，隨口誦讀，在自然的音韻中，便具有抑揚頓挫的美感，例如張繼的楓橋夜泊：

月落烏啼──霜滿─天─

江楓──漁火對愁─眠

姑蘇──城外寒山──寺

夜半鐘聲──到客─船─

（長線表示平聲的聲音拉長，短線表示音節字須分明讀誦）

絕律的徒誦有一定的規則，其二四六的音節字，要分明地表現出來，做到平聲拉長，仄聲連讀，以收情味動人的效果。

吟唱要有曲調，依曲譜的節奏來唱詩，同時也可用絲竹管絃來伴奏，吟唱時，詩是合樂的，不同於隨口徒誦。例如王昌齡的出塞，以天籟調吟唱，適於七言平起格的絕句，如果重複一遍，便成了律詩。又如盧綸的塞下曲，可用宜蘭酒令吟唱，茲列此二曲譜如下：

C調 4/4　　出塞　　　王昌齡 詩
　　　　　　　　　　天籟調

| 6 i 6　3 5 3　6 6 0 | 3·2　3 5　6　5 3 0 |

秦　時　明　月　漢　時　關，

| 2·3　2　3 5 6 | 2 1　6　i·6 |

萬　里　長　征　人　未　　還；

| 3·2　3　5 3 5 3 | 1·6　i　6 |

但　使　龍　城　飛　將　在，

| 6　3 5 3　6·i | 2 1　6　i·0 ||

不　教　胡　馬　渡　陰　山

D調 2/4　　塞下曲　　盧綸 詩
　　　　　　　　　　宜蘭酒令

| 1 1　1 5 | 5　— |

月黑　雁飛　高，

| 6 5　5 3 | 2　— |

單于　夜遁　逃；

| 5 2 3　5 0 | 2 3　2 1 |

欲　將　輕騎　逐，

| 6 1　2 1 6 | 5　— ||

大雪　滿　弓　刀。

詩歌的吟唱，既然需要曲調，而唐宋元人的曲調已失傳，民間吟唱的曲調，古譜又有限，於是今

人往往用古人的詩詞譜以新曲，今多收錄於藝術歌曲中，亦為一般學子所熟悉。例如：李白下江陵，

有黃自的曲；王維渭城曲，有朱永鎮的曲；崔顥黃鶴樓，有柳絮的曲；陸游釵頭鳳，有影樹人的曲，

這類新曲，既能保持古詩詞的氣質和情韻，又能合乎時代音樂精神，是值得提倡鼓勵的。

至為可喜的是，民國七十二年教育部公布國民中學課程標準，國立編譯館據此重編國中教材。筆

者負責主編國中國文課本及敎師手冊。凡詩歌部分，皆商請主編音樂課本者，列入敎材，經其同意，

重新編曲，以利國文欣賞敎學。使學生能在優美的旋律中，陶冶於古詩詞的意境而生思古之悠情。茲

學第一册詩歌為例，其曲譜如下：

登鸛鵲樓

（二部輪唱）

王之渙詞
錢善華曲

白日依山盡，黃河入海流，

欲窮千里目，更上一層樓。

憫農詩

（二部輪唱）

李 紳詩
蔡中文曲

鋤禾日當午，日當午，汗滴禾下土，禾下土。

誰知誰知盤中餐，粒粒，粒粒皆辛苦。

黃鶴樓送孟浩然之廣陵

楓橋夜泊

（三部卡農）

張　繼　詞
陳茂萱　曲

塞 下 曲

（二部卡農）

盧綸詞
杜夢鶴曲

月黑雁飛高，單于

月黑雁飛高，

夜遁逃，欲將輕騎逐，欲將輕騎逐，

單于夜遁逃，欲將輕騎逐

大雪滿弓刀。滿弓刀。

欲將輕騎逐，大雪滿弓刀。

以上所學的曲譜，乃是國文教材與音樂教材的聯絡產物。因此實施詩歌吟唱教學，也就是進行國文科與音樂科的科際整合，實具有現代教育的精神。詩歌吟唱教學便是要指導學生，將詩歌中的詩情與聲情結合起來，使學生在詩境音樂的涵泳中，培養出委婉含蓄的高雅氣度。現在市面上，已發行「唐詩朗誦」錄音帶（東大圖書公司發行）為教學上的參考，教師可酌情使用。

另外，國立編譯館根據教育部於民國七十二年公布的國文課程標準，重編國中與高中的國文課本。其國中課本中所選用之韻文，已全部列入音樂教材，請編者重譜新曲。如此配合，想來也必能有助於國文教師指導學生進行韻文的欣賞活動。

近年來，由於新詩寫作之風盛行，中學國文課本也列入新詩為教材。許多大專院校紛紛成立詩社，除了提倡白話詩的創作之外，也嘗試把新詩平面的文字符號，透過聲音的表現，使其立體化，於是新詩朗誦之風便普及起來。尤其最近幾年，教育當局舉辦大大小小的新詩朗誦比賽，帶動了學校詩歌吟誦的風氣。

談到朗誦的形式可分成兩種：

（一）個人獨誦：著重在個人聲音才華的表現。獨誦者將詩歌內在的情感思想，透過聲音表情，介紹給聽者，以期產生共鳴。由於是個人的表現，因此朗誦者的音質、音色、音量都必須與詩歌內容配合。例如嘹亮雄渾的聲音，適合愛國情操澎湃熱烈的戰鬥詩，而柔婉感性的聲音，則適合抒情含蓄之作。

每個學生的音質、音色、音量都有差異，教師必須多多試誦，以選出適合各種詩體的朗誦人選。

(二)團體朗誦：這是個人獨誦的延展，除了要注意個別差異外，更要把握住團體合作的精神，使一篇詩歌，透過帶誦者與全體朗誦成員的群策群力，以聲音為媒介，縱橫呈現在聽者的耳畔。以下有四個原則需要注意：

1.人數：團體朗誦人數，可視實際需要而定，少者兩人，多者可至數十人。朗誦不需如合唱隊一般，依音域區分唱部；但可將音質相近者，列為一部，全隊分成若干部，以求分誦時聲音的整齊。

2.朗誦技巧，在處理上可分男獨誦、女獨誦、男合誦、女合誦、分部誦、男女合誦等。又可分獨誦、疊誦、輪誦、複誦、合誦等形式。帶誦者視實際需要、巧妙運用，使聲音有男聲、女聲；個人、多數；重疊、反覆等參差變化，這是獨誦所無法表現的。

3.選詩時，除了注意主題內容外，尚須留意文句是否通暢流利。由於朗誦是以聲音發表的，唸過去就過去了，除非聽誦者熟悉該詩，否則聽不懂就無法求證，若一首詩中有多處聽不懂的地方，必降低聽者的興趣，故詩中，若有需要再三玩味探究才能領悟的生澀字句，最好不要選為朗誦詩。而宜以語句明暢流利，較口語化的作品為選詩的標準。

4.團體朗誦可運用舞台型式呈現。帶誦者運用巧思，在隊形、服裝、道具上求創新，也可配以燈光、音響、舞蹈、戲劇等效果襯托朗誦。但千萬不可捨本逐末，反賓為主，若競相在舞台效果中要弄花招，便失去朗誦以聲音為主的原意了。

團體朗誦是相當繁複的朗誦形式，帶誦者除了要勞心費神於詩稿選取、技巧處理、聲音分配、舞

台效果設計外，更要取得隊員的向心力，加以長期辛勤的琢磨訓練，才能將一篇佳作，完美的呈現出

立體的效果。

【附　註】

註　一　參見中國文學史初稿

註　二　參見國立台灣師範大學實習會出版的教案示例

註　三　同註二

註　四　同註二

註　五　參見中國文學史類編　頁一四

註　六　參見國民中學國文教師手冊第四冊

註　七　同註六

註　八　同註六

註　九　同註六

註一○　同註六

註一一　同註六

註一二　同註六

註一三　同註六

註一四 參見國民中學國文教師手冊第一冊
註一五 同註一四
註一六 參見中國詩學設計篇「談詩的密度」
註一七 同註一四
註一八 同註一四
註一九 參見國民中學國文教師手冊第三冊
註二〇 同註一九
註二一 同註一九
註二二 同註一九
註二三 同註一九
註二四 參見陳弘治詞的認識與鑑賞
註二五 參見國民中學國文教師手冊第五冊
註二六 同註二五
註二七 同註二五
註二八 參見劉翔飛：張養浩水仙子賞欣
註二九 同註一四
註三〇 同註一四
註三一 參見國民中學國文教師手冊第二冊
註三二 同註三一
註三三 參見袁哲國語讀法教學原理

貳、鑑賞

一、鑑賞的方法

(一)前　言

　　文心雕龍知音篇談到：「夫綴文者情動而辭發，觀文者披文以入情。」在文學的領域裡，創作與鑑賞是兩個相對的重要工作。任何人情動於中，便會自然形之於外，情信則詞巧，這是很合乎心理原則的。是故所謂文學創作便是以文字為工具，通過作者的才氣、情感與想像，所建築的一種藝術構造。而且這種藝術構造的內涵具有喚起讀者意識、激動讀者心靈的作用。一篇成功的作品，不在於它篇幅的大小，而是在於它確切地觸及了人性中一些深邃的問題，作者往往在無窮的思想範疇中，發現新的內容與精神境界。因此，鑑賞者的工作，不只是賞玩作品的文字而已，也不只是要求作品與個人人生活互相感應而已，而是要更進一步地以一顆具有豐富藝術與學養的心靈，和作者以心談心，客觀地去發掘與再現作品的美感與內涵。所以，文學鑑賞在整個文學活動中，實在有它不可抹滅的地位。語云：「文無定法，『無法』即是法。」文學創作既隨作家的意興而呈現不同的風貌，所以當我們悠游於文學的字裡行間時，實有必要掌握幾個基本的文學鑑賞方法，以探討作品的價值，體會其神髓之所在，並進而將其中所蘊涵的哲理化為我們思想的一部份，如此才能不失「文學鑑賞」的目的與意義。

(二)鑑賞的方法

1.從「字、句、段、篇」來鑑賞

文學是以文字爲媒介的藝術，所以文學創作的基礎就在於作者如何掌握精確妥貼的文字，運用修辭的技巧來表達一己的情感與思想。劉彥和曾說：「心既託聲於言，言亦寄形於字，諷誦則績在宮商，臨文則能歸字形矣。」所以作者的藝術成就，表現在字、句、段、篇方面的，最爲具體。

有關字的鑑賞，我們可以根據以下四個原則：(1)是否應用了適當分量的文字，表達一個完整的意思。(2)是否使詞彙豐富，語感有趣味，並表現了口語的特性。(3)是否利用感情的要素，加強了文字的感染力。(4)是否創造出自我獨特的風格（註一）。舉例來說，王國維的人間詞話云：「『紅杏枝頭春意鬧』，著一『鬧』字，而境界全出。」此一『鬧』字本來極俗，但由於用得極爲恰當，是以饒富情趣

賈島的「鳥宿池邊樹，僧敲月下門」，「敲」字十分生動，表現了靜中有動的境界。這也是語言中積字而成句，要求句意深遠而不晦澀，溢趣而不板滯。宋人王藉詩：「蟬噪林欲靜，鳥鳴山更幽」，形成了靜中有動、動中有靜的佳句妙對。」王荊公以其中的「鳥鳴山更幽」對古人詩「風定花猶落」，蘇東坡的「但願人長久，千里共嬋娟」等都是神韻。又如溫庭筠的「雞聲茅店月，人跡板橋霜」，也可以作爲修辭的藍圖，以構成新的風趣盎然而意味悠遠的句子。此外，一些運用巧妙的方言俗話，紅樓夢中有這麼幾句話：「你不用和我『花馬吊嘴的』，咱們『清水裡下麵』，你吃我看，提著『影戲人兒上場』，好歹別戳破這張紙兒。」這些生活經驗中的俚語，是如何生動地形成富於表現諷刺

味道的語句！李漁窺詞管見中談到：「琢句鍊字，雖貴新奇；亦須新而妥，奇而確，總不越一『理』

字。欲望句之驚人，先求理之服衆。」用李氏的話來密察字與句，雖不中，亦不遠矣！

積句而成段，常見的分段方法有四種：(1)以時空為序，這是按照時間或空間的順序劃分。(2)以論理

為序，這是先起論，再舉例證明，最後結論。(3)以事物綱目為序，這是依照已訂好的綱目，逐事逐物

分段。(4)以事理的發展為序，這是依照原因、經過與結果的順序分段。分段的方法，應該遵循五個原

則：(1)配合全文的主旨。這是說文章的段落，必須受主體的支配，就像人的肢體，四肢必須彼此互相

衒接並受大腦的支配，才能構成一個整體。(2)每段應有中心思想，就像人的四肢，都各有其功用，比

如手可以寫字，腳有走路的功用。(3)全段要能聯貫，這是說每一段的層次應清晰明確，且每一段的前

後，須密切銜接。就像人的四肢必須密切銜接，否則便會手腳支離，造成凌亂失次的弊病。(4)各段應

互相聯絡，這是說文章的段落，應依據中心思想，但段與段之間，仍要彼此聯絡。譬如人的四肢若不

彼此聯絡，就不能做事，例如手要拿左邊的東西，腳卻往右邊走，又如何能達到目的呢？(5)段的長短

要隨篇轉移，這是說文章篇幅長的，段最好也長；篇幅短的，最好段不要太長。就好比人的四肢與體

型的大小，如果大小長短相稱，就能自然得體。以上所述的分段「方法」及「原則」，都可以作為鑑

賞時的參考。

積段而成篇，談到全篇結構，古人有所謂的「起承轉合」。起是文章的起始，承是承接起始的文

句，轉是轉換另一方向，加以闡發，合是文章的總結。如王安石讀孟嘗君傳一文，共分四段，起承轉

合的結構，顯而易見。在形式方面，這可以作爲鑑賞的參考。一篇文章的主要結構，不外開端、正文、結尾三部分。鑑賞時，看作者如何起筆？如何安排正文？如何收筆？這也是很具體的著眼處。內容方面，須注意到短篇是否能情意深長，長篇是否能意不淺露，這也是鑑賞的角度。如古詩箋筱引：

「公無渡河，公竟渡河，渡河而死，其奈公何！」淺白通俗的短短四句，卻道出了婦人最深切的悲哀與悼念。長篇者如古詩爲焦仲卿妻作，全詩長達一千七百八十五字，由於屢經文人潤飾，故此詩在塑造故事情節，刻劃人物性格等方面都有淋漓盡致的表現，質而不俚，亂而能整、敘事如畫、敘情如訴（註二），實是長篇詩歌的不朽名作。前面已談過，篇幅不是決定文章成功的要素，劉勰說：「詩言志，歌詠言，是以在心爲志，發言爲詩……感物吟志，莫非自然。」是以篇幅的大小，應取決於最能適切、自然地表達作者情意爲宜，這也是鑑賞者所當留意的。

2.從「格、律、聲、色」來鑑賞

鑑賞過文學作品的字、句、段、篇之後，更進一步地便是要察看格、律、聲、色。曹丕典論論文裡明白標示著：「蓋文章，乃經國之大業，不朽之盛事。年壽有時而盡，榮樂止乎其身，二者必至之常期，未若文章之無窮。是以古之作者，寄身於翰墨，見意於篇籍，不假良史之辭，不託飛馳之勢，而聲名自傳於後。」故文學是最能表達作家的精神境界了。作品的風格即作家個性與品格的體現，所以叔本華說：「風格是心的面目。」個人心靈的修養，人生觀與智識等都可以作爲決定其文學風格的基本條件。大凡名家之作，必具有眞面貌、眞性情，是作者生活內涵的具體化，形象化。譬如趙翼說

：「李白詩如高雲之游空，杜甫詩如喬嶽之矗天，蘇軾詩如流水之行地。」文人各有不同的性格，作品的表現自然有其獨特的風格。劉熙載詞概云：「周美成律最精審，史邦卿句最警鍊，然未得君子之詞者，周旨蕩而史意貪也。」周、史之詞，在字、句方面，雖然精審、警鍊，可是「格」不高，所以猶未免爲人疵議。我們不妨嘗試著多瞭解作家所表現的格調，以作爲鑑賞作品的線索。

文學作品是要講求規律的。「前人走過的路，是我們邁向成功的捷徑」，所以往昔作家們積學力久所研創的寫作規律，是我們從事文學創作過程中的一大助力。杜甫詩云：「晚節漸於詩律細。」蘇軾詩亦有：「敢對詩律鬥深嚴。」可知古來有名的詩家多麼重視詩律，以押韻、對仗等手法來妥切、圓融地表現出內心的感受。不僅詩、詞、曲，就是小說、戲劇也有它們所應該遵守的規律，如戲劇中的「三一律」，如今大多數寫劇本的人還遵守著。平心而論，文學之所以異於藝語，就是在於這個「律」上，就好比我們跳舞時，要求規定的步法一定比胡亂地蹦上一陣，更能夠表達曲子的情致與韻味（註三）。有水準的文學作品，是不因文體本身的規律而流於艱澀生硬，損及文學性靈的，這點是我們在從事鑑賞工作時所不可忽略的！

中國文字本身的聲韻不僅具有音樂美，而且在文句意義的連屬裡常可導引讀者想像動人心弦的圖案美。首先我們討論文學音樂性的鑑賞方法。文心雕龍聲律篇：「夫音律所始，本於人聲者也。……故語言者，文章之神明，樞機吐納，律呂脣吻而已。」這說明了人的聲音是自然的節奏；故發爲語言，亦合乎律呂之度；而文章就是把這大自然的聲籟有規律，有組織地寫在紙面上，它的韻律，也應要

合乎自然的樞機。如果我們讀一首詩或一篇散文而感到塞澀，那便是音律不諧，文內的情意便會因此

而大大地削弱了。作者於臨文之際，能襟懷澄澈，神定氣靜的話，則情發肺腑，文章的抑揚頓挫，自

然能依乎情，情、辭之相應，如符節之契合，那就不會有前述不諧和的弊病了。作者所使用的狀聲詞

，也是我們鑑賞文學音樂美時該注意的，它是修辭學上的一大技巧。東坡赤壁賦云：「其聲嗚嗚然，

如怨如慕，如泣如訴，餘音裊裊，不絕如縷，舞幽壑之潛蛟，泣孤舟之嫠婦。」以撮口呼「ㄨ」韻來

形容洞簫的淒涼低語，再用「深壑潛蛟舞」、「孤舟嫠婦泣」等意象來強調洞簫的感染力，使讀者不

禁覺得那份怨慕泣訴之情，彷彿就在耳際。再如東坡另一首詩留金山二日：「塔上一鈴獨自語，明日

天風當斷渡。」如果我們試著將「天風當斷渡」的每一個字拉長韻語來唸，便可感到那猶如是清風中

悅耳的鈴聲，蘇軾利用詩句直接來造成音響效果，實在是他文學造詣渾厚的表現。

文的本義即「彣」，文章即是「彣彩」，有「文彩」的意思。是以文心雕龍原道篇上說：「文之

為德也，大矣！與天地並生者，何哉？夫玄黃色雜，方圓體分；日月疊璧，以垂麗天之象；山川煥綺

，以鋪理地之形，此蓋道之文也。」那麼，文學作品中圖案美與色彩美的表現，自然是我們鑑賞的要

項了。這種美感的呈現是無形中吸引讀者聯想意境的妙方。蘇東坡讚賞王維的藝術成就——「詩中有

畫，畫中有詩」，茲舉摩詰寒食氾的詩句為佐證：「落花寂寂啼山鳥，楊柳青青渡水人。」荒涼孤山

裡，落英繽紛，鳥雀迴旋，不時啼鳴，青青柳色染綠了流水，背負行囊的旅人，正涉水而過……這種

恬靜的場景很自然地隨著詩句的映入眼簾，而浮現在讀者的腦海裡，寂寂旅情，那份淒清的美……也就

涵蘊在這幅山水畫中了。又如張志和的漁歌子：「西塞山前白鷺飛，桃花流水鱖魚肥。青箬笠，綠簑衣，斜風細雨不須歸。」即是一首構圖優美而色彩運用巧妙的隱逸詩。一脈山青，幾點桃紅，並以一個灰濛濛的天空背景，來顯示個人出淤泥而不染，貧而樂道的淡泊心境。宋代畫家郭熙說：「嘗所誦古人清篇秀句，有發於佳思而可畫者。」由此可見文學與畫意是脈脈相通的，梅聖俞所謂的「狀難寫之景，如在目前。」實是文學創作中的一大學問。

3. 從「氣、韻、神、味」來鑑賞

較格、律、聲、色更進一層次的鑑賞，那就是有關文學作品的氣、韻、神、味了。這四點的共同特徵就是「十分抽象」，直可說是「可意會，不可言傳」。所謂「氣勢」，是文章起承轉合的脈絡裡震懾人心的力量。魏文帝典論論文中談到：「文以氣為主。氣之清濁有體，不可力強而致。譬諸音樂，曲度雖均，節奏同檢，至於引氣不齊，巧拙有素，雖在父兄，不能以移子弟。」可見文氣與個人的性情、氣質是有不可分割的關係。文心雕龍說：「才有庸儁，氣有剛柔。」說明了文氣有剛與柔的區別。姚鼐在復魯絜非書中也曾討論到文章遒勁、溫厚，二者不同氣質的美，他說：「其得於陽與剛之美者，則其文如霆如電，如長風之出谷，如崇山峻崖，如決大川，如奔騏驥，……其得於陰與柔之美者，則其文如升初日，如清風，如雲……」奔放雄健的陽剛作品，例如岳飛的滿江紅，創造了波瀾壯闊的氣勢，將一己衛疆抗敵的浩志表露無遺。至於文氣陰柔之作，其格調大多優美柔和，音節上清平舒緩，令人讀來有「餘音繞樑，三日不絕」的感受。如李清照詞：「風住塵香花已盡，日晚倦梳頭

。物是人非事事休，欲語淚先流。聞說雙溪春尚好，也擬泛輕舟。只恐雙溪舴艋舟，載不動，許多愁。」這首武陵春，淒婉動人，即有柔美之致。

陳善的捫蝨新語說：「文章以氣韻為主。」於「氣」之外，我們再探討「韻」。曾國藩說明韻的由來是「有情則有韻」。一篇情韻繚繞的佳作，一如「蒙娜莉莎的微笑」，具備了飽滿的意蘊，永遠提供了欣賞者無限發掘的可能。有些作者把文句的晦塞生硬當作精深，其實這只是文句的艱澀難懂，並不是文義的委婉隱曲，又有的作者用雕琢刻削的手法，來擷取織巧的文辭，這也只是文句的堆砌的麗句，並不是自然的秀逸挺拔（註四）。以上二者都可說是毫無情韻可尋。詩人篇什，為情而造文者，如詩經、風、雅、頌的創作，有些是因為詩人情動於衷，亟須有所發洩，然後就取物比興，吟詠情性，所以有雋永的情韻，閱讀它們就好像喫橄欖一樣，令人回味無窮！

杜甫最喜歡談論文章的「神」了。他說：「讀書破萬卷，下筆如有神。」（見奉贈韋左丞文二十二韻），「醉裏從為客，詩成覺有神。」（見獨酌成詩）。那麼何謂「神」呢？它即是文章中的盎然生機，是提昇作品藝術層面的活躍性靈。文章要有神，則須賴於作家的想像力。文心雕龍神思篇：「夫神思方運，萬塗競萌，規矩虛位，刻鏤無形，登山則情滿於山，觀海則意溢於海，我情之多少，將與風雲並驅矣。」這說明了想像力運用時的精神狀態，它是「馭文之首術，謀篇之大端」，現實生活中的題材，經過了作者想像力的鎔鑄之後，就可以完成一種新意象的表現。千古才士沒有不經過想像的管道就成佳作的。

離騷是屈原一生中最卓越的詩篇。他運用了高度的想像力，以綺麗絢爛的文采，

抒吐自己的歷史、情操及對國家深厚的感情和理想幻滅的悲憤，可以說在現實生活的基礎上，發揮了積極的浪漫主義精神（註五）。這一首長詩之所以成為中國詩歌史上不朽的傑作，「想像力的充分發揮」——是我們所不能忽略的重要因素！

至於「味」，則是從「趣」而來。曾國藩說：「有趣則有味。」趣又可分為五種：情趣、諧趣、禪趣、理趣和畫趣。它們都可以產生不同的興味供人意會。文學如果用直截了當的說明方式來表達，不免失之乏味，是以作家只要能多加運用婉轉、生動的文筆來流露情與理，則篇章字句之間自是機趣橫溢了。譬如南朝民歌，感情豐富，風格清新，子夜四時歌中有一首：「塗澀無人行，冒寒往相覓。若不信儂時，但看雪上跡。」敘述一個生活中的事件，委婉地表達情感的誠摯，具濃郁的情趣。又漢代民間樂府詩歌江南一首，利用了東西南北的方位造成諧趣，表達了「魚戲蓮葉間」的悠游自在。

柳子厚送僧棲真歸杭州天竺寺詩：「古寺松杉出，殘陽鐘磬連，革庵磐石上，歸處是因緣。」神韻清冷而趣味恬澹，涵融了佛家虛靜空靈的禪境。劉禹錫的名詩：「朱雀橋邊野草花，烏衣巷口夕陽斜，舊時王謝堂前燕，飛入尋常百姓家。」這首詩將歷史的盛衰興亡，表現得很含蓄，將幾個意象所烘托出的氣氛，很自然地傳到讀者的心靈中，深富理趣。至於畫趣，則有賴作家靈活地掌握文學「聲與色」的技巧，亦即對作品節奏與場景的想像與表達。王維的樂家瀨：「颯颯秋雨中，淺淺石溜瀉，跳波自相濺，白鷺驚復下。」作者靜觀自然，讓秋雨紛飛，澗淺流急，白鷺翻然而下的自然景觀自然呈現，這真是一幅靜中有動的圖畫。樂家瀨優美的畫趣也就涵藏在這短短的四句中了。

4.從「體悟作者情意」來鑑賞

完成以上各種角度的鑑賞工作之後，仍不能算是盡了文學鑑賞之能事。須知文學鑑賞的極致，還是在那最後的一「悟」，雋悟有二，一是披文入情，二是因文證道（註六）。

那麼，我們應該如何作到——「披文以入情」——這種深入層次的鑑賞呢？首先，須要澄靜心慮，母意、母必、母固、母我，以這種心理準備，深入文章的脈絡，沿波討源，悉心體會作者創作的情感，客觀地覺作者之情即我之情、作者的喜怒哀樂即我之喜怒哀樂，吟詠再三之後，再跳出情感的範疇，直評論作者創作情感的深度。大凡真情之作，必出於至性之人（註七），其文章中所體現的真性情，

可令讀者心起共鳴，淨化性靈。王羲之在蘭亭集序中說：「每覽昔人興感之由，若合一契，未嘗不臨文嗟悼，不能喻之於懷。」若合一契，正是說明「披文以入情」的這種境界。舉個例子來說，當我們讀到岳飛的小重山詞：「昨夜寒蛩不住鳴。驚回千里夢，已三更。起來獨自遶階行。人悄悄，簾外月籠明。白首為功名。舊山松竹老，阻歸程。欲將心事付瑤琴。知音少，絃斷有誰聽？」一個踔厲昂揚的將士，有精忠報國的凜然大志，有安邦定家的自我期許，在國運日衰的時候，想起了知音難尋，有壯志而不得伸，有本事而不得展，怎麼能不悲憤呢？我們站在岳飛的立場上，用縝密的思考去感應他的心境，則必可領悟他那份堅貞為國的赤子情懷！

文學作品要有永恆的存在價值，則作者就必須先具有高度的道德涵養與人生智慧，以「文學濟世

」、「代聖人立言」的使命感來創造文學的教育意義，如此所孕育出「載道」的文學內涵，才能不爲

時代的激流所淘汰，亦才能對人性有潛移默化的作用。文學鑑賞的終點站即爲「因文以證道」，所謂「

證道」，就是體悟文章中所欲表達的人生哲學與真理大義。但作家常因「比」、「興」等文學創作技

巧的運用而導致中心思想隱晦，是以當我們鑑賞文學作品時，切勿囫圇吞棗，應聚精會神地探討其中

教育意義的價值，並進而把握其不易的真理，作爲我們行止的規矩！譬如我們閱讀文天祥的正氣歌，

在感念這位民族英雄永照汗青的偉大人格之外，我們應進一步地體悟浩然正氣與憂患意識的重要，並

效法文天祥力挽時代狂瀾的忠貞亮節，爲多難的家國獻出一份熱切的心力！文心雕龍原道篇談到：「

道沿聖以垂文，聖因文以明道。」所以「因文以證道」的重要性，自是不言而喻了！

文學鑑賞要作到「披文以入情」、「因文以證道」，才可說是登堂入室，真有收穫。如果我們祇汲

汲於文學作品的背景、版本、真僞等方面的考證，而忽略了文章的內涵，那仍舊是個文學的門外漢！

是以「雋悟」實在是整個文學鑑賞活動中最重要的一環。呂氏春秋本味篇記載了大家所熟悉的伯牙與

鍾子期的故事，聆聽琴聲，能夠領會鼓琴者「志在泰山」、「志在流水」，所以伯牙以之爲知音。作

家創作每一篇文學作品時，也一定是志有所在，鑑賞者必須要察其「立意」，也就是對作者所要表達

的情、理有所雋悟，那才能稱得上是作者真正的知音！

(三) 結 語

文藝鑑賞的步驟至此已概略地介紹過了。中庸上曾說：「博學之、審問之、愼思之、明辨之、篤

行之。」我們在文學鑑賞活動中，如果能以中庸這一段至理名言的精神，運用適當的鑑賞方法，再融合我們平素的學識修養，必可逐步地深入文學的殿堂，咀嚼文學的菁華，充實我們的文學生活，提昇我們的鑑賞能力。

【附　註】

註　一　參見王逢吉文學創作與欣賞　頁三十二

註　二　參見明王世貞藝苑巵言卷二

註　三　參見高師仲華先生高明文輯（下）論文藝鑑賞的方法

註　四　參見王更生文心雕龍讀本　頁二〇九

註　五　參見中國文學發展史　頁九八、九九

註　六　同註三

註　七　參見王逢吉文學創作與欣賞　頁五

二、鑑賞的態度

在文學鑑賞的過程中，不論是鑑賞一個作家的文學作品，或是某一時代、某一種體裁的創作，都

必須確立適切的鑑賞態度，如此方能使鑑賞的工作，圓滿而客觀。正確的鑑賞態度，不但是對作家及作品的一種尊重，對於讀者本身，更是負責任的表現，而絕不是高下隨心，信口胡言的輕率愛憎。反之，若是「鑑賞態度錯誤了，縱使有很好的方法，也不能正確地體認文藝作品的真價值和作家的真成就」（註一），因此，正確鑑賞態度的建立，在鑑賞創作的歷程中，實在是刻不容緩，極為要緊的事。

對於文學鑑賞態度的確立，以下分為三方面來加以說明：

(一)摒除偏見，放棄成心。

文心雕龍知音篇說到：「夫篇章雜沓，質文交加，知多偏好，人莫圓該，慷慨者逆聲而擊節，醞藉者見密而高蹈，浮慧者觀綺而躍心，愛奇者聞詭而驚聽，會己則嗟諷，異我則沮棄，各執一隅之解，欲擬萬端之變，所謂東向而望，不見西牆。」實在是很有道理的。由於文學創作的風格、體裁，博雜不一，再加上知識的範圍廣泛，愛好者本身又多學有專攻，人是很難兼備眾長且公正客觀的去鑑賞作品，因此，便很容易堅持自己的一偏之見，去推論變化萬端的作品。凡是作品迎合自己的習性和愛好時，便容嗟詠嘆；持說和自己見地不同時，便棄置不顧。於是意氣慷慨的人，遇到悲壯激昂的聲調，便擊節稱賞；性格含蓄的人，見詞意綿密之文，便手舞足蹈；聰慧者，看到綺美之文，就興高采烈；愛好新奇的人，聽到內容詭誕的作品，就會魂驚魄動（註二）。每個人皆是依據個人的偏好及成心去欣賞作品，如此便很難有持平的論斷，更遑論能深入文學作品的真象裡。往往許多人在鑑賞文學作品的時候，太過主觀、任性，只憑個人的生活環境及習性偏好來定其臧否，於是便造成了許多的弊障，這些弊障於是乎便阻隔了讀者和作家生命經驗的溝通。要確立適切的鑑賞態度，首先便必須除去這些

弊障，再經由各種角度去接觸文學的創作。

劉勰知音篇說到：「夫古來知音，多賤同而思古，所謂『日進前而不御，遙聞聲而相思』也」，天天出現在眼前的，往往未能加以重視，卻對那些聲名昭隆，遠在彼方不得相見的人，暗地思慕不已，像秦始皇、漢武帝便是如此，韓非子的儲說才發表，司馬相如的子虛賦才完成，二主便為之欽慕不已，恨不能和他們同處一時代，後來既已得以相見，結果卻是韓非被囚禁，司馬相如遇置輕位，這便是犯了「貴古賤今」的毛病，存有「古人文章皆珠玉，今人作品如糞土」的偏見。另有一些人，甚至以為文學創作之好，便在於其推陳出新，於是抱著「喜新厭舊」的偏見，一味地好奇追新，排斥傳統；凡是新的，一切皆是好的，凡是舊的，皆不值得一顧，在這樣一個偏頗心態的作祟下，又如何能做好鑑賞文學的工作，引導文學創作至正確的方向呢？在曹丕的典論論文中提到：「文人相輕，自古而然……是以各以所長，相輕所短，里語曰：『家有敝帚，享之千金』斯亦不自見之患也。」這就是劉勰文心雕龍所說的「崇己抑人」，人總是如此，一心一意只覺自己的文章精彩，只見自己美好的一面；而卻無法細細品味他人之好處，進而擴及整個文學的全貌，這又是極大的缺失。如果在文學鑑賞的過程中，我們老是心存成見，畫地自限，自甘於孤芳獨賞，於人於己，皆是很大的損失。其次談到近日來很流行的「厚外薄中」的觀念，採用西洋的技巧、結構理念、邏輯思考的方式及鑑賞批評文學的方法，來品評中國作家的作品，其原意原也是善美的，但是過分的崇洋媚外，卻導致文學鑑賞的走火入魔，「往往硬拿西洋的標準來看中國文學作品，而忽略了各民族文學的差異。用西洋的標準來

看中國文學作品，並不是每一處均適用」（註三）。當我們欣賞文藝創作時，「成見」和「偏見」往往會蒙蔽了我們的心靈，使我們見到的只是經過偏見扭曲的一面，而這並不是我們從事文學鑑賞，所願意看到的結果。也就是說，我們必須同時憧憬過往文學的美麗，更寶愛現世創作的偉大，不必執持着今古新舊的觀念，「有價值的作品，千古猶新；無價值的作品，雖新猶故」（註四）。泯除古今、新舊、人我的界限，放棄「貴古賤今」、「喜新厭舊」、「崇己抑人」、「厚外薄中」的偏頗之見，開展個人的心胸，擴大眼界，超然而客觀的評賞文學，以一種廓然大公的態度去鑑賞文藝作品，則必然可達到劉勰所說的「無私於輕重，不偏於憎愛，然後能平理若衡，照辭如鏡」的境地了。

（二）品評論斷，虛心慎重。

鑑賞者，並不是全能的，即使是極傑出的優秀鑑賞家，也很難周全地評論到文學創作的每一部分。

鑑賞者，可能會受到許多因素的拘限，如：個人的智慧、文學素養、所處的時空背景、習尚、傳統等等。因此想要培養良好且正確的鑑賞態度，就必須多閱讀相關的典籍和文章，從他人的意見及經驗中獲取資料，從而建立起一套屬於自己的鑑賞原則，而不是「人云亦云」、「亦步亦趨」的批評態度。由於文學作品的博雜浩繁，其所涵蓋的層面，幾乎是上可窮碧落，下可至黃泉。因此，如果鑑賞者本身不能夠具備相當的學養，影響其態度，便可能會產生許多的偏差。

文心雕龍知音篇就曾提到：「夫麟鳳與麏雉懸絕，珠玉與礫石超殊，白日垂其照，青眸寫其形。然魯臣以麟爲麏，楚人以雉爲鳳，魏民以夜光爲怪石，宋客以燕礫爲寶珠。」它所說的不正是我們

常犯的毛病嗎？由於個人的文學素養太過膚淺，也因爲所閱讀的書籍太少，識見貧乏，於是在鑑賞文學作品時，便產生了眞相不明，以惡爲善，以美爲醜，信僞爲眞的偏差情況。將麒麟視爲鹿鹿；把野雞當作鳳凰般的寶愛。甚至將夜明珠看作怪石，擲棄不顧，而將燕國的沙礫看成寶珠，顚倒是非，妄下斷論，在文章的品評上，發生了不可原諒的錯誤。如此一來，可能就要有許多偉大雋美的文學作品被虛擲、被埋沒。相反的，將許多鄙陋、不值一提的作品，卻被吹捧、錯捧而徒具虛名浮譽。

其次談到「悅淺廢深」的偏頗，一般知識水準較差的人，總是較偏愛淺薄的事物。避難趨易，這是十分可以理解的人性。但仔細窺察其中的道理，會發現識見的博狹，文學素養的淵深與否，大大的影響了「鑑賞者」的態度傾向。宋玉對楚王問一文曾說：「客有歌於郢中者，其始曰下里巴人，國中屬而和者數千人；其爲陽阿薤露，國中屬而和者數百人；其爲陽春白雪，國中屬而和者，不過數人而已。是以其曲彌高，其和彌寡。」其中通俗淺薄的下里巴人之曲，能普遍流傳，但雅正高深的陽春白雪曲，卻無幾人是其知音，這實在是說明了「曲高和寡」的悲哀。事實上，鑑賞者必須積極的提高自己的品評水準，且莫再以下里巴人爲藝術的極致，而以陽春白雪爲敗絮粗石。「悅淺廢深」的態度，是有必要從此杜絕剷除的。

在博聞了他人的經驗、意見後，鑑賞者必不難發現，想要從衆多文學作品的內容中，披沙揀金，使作品裡淵深微奧的內涵精義，完完全全的顯耀出來，這是一件多麼不容易的事。正由於鑑賞者絕不可能是全能，因此便無法窮致文學作品的每個角落，更無法完全而徹底的洞悉作者的思想層次及心靈

底蘊。於是鑑賞者，便需要深入的一讀再讀，小心翼翼的鑑察品味文學作品。我們可以透過種種批評方法、原則的指引，經由許多資料和途徑，慎重地識別文學作品。培養知識態度上的謙遜（註五），明白鑑賞工作，是有其神聖意義的，它沒有絕對的是非標準，只要不失之澆薄狂妄即可。

(三)態度溫和，心情真摯。

絕大多數的文學作品，所呈現的無非是作者自己的思想與情感。每一篇文學作品，都是作者們心血的結晶。如唐朝詩人，<u>賈島</u>的「兩句三年得，一吟雙淚流，知音如不賞，歸臥故山秋。」許多文人作家為了創造更豐富美好的文學生命，不惜代價，跋山涉水，他們認真地面對生命的真相，探索文學的造境。鑑賞者站在這樣一段艱苦的創作歷程的前頭，能不嚴肅地正視它的存在嗎？因此鑑賞者在品評一篇文學作品時，須保持冷靜、溫和的態度，切勿刻薄狂妄，尊重每一篇文學作品的辛勤創作，當然給予評論時的心情，須是真摯而虛心的。而欣賞時，則須「注重我的情感和物的姿態的交流」，「把自己也放在作品裡面去分享它的生命」（註六）。鑑賞文學作品，要常保一顆寬厚的心，「遊戲」的態度，是萬萬不可有的。

以上三點，是有關文學鑑賞所應有的態度，具備了此良好而正確的態度，將有助於我們從事文學鑑賞的工作。

【附註】

註一　參見高師仲華先生怎樣研讀文藝的書籍

註二　參見王更生文心雕龍讀本

註三　參見沈謙的期待批評時代的來臨

註四　同註一

註五　參見思彙書評及文評

註六　參見朱光潛談美

三、鑑賞的修養

劉勰在文心雕龍知音篇中，有這麼一段話：「知音其難哉！音實難知，知實難逢，逢其知音，千載其一乎！」「知音」的獲致是很困難的，「音」，也實在是難以了解，而知音的遇合，更是遙渺難期。想要得到像鍾子期、鮑叔牙那樣的知音之士，恐怕在千百年中，也難偶有一遇吧（註一）？我們可以體會出歷來的文人作家，他們那種「不惜歌者苦，但傷知音稀」的遺憾、苦惱。任何的文學創作，都需要讀者以其靈心慧眼來洞察作品的內涵及精蘊，因此，要成為一個有深度、有能力的鑑賞者，成爲一個文人們夢寐以求的知音之士，除了要熟知文學鑑賞的方法，確定文學鑑賞的態度外，個人的鑑賞能力及修養，實在是極其重要的。

章學誠在文史通義史德篇中說：「才、學、識三者，得一不易，而兼三尤難。非識無以斷其義，非才無以善其文，非學無以練其事。」劉勰文心雕龍神思篇也提出：「積學以儲寶，酌理以富才；研閱以窮照。」主張要多讀書累積學問，以充實知識的寶庫；要多體驗斟酌的事理，來豐富才力；多觀察、精研、閱歷實際的生活，以窮徹照鑑。綜合以上二家的說法，可以說是不謀而合，所謂「積學儲寶」，便是「學」；「酌理富才」，指的是「才」；而「研閱窮照」，便是「識」（註二）。換句話說，如何培養文學鑑賞的能力、具備完美的文學修養，首先就必須從「才」、「學」、「識」這三方面着手。以下便分成幾項加以說明：

㈠博學多聞，增廣見識。

「博覽」的目的，在增進鑑賞者的學養，有了深厚的學力根基，才能對作品進行正確而全面的分析，並進而達到深入鑑賞的境地。所謂「音不通千曲以上，不足以為知音」（見太平御覽卷五八一引桓譚新論），「能觀千劍則曉劍」（見意林引桓譚新論）。也就是說音樂家必要操練千種樂曲之後，才能真正的了解樂聲；古董家也必在觀看千把寶劍之後，方能鑑賞寶器；而鑑賞者，更須具備豐富的學養，以體察文學作品的真相，深入文學作品的靈魂。所以文心雕龍知音篇說：「故圓照之象，務先博觀，閱喬岳以形培塿，酌滄波以喻畎澮。」山岳必不辭小丘細壤，方能成其高偉；而海水也必不棄田間的涓流小溪，然後才能遼遠壯闊。尤其是文學創作，是一種極複雜的過程，它所牽涉的層面，非常的廣，諸如作家的為人、性格、感情及表現情緒的藝術，甚至於當時的文學思潮、文學理論、文學

批評對於作家、作品的影響，我們都不能不了解。另外還有作家所處社會的歷史背景、地理環境、政治狀況、經濟基礎等，要明瞭這一切的一切，都必須借助於種種歷史、地理、政治、經濟、哲學的智識，於是唯有廣博的閱讀各種書籍材料，方能滿足我們的需要，然後圓滿的觀照文學作品的各種現象。

例如：

鄉愁，是歷代文人作家所詠嘆悲吟的，而當我們具備了足夠的智識材料與學養時，便不難爲這些作品，作一個比較、評析，甚且深入地去鑑賞。例如：盧綸的「家在夢中何日到？春來江上幾人還？」（長安春望）和姜夔的「平生最識江湖味，聽得秋聲憶故鄉」。劉長卿的「鄉心新歲切，天畔獨潸然。」寫的同是鄉愁，但創作時的心境、時間卻自有差異。盧綸寫的是春日裡，處時局動盪，年華老去，宦途乖蹇之詩人的愁；而姜夔卻道出了秋涼時，清貧浪漫雅士的愁；劉長卿則在歡鑼喜鼓聲中，淅然落淚，點出了「逢佳節，倍思親」的心情。又如：顧況的「故園此去千餘里，春夢猶能夜夜歸」，其中，有人託「夢」以歸鄉，將鄉愁超越現實的時空；也有人託「雁」以消息，在雲水蒼茫中，杜荀鶴的「暮天新雁起汀洲，幾人相憶在江樓」，以及李白的「但使主人能醉客，不知何處是他鄉」，更有人企圖借「酒」以澆解滿懷鄉愁（註三）；比較之下，可以看出各人的寫作技巧，以及所憑藉的事物，均有其巧妙之處。若非已參閱過許多相關的資料，又如何能提出多方面的比較呢？因此文學鑑賞的首要修養，便是廣博地閱覽。

(二)觀察體驗，增加閱歷。

閱歷在文學鑑賞的歷程中，也是一極重要的修養。在生活中多一份閱歷和體悟，也就多一份能力。有了這種能力，對於文學的鑑賞，才能有其獨到而周延的見解。例如：當有一天，我們置身在山野林泉時，或許便能體悟出王維「中歲頗好道，晚家南山陲。興來每獨往，勝事空自知。行到水窮處，坐看雲起時。偶然值林叟，談笑無還期。」的「物澹慮輕」，在率性、隨意的跋涉中，雲、水皆變得有情、可愛起來，在這樣一個自在的生命化境裡，或許更能使我們深入地挖掘出王右丞靜觀、隨緣的哲理玄思，同時也幫助了我們對這首詩的鑑賞。又如：杜甫的春望：「國破山河在，城春草木深。感時花濺淚，恨別鳥驚心」。未經國破、離亂的人們，其感受必不及歷劫殘存的人，來得深刻。沒親見戰火的肆虐，如何能感覺時代淒哀的動盪。即使也會有沈痛的心情，但究竟仍隔了一層，已然是膚淺了許多。這在鑑賞的過程中，難免也會產生一些小小的障礙，阻礙了作者和讀者，「經驗世界」的溝通。又譬如：杜甫的登高：「風急天高猿嘯哀，渚清沙白鳥飛廻」，白居易的「峽猿亦無意，隴水復何情，為到愁人耳，都成斷腸聲」。人必得曾親聞猿啼，方能明瞭何以歷來文人總愛把猿聲，描寫成哀怨淒異的象徵，這又說明了「閱歷」的重要了。要想做好文學鑑賞的工作，除了要充實個人的生活經驗，擴大參與的生活層面，更需將關心的觸角，伸展至周遭的每一件事物，多聽、多觀察；一個生活經驗貧乏的人，是無法提高其鑑賞能力的。

(三)嘗試創作，體察甘苦。

創作是一件相當嚴肅的事。一件作品的產生，從醞釀到完成，其間可能會遭遇到許多的挫折；如

……靈感的尋求，文章架構、氣氛的營造，甚至於遣詞用字，在在皆非易事。誰都希望在苦苦思索後，能夠吐奇驚俗，因此杜甫曾說：「語不驚人死不休」，道盡了創作者辛苦經營的情態。自古至今，多少名作的完成，便是備嘗了甘苦，才能有這番成就。因此，一個好的文學鑑賞者，他必須具備體察創作甘苦的修養，甚至必須親自去從事創作。賈島是一個藝術至上主義者，他自己說：「二句三年得，一吟雙淚流，知音如不賞，歸臥故山秋」，這是他在做出「獨行潭底影，數息樹邊身」兩句得意之作後，所寫下的感想。由此，我們更可以了解歷來文人只是為了求取一、二知音，便嘔瀝心血地從事創作，倘若鑑賞者從未有創作經驗，不明白創作的甘苦，又如何能對作品作出持平且深入的鑑賞呢？容齋隨筆中曾記載著王安石的一首絕句：「京口瓜州一水間，鍾山只隔數重山，春風又綠江南岸，明月何時照我還？」其中的「綠」字，也曾經十許次的刪改，才定為「綠」，然而從未做詩的人，如何能知道這其中的百般甘苦，又如何能領會這「綠」字下得巧妙呢？楊大年有一首傀儡詩：「鮑老當筵笑郭郎，笑他舞袖太郎當，若教鮑老當筵舞，轉更郎當舞袖長」。說的便是這個道理。因此為了做好文學鑑賞的工作，必須從實際的創作過程中，去體認文人作家的認真態度及挫折經驗，正美指瑕，總期於至當。

(四)陶冶性情，體認作品。

文學作品的產生，是一種極自然的表現，文心雕龍明詩篇說：「人稟七情，應物斯感，感物吟志，莫非自然」。人稟受着喜、怒、哀、懼、愛、惡、欲天賦的七種感情，因應着外界的事物，自然而

然就會有所感發，既生感慨，則必然會吟詠情志，由內而外，再自外入內，全是自然而然的表現。亦即，物色篇所說的：「情以物遷，辭以情發，一葉且或迎意，蟲聲有足引心」。一片落葉，幾聲蟲鳴，都能夠打動詩人們的心意，牽引他們的情緒，將之寄託於文字之中，動人的作品於是乎產生。文學的創作，目的在將「作者之情」，透過文字，形成「文中之情」，再傳遞給讀者，最後則與「讀者之情」溶融交流（註四），以達到文學感人教化的目的。因此一個好的文學鑑賞者，其最重要的修養，便是要陶冶自己的情性，使其真摯懇切，如此方能進入作家們的「有情世界」。有着良好修養及美善情性的鑑賞者，才有可能隨着文人作家們，忽而泣涕沾襟，忽而破涕為笑，流連於萬象之際，沈吟於視聽之區，進而領會出文學作品的靈妙之處，達到鑑賞的至高之境。例如：陶淵明的歸園田居：「種豆南山下，草盛豆苗稀。晨興理荒穢，帶月荷鋤歸。道狹草木長，夕露沾我衣。衣沾不足惜，但使願無違。」當我們以一種素淨真切的心情，虔誠地去看這篇文學作品時，通過鋪陳在我們眼前的這一個幽寧詩境，我們於是見到了淵明俯仰自如，氣定神閒的心靈世界，由讀者本身的情愫出發，緊緊地掌握了「文中之情」，進而與「作者之情」起了共鳴。反過來說，當鑑賞者缺乏陶冶性情的修養時，他便無法進入李白「長歌吟松風，曲盡河星稀，我醉君復樂，陶然共忘機」的詩境中。尤其是一個虛矯寡情的鑑賞者，更是無法和文人們共進退。即使是韋莊「亂離時節別離輕，身世飄搖雨打萍，別酒應須滿滿傾」的鍾情、傷別，也無法打動他的情緒。甚至於文天祥「山河破碎風拋絮，身世飄搖雨打萍，皇恐灘頭說皇恐，零丁洋裡歎零丁」的沈痛悲涼，在他看來，也不過是一場「事不關己」的戲罷了。如此一來，又怎

能深入文學作品的核心，做好鑑賞的工作呢？因此「若能明心見性，使性歸於善，則發而為情，自能皆得其正」（註五），性善而且情真，則必能領會出作品中真純的情感，使文學鑑賞的工作，更具有生命力。

【附註】

註　一　參見王更生的文心雕龍讀本

註　二　參見思兼的書評與文評

註　三　參見顏崑陽的中國古典詩歌中的鄉愁

註　四　參見高師仲華先生的論文學鑑賞的修養

註　五　同註四

四、鑑賞的角度

(一)風神的鑑賞

曾國藩云：「凡大家名家之作，必有一種面目，一種神態，與他人迥不相同。」就文章的鑑賞而言，「風神」的形態便可以作為一種鑑賞的角度。

什麼叫做「風神」，我們先來看「風」字的涵義：說文：「風，風動蟲生，故蟲八日而化，從虫，凡聲。」趙古則說：「凡物露風則生蟲，故風从虫，凡諧聲。」從「風」字的本義來說，蟲的化生，是由於風的流動。詩大序更說明風的作用：「風以動之」。可見風是一種流動的形相，在文章裏所引申的意義，即指由於精神的流動，而滙成的一片動態（註一）。再說「神」字的涵義：易繫辭：「陰陽不測之謂神。」說卦：「神也者，妙萬物而為言。」說明人的精神，有變化不測的作用。殷璠河嶽英靈集自序：「夫文有神來，情來，氣來。」更指出文辭的引出，由於精神。在清代，劉大櫆論文，主「神氣」說，其論文偶記云：「行文之道，神為主，氣輔之。」又說：「神氣者，文之最精處也。」只是文法高妙而已。神者，文家之寶。」歸結一句話：對於「神」字喻為高妙之法（註二）。綜上「風」與「神」兩個字的涵義，我們可以試為「風神」下一個定義：風神，乃是情思發動的原動力，而表現於文辭中者。這原動力雖變化不測，然就其滙而為一片動態來說，又自有跡象可尋。文辭中的這種跡象，就叫做「風神」。

由風神而引發情思，由情思而引發文辭，所以風神是情思的原動力，情思藉文辭而表達。從「風神」的角度來鑑賞文章，是古人常用的方法。如元稹寄舊詩與薛濤：「詩篇調態人皆有，細膩風光我獨知。」這裏說的「風光」是指風神和光采。又如杜甫寄薛端薛復筵簡薛華醉歌：「文章有神交有道。」八哀詩中的汝陽王璡一首：「揮翰綺繡揚，篇什若有神。」獨酌成詩：「醉裏從為客，詩成覺有神。」這裏所說的「有神」，均指「風神」而言。又如王漁洋談詩，力倡「神韻」之說，陳琰為他的竈

尾續集作序，說：「先生詩兼總眾有，不名一家，而撮其大凡，則要在神韻。」蕙風詞話也說：「塡

詞先求凝重，凝重中有神韻，去成就不遠矣。」這裏說的「神韻」，也就是說風神和情韻。從上面的

這一些例子中，可以知道，文章的意趣生機是否盎然活潑，往往決定在「風神」的有無。古人所謂「

寫神則生，寫貌則死。」更強調出「風神」在文學作品中的重要性。

劉勰文心雕龍風骨篇說：「詩總六義，風冠其首，斯乃化感之本源，志氣之符契也。」又說：「

是以怊悵述情，必始乎風。」在神思篇裏說：「文之思也，其神遠矣。」又說：「故思理爲妙，神與

物游。」「神居胸臆，而志氣統其關鍵；物沿耳目，而辭令管其樞機。樞機相通，則物無隱貌；關鍵

將塞，則神有遯心。」最後贊語並說：「神用象通，情變所孕。」他認爲風神是化感的根本泉源，當

作者內心激動，想抒發感情的時候，就必會在作品中體現出其個性傾向的風調。所以作家的精神和外

界的物象，發生交通融會之後，就孕育了情感的變化（註四）；簡而言之，沒有風神，就沒有情思，

也就沒有文辭，由此足以說明風神是引出情思以創造文辭的原動力。

然則如何從文章中捕捉風神的跡象？風骨篇及情采篇提供我們一條明易的線索。風骨篇：「情之

含風，猶形之包氣。」又說：「思不環周，索莫乏氣，則無風之驗也。」又說：「相如賦仙，氣號凌

雲，蔚爲辭宗，迺其風力遒也。」情采篇說：「五色雜而成黼黻，五音比而成韶夏，五情發而爲辭章

，神理之數也。」他認爲文辭中所體現的情思是含有風神的；情思缺乏，文章就顯得死寂無生氣，看

不出風神來；情思豐富，興發成文，就顯出風神的遒勁，因此從文辭所蘊藏的情思，便可鑑賞一篇文

章是否有風神。

既然我們知道風神對於一篇文章的重要性，那麼風神究竟要怎樣培養及表現，纔算理想呢？司空圖在詩品中提過一段關於「精神」的話，作為說明文章修辭在風神方面的理想，最為適切。他描摹「精神」說：「欲返不盡，相期與來。明漪絕底，奇花初胎。青春鸚鵡，楊柳樓臺。碧山人來，清酒滿杯。生氣遠出，不著死灰。妙造自然，伊誰與裁。」首二句是說風神的表現，對於讀者具有無比的感染力，吸引人再三顧念，愛不釋手。這是修辭在風神方面所要達到的第一個理想。「明漪絕底」到「不著死灰」八句，是形容風神的形態。風神的形態，要清新高妙，生動靈活，這是第二個理想。末二句則是說風神的形成，不要刻意斧鑿雕鏤，要純任自然、絕無虛偽矯飾，這是第三個理想。如果一篇文章能在造句鍊字的修辭上達到以上三個理想就可算是符合風神的鑑賞角度了。

最後講到風神的培養。我們知道文辭在風神方面所要做到的三個理想之後，若是沒有一番文學修養，往往不能公允客觀且鞭辟入裏的鑑賞一篇作品。一個作家固然需要掌握風神的韻致，一個鑑賞者，更應該具備相當的鑑賞能力，所以我們借用文心雕龍神思篇的話來談風神的培養，希望對文學創作者與批評鑑賞者有所助益。

神思篇：「是以陶鈞文思，貴在虛靜，疏瀹五藏，澡雪精神。積學以儲寶，酌理以富才，研閱以窮照，馴致以繹辭，然後使玄解之宰，尋聲律而定墨，獨照之匠，闚意象而運斤。」這段話從「臨文之頃，要內心虛靜，不存雜念。平常之際，要從積學、酌理、研閱」與「平時」兩個方向立說。臨文之頃，要內心虛靜，不存雜念。平常之際，要從積學、酌理、研閱

、馴致上，下切實工夫。以下茲學其要點，略加闡釋：

第一是「虛靜」：要培養風神，須先做到心境虛靜，排除內在的積鬱，盪滌精神的困擾。人惟有在清靜無盧妄之時，心靈才能清明，才能觀照萬物，而有所容受。杜甫寄張十二山人彪三十韻：「靜者心多妙，先生藝絕倫，草書何太苦，詩興不有神。」杜甫稱讚張彪的詩有神采，主要歸功於他的「靜者心多妙」。所以我們要培養風神，必先靜心。

第二是「博學」：在平時要累積學問，以充實知識的寶庫。一個作者必須才力宏富，學問淵博，運用起材料才能得心應手、取之不竭，文思也因而會層出不窮，風神自然會流露出來。杜甫奉贈韋左丞文二十二韻：「讀書破萬卷，下筆如有神。」即是說明文思是來自於多讀多看，風神自然能顯現出來。

第三是「感發」：毛詩序說：「在心爲志，發言爲詩，情動於中而形於言」，作家的情感受到外界的刺激，便形諸文辭，思想受到情感的牽引，便表現於文章。因此劉勰在明詩篇也提到：「人稟七情，應物斯感，感物吟志，莫非自然。」「研閱以窮照」，才能增進觀察的能力，「馴致以繹辭」，才能順應情思感發，以演繹美妙的文辭。

第四是「中律」：經過上述的準備工作，最後要所寫的恰到好處，自然中律，如輪扁所謂「得之於心而應之於手」，又如杜甫敬贈鄭諫議十韻：「思飄雲物動，律中鬼神驚。」修辭如能中律合節，自能使風神達到理想，而驚天地泣鬼神了

國文教材教法

三八六

註 一 參見高師仲華先生高明文輯論風神

註 二 參見陳偉文氣衍論第五章文氣說之演進（下）

註 三 同註一

註 四 參見王更生文心雕龍讀本神思篇

(二)氣骨的鑑賞

古人論文每愛把一篇作品，比喻做人身，有神經、筋絡、骨骼、皮膚、肌肉、血脈、氣勢等。如明代楊慎的升菴詩話說：「國朝習杜者凡數家：華容孫寬得杜肉，東郡謝榛得杜貌，華州王維楨得杜一股，閩州鄭善夫得杜骨；然就其所得，亦近似耳。」前人鑑賞的用語雖取諸實物，但因解釋不清，仍感抽象，不易分辨。我們現在既採用「氣骨」這個名詞作為鑑賞文學作品的一個角度，首先應該說明它的涵義。

什麼是「氣」呢？說文作「气」，本義是「雲气也」。素問寶命全形論：「天地合氣。」王冰注：「氣者，生之母也。」人就是因禀受這個氣而生存於天地之間。孟子說：「氣者，體之充也。」人的身體為氣聚所生，正如莊子知北遊所說：「人之生，氣之聚也；聚則為生，散則為死。」由此可知

，人無氣則死，於文亦然。曹丕典論論文首言：「文以氣爲主」，後有文心雕龍闡釋尤爲詳盡，也就

發展成後世所講的「氣勢」、「行氣」，套句現代用語，所謂「氣」，就是情感奔放的「那股勁兒

（註一）。什麼是「骨」呢？說文：「骨，肉中覈也。」此其本義。太玄：「劇骨釋其肉。」范望注

：「幹也。」所以「骨」有「骨幹」的意思。就文章結構來說，骨是文章的軀幹，即古人所言的「筆

力」，筆力要不暴於外，而凝鍊於內，恰似人體的骨，藏於肉之內（註二），筆力凝鍊於內，便能使

讀者讀起來之時，感受到文章的堅實有力，無論爲剛爲柔，均能鼓盪人心，興發情感。「氣骨」兩字

連辭，在魏晉的時代，已屢見不鮮。鍾嶸稱曹植的詩，「骨氣奇高」；稱劉楨的詩，「仗氣愛奇，動

多振絕」，眞骨凌霜，高風跨俗」，由於「仗氣」，故有「眞骨」（註三），到了宋朝，吳聿觀林詩話

更用「骨氣」二字稱讚杜甫的詩，「杜工部詩，世傳骨氣高峭，如爽翼摩霄，駿馬絕地。」總合而言

，文章需要一股行氣流貫，才有生氣，同時也必須有骨架支撐，才站得起來，二者的結合，自然是爲

文不可或缺的要素。

文章在什麼情況下算是具備了「氣骨」？就鑑賞的觀點來看，有以下四點要求：第一，氣盛辭精

。韓愈答李翊書說：「氣，水也；言，浮物也。水大而物之浮者大小畢浮。氣之與言，猶是也。氣盛

則言之短長與聲之高下者皆宜。」這是說明氣勢與文章的關係。氣盛，則文辭「浩乎沛然」（同上）

，吐語自然中節，如文心雕龍風骨篇所說的：「剛健既實，輝光乃新。」李白有詩句：「明月出天山

，蒼茫雲海間。長風幾萬里，吹度玉門關。」即是氣盛的作品，將太白那種豪情奔放，氣象萬千的神

采，表露無遺。氣雖要盛，却需知節制，不能下筆不知自休，「風骨篇」說：「練於骨者，析辭必精」，

文辭精到適宜才有骨，沒有廢字贅句，一字有一字的份量，一句有一句的作用，如李白的「靜夜思」

一首短詩，所以能千古不朽，就是因為具有漢魏樂府風骨之故，言淺意深，筆力幽邃堅實，內涵隱曲

感人，字字句句，需是體味深遠，才能領略詩中的情思醇厚。第二，辭氣條貫。文章不論是抒情、敍

事或說理，最要緊者在文意連貫暢達，如史記大宛傳，其中雜沓十餘國，而始終不懈，就是全憑一氣的

貫串。長篇鉅製的文章最怕蕪漫無緒，若得一氣貫串精意，就不必憂慮全文會萎頓鬆散（註四），這

就是氣骨的效用。氣若不條貫，則容易造成語意含混不順，支離破碎之弊。李德裕文章論稱：「魏文

典論稱：『文以氣為主，氣之清濁有體。』斯言盡之矣。然氣不可不貫。不貫，則雖有英辭麗藻，如

編珠綴玉，不得為全璞之寶矣。」劉勰也提到「繁義失統」是「無骨之徵」，說的都是辭氣要求條貫

的道理。第三，氣全辭健。劉克莊跋黃憺詩：「詩比他文最難工，非功專氣全者，不能名家。」王世

貞徐汝思詩集說：「盛唐之於詩也，其氣完。」王世禎萬首絕句選序贊同王世貞的說法：「弇州先生

（即王世貞）曰：『七言絕句，盛唐主氣，氣完而意不必工。』……余反復斯集，益服其立言之確。

」所謂「氣完」就是「氣全」。文氣飽滿，才顯得遒勁有精神。但這不是說堆砌麗藻，因為「膏腴害

骨」（詮賦篇），若「義瘠辭肥」（風骨篇），意為辭掩，當然大損文氣，文骨也就看不出來了。第

四，氣變辭直。文章貴乎起伏變化，則波瀾壯闊，奇趣橫生。李德裕文章論：「鼓氣以勢壯為美，勢

不可以不息；不息，則流宕而忘返。亦猶絲竹繁奏，必有希聲窈眇，聽之者悅聞；如川流迅激，必有

洄洑逶迤，觀之者不厭。從兄翰常言：『文章如千兵萬馬，風恬雨霽，寂無人聲。』蓋謂是矣。」這

一段話，講文氣要抑揚頓挫，壯而能息，便是從文氣的變化來說的。所謂「壯而能息」，就是陽而能

陰，剛而能柔。古文家最喜歡拿陰陽剛柔來說文氣的變化。姚鼐答魯絜非書：「……其得於陽與剛之

美者，則其文如霆，如雷，如長風之出谷，如崇山峻崖，如決大川，如奔騏驥；其光也，如杲日，如

火，如金鏐鐵；其於人也，如憑高視遠，如君而朝萬眾，如鼓萬勇士而戰之。其得於陰與柔之美者，

則其文如升初日，如清風，如雲，如霞，如幽林曲澗，如淪，如漾，如珠玉之輝，如鴻鵠之鳴而入於

寥廓；其於人也，謬乎其如歎，邈乎其如有思，悠乎其如喜，愀乎其如悲。」對於文氣的陰陽剛柔

，可謂曲盡形容之詞（註五）。曾國藩在聖哲畫像記亦伸此說，篇末並云：「文章之變，莫可窮詰，

要之不出此二途，雖百世可知也。」文氣要求變化萬端，但文骨則須端直，因此風骨篇說：「結言端

直，則文骨成焉。」「骨力挺拔，端正勁直，則文氣不論怎樣吞吐萬變，亦顯儀態端雅，婀娜多姿。

怎樣纔能使得「氣骨」做到上述四項理想呢？這就必須要做一番「存養」及「凝鍊」的工夫。存

養方面主要談的是文氣，明宋濂說：「爲文必在養氣，與天地同。」又歸有光：「爲文必在養氣，氣

充於內，而文溢於外。」大抵古文家做文章，最講究氣勢。因此批評文章時，亦多從氣上說。在古文

中，如韓愈答李翊書，蘇洵上歐陽公書，蘇轍上樞密韓太尉書，胡銓上高宗封事等文，都是一般人所

承認爲氣勝之文。如何存養此氣呢？有以下幾種方法：首賴積學，能讀千賦而善賦，讀破萬卷，下筆

自然有神，揚雄，杜甫均不欺人。莊子說：「水之積也不厚，則其負大舟也無力；風之積也不厚，則

其負大翼也無力。」文章之道，也是如此。所以文心雕龍事類篇說：「文章由學，能在天資。才由內發，學以外成。夫以子雲之才，而自奏不學；及觀書石室，表裏相資，古今一也。」但學者須知博而能約，精擇來讀，才有益處。其次要培養德性。孟子說：「我知言，我善養吾浩然之氣。孟子養氣之義，指的是道德修養；至於他的文章磅礴宏偉，不也與此養氣之功有關？第三要投身自然。文章本於宇宙造化，學問源自人情物理，司馬相如說：「賦家之心，包括宇宙，總攬人物。」作者可從山川景物中，獲得靈感的啓發，增長閱歷，吸納造物瑰奇壯麗的氣，正如前人所說的：「讀萬卷書，行萬里路。」最後是能交遊賢俊，拓展生活視野，體驗社會人生。如司馬遷周覽天下名山大川，與燕趙豪傑交遊，其文乃疏蕩有奇氣。（註六）藉著書籍的教養，德性的修為，山川靈氣的興感，賢俊交遊的切磋，必能培養恢宏的氣度，發之於文，也能自然中節。另外從凝鍊的詞來加強文章的力量。骨力的鍛鍊，並不需要多用強烈的形容詞，如「晴天霹靂」、「驚濤駭浪」、「鬼哭神號」等等，因為使用了這些強烈的語詞，反而顯出自己的粗淺才薄。要想句子有力，最簡要的方法是詞意精鍊剛健，不濫用廢字，字句的密度（即包含的意象）要大要廣，使每字每句都有作用，功夫愈深，骨力才能趨上乘，猶如作詩的人，對詩句必得了乾硬的程度。使筆力內斂，隱然成骨。經由千錘百鍊，把力量凝鍊爲骨，才能呈現高度的美感一樣。

【附 註】

註 一 參見劉中和中國文學新論第六章中國文學的造詣

註 二 同註一

註 三 參見陳偉文氣衍論第三章文氣說之演進

註 四 同註三

註 五 參見高師仲華先生高明文輯論氣骨

註 六 參見陳偉文氣衍論第六章文氣存養之道

(三)情韻的鑑賞

在文學鑑賞的過程中，作品所表現出來的「情韻」，也是一種極為重要的鑑賞角度。然則在賞析一篇文學作品之前，我們必須先了解什麼是「情韻」。究竟什麼是「情」呢？說文：「情，人之陰氣有欲者，從心，青聲。」朱熹則以為：「性即心之理，情即心之用。」漢書董仲舒傳：「情者，人之欲也」、「人欲謂之情。」荀子的正名篇提到：「性之好、惡、喜、怒、哀、樂謂之情。」禮記禮運篇更把「情」分為七種形態：「何謂人情？喜、怒、哀、懼、愛、惡、欲七者，弗學而能。」情是表現人心的，而心的作用表現在欲上。（註一）人與外物接觸後，感物而動產生欲，遂表現出情來，這情就有喜悅、憤怒、哀傷、恐懼、愛好、厭惡、欲求等類型。所以文心雕龍物色篇說：「春秋代序

，陰陽慘舒，物色之召，心亦搖焉。」又說：「物色相召，人誰獲安？」「情以物遷，物以情發。」正說明了文學作品中所表現的情，就是文人感於外物，所興發的各種情緒反應，如詩序所謂：「情動於中而形於言」便是。明白了這個道理，在日後鑑賞作品時，便可充分地掌握作者所要表達的喜、怒、哀、懼、愛、惡、欲等有關情感的訊息，且得以更進一步地深入探討文人的心靈世界。

其次談到「韻」。說文新附：「韻，和也；從音，員聲。」文心雕龍聲律篇：「標情務遠，比音則近。」二者所講的韻，都是指音的調和及其節奏感。文心雕龍主張文人欲吟詠情性，必重音律。而音的調和，全在尾音的諧合及有餘味，也就是所謂的「餘音繞樑，三日不絕」，故有人以爲凡是諧合而有餘味的，都稱之爲「韻」。如文士風流或女子娉婷，都可以說有「韻度」。至於文辭或言語，表現「情」的形態，諧合而有餘味的，自然也叫「韻」。（註二）言辭或文學作品中的「韻」，事實上是「情」的延伸，它藉著「情」的作用擴展至諧合且有綿綿無盡的餘味。所以曾國藩說：「有氣則有勢，有識則有度，有情則有韻，有趣則有味。」梁鍾嶸曾提出：「使味之者無極，聞之者動心，是詩之至也。」這種激起讀者共鳴的作品感染力，是有賴於情韻來培養。晚唐司空圖提出詩要有「味外之味」、清代主「神韻說」的王士楨，及主「性靈說」的袁枚，也都倡導詩味，而他們所論的詩味，大抵指的是情韻中的「韻」。綜而言之，狹義的「韻」是指音律的調和，廣義的「韻」，則是指作品中饒富情味、有餘不盡的文學氣息。可見「韻」是經得住咀嚼的，可讓我們反覆低吟而文情愈見煥發。當我們明白了甚麼是「情韻」之後，便可進一步地來探討如何欣賞文學作品

中的「情韻」了。而這又可以分兩方面來加以說明。

第一：當我們聆聽別人的言辭或是欣賞一篇文學作品，最主要的便是要瞭解其言語及文字中所蘊含的情意。易繫辭：「聖人之情見乎辭」。文心雕龍的體性篇也說：「夫情動而言形、理發而文見。蓋沿隱以至顯，因內而符外者也」。

我們知道，文學有言情、說理、敘事、狀物等四大功用，而一篇好的文章，不論它所要表達的功用是甚麼？都應該要自然地流露出一份作家胸臆中的情致。否則就與帳簿等枯燥乏味的日常應用文字殊無二致了。（註三），所以從事文學創作，必須融情於思、達情於辭，使辭、情二者互為表裏、調和相稱，作到「情辭相融」、「情文俱至」的理想。司馬遷報任少卿書中說：「詩三百篇，大抵聖賢發憤之所為作也。」的確，詩經三百篇的創作，大多是古代人們為發洩心中蓄積已久的憤懣情緒，於是取物比興，發為吟詠，這是屬於為情造文之作，但由於內在豐富的情，勝過了外在質樸的文辭，因此三百篇中，也難免會有情溢於辭的作品。又如兩漢的辭賦家，心中其實並無真情，但為了沽名釣譽，是以造作感情，隨意賣弄筆墨，這是屬於為文造情的作品。由於其外在的辭勝過了內在的情，所以漢人的辭賦往往不能感動讀者，無怪乎揚雄要批評他們：「辭人之賦、麗以淫。」由此可知，一篇文學作品，在情的表現方面，應該要拿捏得恰到好處，使「作者的情」、「文裏的情」、「讀者的情」三者緊密地扣連在一起，以達到其牽引情緒的震撼作用及深入人心的影響力。曹孟德的橫槊賦詩、楚霸王的垓下悲歌，一為傲岸豪放，一為悲愴蒼涼，這二種迥異的生命情調卻同樣地震人心弦，即是因

它們完全地發揮了作者內在澎湃的心靈情緒！

第二：一篇文學作品，在「情韻」方面，要達到的理想，便是雋永。情須眞，韻才能雋；情必深，韻方能永。（註四）因此，欣賞文學作品時，可自其情是否眞誠深摯著眼。「文章不是無情物」，文貴情，情貴眞。白居易也說：「感人心者，莫先乎情」。一部好的文學創作，必須具有眞切無僞的情感，於是當我們欣賞文章的時候，便能很容易的分辨出何者才是可誦的佳作。舉例來說，屈原因遭讒而被放逐於漢北，他憂國傷民的救世心，嫉惡厭俗的正義感，均不得伸展，於是在這種－衆人皆醉我獨醒」的時代壓力下，屈原融合了忠君愛國的節操與豐富的想像力，以象徵的手法，道出了一個苦悶靈魂的追求與幻滅，成就了中國浪漫詩歌中不朽的鉅作——離騷（註五）。又如陶淵明，人品高潔，性好自然，不爲五斗米折腰，遂退隱山林，寄情於山水，他的作品具有了大自然的永恆生氣與陶淵明自己毫不矯揉的情感。這二位曠世的大作家，即是因其作品中流露出生命的眞情，所以字裏行間便自然地蘊涵了出自天籟的神韻。文學作品不僅情要眞，而且情要深。情深，才能令人低徊往復，感受它那含蓄蘊藉的弦外之音，正如梁啓超所說的：「像吃橄欖的那點回甘味兒。」例如：李商隱的謁山：「從來繫日乏長繩，水去雲回恨不勝，欲就麻姑買滄海，一杯春露冷如冰。」詩人繫日無繩的悵惘，麻姑靜默不語，藉著遞送冰冷的春露這個動作，委婉地顯露出一份無奈，此時經由詩人生動、新穎且深情的文字，我們很容易地便能感受到一股充滿濃醇詩味的愁懷，且欣賞玩味之餘，便又沈浸在高度的藝術美感中。（註六，對於萬事萬物的驟變，我們的確是無能爲力的，滄海終有變爲桑田的一日

）再以水滸傳中記吳用說三阮入夥為例：阮小五與阮小七：把手拍著額項道：「這腔熱血，只要賣與識貨的！」這一句話說得可真是俠氣干雲，力透紙背，那股若海濤洶湧般的豪情躍然於紙上，直是道盡了天下人物的心中事，由此便可見作者下筆時用情之真、用力之深了（註七）。情感深摯，到了極點，便成了癡情，而文學中的癡情話常是最耐人尋味，最具文學價值的。如：「老僧只恐雲飛去，日午先教掩寺門」，便是所謂的「孩子語」、「癡話」。（註八）說到這裏，有個原則已是十分真確的了，那就是我們欣賞文學創作，必得仔細品味其情韻，這在欣賞文學的過程中是十分重要的。唯有深究文學作品格律、聲調等外在條件的靈活運用情形，與文字所流露的情致韻味，方能真正體悟作品的精神，進而一窺作家文人的心靈堂奧，並與之契合無違！

從以上二點的說明裏，我們知道天地間的絕妙好辭，大抵是由作家之性情中流露出而涉筆成趣的。文學作品淺薄與否，是可以從作品的情韻去察覺、辨析的，因為天性澆薄的人，是絕對作不出深情的文辭。惠洪的冷齋夜話記中談到：「李格飛論文章，嘗曰：『諸葛孔明出師表，劉伶酒德頌，陶淵明歸去來詞，李令伯乞養親表，皆沛然如肺肝中流出，殊不見斧鑿痕。』」此處所言的「沛然如肺肝中流出」，指的就是作者磅礡生命力的投射，能掌握文學此等至性至情，實有助於我們對文學作品深入精微的體悟，並進而獲得文學所給予我們的性靈滋潤。因此，在文學鑑賞的過程裏，我們如能透過情的誠摯與韻的雋永兩個角度，作為感受作者心靈境界的方向，那必可提昇自己的鑑賞層次，達到文學鑑賞的目的。

註一　參見高師仲華先生高明文輯下　頁三九五

註二　同註一

註三　參見開明書店談文學　頁一七一

註四　同註一

註五　參見中國文學發達史（臺灣中華書局）　頁九一○

註六　參見艾治平古典詩詞藝術探幽

註七　參見高師仲華先生高明文輯下　頁四○○

註八　參見袁枚隨園詩話記

（四）意境的鑑賞

壹、前言

　　文學作品的鑑賞，可從許多不同的角度來著眼，若以「意境」的角度來品評文章，首先應該知道什麼是「意境」？「意境」，可以說是一個非常廣泛而抽象的觀念，正因為如此，便產生了許多的詮釋和不同的體會。說文：「意，志也。」而春秋說題辭則說：「思慮為志。」也就是心有所嚮往，就形成了思慮。至於「境」，本字為「竟」，又稱為「境界」。說文：「竟，樂曲盡為竟。從音，從人

，會意。」竟，本是指樂曲的終結，引申而言，則凡是終極的，都可稱為「竟」。「於是造詣終極之

所見，都可叫做境或竟」（註一）。例如：「塵境」、「幽境」、「仙境」，其中所說的，都含有

「景象」的意義。而「順境」、「逆境」說的則是人所遭遇的終極景象。在詩文中也有其文學造詣所

到達的終極景象，這些終極景象，我們則稱之為「文境」、「詩境」。至於「意境」，則是說人的思

慮、意向，從心而發，表現在言語或文辭上，所形成的終極造詣景象（註二）。根據以上的說法，便

不難明白，所謂意境的鑑賞，也就是要探索文學作品中，此種「景象」的塑造及作者在這方面所下的

功夫。

貳、如何鑑賞意境

在文學鑑賞的過程中，我們應該如何感受及欣賞作者對於意象的表達呢？以下茲就三方面，加以

學例說明：

一、從情真景實鑑賞意境

對於「意境」的詮釋，石濤從藝術創作的角度來看，他以為境界是指畫面上所表現出來的境域。

而王國維則有其獨特的看法，他說：「境非獨景物也，喜怒哀樂亦人心中之一境界，故能寫真景物真

感情者，謂之有境界；否則謂之無境界。」（註三）由此可知，王國維所說的境界，是可模擬實體的

景物，也可模擬吾人心靈中的情感，但重要的是，無論是主觀或客觀的摹寫，都必須是真摯的。葉嘉

瑩在王國維及其文學批評一書中，說：「意境，就作者而言，是一種具體而真切的意象的表達；就讀

者而言，則是一種具體而真切的意象的感受。」事實上，不管如何來解釋「意境」二字，「意境」都涵蓋有二種層面，一是具體的物境，一則是抽象的情意。無論情或景又都以「真」為上，古今傳誦的好文章，通常都具備情真景實的特色。例如：李密的陳情表、諸葛亮的出師表、袁枚的祭妹文都是情意真摯，哀切動人的好文章。

杜甫羌村詩三首，寫詩人經戰亂流離，初抵家鄉，驚喜之景，句句傳神。「嬌兒不離膝，畏我復卻去」寫孩稚依依真景。「羣雞正亂叫，客至雞鬥爭，驅雞上樹木，始聞叩柴荊，父老四五人，問我久遠行，手中各有攜，傾榼濁復清」寫歸後鄰居贍勞之真景。以上這些景物的摹寫，能使讀者看了以後，有如身歷其境的感覺，都是成功的寫景。鑑賞者應注意，作者所寫之情是否「真」；所寫之景是否「實」，能情真景實者，便是有境界。

「崢嶸赤雲西，日腳下平地」寫薄暮真景。「鄰人滿牆頭，感歎亦歔欷」寫村居真景。

二、從創作層次鑑賞意境

一篇好的文學作品，是必須有意境的。「意境」在藝術創作中，是屬於創造性的。有創造性的作品，才算有境界；有境界，才能成為藝術。在西洋的美學體系中，「意境」對於觀賞者而言，應該是一種「美感經驗」；是主觀的，且具有其普遍性的存在，是表現於審美客體與觀賞者心靈之間（註四）。

王國維在人間詞話中說：「詞以境界為上，有境界，則自成高格。」事實上，所有的文學作品都是如此。若是從創作層次來鑑賞意境，我以為又可將之分為以下三種境界：

（一）有我之境──王國維在人間詞話提到：「『淚眼問花花不語，亂紅飛過秋千去』、『可堪孤館

閉春寒，杜鵑聲裡斜陽暮」，有我之境也。」又說：「有我之境，以我觀物，故物皆著我之色彩」。

「我」也是「萬物」之一，王氏所說的「有我之境，以我觀物」，如改爲「有我之境，以物觀物」，

物相對，是以世俗之情，多用主觀的心態，觀察外物。從「自我」觀「萬物」，故物皆著有「我」的

這便是「有我相之境」。正因爲是由「我」去觀看宇宙的萬事萬物，因此所有的事物便含有「我」的

意志，既有主觀的色彩介入，那麼所見到的景象，便不能絕對客觀。「花不語」三字，涵蘊了多少說

不出的恨意，也可看出作者強烈的主觀意識；而偌大的館厝，在詩人多感的靈魂探照下，有感於料峭

春寒中，它益發地孤單起來，正如作者內心的寒冷封閉一般。在我們所接觸的衆多文學體裁的作品中

，「有我之境」的表現，算是較爲普遍的。如散文中的抒情作品，多半有個「我」，在幕後操縱，抒

發一己的感情，透過文字，以呈現出「有我相」的境界。在詩詞作品中，也常能看到這樣的例子。如

：白居易慈烏夜啼是他守制家居時的作品，全詩透過慈烏的夜啼，使我們更能體會到他子欲養而親不

待的悲痛心情。這首詩所以特別強調「夜啼」一事，一方面因慈烏是孝鳥，在夜半時思母，

的啼聲，使得失母的人聽了，自然會聯想到自己同樣的遭遇；另一方面，夜半時萬籟俱寂，便發出淒厲

的悲音，叫人聽了，覺得格外清楚，格外哀傷，這同時也烘托了作者白居易當時的心境（註五）。所

以「夜夜夜半啼，聞者爲沾襟」，所表現的是「有我之境」，因爲在這首詩中有個「沾襟的我」。當

我們鑑賞這類作品時，便可直接的去接觸文中「我」的世界。

（二）無我之境──無我之境，又可稱作「忘我」之境，所謂「忘我」，乃是「忘我執」，意即忘掉自我所執着的主觀意識。王國維說：「『寒波澹澹起，白鳥悠悠下』，無我之境也。」又說：「無我之境，以物觀物，故不知何者爲我，何者爲物。」王氏所說的「無我之境，以物觀物」，如改爲「無我之境，以道觀物」更確當些。因爲莊子秋水篇說：「以道觀物，物無貴賤。」此「道」即指「自然」，從「自然」看「萬物」，便能打破現象界萬物相對的觀念，進而使「物我交融」，呈現出莊子齊物論所謂「天地與我並生，萬物與我爲一」的境界，故能不知何者爲我，何者爲物。這便是「無我相之境」。從「自然」看「萬物」，因此作者便能褪去他成見的外衣，客觀地觀照他眼下的世界，這時，在藝術創作者的鏡頭裡，一草一木所呈現的，均是其最悠然，最自在的形態，「我」與「物」之間沒有距離，其境中不著我相。於是讀者便能毫不受干擾地，欣賞一幅大自然的或是靈魂深處的協調境致。作家忽而用遠鏡頭看白鳥悠悠而下，忽而又用近鏡頭看寒波在水上圈動，物我之間，泯然無界。可以說「無我之境」，是指從絕對的境界，看相對的境界，擺脫自我的主觀，而成爲一個自然祥和的景象，這便是「無我之境」的好處。鑑賞者在品評作品時，更應仔細地玩味其淡然而優美的氣度，經由「忘我執」，而眞正的進入文學的桃花源地。

（三）眞我之境──眞我之境是屬於一種「頓悟」後的「清明」。從常變的人事中，知道「物化」的必然現象，用「覺悟」的態度，從「本體」看「萬物」，故能所在「逍遙」，無所不適。於是不再主觀的執着「自我」，完完全全的將自己投入更豁達的人生之中，內不覺其一身，外不識有天地，然後

能忘懷得失，曠然與變化爲體而無所不通。當各種學科發展至極致時，其精神層次都是相通的，正如

文學上的「眞我之境」，就類似莊子哲學中的無拘無礙的「逍遙」之境一樣。歷代文學作品中，表現

這種境界的，可以陶淵明的欽酒詩爲例。他說：「結廬在人境，而無車馬喧。問君何能爾？心遠地自

偏。採菊東籬下，悠然見南山。山氣日夕佳，飛鳥相與還。此中有眞意，欲辨已忘言。」這首詩所以

能傳誦千古，不在於聲韻的悅耳，辭句的優美；而在於作者能把莊子逍遙的境界，寫進了詩篇，達到

了出神入化的境界。「此中有眞意，欲辨已忘言」這便是超凡入聖的「眞我之境」。又如李白宣州謝

朓樓餞別校書叔雲：「棄我去者昨日之日不可留，亂我心者今日之日多煩憂。長風萬里送秋雁，對此

可以酣高樓。蓬萊文章建安骨，中間小謝又清發，俱懷逸興壯思飛，欲上青天覽明月。抽刀斷水水更

流，擧杯消愁愁更愁；人生在世不稱意，明朝散髮弄扁舟。」這種神來之筆，是如何的瀟灑，如何的

狂放，雖然在字裡行間，仍帶有淡淡的哀愁，但這只是詩人應有的惆悵。至於在心境上，他那種超脫

，那種曠達，那種逍遙，實在可配稱爲詩界的莊子了。「人生在世不稱意」，這是世俗的「有我之境

」；「明朝散髮弄扁舟」，則是李白的「眞我之境」。陶淵明雖知「此中有眞意」，而能「欲辨已忘

言」；李白雖知「人生在世不稱意」，而能「明朝散髮弄扁舟」，這就是因爲他們的心境中已具有逍

遙而遊的境界，所以在創作中自然呈現「眞我之境」。鑑賞者在閱讀他們的作品時，便必須特別加以

注意這種意境的表現，因爲它往往是這些作品之所以不朽的最重要因素。

青原惟信禪師說：「老僧三十年前未參禪時，見山是山，見水是水。及至後來親見知識，有個入

處，見山不是山，見水不是水。而今得個休歇處，依前見山祇是山，見水祇是水。」（註六）這一段話正可用來比較說明，本文所說文學創作層次的三種境界，使其意象更為明晰。所謂「見山是山，見水是水」，即世俗觀念之「胡蝶是胡蝶，莊周是莊周」蝶周分明，此為「有我」之境界。所謂「見山不是山，見水不是水」，即「不知周之夢為胡蝶與？胡蝶之夢為周與？」之蝶周不分，此為「忘我」之境界。所謂見山祇是山，見水祇是水」，即「周與胡蝶，則必有分矣」之體悟，此為「真我」之境界。能「忘我」，則「真我」自現。

三、從意象明晰鑑賞意境

一篇好的文學作品，無論是寫情或寫景，在「意境」的表現方面，總要做到「顯豁易見」（註七）。而在鑑賞的過程中，也必須注意作者在這方面的掌握，是否恰當。換句話說，在鑑賞時必須注意「意」與「辭」的相互關聯。辭、意二者是依傍而生的，有意才能發而為辭，無辭則意必無宣洩通達的途徑。無論是「意深辭淺」，或「意淺辭深」，都是不理想、不圓滿的。文辭的深淺，總必須隨著「意」的深淺而轉移變化，並作增減潤色的功夫，以使其得以窮形盡相：窮萬物之形相，盡萬物之至情，然後造成文學作品多采多姿的風貌。「辭」和「意」能密切配合使意象明晰者謂之有境界，否則謂之無境界。即鑑賞作品時，應注意作者於辭、意的密合、疏遠，是否處理得當，是否能充分地表達情意。「辭」、「意」能配合妥切，則意象自然明晰顯豁。

王國維在人間詞話裡頭說，詞境有隔和不隔的區別。「霧裡看花」便是隔，而「語語如在目前」

則是不隔。文學作品，必須有其意境，但若是辭、意不能做到顯豁易見，則意象含糊，便無境界可言。因此朱光潛在詩學一書中就說：「寓新穎的情趣於具體的意象。情趣和意象恰相熨貼，使人見到意象便感到情趣，便是不隔，意象含糊或空洞，情趣淺薄，不能在讀者心中產生明瞭深刻的印象，便是隔。」像杜甫詩：「細雨魚兒出，微風燕子斜」及林逋的「疏影橫斜水清淺，暗香浮動月黃昏」，這些詩中，意象明晰而具體，意境深入而有味。又如古詩：「生年不滿百，常懷千歲憂，晝短苦夜長，何不秉燭遊？」敕勒歌：「天似穹廬，籠蓋四野，天蒼蒼，野茫茫，風吹草低見牛羊。」以上這些詩句，在意境上，都能達到顯豁易見的理想，而不會因晦澀，阻礙了鑑賞的工作。由此可知，好詩必然意境明晰，所以這也是鑑賞的角度之一。

叁、結　語

最後要談到的是，對於文學作品的意境鑑賞，必須做到深入體會的功夫。其過程卻又必須經過三種境界，這也就是王國維在人間詞話所說的：「『昨夜西風凋碧樹，獨上高樓，望盡天涯路』，此第一境。『衣帶漸寬終不悔，為伊消得人憔悴』，此第二境也。『眾裡尋他千百度，驀然回首，那人卻在燈火闌珊處』，此第三境也。」在我們深入體會文學創作的意境時，往往必須經由第一境的「茫然無緒」，第二境的「困勉努力」，方才能夠到達第三境的「恍然有得」（註八），發現意境的佳妙之處，進入鑑賞的最高境界。培養鑑賞能力的過程是：首先一定要廣博的見聞他人的經驗及意見，然後再做精微的、深入的研究，建立一套屬於自己的，周密精確且客觀的鑑賞標準。最後基於長時間的

國文教材教法

四〇四

努力，細細的搜尋及品味，終能得以有所頓悟，於是便使鑑賞者「恍然有得」，一窺文學意境的堂奧。

（以上「意境的鑑賞」，原載於國立臺灣師範大學 國文學報 第十五期）

【附　註】

註 一 參見高師仲華先生高明文輯　論意境

註 二 同註一

註 三 參見王國維人間詞話

註 四 參見中國現代文學批評選集姚一葦的「論境界」

註 五 參見國民中學國文教師手冊第四冊

註 六 參見指月錄

註 七 同註一

註 八 同註一

㈤體性的鑑賞

「體性」一詞出於文心雕龍體性篇，在文心體系中，「體性」是屬於創作論。創作論又分為剖情

和析采，「體性」隸屬於剖情，此乃就文學內容而言。訓其情性，故黃李剛先生文心雕龍札記說：「

體斥文章形狀，性謂人性氣有殊，緣性氣之殊，而所爲之文異狀。然性有天定，亦可以人力輔助之，

是故慎於所習。」眩要的說明全篇大旨。在這裏，體指的是文體，也就是指遣詞造句，布局結構而言

，這是屬於文章的形式。性指的是文性，也就是作者天賦的個性，表現在文章上，便會自然流露的爲

文之性，這是屬於文章的內容。作者將內在的思想感情，透過語言形式而表現在文章上，即構成風格

。作品的風格因作者個性之不同而有差異，正所謂「各師成心，其異如面。」因此以體性的角度來鑑

賞文章，便要探討作品風格與作家個性之關係，進而分析什麼樣的體裁宜配合什麼樣的作家，才會有

成功的創作表現。

　清朝沈德潛說詩晬語卷下，曾論述到作家個性與文章風格之關係，如一體之兩面：「性情面目，

人人各具。讀太白詩，如見其脫屣千乘。讀少陵詩，如見其憂國傷時。其世不我容、愛才若渴者，昌

黎之詩也。其嬉笑怒罵、風流儒雅者，東坡之詩也。即下而賈島李洞輩，拈其一章一句，無不有賈島

李洞者存。」故大凡名家之作，必具眞情實性，人格的表現就是風格的展露，文如其人，有其性情，

則有其文章；無其性情，則無其文章（註一），而能以文辭適當的凝合內容，表現出風格的，才是眞

正有價值的作品（註二）。

　至於體察文章，首先應就人的質性入手，章學誠根據論語子路篇：「子曰：『不得中行而與之，

必也狂狷乎！狂者進取，狷者有所不爲，』」的話，分「文性」爲「中行」、「狂」、「狷」三種。

他又認為「文性」還有真偽的區分，便又分為「偽中行」（就是「鄉愿」）、「偽狂」、「偽狷」。

我們對於作品所表現的「文性」便須辨別清楚，「中行」最上，「狂」、「狷」次之，「偽中行」、「偽狂」、「偽狷」最劣。寫作文章的人，必須去偽存真，依其天性來創作文辭的形狀，當我們從事批評鑑賞時，也要能從作品中識別作者性格。以下我們利用文心體性篇所舉的實例作一說明，便可發現作品風格和作者個性的密切關係。

按劉勰所言，如「賈生俊發，故文潔而體清」，以俊美奔放來形容他的個性，所以文辭潔淨，風格清新爽朗；又如「長卿傲誕，故理侈而辭溢」，因其傲慢誇誕的個性，所以他的文章情理浮華，而辭采有泛濫的現象；再如「子雲沈寂，故志隱而味深」；因其沈潛寂靜的個性，所以他的文章內容便偏於隱密，而情味深遠；又「子政簡易，故趣昭而事博」，因劉向有平易近人的個性，所以文章旨趣極顯明，且敘事淵博。他廣徵了十二位作家為例，證明「吐納英華，莫非情性」之說，並謂「觸類以推，表裏必符」，可知每一個作者都各有天賦的稟性，而這一種特有的個性，又都自然的流露在他自己的文章上，而構成他自己的風格。風格對於一個人的質性，如影之隨形，不可分離。呂坤呻吟語論「詩味」，也是從此二者的關係來說。他說：

「疏狂之人多豪興，其詩雄；讀之令人灑落，有起懦之功。清逸之人多芳興，其詩俊；讀之令人自愛，脫粗鄙之態。沈潛之人多幽興，其詩潛；讀之令人寂靜，動深遠之思。沖澹之人多雅興，其詩老；讀之令人平易，消童稚之氣。」

他所謂「疏狂之人多豪興」、「清逸之人多芳興」、「沈酒之人多幽興」、「沖澹之人多雅興」，就是「文性」；而「其詩雄」、「其詩俊」、「其詩澹」、「其詩老」，便是指其「文體」。「文體」與「文性」結合，即構成文章的風格。作者的個性決定作品的風格，離開文性，便找不到風格的靈魂；同樣的，離開文體，也看不出個性的面目，因此叔本華說：「風格是心的面目。」這便說明二者是一體的。

文心雕龍體性篇把風格分為八種。這八種類別區分的標準，是以「宗經」「原道」為依歸，他便以這八種風格為準則，作為批評各時代作家作品的準則。

這八種風格是這樣的：

一、典雅：「典雅者，鎔式經誥，方軌儒門者也。」

二、遠奧：「遠奧者，複采典文，經理玄宗者也。」

三、精約：「精約者，覈字省句，剖析毫釐者也。」

四、顯附：「顯附者，辭直義暢，切理厭心者也。」

五、繁縟：「繁縟者，博喻釀采，煒燁枝派者也。」

六、壯麗：「壯麗者，高論宏裁，卓爍異采者也。」

七、新奇：「新奇者，擯古競今，危側趣詭者也。」

八、輕靡：「輕靡者，浮文弱植，縹緲阿俗者也。」

風格雖可分為這八種，但並非絕對單獨表現，它可能融合二體為一，或互相烘托陪襯，甚至在體性的

交互作用下，展現更多的風貌。

至於如何表現最理想的「體性」呢？根據高師仲華先生的說法，應做到兩點：一是「導其所宜」，二是「防其所失」。所謂「導其所宜」，就是以適宜的體裁表現自己的個性風格，因勢順導，在文學創作上的成就必然較大，因此屈原以楚辭寄其憂憤，司馬相如以漢賦鋪其麗辭，李、杜以詩歌發其意氣，溫、柳以豔詞抒其委婉，當然每個人的性格必不拘限於一面，如蘇軾才氣縱橫，各體具備，均有佳篇，然此乃特出之士，始能精通各體，否則如欲以文名家，必擇其所宜來表現。在文鏡祕府論論體篇上，便談到體裁與體性的相互配合：

「至如稱『博雅』，則『頌』、『論』這類體裁的文章；語『清典』，則『銘』、『讚』居其極；陳『綺豔』，則『詩』、『賦』表其華；敘『宏壯』，則『詔』、『檄』振其響；論『要約』，則『表』、『啟』擅其能；言『切至』，則『箋』、『誄』得其實。凡斯六事，文章之通義也。苟非其宜，失之遠矣。」

屬於「博雅」的體性，便宜於寫「頌」、「論」這類的文章；「清典」的體性，便適於寫「銘」、「讚」這類的文章；「綺豔」的體性，便適合寫「詩」、「賦」這類的文章；「宏壯」的體性，則宜於寫「詔」、「檄」這類的文章；「要約」的體性，則適於寫「表」、「啟」這類的文章；「切至」的體性，則適合寫「箋」、「誄」這類的文章。反之亦然，寫「頌」、「論」一定要「博雅」；寫「銘」、「讚」一定要「清典」；寫「詩」、「賦」一定要「綺豔」；寫「詔」、「檄」一定得「宏

壯」；寫「表」、「啟」一定得「要約」；寫「箋」、「誄」一定得「切至」。能夠做到這樣，便是「導其所宜」，達到理想的境界。教師指導學生鑑賞「頌」、「論」時，便要看它是否「博雅」；鑑賞「銘」、「讚」，要看它是否「清典」；鑑賞「詩」、「賦」，要看它是否「綺豔」；鑑賞「詔」、「檄」，要看它是否「宏壯」；鑑賞「表」、「啟」，要看它是否「要約」；鑑賞「箋」、「誄」，要看它是否「切至」，這「博雅」、「清典」、「綺豔」、「宏壯」、「要約」、「切至」便是鑑賞文章優劣的參考標準了。

文鏡秘府論論體篇又說：

「博雅之失也緩，清典之失也輕，綺豔之失也淫，宏壯之失也誕，要約之失也簡，切至之失也直。體大義疏，辭引聲滯，緩之致焉。理入於浮，言失於淺，輕之起焉。豔貌違方，逞欲過度，淫以興焉。制傷迂闊，辭多詭異，誕則成焉。情不申明，事由遺漏，簡自見焉。體尚專直，文好指斥，直乃行焉。故詞人之作也，先看文之大體，隨而用心，導其所宜，防其所失，故能辭成練骲，動合規矩。」

各種體性的文辭，有所宜，也有所失。因此為文之時，必要一方面注意導其所宜，一方面也要防其所失。比如說，在表現「博雅」的體性時，而不失之「緩」；表現「清典」的體性，而不失之「輕」；表現「綺豔」的體性，而不失之「淫」；表現「宏壯」的體性，而不失之「誕」；表現「要約」的體性，而不失之「簡」；表現「切至」的體性，而不失之「直」，那便能達到理想的要求。教師指導學生鑑賞「博雅」者，看它是否失之於「緩」；鑑賞「清典」者，看它是否失之於「輕」；鑑賞「綺豔」者

，看它是否失之於「淫」；鑑賞「宏壯」者，看它是否失之於「誕」；鑑賞「要約」者，看它是否失之於「簡」；鑑賞「切至」者，看它是否失之於「直」，這「緩」、「輕」、「淫」、「誕」、「簡」、「直」，也便可作爲鑑賞文章優劣的參考標準了。

一般人的文章很難做到無所失。例如：「徐幹以賦、論標美」（文心雕龍才略篇語），文辭體態可說是博雅了，但魏文帝卻說他「時有齊氣」（見典論論文），齊氣就是舒緩之氣。「博雅之失也緩」，即如徐幹也不免有失。「至如敬通雜器，準犧戒銘；而事非其物，繁略違中。崔駰品物，讚多戒少。李尤積篇，義儉辭碎。」（文心雕龍箴篇）可見馮衍、崔駰、李尤這些人寫清典的銘文，仍不免失於輕率。屈、宋是辭賦之祖，然而「宋發巧談，實始淫麗」（見文心雕龍詮賦篇），宋玉的賦也不免有淫麗的偏失。陳琳作檄，據三國志裴松之注引典略之說，居然可以治癒魏武帝的頭風，如此看來，其文不能說不壯偉；但他替袁紹寫的檄文，攻訐魏武帝，「奸閹携養」，「發邱摸金」；文心雕龍檄移篇便批評他「章密太甚」，「誣過其虐」，是失之於怪誕了。敍事貴乎要約，不獨表、啓爲然。王若虛諸史辨惑說：「如史記高祖聞田橫死，曰：『嗟乎，有以，起自布衣。』其語太簡，讀之殆不可曉。」班固想做到「要約」，結果卻是「其失也簡」。潘岳是做哀誄這一類文辭的高手，文心雕龍指瑕篇則說他：「悲內兄，則云『感口澤』；傷弱子，則云『心如疑』。禮文在尊極，而施之下流；辭雖足哀，義斯替矣。」他就犯了「切至之失也直」這句話。這些人都是古來的名家，尚且不能避免過失，可見「防其所失

」的確不是一件易事。（註三）

總之各種體性的文辭，有所宜，也有所失，若能一方面表現得宜的體性，而又不流於缺失，便是成功了。文心雕龍體性篇有兩句話「摹體定習」和「因性練才」，很可以指導我們做到「導其所宜」和「防其所失」。寫作文章，要順著自己的「文性」來鍛鍊自己的「文才」，然後才能創造屬於自己的風格，開拓自己寫作的途徑。當我們以「體性」作為鑑賞的標準時，便應從作者的文性著眼，看作品所呈現的風格能否與作家的個性相應，即文體（體裁）與文性（作者個性）是不是配合，若能由這個角度去鑑別和欣賞一篇文章，自當更為深入客觀些。

【附　註】

註　一　參見羅聯絡文心雕龍體性篇釋義

註　二　參見廖蔚卿文心雕龍的風格論

註　三　參見高師仲華先生高明文輯論體性

㈥格調的鑑賞

我們常聽到一些評語，如：「他的格調不高」，或是「他自成一格」，究竟何謂「格調」？如果

我們拿「格調」作爲鑑賞文學作品的一個角度，首先便要了解「格調」的定義。

推其字源，說文：「格，木長貌，從木，各聲。」「格」字的本義，是樹木生長的樣子。引申爲

「格格相交」的「格」，如「窗格」的「格」。像「窗格」這一類的「格子」，必須要有一定的

「格式」。後來用一定的「格式」來度量東西的，也叫做「格」。倉頡篇：「格，量度也。」就是這

種涵義。由「度量」的意思，再引申爲「標準」的意義。後漢書傅燮傳李賢注便說：「格，猶標準也

。」至於「調」，說文解作：「調，和也。從言，周聲。」賈子道術有更清楚的說解：「合得周密

，謂之『調』。」於是調和周密而能合爲一體的，就叫做「調」。（註一）在音樂方面，有所謂的「

C調」、「G調」等；在人的作風方面，有所謂的「調調兒」、「調門兒」；在文辭方面，表示作風

的，也就叫做「調」。漢書鼂錯傳：「調立城邑。」顏師古注：「調，謂算度之也。」可見「格」

與「調」字均有「量度」、「標準」的意思，因此「文格」就是「文調」，凡表示文中調和周密而

能合爲一體的作風，我們便合稱之爲「格調」。（註二）

我們可以用「格調」來評論人品，也可以用「格調」來說文辭的品質，如方干的美人詩：「直緣

多藝用心勞，心路玲瓏格調高」，這是說人的格調。韋莊的送秀才詩：「人言格調勝元度，我愛篇章

敵浪仙」，則說的是文辭的格調。人的格調，可從他的德性、氣概、言談、舉止各方面所表現的程度

來品評；文辭的格調亦然，可從字面、氣味、旨意各方面所表現的程度，加以評賞辨別。就文章的鑑

賞來說，格調一定要高。陳善捫蝨新語說：「余每論詩，以陶淵明、韓、杜諸公，皆為韻勝。一曰，見林倖於徑山，夜話及此。林倖曰：『詩有格、有韻，故自不同。如淵明詩，是其格高；謝靈運「池塘生春草」之句，乃其韻勝也。格高似梅花，韻勝似海棠花。』予聽之，瞿然似有所悟。」這一段話，不僅說明「格調」和「情韻」的分別，也強調格一定要高。情韻勝的作品，純粹流露作者敏銳感性的豐富的情緒世界，文辭優美有韻味，令人喜愛；而格調高的作品，則更顯示作者的人品，或清高超拔，或充滿悲憫淑世的性格，教人起敬。至於如何才能分辨出格調的高低呢？這可從三方面著眼：

第一，從文辭辨別：這是指從作者所喜用的字面去辨別。一個作家往往無意間在文辭中流露出他所喜用的字眼而不自覺，這正顯現他個人的品格。因為字面是文辭表現品格的最粗淺的一面，所以我們藉著文辭的字面可得到一最初步的辨認。例如王國維評白石詞，以為「古今詞人格調之高無如白石」，而其所以格高，就在於他的文字高雅而不流俗。又如周濟介存齋論詞雜著說：「梅溪詞中喜用『偷』字，足以定其品格矣。」這是因為史梅溪詞中喜用「偷」字，便據此說他辭句雖美，而格調卻不高。然而當我們以字面去辨別品格的高下時，是需要相當謹慎的，因為統計資料只是一種參考，絕不是結論，尤其現代文學運用的媒體，如性、慾、愛、恨之類頗常見，便不能因字面的醜暗污穢而抹殺其內在表現的主題意識。

第二，從文氣辨別：這裏所說的文氣是根據文辭的氣味，因其較為抽象，要比統計字面難得多了。然而在文辭的字裏行間確有「氣味」的存在，氣味的好壞，最能顯現格調的高低。如孟子有「知言

養氣」，曹丕言「氣之清濁有體」，到韓愈則謂「氣盛則言之短長與聲之高下者皆宜」，因每人之稟

賦修養不同，呈現出來的作品也各具精神風貌。毛奇齡西河詩話更把氣味分類來說：「蓋文有士氣，

有丈夫氣。舊人論詩，極忌庸俗，以其無士氣也；且又惡纖弱，以其無丈夫氣也。」「士氣」、「丈

夫氣」，這是文辭中好的氣味。陳廷焯白雨齋詞話也說：「無論作詩作詞，不可有腐儒氣，不可有俗

人氣，不可有才子氣。人第知腐儒氣，俗人氣之不可有，而不知才子氣亦不可有也。尖巧新穎，病在

輕薄；發揚暴露，病在淺近。」這「腐儒氣」、「俗人氣」、「才子氣」都是文辭中壞的氣味，只要

我們細加尋求，總可嗅得出來。從氣味來辨別格調，較之從字面去辨別，尤為可靠。因為文辭是可以

修飾選擇的，但文辭的氣味卻不容易偽裝。譬如一個流氓，即使他穿著紳士的衣服，出入高級的場合

，冒充紳士，但只要他一開口說話，稍微的動作，就免不了會露出流氓的氣味，怎麼矯飾也掩蓋不了

他的本質。氣味之於文辭的格調，也是如此的，就好像文辭中若呈現刻薄之氣、狂妄之氣，便會產生

惡劣的氣味，相對的，格調必然不高。

　　第三，從文旨辨別：這是說從文辭的旨意去辨別。旨意高尚深遠的，格調一定高；旨意俗惡卑汙

的，格調相對的也一定低。人間詞話說：「溫飛卿之詞，句秀也；韋端己之詞，骨秀也；李重光之詞

，神秀也。」所謂「句秀」指的是辭句藻飾之美，所謂「骨秀」指的是情意本質之美，而所謂「神秀

」是指精神之生動飛揚，足以超越現實而涵蓋一切的一種美。（註三）就這三種文學作品中不同的品

質而言，似難分軒輊，然而若深入探討三者於文辭旨意的寓託，便可發現李後主的沈鬱哀痛，旨意悠

遠，故王國維極稱其「眼界大」「有釋迦基督擔負人類罪惡之意」；；至於韋莊之詞，雖有所寄託，但終不免於流俗，品格不高，而溫庭筠係精豔香奩之作，毫無深沈旨意可言，故相形之下，其格調又次之。此外，如劉熙載詞概提到：「周美成律最精審，史邦卿句最警練，然未得爲君子之詞者，周旨蕩而史意貪也。」既然旨蕩、意貪，更違論作品的高格。揚雄的詞賦，在形式上何嘗不美？但劇秦美新，一味的諂媚阿諛新莽的功德，旨意俗陋，格調自然卑下。甚至市面上一些言情小說，內容盡是風花雪月，男歡女愛，旨意汙穢，格調可謂最低。

從以上所述三方面來辨別文辭的格調，對我們鑑賞必有相當大的幫助。至於說，怎樣的文章才算是高格的作品呢？最少必具備三個條件：第一，是「有境界」。正如王國維人間詞話所說的：「有境界自成高格」，所謂「有境界」，是指作者對其所寫之景物及感情須有真切之感受，而且能將此種感受鮮明真切地表達出來。境界雖有大小，然不以是而分優劣。如「落日照大旗，馬鳴風蕭蕭」表現的是氣勢磅礡的行陣及景象，場面壯闊而雄偉，而「細雨魚兒出，微風燕子斜」則是另有一番詩情畫意，纖麗而柔美，二者境界雖有大小，然同是高格之作。第二，是「雅正」。文辭的雅正，不僅在辭藻外貌，更重要的在「辭心」與「辭神」。潘彥輔一齋詩話說：「夫所謂雅者，非第詞之雅馴而已。其作此詩之由，必脫棄勢利，而後謂之雅，今種種鬬靡騁妍之詩，皆趣勢弋利之心所流露也。詞縱雅而心不雅，則詞亦不能掩矣。」王國維人間詞話也說：「詞之雅鄭，在神，不在貌。永叔、少游，雖作豔詞，終有品格；方之美成，便有淑女與娼妓之別。」周美成的辭藻，不能說是不精巧雅

正：但他的雅正，僅取其貌而不在神，所以他的「辭心」和歐陽修、秦觀一比，格調還是顯得低了。

第三，是「溫厚」。禮記經解：「溫柔敦厚，詩教也。」沈德潛清詩別裁凡例中，提倡溫柔敦厚，所謂「唐詩蘊藉，宋詩發露，蘊藉則韻流言出，發露則意盡言中。」但是他並不完全否認諷刺的作用，而是主張用含蓄的手法諷刺，更能增加藝術力量。用心溫厚的作品，格調較高。如謝榛四溟詩話說：「鮑防雜感詩曰：『五月荔枝初破顏，朝離象郡夕函關。』此作託諷不露。杜牧之華清宮詩云：『一騎紅塵妃子笑，無人知是荔枝來。』二絕皆指一事，淺深自見。」同樣是寫唐明皇為楊貴妃飛騎取荔枝的事，但鮑防的詩託諷不露，還存著「溫厚」的心，杜牧之的詩就不免顯出「輕薄」來，由此可見，杜牧之的格調不及鮑防的高。

文辭的格調，繫於作者的格調。作者有修養，文辭的格調自然高，所以培養文辭格調，是修養的問題，不是文學技術的問題。陳絢海絹說詞：「詞莫難於氣息。氣息有俗雅，有厚薄，全視其人平日所養。至下筆時，則殊不知也。」他這段話，真是一語道破。文格的高卑，其關鍵在於平日的修為，所以我們如果希望文章作品的格調很高，便得在日常培養我們為人的格調。

【附註】

註　一　參見高師仲華先生高明文輯論格調

註　二　同右

註　三　參見葉嘉瑩王國維及其文學批評

(七)聲律的鑑賞

舜典說：「詩言志，歌永言，聲依永，律和聲。」自古以來，人類為抒發情意，因此而有詩歌的產生，在詠歎的過程中，為求聲音的和諧悅耳，便逐漸形成了聲律。劉勰文心雕龍原道篇便說：「至於林籟結響，調如竽瑟；泉石激韻，和若球鍠，故形立則章成矣，聲發則文生矣。」由此可知，文學作品的產生，乃源於人類心靈的感動，而以大自然的一景一物為媒介，得之於心，發乎為聲，形之成文。人類由大自然的諧律中得到靈感，而產生人為音律，即在情意的表達中，為了美化聲韻，而形成平仄的參差錯綜、協韻的變化互換、句型的長短不齊等聲律的要求。因此，從事文學鑑賞，可由聲律的角度入手。何謂聲律呢？說文：「聲，音也。」廣雅釋詁說：「律，法也。」簡而言之，聲律就是聲音的法度。聲音合於法度的便美，不合於法度的便不美。

古人寫作篇章，修飾文辭，非常注重聲律。朱熹說：「韓退之、蘇明允作文，敞一生精力，皆從古人聲響處學。」曾國藩說：「情韻不匱，聲調鏗鏘，乃文章中第一妙處。」自唐宋以來至清朝桐城派的古文作家，均一致重視文辭的聲律。范仲淹作嚴先生祠堂記，原來末尾四句為：「雲山蒼蒼，江

水決決，先生之德，山高水長。」其友李泰伯看見而告訴他：「公此文一出名世，只一字未妥。」范

問何字，泰伯說：「『先生之德』不如改爲『先生之風』。」范仲淹聽後，喜而改之。「德」字和「

風」字在意義上雖有不同，但最重要的分別，還在聲律上。「德」字仄聲，音啞沈鬱，沒有「風」字

那樣響亮悠揚。所以范文正公便欣然改換。又如歐陽修作畫錦堂記，已將完稿交與來求之人，待其人

走遠，突然想到起頭兩句：「仕宦而至將相，富貴而歸故鄉。」尚應添加兩個「而」字，立刻派人快騎追

回，改爲「仕宦而至將相，富貴而歸故鄉。」我們如果把原句和改句朗誦一下來比較，就會明白這二

個「而」字加得十分妥帖。原句氣局促，改過後便很舒暢；原句意直率，改句便有抑揚頓挫。加與不

加，在意義上並沒有改變，卻使人讀起來有不同的效果，這便是聲律的作用了。」因此在欣賞古人文辭時，

文者，必要放聲疾讀，又緩讀，久之自悟。若但能默看，即終身外行也。」姚鼐說：「大抵學古

必須放聲誦讀，由字句中掌握住聲律，再由聲律中把握住作者的神氣與情意。

鑑賞古代詩文時，須注重聲律，鑑賞現代語體文，同樣也要注意聲律。就古文和語體文而言，其

差別不在聲律的有無，而在聲律形式化的程度大小。古文的聲律，形式化的程度大，語體文的聲律，

形式化的程度小（註一）。但語體文同樣可以在聲音的長短、輕重、緩急上顯出情意的變化。劉大櫆

說：「無一定之律，而有一定之妙。」正可以拿來說明語體文聲律的特點。因此在探討一篇語體文時

，仍可以聲律爲鑑賞的角度。語體文的聲律，也有駢散交錯，長短相間，起伏頓挫……種種道理在裏

面，都是出於自然，總要做到自然、清淨、流利。寫作語體文，就像在說話；而欣賞語體文，就像在

聽人說話，總希望人把話說得乾淨俐落，鏗鏘明朗，有時要如斬釘截鐵一般，有時又要像在委婉訴情，使讀者看著文章而能聽到作者的聲音，看見作者的笑貌，亦即所謂的「如聞其語，如見其人」。由此可知，文辭無論古今何體，聲律不論人爲或自然，皆可從作品中，提煉出聲音的節奏，亦可從聲音的節奏中，瞭解作者的內在情意。是故從事文學鑑賞者，焉能不由聲律入手呢？

晉代陸機的文賦一文中，有一段專講聲律，他說：「暨音聲之迭代，若五色之相宣；雖逝止之無常，固崎錡而難便；苟達變而識次，猶開流以納泉；如失機而後會，恆操末以續顚；謬玄黃之秩敍，故淟涊而不鮮。」以上這段話，可歸納爲文辭聲律的四大原則——錯綜、變化、恰合、秩敍（註二）。「暨音聲之迭代，若五色之相宣」即爲錯綜原則，就是把不同的聲音連接起來使用，便有抑揚高下，聽起來悅耳。「苟達變而識次，猶開流以納泉」即爲變化原則，是說把不同的聲音必須運用各種不同的方式連接在一起，才能表現聲律的奧妙。「如失機而後會，恆操末以續顚」即爲恰合原則，是說錯綜變化的聲音，必須與錯綜變化的情意，若合符節，該錯綜時就要錯綜，該變化時就要變化，恰當的把握住時機。「謬玄黃之秩敍，故淟涊而不鮮」即爲秩敍原則，是說聲音雖要錯綜變化，但並非漫無限制，必須有條理、有節奏。以上四原則，爲文辭鑑賞時概括式的聲律統則。

前文已述，聲律就是聲音的法度，何謂聲音的法度呢？以下就和聲與協韻兩方面來說明（註三）：

（一）和聲——把不同的字音連接在一起，讀起來很調和，叫做和聲。中國的字音向來分「聲」和「韻」兩要素，「聲」爲發音，「韻」爲收音，發音的部位有喉、舌、齒、牙、脣之不同；發音的輕重

有清、濁之不同；收音的呼法有開、齊、合、撮的不同；收音的洪細有一、二、三、四等的不同，音

調有平、上、去、入的不同，韻尾又有陰、陽之別，所謂和聲，亦即辨別字音的部位、等呼、洪細、

高低、陰陽、清濁、長短、抑揚、雙聲、疊韻……等，諧調配合，使其符合錯綜、變化、恰合、秩敘

四原則，成為一種完美的節奏。文心雕龍聲律篇說：「凡聲有飛沈，響有雙疊，雙聲隔字而每舛，疊

韻離句而必睽；沈則響發如斷，飛則聲颺不還；並轆轤交往，逆鱗相比，迂其際會，則往蹇來連，其

為疾病，亦文家之吃也。」黃季剛先生詳加解釋說：「此即沈約所云『前有浮聲，後須切響。一簡之

內，音韻盡殊；兩句之中，輕重悉異。妙達此旨，始可言文』（按見宋書謝靈運傳論）飛謂清聲，沈

謂濁聲。雙聲者，二字同聲；疊韻者，二字同韻。一句之內，如用兩同聲之字，或用二同韻之字，則

讀時不便。所謂『雙聲隔字而每舛，疊韻離句而必睽』也。一句純用濁聲，或一句純用清音，則讀時

亦不便，所謂『沈則響發如斷，飛則聲颺不還』也。『轆轤交往……』二語，言聲勢不順」。（註四

）由此可知，連用清聲的字，或連用濁聲的字，便違背了「錯綜」和「變化」的原則，音調一定不協

合。若是雙聲、疊韻的字在一句中分開來用，便讀不順口，這也違背了「恰合」和「秩敘」的原則，

音調一定不悅耳。

　　重疊，往往使文辭的聲音節奏和諧美妙。如古詩十九首中有一首：「青青河畔草，鬱鬱園中柳，

盈盈樓上女，皎皎當窗牖，娥娥紅粉妝，纖纖出素手。昔為倡家女，今為蕩子婦；蕩子行不歸，空床

難獨守。」連用了六組重疊的字，聲音極盡其妙，宛如鬼斧神工。若重疊字用得太多了，則又顯得柔

弱無力，雕琢堆砌，如喬吉的天淨沙：「鶯鶯燕燕春春，花花柳柳眞眞，事事風風韻韻，嬌嬌嫩嫩，

停停當當人人。」如此著意錘鍊，在聲律方面則顯得單調平板。

使文辭聲音和美，還要注意到平仄，雙聲，疊韻的錯綜。譬如唐無名氏的閨怨：「閨中少婦不知

愁，春日凝妝上翠樓，忽見陌頭楊柳色，悔敎夫婿覓封侯。」平仄用得錯綜恰合而有秩敘，讀來抑揚

頓挫，悅耳動聽。又如陸龜蒙的夏日閒居：「荒池荷蒲深，閒居莓苔平。江邊松篁多，人家簾櫳清，

爲書凌遺編，調絃誇新聲，求懽雖殊途，探幽聊怡情。」通首因全用平聲字，讀來只覺「聲颺而不還

」。另外如梅堯臣的舟中作應晏同樂：「月出斷岸口，影照別舸背，且獨與婦飲，頗勝俗客對。月漸

上我席，暝色亦稍退，豈必在秉燭，此景已可愛。」通首因全用仄聲字，讀來只覺「響發而如斷」以

上兩首詩，全用平聲或全用仄聲，便由於缺少平仄的錯綜，而減低了聲律之美。如像杜工部詩：「一

去紫臺連朔漠，獨留青塚向黃昏。」兩句詩中，因爲有疊韻字「朔漠」與雙聲字「黃昏」錯綜其間，

所以聲音特別和諧優美。由此可知，站在聲音的角度鑑賞文辭時，應特別注意句中與句間和聲的情形

，是否已符合了錯綜、變化、恰合、秩敘的原則。

（二）協韻——文辭和音樂一樣，要聲音的節奏更美，便須講究協韻。一篇文辭，每句，或每隔一句

，或隔幾句，都用收音相同的字結尾，稱爲協韻。協韻的功用，在造成音節的前後呼應與和諧，是表

現節奏的一種方法。韻可以吸引人的邊緣注意力，來幫助中心注意力，從增進文辭聲音的美來說，實

在是很可貴的。韻由於聲音的不同而能表現相異的情緒。例如：收音於「昂」（尢）的字，多表現雄

壯的情緒。收音於「衣」（一）的字，多表現淒惋的情緒。收音於「烏」（ㄨ）、「庵」（ㄢ）的字，多表現沈重哀痛的情緒。韻腳所呈現的情感，有韻類及平仄，大抵平聲韻飛揚，仄聲韻矯健。而韻類的表達情感，根據<u>謝雲飛</u>先生的說法，可歸納成八類如左：

(1)凡「佳、咍」韻之韻語皆有悲哀的感情。其辭如悲哀、掩埋、陰霾、頹衰、黃埃等。

(2)凡「微、灰」韻之韻語皆有氣餒抑鬱之情思。如頹廢、流淚、深垂、細微、破碎、憔悴、累贅等。

(3)凡「蕭、肴、豪」韻之韻語皆有輕佻、妖嬈之意。如逍遙、罵俏、窈窕、嬌小等。

(4)凡「尤、侯」韻之韻語，皆似含有千般愁怨，無法申述之意味，最適於憂愁之作。如憂愁、消瘦、更漏、眉綯等。

(5)凡「寒、桓」韻語，皆有黯然神傷，偷彈雙淚之情愫，適用於獨自傷情之詩。如悽慘、闌珊、天寒、日晚等。

(6)凡「眞、文、魂」韻之韻語皆含有苦悶，深沈、怨恨之情調。如長恨、黃昏、紅塵、孤墳等。

(7)凡「庚、青、蒸」韻之韻語皆含有淡淡哀愁，似又含相當理性之情懷。如清明、長亭、空庭、鬢影、深情、淒清。

(8)凡「魚、模、虞」韻之韻語皆含有日暮途窮，極端失意之情感。如日暮、孤苦、末路、濃霧

、朝露等。

謝先生的分類（註五），於情感界中，雖難以明確，如一韻而兼兩種情感者亦有，但可大致看出不同類的韻的確可表達相異的情感。各種韻類發音部位及方法，皆為人類自然情緒的產物，韻腳的作用，即是將此人類情感強化，使閱文者能自其間聯結聲音與情感，而進一步與作者發生共鳴。教師指導學生鑑賞韻文時，可由協韻的韻腳著手。

依據高師仲華先生論聲律一文，協韻要達到理想，至少要做到三點：

1.韻與情緒配合——聲音表現情感，本是自然之事，寫作篇章，要借乎文字表現情緒，必須在協韻上下功夫，選擇足以表達情緒的韻腳來運用。

茲舉蔡元培祭中山先生文為例，其原文如下：

嗚呼！先生生於世者六十年，而奔走革命者四十載。其機動於救人，其效極乎博愛。至大至剛，充塞宇內；百折不撓，有進無退。革命垂成，百廢俱興，方依日月之朗曜，遽痛山冢之峯崩！晚進之士，何訴何承？譬若樓船之失舵，亦如暗室之無燈。

所可稍慰者，遺言具在，有赫然之典型；所應自勵者，一致奮鬥，將繼先生之志以有成。凡先生之所詔示，至大如建國方略，至高如三民主義，無不以學說為基礎，而予吾人以應出之途程。尤扼要者，謂革命之根本，在求學問之深且閎，所宜服膺勿失，刻苦砥礪，以共策夫科學之發榮。

茲當國葬大典，敬獻香花一束，表明德之芳馨；佐以清樽，湛然醱醅。嗚呼！有盡者言詞，不盡

者伊怨悽楚之情。靈爽匪遙，鑒此精誠！

本文便是一篇長短句的韻文。除首段不押韻外，二、三兩段均有韻腳，如：成、程、閎、榮、情

、誠六字，均屬庚韻。興、崩、承、燈四字，均屬蒸韻。型、馨、醞三字，均屬青韻。庚、蒸、青這

三個韻目，依照古音是可以通押的。

依謝先生分類之第七條：「凡『庚、青、蒸』韻之韻語含有淡淡哀愁，似又含相當理性之情懷。

」運用於本文是很確當的。這篇文章的主旨是抒寫對 國父的哀悼之情，尤著重於 國父在學術上的

貢獻。第一段說明 國父革命的宗旨。第二段說明 國父逝世後，全國人民失去了領導，我們應遵奉

國父遺教，以完成革命大業。第三段說明祭悼時哀痛的心情。本文作者以「庚、青、蒸」韻，娓娓道

來，確能在淡淡哀愁中，理性的開示出一條新路。這便是韻腳配合情緒的妥切善例。

2.韻要互相協調——輕重音並押，便無法和諧，如「這裏」和「道喜」，雖同為紙韻，裏字輕

，而喜字重，同時並押，便不調和。還有押韻的字要屬於同一聲調，如「雲霧」和「逐鹿」，雖同以

「烏」字收音，但霧字去聲，鹿字入聲，協韻不調和。另外主要元音不同者亦不能並押，如冬（ㄉㄨㄥ

、青（ㄑㄧㄥ），雖同以（ㄥ）收音，但主要元音，冬是（ㄨ），青是（ㄧ）兩音相協，便不調和

。至於讀音全同的，如保、寶，若同時押，就有犯韻之弊，應該避免。

3.韻要響亮妥帖，切忌啞滯晦僻——許多作品，儘管風神好、氣骨好、情韻好、意境好、字句

工穩，但卻因韻不響亮而減損其美。如鄭孝胥的有馬雜詩：「谿聲使人靜，鳥語引熟寐。風從前山下

，盡帶松竹氣。」讀起來總覺得音涉啞滯、晦僻，關鍵就在選韻時沒有注意到響亮妥切。教師在指導學生探討文辭的聲律時，可參考協韻的三個角度進行鑑賞。

以上三點為協韻時所應當注意的。

聲律與文情結合，可使讀者有身歷其境的感受。作品中若能同時並重「聲」與「情」，則讀者在咀嚼文字之餘，必覺嫋嫋餘音，繞樑不絕。以下舉兩個例子以說明站在聲律的角度進行鑑賞：

1. 絕句

鳥鳴澗

人閑桂花落，夜靜春山空△，月出驚山鳥，時鳴春澗中△。

空、中屬東韻。東韻寬厚平坦，元音為舌面後高元音，以鼻音韻收尾，響度大。東韻之字多有高明美大之意。這首詩寫清幽絕俗之境，自然景色之寬廣、美麗，表現於其間。首兩句格律「平平仄平仄，仄仄平平平」，桂字當平而仄，春字當仄而平，則使春、山、空三字皆平，有意造成清幽情緒，故引而增長。東韻字開朗之情多，則此首寫景，悠遠閑淡，高雅情趣自出，悠然神往之情油然而生。

2. 詞

聲聲慢

尋尋覓覓，冷冷清清，悽悽慘慘戚戚△。乍暖還寒時候，最難將息△。三杯兩盞淡酒，怎敵他晚來風急。雁過也△，正傷心，却是舊時相識△。

滿地黃花堆積，憔悴損，如今有誰堪摘？守著窗兒，獨守怎生得黑？梧桐更兼細雨，到黃昏點點滴滴，這次第怎一個愁字了得？

這首詞以戚、息、急、識、積、摘、黑、滴、得爲韻，屬於詞韻入聲第十七部，這些入聲韻字能表達出情感的鬱結，因此寫閨情則能妥切顯示出慘淡淒苦，憂鬱深沈之情。作者千愁萬緒，欲語還休，卻言不盡意。一個愁字怎能道盡滿腔憂怨？

作者連續使用四個疊字，一吐慘淡哀愁，末句點點滴滴四個疊字，又極含愁緒。除感情表現淒厲外，音律之頓挫，也十分宛轉。十四疊字用「平平仄仄，仄仄平平，平平仄仄平平」，音律安排錯綜、恰合，而有秩敍，如此出奇制勝的布置，長吟一己心緒之矛盾與彷徨，極爲婉妙。

教師指導導學生探究文辭篇章，不論古今何體，皆可站在聲律的角度鑑賞。由此可知，教師應當引導學生正確朗讀課文，使其對文中之精意心領神會，這樣才能與作者產生共鳴。

【附 註】

註 一 參見高師仲華先生高明文輯論聲律一文

註 二 同註一

註 三 同註一

註四 四 參見黃季剛文心雕龍札記

註 五 參見謝雲飛韻語的選用和欣賞一文

(八)色采的鑑賞

寫作時，鍛句鍊字，鎔意裁辭，敷繪色采，比附聲響，皆屬於文章修辭的範圍。文心雕龍情采篇云：「故立文之道，其理有三：一曰形文，五色是也。二曰聲文，五音是也。三曰情文，五性是也。」文辭所表現的內容是情性，形式即爲色采與聲律。劉勰把文章中的情采比喻爲經緯，認爲「經正而後緯成，理定而後辭暢。」更巧妙的設譬說：「鉛黛所以飾容，而盼倩生於淑姿。」生動地譬喻說明文章若有適當的辭采，能使其內容的表現更臻完美。因此談到文學鑑賞，不能不從文辭色采的角度，予以觀之。

文辭色采的鑑賞，大抵可由三個角度著手。一爲字句中的色采，二爲篇章中的色采，三爲辭藻中的色采。茲就此三義分述如下：

甲、字句中的色采

㈠巧拙之美：吳喬云：「詩有用巧而見工，亦有用拙而逾勝者。」（註一）他對巧與拙在詩境上的看法，可說公允確當，所謂巧，是指造句上，寫物細膩，細入毫微，對偶精緻，鉅細靡遺，如工筆

繪畫，極為工巧。例如杜甫詩：「仰蜂黏落絮，行蟻上枯梨。」「芹泥隨燕嘴，花粉上蜂鬚。」用字設句，雕刻精巧。又如杜荀鶴詩：「爭知百歲不百歲，未合白頭今白頭。」「枕上事仍多馬上，山中心更甚關中。」每句重覆兩字，造句新穎，也是很工巧的。拙則有拙之美。謝榛四溟詩話云：「鶴林玉露曰：詩惟拙句最難，至於拙，則渾然天成，工拙不足言矣。若劉禹錫望夫石詩：『老母別愛子，少妻送征郎。血流既四面，乃一斷二腸。不愁寒無衣，不怕飢無糧。惟恐戰不還鄉，母化為鬼妻為孀』拙是在直率不雕琢的字句中，見出古樸自然之美。既不廻環曲折，又無所顧忌，頗有民間古諺之態。例如施肩吾的別離：『老母別愛子，少』整首詩沒有雕琢的痕跡，在粗拙中道出直率快語，一派市井老粗的口吻，別有一種古拙美感。又如陸龜蒙的古態：『古態日漸薄，新妝心更勞，城中皆一尺，非妾髻鬟高。』以婦女口吻，道出愛美追求時尚的心事，嬌憨之態，如在目前。這一類的詩，可說是「辭拙而意工」，「因拙以得工」吧！

（二）虛實之美：謝榛四溟詩話云：「實字多，則意簡而句健；虛字多，則意繁而句弱。」實字一義，若善用，則意義緊湊，加強句子雄健力量。例如溫庭筠曉行詩：「雞聲茅店月，人迹板橋霜。」實字一字一義，若善用，則亦可收提點辭采之效。如歐陽修醉翁亭記連用二十一個「也」字，並不顯得重覆累贅，反而具有一種特殊的意味。鑑賞文辭時，應注意到虛實所呈現的不同風貌，總要「實而不腴，虛而不枯」，才是上好的修辭。虛字在句中擔任緩衝聯結的作用，本身不具意義。句中若多用，則顯得意義繁複，用詞不簡鍊，使句子纖弱無力。若能善用，

（二）奇偶之美：古文奇而駢文偶，漢魏之文奇偶並行，猶見遒麗，大抵求文之參差美者貴奇，求文之整齊美者貴偶。（註二）文章奇偶之美是表現在字句的排列上，參差長短不齊者，有奇之美，對仗工整嚴謹者，有偶之美。古文不限定字句長短排列，故在字句上，能見出參差之美。而魏晉駢文，以對仗為度，故在字句上，能見出整齊之美。奇句易知，茲言偶句。文心麗辭篇：「故麗辭之體，凡有四對：言對為易，事對為難；反對為優，正對為劣。言對者，雙比空辭者也；事對者，並舉人驗者也；反對者，理殊趣合者也；正對者，事異義同者也。」長卿上林賦云：「修容乎禮園，翱翔乎書圃。」此言對之類也。宋玉神女賦云：「毛嬙鄣袂，不足程式；西施掩面，比之無色」，此事對之類也。孟陽七哀云：「漢祖想枌榆，光武思白水」此正對之類也。文鏡祕府論論對有二十九種，茲舉其要者如下：（註三）

宣登樓賦云：「鍾儀幽而楚奏，莊舃顯而越吟」，此反對之類也。

①的名對──如天，地；日，月；好，惡；去，來。

②隔句對──第一句與第三句對。

③雙擬對──如「夏暑夏不衰，秋陰秋來歸。」

④聯緜對──如「看山山已峻，望水水仍清。」

⑤互成對──如「天地心間靜，日月眼中明」；「麟鳳千年貴，金銀一代榮。」

⑥異類對──如「風織池間字，蟲穿葉上文。」

⑦雙聲對──如「秋露香佳菊，春風馥麗蘭。」

⑧疊韵對——如「鬱律構丹巘，稜層起青嶂。」

⑨廻文對——如「情親由得意，得意遂情親。」

⑩字對——如「山椒架寒霧，池篠韵清飈。」

此外，尚有單對，偶對，長偶對，借對，巧對，虛實對，流水對，各句自對等等，總而言之，奇而能華，偶而能樸爲上。」（註四）這便是鑑賞辭采時的重要尺度。

㈣濃淡之美：抱朴子外篇辭義：「屬筆之家，亦各有病。其深者則患乎譬煩言冗，申誠廣喻，欲棄而惜，不覺成煩也，其淺者則患乎姸而無據，證援不給，皮膚鮮澤，而骨骾廻弱也。」所謂深是指文辭繁濃，淺則文辭簡淡，辭采的濃淡隨著字句之繁簡而變。陳善捫蝨新語中有一段記載：「文字意同，而立語自有工拙。沈存中記穆修張景二人同造朝，方論文次，適有奔馬，踐死一犬，遂相與各記其事，以較工拙。穆修曰：『馬逸，有黃犬遇蹄而斃。』張景曰：『有犬死馬蹄之下。』今較此二語，張當爲優。然存中但云：『適有奔馬，踐死一犬。』則又渾成矣。」由上述記載得知，若張與穆較，張勝在簡；沈與張較，沈勝在繁，簡則顯示淡采之美，繁則顯示濃采之美，濃淡各有所當，須調配得宜。文辭色采的濃淡，應與篇章的境界相配合，如廟堂臺閣的壯麗境界，須用濃筆，但不叫肥俗。如山林樵事的幽靜境界，須用淡筆，但不能枯瘦。好的文辭，大抵都用濃淡相間的手法，表現出不同色采之美。繁深者易濃，簡淺者易淡，繁深而能淡，簡淺而能濃方爲上好的辭采。

㈤雅俗之美：一字一詞本無所謂雅俗之分。遣詞造句，不類庸俗，是一種美；俚俗野語，運用得當，亦是一種美。陸時雍在詩鏡總論中云：「詩有靈襟，斯無俗趣矣。有慧口，斯無俗韻矣。乃知天下無俗事，無俗情，但有俗腸與俗口耳。古歌子夜等詩，俚情褻語，村童之所報言，而詩人道之極韻極趣；漢鐃歌樂府，多寫人乞子兒女里巷之事，而其詩有都雅之風。如『亂流趨正絕』，景極無色，而康樂言之乃佳；『帶月荷鋤歸』事亦尋常；而淵明道之極美，以是知雅事所由來矣。」由此可知，尋常俚俗的事、語，只要典化得妙，都能變得雅緻起來。「所謂尋常事變得雅緻，就是指庸俗的題材寫成雅事……所謂俚俗語變得雅緻，就是指庸俗的字簡化為雅句。」（註五）……例如張璨的手書單幅云：「書畫琴棋詩酒花，當年件件不離他，而今七事都更變，柴米油鹽醬醋茶。」首句所言者為雅事，末句所言者為俗事，往昔談詩弄琴的雅興，今已成買米調味的俗事。全詩字面雖非常淺俗，但由於真實坦率，不扭泥為態，反使人在名詞的堆砌之外，有警拔興起的妙趣。由此詩俗事俗務的巧妙綴合頓覺「俗極之後，別有韻趣」。這便是雅俗之間的體認與轉化。蔡絛的西清詩話，舉了許多轉俗為雅的例子：「王君玉謂人曰：詩家不妨間用俗語，尤見工夫。雪止未消者，俗謂之待伴。嘗有雪詩：待伴不禁鴛瓦冷，羞明常怯玉鉤斜。待伴羞明，皆俗語而採拾入句，了無痕颣，此點瓦礫為黃金手也。余謂非特此為然，東坡亦有之：避謗詩：尋醫畏病酒入務。又云：風來震澤帆初飽，兩入松江水漸肥。尋醫、入務、風飽、水肥，皆俗語也。又南人以飲酒為軟飽，北人以晝寢為黑甜，故東坡云：三盃軟飽後，一枕黑甜餘。此亦用俗語也。」文辭若文雅典重，則呈現高貴的氣質，若文情超越，就算

用筆不避土俗，亦自有另一種親切的風味。

（六）剛柔之美：

「西漢文章，如子雲相如之雄偉，此天地遒勁之氣，得於陽與剛之美者也，此天地之義氣也，劉向匡衡之淵懿，此天地溫厚之氣，得於陰與柔之美者也，此天地之仁氣也。」（註六）

曾文正公將文章分成陽剛與陰柔兩類，認為文章的風格與作者性格修養有關。陽剛的文章慷慨激昂，音節鏗鏘，例如陳子昂登幽州台歌：「前不見古人，後不見來者，念天地之悠悠，獨愴然而淚下。」陳子昂詩，辭采壯麗，筆力雄偉，具剛健之美，

陰柔的文章，情思細膩，委婉曲折，例如李後主的虞美人：「春花秋月何時了，往事知多少？小樓昨夜又東風，故國不堪回首月明中，雕闌玉砌應猶在，只是朱顏改，問君能有幾多愁？恰似一江春水向東流。」李後主詞，辭采平淡，筆力含蓄，具柔婉之美。

姚姬傳在復魯絜非書中亦論及文章有剛柔之別，得於陽剛之美者，其文如霆如電，如決大河，如奔騏驥；得於陰柔之美者，其美如雲如霞，如幽林曲澗，如珠玉之輝。

由句子的長短看來，一般而言，陽剛的文章句子較短，且多為順序或逆序。陰柔的文章則句子較長，且多為順序。例如：「兩岸夾峙，中分日月。」短短八字，便顯出磅礡氣勢。徐志摩我所知道的康橋，堆疊許多辭句，反覆描述，便顯出柔美的風格。若就字音而言，洪音總給人壯盛的感覺，細音卻給人曲緻之意。若就字義而言，陽剛之文多用實字，每一個字都有意義，陰柔之文多用虛字，以造成曲折綿延的效果。就文辭本身而言，其蘊涵陽剛或陰柔的意義，使人一望而知。如…「楊柳」、「荷花」、「月色」呈現的意象，便不會給人陽剛之感，而「蒼松」、「勁竹」、「陽光」等也不會給

人陰柔之感。朱光潛在文藝心理學中曾舉兩句六言詩爲例：「駿馬秋風冀北，杏花春風江南。」上句

舉出駿馬、秋風、冀北三個特殊的事物名詞，使人感受到雄渾健碩，下句的杏花、春雨、江南，卻令

人感覺典雅秀麗。朱光潛說：「前者是氣慨，後者是神韻；前者是剛性美，後者是柔性美。」由此可

知，文辭本身便能表現出剛或柔不同的美。

施補華在硯傭說詩中云：「用剛筆則見魄力，用柔筆則出神韻。」這說明了剛筆柔筆所產生的不

同效果。剛柔表現在文辭色采上，具有判然不同的情調，這是文學鑑賞者所當注意的。

乙、篇章中的色采

高師仲華先生在論色采一文中，謂色采在篇章上的表現有三方面，一爲脈注與綺交，二爲縱收與

曲折，三爲穿插與烘托，以下分別敍述之。

㈠脈注與綺交：文心雕龍章句篇云：「啓行之辭，逆萌中篇之意；絕筆之言，追媵前句之旨；故

能外文綺交，內義脈注，跗萼相銜，首尾一體。」意思是指，文章的開頭，要預先埋伏線索，暗示篇

中的文意，文章的結尾，要能承接回應前文的要旨。如此一來，從外在的形式上看，則文辭綺麗交錯

，從內在的思想上看，則脈絡貫注，如美麗的花朵，花瓣托承於萼，萼托承於跗，彼此緊密相銜，首

尾貫串成一體了。

行文的脈注，又有明暗兩法，如白居易琵琶行：「……今夜聞君琵琶語，如聽仙樂耳暫明，莫辭

更坐彈一曲，爲君翻作琵琶行。感我此言良久立，欲坐促絃絃轉急，淒淒不似向前聲，滿座重聞皆掩

泣。座中泣下誰最多，江州司馬青衫濕。」作者在此詩的末段皆以「我」的身分敍述，我「聞君琵琶語」，我「爲君翻作琵琶行」，在最末一句以「江州司馬」點明這個「我」是座中泣下最多者，使讀者恍然大悟，這種脈絡貫注是明顯的；又如歐陽修醉翁亭記收句：「醉能同其樂，醒能述以文者，太守也。太守謂誰？廬陵歐陽修也。」也是脈注之明顯者。另外如柳永的雨霖鈴：「寒蟬淒切，對長亭晚，驟雨初歇。都門帳飲無緒，方留戀處，蘭舟催發。執手相看淚眼，竟無語凝噎。念去去千里煙波，暮靄沈沈楚天濶。多情自古傷離別，更那堪冷落清秋節！今宵酒醒何處？楊柳岸，曉風殘月。此去經年，應是良辰好景虛設。便縱有千種風情，更與何人說？」通首詩以別緒、別情，委婉交織其間，卻不點明，屬於脈注之暗者也。又如南唐中主李璟浣溪紗：「菡萏香銷翠葉殘，西風愁起綠波間，還與韶光共憔悴，不堪看。細雨夢回雞塞遠，小樓吹徹玉笙寒。多少淚珠何限恨，倚闌干。」脈注於一「殘」字，而以荷殘、時殘、人殘、夢殘、曲殘、遇殘，綺麗交錯在詞境中，所以成爲千古絕唱。脈注使篇章首尾一貫，綺交則使篇章如織錦般，華麗而富有韻致。

（二）縱收與曲折：劉熙載詞概：「詞要放得開，最忌步步相連；又要收得回，最忌行行愈遠。必如天上人間，去來無迹，斯爲入妙。」爲文亦如此，必須能縱能收，收放自如，縱則如脫韁跑馬，一奔千里，然而若不加以收制，則愈行愈遠，在收放間，必須運用高度的技巧，才能恰到好處。例如玉川子有所思：「當時我醉美人家，美人顏色嬌如花。今日美人棄我去，青樓朱箔天之涯。娟娟姮娥月，三五二八圓又缺；翠眉蟬鬢生別離，一望一見心斷絕。心斷絕，幾千里，夢中醉臥巫山

雲，覺來淚滴湘江水：湘江兩岸花木深，美人不見愁人心。含愁更奏綠綺琴，調高絃絕無知音。美人

兮美人，不知為暮雨兮為朝雲；相思一夜梅花發，忽到窗前疑是君。」詞中，「美人兮美人」兩句，

縱之甚遠，而「相思一夜梅花發」兩句，收之甚切，真有萬鈞之力，縱收得妙。為文在一縱一收間，

便能產生曲折頓挫的效果。文辭鑑賞者，在涵詠欣賞通篇的色彩時，應當把握住作者以縱收而生曲折

的特點。

㈢穿插與烘托：行文應有穿插，如杜詩：「穿花峽蝶深深見，點水蜻蜓款款飛。」為文若能巧妙

穿插，則如峽蝶與蜻蜓在花水間悠遊飛舞。例如古詩孔雀東南飛，共一千七百八十五字，以如此龐大

的篇幅，穿插十數人口中語，各肖其聲音面目，真為化工之筆也。沈德潛云：「長篇詩若平平敘去，

恐無色澤，中間須點染華縟，五色陸離，使讀者心目俱眩，如新婦出門時『妾有繡腰襦』一段，太守

擇日後，『青雀白鵠舫』一段是也。」高師仲華先生謂：「此詩言或真或矯，情或哀或怒，筆或簡或

繁，或複或省，無不當者，皆穿插得力之故。」穿插若不著痕跡，藉著反襯從旁而著意渲染，使主體

更明顯者，是為烘托。例如李清照詞：「香冷金猊，被翻紅浪，起來慵自梳頭，任寶奩塵滿，日上簾

鈎。生怕離懷別恨，多少事，欲說還休。新來瘦，非干病酒，不是悲秋。休休，這回去也，千萬遍陽

關，也則難留。念五陵人遠，煙鎖秦樓。惟有樓前流水，應念我終日凝眸；凝眸處，從今又添一段新

愁。」（鳳凰臺上憶吹簫）詞中「新來瘦，非干病酒，不是悲秋」三語婉轉曲折，不從正面言愁，只

以「瘦」渲染，再如「惟有樓前流水，應念我終日凝眸」如癡人之語，寫「離恨」如巧匠運斤，毫無

斫痕，這都是烘托的效果。文藝鑑賞者在分析文辭中的色采時，應當把握住全篇文章的穿插及烘托，才不致有遺珠之憾。

丙、辭藻中的色采

（一）比興：文心雕龍比興篇：「故比者，附也；興者，起也。附理者切類以指事，起情者依微以擬議。」比就是比擬，借擬他類事物，比喻此理，是修辭上的象徵手法。興就是興起，以外界事物為寄託，發起內心情感，是修辭上的聯想手法。陳啓源毛詩稽古篇云：「興比皆喻，而體不同。興者興會所至，非即非離，言在此，意在彼，其詞微，其旨遠。比者，一正一喻，兩相譬況，其詞決，其旨顯。」把文學修辭上比興二法的不同，講的鞭辟入裏。文心比興篇有「喻於聲」、「方於貌」、「擬於心」、「譬於事」四種比的方法，喻於聲者如宋玉高唐賦：「纖條悲鳴，聲似竽籟。」方於貌者如枚乘菟園：「焱焱紛紛，若塵埃之間白雲。」方於貌者如慈父之畜子也。」擬於心者如王襃洞簫：「優柔溫潤，如慈父之畜子也。」擬於事者如劉繼莊詠王昭君詩：「漢王曾聞殺畫師，畫師何足定妍嫫？宮中多少如花女，不嫁單于君不知。」以上四種比的方法即爲修辭上的象徵法。

至於興呢？我們以古詩十九首的青青河畔草首二句爲例，「青青河畔草，鬱鬱園中柳」，第一句寫閨中女子由青翠的河畔草蔓延至天涯的景象，興起對遠方夫君的思念。第二句由婆娑的園中柳聯想起當時分別折柳的情景。這兩句以外物寄託內情，義旨隱奧，爲興的手法。劉勰言「比顯而興隱」，其理至當。

㈠誇飾：文心雕龍夸飾篇：「文辭所披，夸飾恒存。雖詩書雅言，風格訓世，事必宜廣，文亦過焉。」劉勰舉例，「是以言峻則嵩高極天（詩大雅崧高：「崧高維嶽，駿極於天。」）論狹則河不容舫，（鄭風河廣。）「誰謂河廣，曾不容刀。」說多則子孫千億，（大雅假樂：「千祿百福，子孫千億。」）稱少則民靡孑遺。（大雅雲漢：「周餘黎民，靡有孑遺。」）誇飾是誇張修辭的寫作技巧，質量不妨過其實，王充論衡藝增篇云：「譽人不增其美，則聞者不快其意；毀人不益其惡，則聽者不愜於心。聞一增以為十，見百益以為千。」汪中釋三九亦云：「辭不過其意則不鬯，是以有形容焉。」

誇飾之文，旨在動人耳目，不必完全符合邏輯，但必須「誇而有節，飾而不誣。」因為誇飾是為了使事實突顯，將作者內心所欲吐抒者，傳達給讀者，以期發生共鳴。劉勰言「飾窮其要」，不可「誇過其理」，乃誇飾的基本要求。

宋玉登徒子好色賦言美醜皆為誇飾，柳宗元詩：「一身去國六千里，萬死投荒十二年。」陳其年詩：「百年骨肉分三地，萬死悲哀併九秋。」「萬死」即夸飾，夸者變其量，飾者變其質。

　（註七）夸與飾細究之，亦有分別。

　㈡用典：文心雕龍事類篇云：「事類者，蓋文章之外，據事以類義，援古以證今者也。」劉劭的事類，即今日所謂的典故。典故可充實作品內容，去除孤陋空虛的弊病。劉劭趙都賦：「公子之客，叱勁文辭，楚令欵盟；管庫隸臣，呵強秦使鼓缶。」劉劭在四句話中，用了兩個典故。第一是引用趙公子平原君的門下客毛遂，曾按劍呵叱強大的楚懷王，迫使他歃血結盟的典故。第二是引用趙國管庫臣者謬賢的舍人藺相如，隨趙王會見秦王於澠池，喝令秦王擊缶以娛趙王的典故。在短短的二十字中

，用兩個典故，使文章顯得強健充實而不冗贅空泛。典故為徵信喻意而生，用得適時恰當，可收有份量且經濟的效果。

（四）隱秀：文心雕龍隱秀篇：「是以文之英蕤，有秀有隱。隱也者，文外之重旨者也。秀也者，篇中之獨拔者也。隱以複意為工，秀以卓絕為巧。」陸士衡所謂「文外曲致」是隱，陸士龍言「了不見出語」（與兄平原書）所謂「出語」是秀。（註八）歐陽修六一詩話引梅堯臣說：「狀難寫之景是隱，「立片言而居要，乃一篇之警策」是秀。（註九）陸機文賦：「石韞玉而山輝，水懷珠而川媚。」，如在目前；含不盡之意，見於言外。」前者為秀，後者為隱。由上可知，隱指含蓄深遠，情在詞外，秀指精警簡鍊，狀溢目前。隱和秀常同時運用，在行文造語中，彼此結合，例如溫庭筠「雞聲茅店月，人迹板橋霜。」再如祖詠望終南殘雪：「林表明霽色，城中增暮寒。」皆為詩中明麗秀句，又含蓄深遠，耐人尋味。大抵為文若欲留無盡意味，便不應將警策之句，若能曲折反覆，言外有意，讀者便能往返咀嚼，感到意味雋永。為文又忌平淡無奇，應時現警策之句，才能吸引讀者，樂誦不厭。范文瀾云：「隱秀之文，猶嵐翠之於山，秀句自然得之，不可勉強而至；隱句亦自然得之，不可搖曳而成。此本文章之妙境，學問至，自能偶遇，非可力於做作。」隱秀之於作品，又屬於神理了。吾人在鑑賞文學作品時，需有獨到的目力，方能提指隱秀之處，這也是對鑑賞者工力的一大考驗。

辭采的鑑賞，可由字句、篇章、辭藻三個角度入手。細究之下，每一角度又有其不同的觀點，均可提供給鑑賞者作參考，同時亦可作為文藝創作時的審美尺度。但最重要的一點是，在探求文辭色采

時，千萬不可忽略文章本身的思想內容，而一逕鑽研外在形式，否則將落入「買櫝還珠」的陷阱中了。

【附註】

註一　參見吳騫的拜經樓詩話

註二　參見高師仲華先生高明文輯下論色采

註三　同註二

註四　同註一

註五　參見黃永武中國詩學鑑賞篇

註六　參見曾國藩聖哲畫像記

註七　同註一

註八　同註二

註九　參見王更生文心雕龍讀本下篇隱秀篇解題

參、應用練習

範文教學的終極目的，在使學生能靈活運用所學習過的課文文辭。若是學生能如流水般的背誦課

文，且能講解的頭頭是道，卻不能靈活運用所學，便是因其未能完全吸收消化，所得到的只是死知識

，仍然不能達到語文訓練的目的。這樣既不能爲其所有，亦不能爲其所用。反之，若學生能靈活運用

所學的課文文辭，則其對於文義自然也一定理解，並且能融會貫通而成爲自己的東西。因此，在範文

教學之後，教師尚須指導學生作應用練習，以協助學生消化所學，並能活用之。

應用練習可在課內亦可在課外實施，但是時間不宜過長。至於「應用練習」的方式，可分爲口頭

練習與書面練習兩種。口頭練習可在教學過程中隨時實施。例如：進行生難字詞的教學時，可指名學

生以新學的字詞造句，或在教完一課後，令學生起來報告讀後感等等；至於書面應用練習的方式與材

料，教師應視課文內容、學生程度及教學目標等因素，做一整體的計劃。爲補救學生讀寫的缺點，「

應用練習」應靈活且富有趣味的施行，俾能眞正提高學生學習的效果。

根據民國七十二年七月教育部公布的「國中國文課程標準」中規定：「教學完畢，以聽寫、改寫

、節縮、敷充、仿作等方式，令學生作應用練習。」而於「高中國文課程標準」中，則提及「每課講

授完畢，宜作課文分析，繪成課文分析表，指示學生全文之段落作用及前後之相互照應，以培養學生

欣賞寫作之能力。」（註一）前述之聽寫、改寫、節縮、敷充、仿作等，在目前小學的國語教學中已

經實施，如國語習作中的「換句說話」、「長句縮短」、「短句延長」、「照樣造句」及「課文大意

」等便是。國中的教學，除延續小學基礎訓練外，應加深層次，拓廣層面。高中的教學，可以參考本

節範文「深究」部分之方式，令學生分析課文，並嘗試練習繪成課文分析表，以培養其「欣賞」與「

「寫作」之能力。以下茲列舉幾種於教學中較為有效的練習方式，以供教師參考：

一、聽寫練習：聽寫練習是口頭與書面配合的練習。教師可在範文教學以後，讓學生聽寫所學的生難字詞；或說出一個詞語，令學生寫出此詞語的意義；或說出一段課文內容，令學生寫出此段大意等等，教師可因教材性質、學生程度，斟酌運用，而非採取固定不變的方式。

二、文句改作：文句的改作，可由教師於課文中，擇取若干文句，令學生練習改作，或是改繁為簡、演簡為繁，或是參考本章第三節「文法剖析」中「句子的變化」，令學生練習改變句子的型式，也可以讓學生根據原句的文義，改作一文義相反的句子等。此類練習乃在使學生經由各種不同方式的練習，體會各種不同的文句構造及語句先後之次序，從而熟練各種表現手法，增益其寫作能力。

三、文句做作：文句做作是由教師提示課文中的佳句、單詞、虛字，甚至標點符號等，令學生仿照原來句式或內容，或襲取其意境，仿作文句，此種由有意之模仿，到無意之流露的訓練，亦為提高學生寫作能力的方法之一。

四、文句譯作：教師提示課文中的若干文句、或小節小段，指導學生作翻譯的練習，可將文言譯作語體，語體譯作文言，亦可將詩詞譯為散文。

五、文句分析：文句分析是由教師提示曾經學過的課文文句，指導學生以註解或表解的方式，作文法上的分析，高中學生並可指導其作課文分析，以明瞭全文呼應聯絡之處。此種分析方式，教師必須事前詳加指導、說明，否則學生難以完成此項練習，教師亦不能確切考查出學習效果。

六、詞語活用：教師提示課文中的詞彙、片語、虛詞，或學生較熟悉的成語，讓學生練習不同品味的活用，造作文句。

七、詞語類比：教師提示若干課文中的詞彙，讓學生舉出其相似詞或相反詞，或列舉「形似易誤」、「音似易誤」的單詞，令學生作類比性的練習，以培養學生正確運用字詞的能力。

八、標點符號的使用：目前一般學生對標點符號的使用均不很重視，常有用錯標點，導致文義不明的情形出現，因此，教師須指導學生使用標點符號，指導的方式，例如：教師可節錄一段不易斷句讀的文字，讓學生作加注標點符號的練習。

九、答問：教師可就課文內容、思想、文章體裁或作法及作者生平等各方面，提舉若干問題，讓學生回答。同時，應注意學生是否有答非所問的情形，須詳切提示，務期學生能答的切合題意，且繁簡適中。

十、節縮或敷充：教師可從課文中，擇取一、二段，或全篇，讓學生節縮其要義，或以一小段原文為依據，令學生擴充其內容，演繹為長文，此種敷充練習，是一種很好的作文練習方法。

總之，應用練習不但在培養學生靈活運用課文文辭的能力，同時，亦可考核學生的學習效果，以作為教師施行補救教學時的依據，只要教師能視課文內容與性質，配合學生的程度，靈活運用不同的練習方式，必能收到教學的良好效果。

【附　註】

註　一　參見國民中學及高級中學國文課程標準

第五節 教學評量

壹、前言

　　教學乃是教師依據學習的原理原則，運用適當的方法、技術、刺激、指導和鼓勵學生自動學習，以達成教學目標的活動。教學評量是針對教學目標而設計的一種歷程，用以了解學生的學習效果，作為教師檢討教學方法的依據。為了實現教學目標，教學評量是教學過程中不可或缺的一環，故教師必須深切了解評量的方法以及命題的技術。

　　無可否認的，由於目前升學考試競爭激烈，導致考試領導教學。升學考試如何考，教師便如何教；教師如何教，學生就如何學。如果國中、高中及高職的考試命題，還是偏向記憶性的知識，而忽略學生理解、思考、應用方面的能力，這不但有害於培養學生思考、分析和應用的能力，更造成學生錯誤的求知方法與學習態度，以致教學走入不正常的軌道。學生在成長的過程中，不能真正領悟求知的趣味，只是接受一些破碎、片段的知識，而無完整融通的知識，這不僅是對學生的一種傷害，對國家而言更是一種無法彌補的損失。

　　我們為了培養下一代富有思考創造的觀念，必須改進教學評量方式，提昇教師命題層次，以引導

教學方法的革新。

貳、命題層次

改進教學評量，既要注意命題均勻；又要注意命題層次。若是命題之取材均勻，並能涵蓋教材之重要部分，則不僅能準確的測出學生的學習效果及努力程度，更能激發學生學習的動機和興趣，以促使學生獲得完整而全面的知識。如果命題的取材只局限於某一範圍，則易導致學生偏重某一層次的知識，而忽略了其他層次的認知，其所吸收的知識，只是片面的、零碎的。因此，在評量當中，命題層次的分布是十分重要的。

關於命題層次，根據美國教育學者布魯姆（ Bloom ）的教育目標分類，認知方面，包括「知識」、「理解」、「應用」、「分析」、「綜合」、「評鑑」六項。為避免分類過細，經專家學者的指導，由臺南市政府教育局研究結果，認為可簡化為「記憶」、「理解」、「應用」、「批判性思考」等四項，甚為合理，因「批判性思考」即含有「分析」、「綜合」、「評鑑」的能力。以下茲就上述的四項命題層次略述其義：

一、記憶

關於所學知識的單純回憶與再認，大抵是直接來自課文中的題目，學生只須背誦教材即可作答者屬之。

例如：正氣歌的作者是(1)班超(2)文天祥(3)史可法(4)岳飛。

二、理解

把握或瞭解所學知識的要義，或將知識原有的型態予以轉換，或推論其趨勢、影響、結論等屬之。這類試題乃是：非直抄課本，亦非背誦教材內容即可作答者。

例如：從「晨興理荒穢，帶月荷鋤歸」的詩句中，可看出陶淵明(1)孤傲自處(2)多采多姿(3)寂寞不堪(4)躬耕自適的生活。

三、應用

學生將所學的知識，能應用於新問題、新情況的解決者屬之。

例如：有一詩句（對仗），上聯是「數叢沙草群鷗散」，下聯以何者為最恰當？(1)青春作伴好還鄉(2)萬頃江田一鷺飛(3)萬里悲秋常作客(4)在天願作比翼鳥。

四、批判性思考

對於學科內容的分析、綜合、或對觀念、學說等特定目的，能作價值判斷者，皆屬批判性思考的層次。

例如：「八千里路雲和月」，言外含有什麼意思？(1)日夜奔波辛勞(2)氣吞山河日月(3)前途光明遠大(4)明月高掛雲際。

、

參、命題原則

命題的方式種類繁多，如：是非、選擇、配合題等……其命題的方式雖有所不同，但仍有一些基本的原則可循。以下茲就命題的原則，作一概略性的舉例說明：

一、一般命題原則

(一)試題之取材須均與分布，且應包括教材的重要部分。

(二)試題的文字要簡短明確，避免冗長敍述，但不可遺漏解題所須的必備條件。

例：「蔣公公」是誰對 蔣公的稱呼？

(1)作者陳正光

(2)山胞陳義山

(3)陳義山的孩子

(4)一般山胞

註答案：(3)

註：本題的題幹敍述不完整，不夠明確，前面應加上「陳正光平易中見偉大一文中」如此題幹方完整，不致引起爭論。

(三)各個試題須彼此獨立，避免互相牽連。

(四)試題應有正確答案，才不致引起爭論。

例：由「生活的藝術」一文，你認為弘一大師是一個怎樣的人？

(1)恬淡寡慾(2)樸實無華(3)刻苦耐勞(4)懂得生活。

答案：(4)

註：本題選目重疊，四個答案皆可選為正確答案，易引起爭論，宜避免之。

(五)試題中不可含有暗示本題或他題正確答案之線索。

(六)試題文句須重新組織避免直抄課文或原來材料。

例：「國，就是根，沒有國的人是沒有根的草，不待風雨折磨即行枯萎了」意思同於：(1)國家興亡，匹夫有責(2)國可滅，史不可亡(3)皮之不存，毛將焉附(4)人民是國家的礎石。

註：本題即是以「概念」為中心來命題，且選目極具誘答力，是一個極佳的題目。

(七)試題宜注重基本原理之瞭解與活用而非零碎知識之記憶。

例：「破毛衣」有裂洞在(1)袖口(2)胸前(3)腋下(4)背後。

註：本題是零碎的知識記憶，非重點所在，出題時宜避免。

(八)試題的難易程度要力求適中。

(九)試題的數量要足夠，避免過多或過少。

(十)試題的排列要依照難易程度由易到難排列。

二、是非命題的原則

(一)避免使用具有暗示性的特殊字詞，如「絕不」、「所有……都」等字詞通常帶有錯的暗示；而

「有時」「可能」等字詞通常帶有「對」的暗示。

例：1.絕句詩中的第一句絕對不可以押韻⋯⋯⋯⋯⋯⋯⋯⋯⋯⋯⋯⋯⋯⋯⋯⋯⋯⋯（×）

例：2.絕句詩中的第一句有時可能押韻⋯⋯⋯⋯⋯⋯⋯⋯⋯⋯⋯⋯⋯⋯⋯⋯⋯⋯（○）（×）

註：「有時可能」帶有「對」的暗示，宜避免。

(二)每題應只包含一個觀念，避免其中出現兩個以上的觀念，而造成「似是而非」或「半對半錯」的題目。

例：李白是初唐詩人，後世尊稱爲詩仙⋯⋯⋯⋯⋯⋯⋯⋯⋯⋯⋯⋯⋯⋯⋯⋯（×）

註：本題前半敘述是錯誤的，後半敘述是正確的，宜分爲兩題使每題僅包含一個觀念。如：

1.李白是初唐詩人⋯⋯⋯⋯⋯⋯⋯⋯⋯⋯⋯（×）

2.後世尊稱李白爲詩仙⋯⋯⋯⋯⋯⋯⋯⋯⋯（○）

(三)儘量採用正面肯定的敘述，避免反面或雙重否定的文句。

例：紅樓夢的作者不是曹雪芹。

註：本題採用反面的敘述，應改成正面敘述爲佳。

(四)敘述時避免使用含糊不清的文字，而應以具體的數量表示之。

(五)「是」與「非」兩者的題數要大致相等，且隨機排列之。

三、選擇題命題原則

(一)每題所列選目數量要一致，以四或五個為宜。

(二)每題選目之文字以簡短為宜，必要的敘述或相同的字詞則置於題幹中。

例：居里夫人在巴黎求學期間過的是(1)快樂的生活(2)艱苦的生活(3)浪漫的生活(4)流亡的生活。

答案：(2)

註：本題可改寫為：

居里夫人在巴黎求學期間過的是怎樣的生活？(1)快樂(2)艱苦(3)浪漫(4)流亡。

將必要的敘述置於題幹使選目顯得更簡短。

另：本題所出並非該課重點，不屬理想題目，只是拿來當作此項命題原則的說明。

(三)正確答案，在形式或內容上，不可特別突出。

例：
1. 國父所說的大志是指：(1)風雅的事(2)驚人的事(3)流行的事(4)從頭至尾徹底做成功的事。

答案：(4)

註：正確答案過於突出。

(四)錯誤答案與題幹應有相當的邏輯性和似真性。

例：
1. 在夏丏尊心目中「鋼鐵假山」是象徵什麼意義？(1)像鋼鐵一般堅強的意志(2)極有紀念價值的骨董(3)國家民族的仇恨(4)「九一八」事變的慘痛教訓。

答案：(3)

註：本題選目具有誘答力。

例2.由「示荷蘭守將書」一文中，可知鄭成功告訴荷蘭守將，臨事宜：(1)猶豫不決(2)當機立斷(3)草率了事(4)慌張失措。

答案：(2)

註：本題正確答案太突出，錯誤答案與題幹間缺乏邏輯性和似真性，選目缺乏誘答力。

(五)少用「以上皆非」，或「以上皆是」的答案。

例：「愚公移山」一課中的智叟，他的態度可用下列那一詞來形容較恰當？(1)袖手旁觀(2)自作聰明(3)冷嘲熱諷(4)以上皆是。

答案：(4)

註：應避免使用「以上皆是」或「以上皆非」以免學生誤答。

(六)選目之間避免語意重複，且宜按選目的邏輯順序排列。

例1.「愚公移山」一文啓示我們：(1)人定勝天(2)眾志成城(3)有志竟成(4)功成不居。

答案：(3)

例2.孔子講「殺身成仁」，孟子講「捨生取義」是什麼修養的表現？(1)仁(2)義(3)忠(4)勇。

答案：(4)

註：以上兩題選目重疊，答案易引起爭論，宜避免之。

（七）題幹須求完整，避免中間被切斷，且敍述應能顯示題意。

例1.鋼鐵假山是一塊(1)廢船(2)戰艦(3)炸彈(4)飛機的裂塊。

　　註：1.題幹被選目分割。

　　　　2.是零碎知識的記憶。

例2.「治生說」一文藉農家謀生的道理來說明：(1)學貴有恆(2)辛勤耕耘(3)學貴專精(4)人要立志，才有收穫的道理。

　　註：題幹被選目分割，宜將「才有收穫的道理」移至題幹，使題幹完整。

（八）正確答案出現的位置應隨機排列，且其出現次數要大致相同，以避免發生猜測答案之情形。

四、配合題的命題原則

（一）問題項目及反應項目在性質上應力求接近，且按邏輯次序排列

例：

問題項目　　　　　　　　　　　反應項目

(1)我國第一部紀傳體史書　　　　甲李白

(2)詩仙　　　　　　　　　　　　乙兩山之間的流水

(3)民本思想　　　　　　　　　　丙史記

(4)澗　　　　　　　　　　　　　丁天下為公

答案：(1)—丙　(2)—甲　(3)—丁　(4)—乙

註：此種出題法應避免，問題項目及反應項目在性質上應力求接近，避免學生因語意關聯作

　　　判斷，而猜對答案，無法考察出其眞正理解程度。

(二)問題項目與反應項目數量應不同。（反應項目應較問題項目爲多）。

(三)互相配對的項目不可過多或過少，以十項左右爲佳。

(四)作答的方法必須予以明確的規定和說明。

(五)同一組項目宜印在同一頁上，以免造成作答時的困擾。

例：有教無類是填寫重要的概念。

　　　答案：對象

註：「對象」二字並非本題重點所在，「有教無類」方是其重點，故此種出題方式宜避免。

五、填充題的命題原則

(一)所留下的空白必須是填寫重要的概念。

例：有教無類是指|孔子施敎的———。

　　　答案：對象

(二)所要填答的空白，避免太過於空泛。

例：對中國人來說，月亮就是———的化身。

　　　答案：美

註：本題填答空白太空泛，易引起爭論，出題時宜避免之。

(三)每題的空白，最好放置在題目的尾端（使學生把握題意）。

例：史記的作者是──────。

答案：司馬遷

(四)每題所要填寫的空白不宜太多。（頂多二、三個）。

肆、命題示例

台南市政府教育局，為改進國民中學教育，曾於七十一年九月起，分科由各校分別舉行教師改進學習效果評量研討會。由全市國民中學教師實際編擬試題，並請專家指導。經修訂後，於七十二年元月編印成冊。其國文科之命題技巧甚佳，茲舉以為例，以供在校同學學習命題之參考。

一、命題示例

【例1.】 命題者：後甲國中教師林芳梅

(1)試題來源：第一冊第一課

(2)目標分類：理解

(3)行為目標：能確實辨認「切確」兩字的用法

(4)題目：

▲ 一□要照著迅速□實的原則□實做到，這是我深□的期望。以上空缺字依序應該填上那些字？

①切、切、確、切

②切、確、確、切

③切、確、切、切

④切、確、切、確

(5)答案：③

【例2.】 命題者：民德國中教師吳孟珍

(1)試題來源：第一冊第七課

(2)目標分類：理解

(3)行為目標：能了解　國父所說「大事」的實質涵義

(4)題目：

▲國父「立志做大事」一文中所指「大事」的涵義與青年守則那一條的意義相符？

【例3.】 命題者：中山國中教師范國華

(5)答案：④

④有恆為成功之本

③助人為快樂之本

②和平為處世之本

①孝順為齊家之本

(1)試題來源：第一冊第十課

（2）目標分類：批判性思考

（3）行為目標：能體認「亡鈇意鄰」的實質涵義

（4）題目：

▲「亡鈇意鄰」這個故事告訴我們要注意什麼？

① 誠實不欺

② 自己的動作態度

③ 敦親睦鄰

④ 客觀求證

（5）答案：④

【例4.】 命題者：民德國中教師謝幸枝

（1）試題來源：第一冊第十課

（2）目標分類：理解

（3）行為目標：能分辨古籍著作內容

（4）題目：

▲我國古籍中採取各家學說來議論政治，人生道理的著作是：

① 史記

② 左傳

③呂氏春秋

④戰國策

(5)答案：③

【例5.】 命題者：中山國中教師陳麗煌

(1)試題來源：第一冊第十一課

(2)目標分類：理解

(3)行為目標：能了解「料羅灣的漁舟」一文的主旨

(4)題目：

▲「料羅灣的漁舟」作者所悟出的道理是什麼？

①多接近自然，多觀察自然可增加生活情趣。

②離鄉背井才體會家園的美麗，安定生活的可貴。

③飄泊在海面的漁舟就像飄浮水面的浮萍。

④凡事欲體會其內涵意義，只有身臨其境，才是根本之道。

(5)答案：④

【例6.】 命題者：大成國中教師王喆康

(1)試題來源：第一冊第十四課

(2)目標分類：理解

(3)行為目標：能使用正確語氣讀出課文

(4)題目：

▲在朗讀孤雁課文時，下列各句何者該用責備的口氣說出？

①孤雁，好好地守著更吧。

②別再無端打擾人家啊。

③起來！起來！……醒醒吧！醒醒吧！

④守的什麼更。

(5)答案：④

【例7.】命題者：大成國中教師王喆康

(1)試題來源：第一冊第十四課

(2)目標分類：批判性思考

(3)行為目標：能比較中外故事的相近處

(4)題目：

▲在孤雁一文中捕雁的獵人使雁群不信任孤雁，而達到目的的方法是：

①請君入甕

【例8.】 命題者：新興國中教師連鯤蓉

(1)試題來源：第一冊第十六課

(2)目標分類：應用

(3)行為目標：能應用重要成語造句

(4)題目：

▲近年來工業突飛猛進，安平工業區的工廠□□□□般的林立呈現欣欣向榮的氣象。

①天空地寬

②天造地設

③雨後春筍

④如魚得水

(5)答案：③

【例9.】 命題者：大成國中教師黃靖江

②欲擒故縱

③狼來了

④空城計

(5)答案：③

(1)試題來源：第一冊第十七課

(2)目標分類：理解

(3)行為目標：能指出意思相近的成語

(4)題目：

▲俗語說：「麻雀雖小，五臟俱全」其意與下列何者相同？

①沙中見世界

②觀微知著

③藐小微物

④具體而微

(5)答案：④

【例10.】 命題者：後甲國中教師譚嘉影

(1)試題來源：第二冊第一課

(2)目標分類：應用

(3)行為目標：能分辨書信開頭的習慣用語

(4)題目：

▲當你寫信給誰時，在開頭的習慣用語中可以使用「知之」？

① 姐夫

② 外甥

③ 姑媽

④ 叔公

(5) 答案：②

【例 11.】 命題者：後甲國中 教師 朱霞昌

(1) 試題來源：第二册第二課

(2) 目標分類：應用

(3) 行為目標：能利用所學造出最適合文意的比喻

(4) 題目：

▲ 吳勝雄 的負荷一文中，所述「有如你們手中使勁拋出的陀螺，繞著你們轉呀轉」這話有語病，因為陀螺只有自身旋轉，不會繞著人旋轉，現在把它換一個比喻，下列何者為最佳？

① 像壓彈出去的乒乓球

② 像高飛中的竹蜻蜓

③ 像飛行中的模型飛機

【例12】　命題者：民德國中教師劉佐輝

(1)試題來源：第二冊第四課

(2)目標分類：應用

(3)行為目標：能確實辨別「溢、嗑、瞌、磕」四個相似字形的用法

(4)題目：

▲選出正確的答案：

①上課時，不可以打「嗑」睡。

②他喜歡「溢」瓜子。

③國父因公患病「瞌」然長逝。

④他見先總統　蔣公遺像就「磕」頭跪拜。

(5)答案：④

【例13】　命題者：民德國中教師鄭桂蓮

(1)試題來源：第二冊第六課

(2)目標分類：理解

④像高空的紙鳶

(5)答案：③

(3)行為目標：能說出「最苦與最樂」一文的主旨

(4)題目

▲梁啟超在「最苦與最樂」一文中，認為人生最快樂的境界是：

①任重而道遠

②無入而不自得

③悲天憫人

④仁民愛物

(5)答案：②

【例14.】命題者：民德國中教師石基華

(1)試題來源：第二册第七課

(2)目標分類：理解

(3)行為目標：能了解「不戚戚於貧賤，不汲汲於富貴」的實質涵義

(4)題目：

▲黔婁「不戚戚於貧賤，不汲汲於富貴」是何種精神？

①溫和謙恭

②自甘黯淡

③樂天知命

④寬大為懷

（5）答案：③

【例15.】　命題者：民德國中教師石基華

（1）試題來源：第二冊第七課

（2）目標分類：理解

（3）行為目標：能了解陶淵明，讀書「不求甚解」的實質精神

（4）題目：

▲陶淵明讀書「不求甚解」的境界和下列何者相同？

①一知半解

②融會貫通

③字斟句酌

④「差不多」先生

（5）答案：②

【例16.】　命題者：中山國中教師陳碧鶯

（1）試題來源：第二冊第九課

(2)目標分類：理解

(3)行為目標：能確實辨認疊字的用法

(4)題目：

▲填入適當的疊字：

幽幽、遙遙、矇矓、裊裊、歷歷、潺潺

① 一彎清溪 ──── 流過。

② 一縷炊煙 ──── 升起。

③ 農家的一切活動都 ──── 在目。

④ 下臨 ──── 谿谷。

⑤ 清晨天才 ──── 亮。

(5)答案：① 潺潺　② 裊裊　③ 歷歷　④ 幽幽　⑤ 矇矓

【例17.】命題者：復興國中教師陳聖同

(1)試題來源：第二冊第十一課

(2)目標分類：理解

(3)行為目標：能了解修辭法的運用

(4)題目：

▲ 在「愛蓮說」一文中作者在蓮之外另舉出菊和牡丹來，此手法在修辭學上應屬：

① 對照
② 陪襯
③ 渲染
④ 比喻

(5)答案：②

【例18.】

命題者：忠孝國中教師 王宗傑

(1)試題來源：第二冊第十三課
(2)目標分類：理解
(3)行為目標：能了解正確的語法
(4)題目：

▲ 下列句子何者不合語法？

① 寧可光明失敗，決不作假求勝。
② 與其作假求勝，寧可光明失敗。
③ 與其作假求勝，不如光明失敗。
④ 與其作假求勝，未必光明失敗。

(5)答案：④

【例19.】　命題者：安南國中教師楊樹忠

(1)試題來源：第三冊第五課

(2)目標分類：理解

(3)行為目標：能了解文言語法中省略的用法

(4)題目：

▲鄭板橋在「寄弟墨書」一文中說「將來復買田二百畝，予兄弟二人各得百畝足矣，亦□古者一夫受田百畝之義也」，此句中□內不可塡入什麼字？

①合

②同

③符

④與

(5)答案：④

【例20.】　命題者：大成國中教師陳秀琴

(1)試題來源：第三冊第十五課

(2)目標分類：批判性思考

(3)行為目標：能分辨各個寓言故事所代表的意義。

(4)題目：

▲「教人不顧艱難，勇往直前」要用下列那一個故事？

①黔之驢
②愚公移山
③不食嗟來食
④螳螂捕蟬

(5)答案：②

【例21.】 命題者：金城國中 教師童覺非

(1)試題來源：第四册第一課

(2)目標分類：理解

(3)行為目標：能了解「仁」字的境界

(4)題目：

▲「為天地立心，為生民立命，為往聖繼絕學，為萬世開太平」意思是勉勵人要以什麼為己任？

①忠

【例22】 命題者：金城國中教師郭嘉雄

(1)試題來源：第四册第三課

(2)目標分類：理解

(3)行為目標：能體認法律的平等觀念

(4)題目：

▲「王子犯法，與民同罪」是說法律對人□□□□，缺空的成語是：

①視如一體

②不分軒輊

③天下為公

④一視同仁

(5)答案：③

②孝

③仁

④信

【例23】 命題者：安南國中教師李雪白

(5)答案：④

(1)試題來源：第四冊第五課

(2)目標分類：理解

(3)行為目標：能正確的使用連繫詞

(4)題目：

問題項目	反應項目
①被噴灑過的大道一片 _____ 。	(甲)灰蒼蒼
②孔子有云「君子 _____ 。小人長戚戚」。	(乙)漠楞楞
③祇見含羞草 _____ 地縮著身體。	(丙)水溶溶
④對一個悲觀的人而言，秋天往往給予人一種 _____ 的感受。	(丁)怯怜怜
	(戊)坦蕩蕩

(5)答案：①—(丙) ②—(戊) ③—(丁) ④—甲

【例24.】

(1)試題來源：第四冊第六課

命題者：民德國中教師王正雄

(2)目標分類：理解

(3)行為目標：能理解「破鏡重圓」成語的意義

(4)題目：

▲「破鏡重圓」是比喻何者離散之後復行團聚？

① 喬梓

② 伉儷

③ 昆仲

④ 舊遊

(5) 答案：②

【例25.】 命題者：建興國中教師聞學英

(1) 試題來源：第四冊第十課

(2) 目標分類：應用

(3) 行為目標：能確實辨認「螢、縈、瑩、塋」四個相似字形的用法

(4) 題目：

▲ 下列各句「　」內的字，那一個用得正確？

① 「螢」繞起伏的雜念。

② 清澈晶「縈」的泉水。

③ 從竹林裏飛出提燈的「瑩」火蟲。

④ 清明節時要祭掃祖「塋」。

【例26.】 命題者：<u>建興國中教師林朝樺</u>

(1) 試題來源：第四冊第十一課

(2) 目標分類：理解

(3) 行為目標：能辨別「狀聲詞」的用法

(4) 題目：

▲「冷冷」「嚶嚶」「嘩嘩」「低低切切」「冉冉」「啞啞」「翩翩」以上詞語用以形容聲音的有：

① 三個

② 四個

③ 五個

④ 六個

(5) 答案：③

【例27.】 命題者：<u>大成國中教師吳碧蓮</u>

(1) 試題來源：第四冊第十四課

(2) 目標分類：應用

(5) 答案：④

(3)行為目標：能寫出正確的字

(4)題目：

▲①哥哥出國三年，至今杳無音訊…………杳

②個性倔強的人不易溝通…………………倔

③中秋節燃放煙火，夜空異彩，剎是好看…………煞

(5)答案：①杳　②倔　③煞

【例28.】命題者：大成國中教師林喜藝

(1)試題來源：第四冊第十五課

(2)目標分類：理解

(3)行為目標：能了解「竹解虛心是我師」的真正寓意

(4)題目：

▲「竹解虛心是我師」這句話是我們學習什麼精神？

①高潔

②淡泊

③謙遜

④純樸

【例29.】　命題者：新興國中教師姜碧惠

(1)試題來源：第四冊第十六課

(2)目標分類：應用

(3)行為目標：能應用重要成語造句

(4)題目：

▲張立人的人際關係良好，所以他辦起事來□□□□，缺空的成語是：

①旁徵博引

②觸類旁通

③雙管齊下

④左右逢源

(5)答案：④

【例30.】　命題者：後甲國中教師曹繼曾

(1)試題來源：第四冊第十六課

(2)目標分類：理解

(3)行為目標：能說出「八股」一詞在論散文一文中的含義

(5)答案：③

(4) 題目：

▲ 梁實秋先生在論散文一課中，認為「八股」是什麼意思？

①明清兩代科學考試的文體名稱。

②沒有文格的散文。

③指「桐城派」的文章。

④「文不加點」的浪漫與恣肆。

(5) 答案：②

【例31.】 命題者：安平國中教師陳吉山

(1) 試題來源：第五冊第一課

(2) 目標分類：理解

(3) 行為目標：能體認「求本」的實質涵義

(4) 題目：

▲ 「求忠臣出於孝子之門」這句話與下列那句話涵義較相近？

①求本

②求新

③求行

【例32.】

命題者：安南國中教師楊淑惠

(1)試題來源：第五冊第四課

(2)目標分類：理解

(3)行為目標：能了解「燦爛的陽光」在本句中的真正寓意

(4)題目：

▲在「小耘遇歲」一文中，「迎向中山北路，民生路口」，「燦爛的陽光」句中引號部分象徵者：

①希望和喜悅

②奮發向上

③自立更生

④天氣晴朗

(5)答案：①

【例33.】

命題者：安順國中教師楊錦盆

(1)試題來源：第五冊第五課

④求知

(5)答案：①

(2)目標分類：批判性思考

(3)行為目標：能體認「觀巴黎油畫院記」的真正涵義

(4)題目：

▲法人自繪普、法戰爭的慘狀，這和下列那一個故事的含義最接近？

①聞雞起舞

②陶侃搬磚

③臥薪嚐膽

④精忠報國

(5)答案：③

【例34.】命題者：中山國中教師柯穗真

(1)試題來源：第五冊第六課

(2)目標分類：理解

(3)行為目標：能辨認「儼然、憮然、怡然、凝然」的正確用法

(4)題目：

▲(甲)□然落淚　(乙)□然不動　(丙)□然自得　(丁)□然如臨大敵，以上空格內所應填的語句依序是：

① 凝、怡、憮、儼

② 憮、儼、怡、怡

③ 儼、憮、凝、儼

④ 怡、儼、凝、憮

(5) 答案：②

【例35.】 命題者：**中山國中教師林白蓮**

(1) 試題來源：第五冊第七課

(2) 目標分類：理解

(3) 行為目標：能辨認修辭的技巧

(4) 題目：

▲西江月一詞中藉「鵲、噪、蟬、嘶、蛙、鳴」等幾種聲音抒寫鄉村、恬靜和安詳，此種筆法稱爲：

① 比喻法

② 象徵法

③ 反襯法

④ 引申法

(5)答案：③

【例36.】命題者：復興國中教師鄭坤妹

(1)試題來源：第五冊第十課

(2)目標分類：應用

(3)行為目標：能確實辨認「漂」字的讀音

(4)題目：

▲(甲)魯濱遜漂流荒島

(乙)她長得很漂亮

(丙)打水漂兒

(丁)他把那件衣服漂白了

以上四句中「漂」字的讀音，何者相同？

①(甲)、(乙)

②(乙)、(丁)

③(甲)、(丙)

④(丙)、(丁)

(5)答案：③

【例37.】 命題者：忠孝國中教師吳小珠

(1)試題來源：第五冊第十一課

(2)目標分類：理解

(3)行為目標：能體認王陽明「致知」學說的內涵

(4)題目：

▲王陽明對「致知」的解釋為：

①窮究事物的道理

②使良知發揮作用

③推廣知識

④了解透徹

(5)答案：②

【例38.】 命題者：大成國中教師潘枝葉

(1)試題來源：第五冊第十六課

(2)目標分類：理解

(3)行為目標：能體認文天祥的志節

(4)題目：

▲文天祥就義，衣帶贊有：「讀聖賢書，所學何事」一句，依其志節所學到的應該是：

① 典章制度

② 成仁取義

③ 禮樂射御

④ 詩詞文章

(5) 答案：②

【例39.】 命題者：後甲國中教師施惠安

(1) 試題來源：第五冊第十八課

(2) 目標分類：應用

(3) 行為目標：能分辨「廻、回、迴、徊」四個相似字形的用法

(4) 題目：

▲選出正確的答案：

① 甲和乙的程度「迥」然不同。

② 這故事令人「徊」腸盪氣。

③ 觀光客在名勝古蹟前留戀徘「迴」。

④ 往事又能「徊」味。

【例40.】 命題者：南寧國中教師陳光燦

(1) 試題來源：第五冊第二十課

(2) 目標分類：理解

(3) 行為目標：能分辨「招降書」中使的「喻之以理」的方法

(4) 題目：

▲「夫戰敗而和，古有明訓，臨事不斷，智者所譏」由此句可看出鄭成功對荷蘭人；

① 動之以情

② 喻之以理

③ 威之以勢

④ 怒之以罵

(5) 答案：②

【例41.】 命題者：南寧國中教師陳光燦

(1) 試題來源：第五冊第二十課

(2) 目標分類：理解

(3) 行為目標：能了解「八德」的實質涵義

(4)題目：

▲從「與荷蘭守將書」一文中，可看出鄭成功所表現的風範，是符合「八德」中的＿＿＿，＿＿＿的德目。

(5)答案：仁愛，和平

【例42】

命題者：大成國中教師鄭蓮月

(1)試題來源：第六冊第二課

(2)目標分類：理解

(3)行為目標：能分辨孟子「無法家拂士者，國恒亡」的真義

(4)題目：

▲孟子說：「無法家拂士者，國恒亡」其道理是因為：

①缺乏才德之士，民心不服。

②沒有武備，臨危不及應付。

③無人輔弼與忠諫，易致政治腐化。

④無警惕之心，上下享樂，不求進取。

(5)答案：③

【例43.】

命題者：後甲國中教師王清子

(1)試題來源：第六冊第二課

(2)目標分類：理解

(3)行為目標：能理解「無敵國外患者，國恒亡」的意義

(4)題目：

▲「無敵國外患者，國恒亡」的道理是因為：

①無敵國作戰，國庫充實，因而引起官吏貪污。

②無外患，則必有內亂。

③無警惕之心，上下享樂，一切鬆弛，不求進取。

④沒有武備，一旦遭受侵害，無法應付。

(5)答案：③

【例44.】命題者：安南國中教師林妙芳

(1)試題來源：第六冊第六課

(2)目標分類：應用

(3)行為目標：能應用重要成語造句

(4)題目：

▲下列各句中的成語，何者使用不當？

① 科技文明一日千里，我們要「精益求精」才能趕上時代。

② 「耳濡目染」之下，他洗面革心，重新做人。

③ 萬物「郁郁菁菁」，大地一片蕭條。

④ 「內憂外患」的時代，國人更應奮發圖強。

(5) 答案：③

【例45.】 命題者：後甲國中教師鄭秉禮

(1) 試題來源：第六冊第十八課

(2) 目標分類：理解

(3) 行為目標：能辨認假借字的用法

(4) 題目：

▲以即墨「距」燕，東「鄉」坐，追「亡」逐北，皆「畔」燕而歸田單，以上「」內的字，何者不是假借字？

① 距

② 亡

③ 鄉

④ 畔

二、待改進試題示例

【例1.】

（1）目標分類：應用

（2）行為目標：能活用文中所供資料，以便換算

（3）題目：

▲寫作本文時，作者的年齡是：

①十八歲

②二十歲

③廿二歲

④四二歲

（4）答案：③

（5）分析說明：

①本題題幹敍述不完整，不可只寫「寫作本文」應指明是「背影」一文。

②本題是零碎知識，非本文重點所在。

【例2.】

(1)目標分類：理解

(2)行為目標：辨明事實的背景

(3)題目：

▲寫本文時，作者在<u>北京</u>，而他的父親剛去世。

(4)答案：×

(5)分析說明：

①題幹敘述不完整，應指出是「背影」一文。

②「背景」一文旨在說明父愛，本題是零碎知識記憶，非本文重點所在。

【例 3.】

(1)目標分類：記憶、理解

(2)行為目標：使學生注意字詞的使用

(3)題目：

▲在多霧的春的黎明，火鶵鴣的叫聲，如雨如絮地──────人的殘夢在一片迷離幻境中盪漾

──────。

(4)答案：托起、飄遊

(5)分析說明：

【例4.】

① 目標分類錯誤不可同時兩項目標並存，應只屬於「記憶」層次。

② 沒有標準答案（如「托起」說成「喚起」亦可）易引起爭論，以上填空等於要學生背作者的文章，死記、死背，如此出題方式應避免。

【例5.】

(1) 目標分類：理解

(2) 行為目標：寫出音不相同的字

(3) 題目：

▲①八荒九「垓」　　答案：該

②暮「靄」　　　　答案：矮

③「凜」列　　　　答案：凌

④白「蘞」　　　　答案：獵

(4) 答案：③

(5) 分析說明：

① 本題題幹不完整，等於沒有題幹，題意不明，使學生無法作答。

② 行為目標應改成「能指出音不相同的字」。

(1)目標分類：理解

(2)行為目標：能理解宜於交際人物之基本條件

(3)題目：

▲游吉長得秀美舉止溫文宜於_____。

(4)答案：交際

(5)分析說明：

▲本題所出的答案，並非本題重點所在，重點應在「游吉」，如要考本題，應改成「子產執政，對外交問題極為費心，集中了全國的專才，其中長得秀美、舉止溫文，宜於交際的是_____。

【例6.】

(1)目標分類：批判性思考

(2)行為目標：能了解謀刺不成功的原因

(3)題目：

▲荆軻刺秦王

①劍術不精

②勇氣不足

③七首不利
④缺乏求勝決心

(5)答案：①

(4)分析說明：
①目標分類應改為「理解」。
②行為目標應改為「能了解荊軻謀刺秦王不成功的原因」將「荊軻和秦王」寫出，敘述才完整。
③題幹敘述不完整，應改成「荊軻刺秦王」之所以失敗的原因是……）才顯得完整。

【例7.】
(1)目標分類：情意
(2)行為目標：能應用本課文旨於實際生活中
(3)題目：
▲當朋友直言規勸我們時，我們應當：
①與朋友辯駁
②虛心接納
③疏遠朋友

③怒目相視

(4)答案：②

(5)分析說明：

　①目標分類應改爲「應用」。

　②本題題意甚佳，然選目缺乏誘答力，此乃憾處。

【例8.】

▲「稻花香裏說豐年聽取蛙聲一片」這情景是說明在：

(1)目標分類：理解、分析

(2)行爲目標：能理解收穫及蛙聲的季節

(3)題目：

　①春季

　②夏季

　③秋季

　④冬季

(4)答案：②③（存疑）

(5)分析說明：

① 目標分類應改成「理解」一項即可。

② 本題答案易引起爭論，原因有二：

　㈠台灣收穫季節為兩季或三季。

　㈡青蛙叫聲夏、秋兩季皆有。

【例9.】

(1) 目標分類：應用

(2) 行為目標：使學生能慢慢培養讀書的習慣，從而達到讀書的效果。

(3) 題目：

▲如何培養讀書的興趣：

①確定讀書的目的

②了解讀書價值

③養成讀書的習慣

④知道讀書的好處

(4) 答案：③

(5) 分析說明：

①本題應可達「批判性思考」的層次，題意甚佳，然選目重疊，答案易引起爭論，此乃

憾處。

　　⑵行為目標應改成「能培養讀書的興趣」。

【例10.】

　⑴目標分類：分析

　⑵行為目標：能辨別課文文體

　⑶題目：

　▲「一朵小花」是一篇：

　　①記敍文

　　②應用文

　　③抒情文

　　④論說文

　⑷答案：③

　⑸分析說明：

　①目標分類應改成「理解」。

　②考文體之題目宜避免之，就「一朵小花」而言，說其是抒情文固然正確，然其中敍述「一朵小花」的故事，說其為記敍文亦無不可，答案易引起爭論，故此種出題宜避免。

伍、結語

　　理想的教學評量，不僅可以有效的評量出學生的學習成就，更能積極的評鑑出教師在教學過程中的利弊得失，作為改進教學的依據。因此，我們可以說，教學評量的功用，在於它能促進教學活動與教學目標密切的結合，同時能利用回饋做積極的活動。所以有了好的教材與教法尚需有好的教學評量與之相輔相成，方能相得益彰。如果教師能了解評量的功用，善用評量的方法，那麼，不僅能提高教師的品質，更能使學生在學習的過程中，獲得成功的經驗，提高學習的興趣，收到良好的學習效果。

　　綜觀今日教育在「考試領導教學」的不良風氣下，若能妥善運用教學評量，不但能激發學生主動的思考、靈活的運用，更能使教學活動，逐漸趨於正常化。

【附　註】

本節參考：

一、臺灣省國民學校教師研習會編印之國民中學學習成就評量理論與命題實例。

二、臺北市政府教育局編印之國民中學教學評量理論與參考實例。

三、臺南市政府教育局編印之臺南市國民中學學習成就評量命題示例彙編。

第六節 教學設計

壹、國文科單元教學活動設計

教學活動，就是教師教、學生學的活動。一個成功的教學活動，應能達成預期的教學目標，求得良好的教學效果。教師本身對教材的內容自須非常熟悉，於教學方法的運用上，亦須靈活變化。然而，一般說來，教學時，教師往往只注意單元目標而忽略了具體目標；只注意口述傳授而忽略了使用教具的輔助教學；只注意教師活動而忽略了學生活動；只注意字句的講解而忽略了思想的啟發，是以教學活動似為教師個人所獨斷，學生則處在被動的地位。

事實上，教學活動應以學生為主。它是啟發的，而不是灌輸的；它不僅是教師的獨唱獨演，更是師生思想的溝通。師生活動能否圓滿配合，實關係著教學的成功與失敗。中庸上說：「凡事豫則立，不豫則廢。」誠然，大凡一件事，實行之前，必先有妥善的計劃，始克臻於完美。教學活動自不例外，事先必須擬訂出妥善的教學活動。教學時才能有系統，才能生動活潑。絕非率然上臺，即席講述，就可成功的。

鑒於教學活動設計在教學上的重要，筆者願在此就有關問題，略述幾點淺見：

一、目標的確立

教學設計，最重要的部分，乃是確立教學目標。它是教學活動的方向，也是教學活動所預期的結果。

就範圍大小而言，教學目標可畫分為學科目標、單元目標與具體目標三種。

國文科教學的重大任務有三：一是語文訓練，二是文藝欣賞，三是精神陶冶。這三大任務完成，便可達國文科教學的學科目標。

單元目標應依據教材的內容，教學時間及學生程度，配合國文科教學的目標而定。訂定單元目標時，應力求具體。而所定之單元目標，則應在該單元教學活動結束時，全部完成。

具體目標，是實現單元目標的細節。它應包含於單元目標之內。訂定具體目標時，應力求明確，務必使每一目標，在教學活動完成時，都能逐一實現。

通體言之，學科目標較大而抽象。單元目標因依據於單元教材，故較為具體，範圍也較小。至於具體目標，則較單元目標更小、更具體、更明確。這是因為具體目標包含在單元目標裏，而單元目標又包含在學科目標裏，三者是一體籠罩的緣故，故當具體目標逐一實現之後，單元目標，以全學科目標，勢必隨之而達成。因此，當教師就學科目標訂定單元目標及具體目標後，學生也便能就具體目標確立學習方向，不致無所遵循。

國文科舊式教學設計，其教學目標的選擇，似嫌籠統含糊。只注意單元目標，而忽略了具體目標。今後決定教學目標的方式，雖然各有不同，但欲求具體化、科學化，則是未來一致的趨向。所以決定教學目標的方式，雖然各有不同。

定教學目標，應儘量使其明確而易於實現。

二、教學的活動

教學活動，本爲教師與學生共同的活動。但其終極目的，則在求學生學習效果之優良，而非教師講述教材分量之豐富。故教學活動必須以學生爲中心，教師應把握學生學習的「能力」、「需要」和「興趣」而行。

雖然教學活動以學生爲主，教師站在輔導的地位，但教師卻仍舊是決定該教學活動成功的有力因素。因此，爲了要把握學生的學習能力、需要和興趣，教師除了要重視個別差異而因材施教之外，對於自身的語言能力以及教學技術，要特別注意，隨時檢討改進；尤須留心學生反應，變化教學方法，並有效使用各種教具，以啓發學生推理思考，鼓勵學生發問，滿足學生求知的慾望。教學時，更應提示重點及提供補充教材，注意教室管理，造成良好的學習環境。使學生能因此而加強求知的興趣，以達到教學的預期目標。

三、教學的方法

教學方法，應根據教學目標、教學內容和學生程度而定。由於教材的內容有難易，學生的程度有高低，如何達到教學目標，實有賴於教師靈活運用教學方法，以達到啓發學生學習的目的。所謂「運用之妙，存乎一心」，即此之謂。例如：問答法、提示法、討論法、比較法、歸納法、輔導法、發表法、欣賞法……等，皆有利於啓發式教學，均可由教師靈活選擇使用。

四、教學的過程

教學過程是教師實際處理教材的步驟，依其進行的程序，約可分爲準備活動、發展活動、綜合活動、評鑑活動四階段：

(一)準備活動：充分的準備敎材，是教學成功的保證，而學生的預習工作，又是提高教學效果所必須。基於這個觀點，教師於課前，應確立具體目標。再根據具體目標，去蒐集有關資料，製作有關教具，作引起學習動機、決定學習目的的工作。給予學生正確的學習方向，良好的學習環境。至於上一單元評鑑活動中的診斷測驗，本階段亦應作一次整理訂正的工作。

(二)發展活動：學習目的既經決定，就順著學習方向進行介紹作者、講解題文、辨認文體、處理課文諸步驟。學習目標中的主學習——語文訓練，多在這個階段發展完成。

(三)綜合活動：完成學科目標的文藝欣賞、精神陶冶兩項，是本階段的重要工作。語文訓練尚可就該單元教材發揮，若欲欣賞文藝、陶冶精神，則往往須打散課文，綜合整理或引述舊教材與學生的經驗，再參考有關資料才能完成。較諸前項是有綜合性質的，故以綜合活動名之。本階段通常有深究與鑑賞、問題討論、指定作業、範文欣賞四步驟。

(四)評鑑活動：學習效果考查是本階段最重要的工作。其一爲學習心得報告，此項活動既可鼓勵學生發表興趣，又可培養學生發表能力，更可促使學生複習教材。另一活動則爲診斷測驗，此項活動可提供教師作爲教學檢討的依據，以彌補教學時無意的缺失——這又是下一單元第一階段

準備活動中所稱的「前課文學習考查指正」所行的工作。其他時間則供作下一單元的新課文預習指導之用。

若此一系環轉，由準備而發展而綜合，至於評鑑，以期達到教學目標的要求。但若以爲教學活動有一定的步驟而不可稍作移易，那又是過於不知變通了。其實，只要有助於教學，教學中的步驟，教師是可就教材內容與實際需要而作靈活更動的。

五、時間的分配

教學是否成功，與教師能否控制時間，關係甚大。是故國文科單元教學活動中的每一過程的時間，應在事前作適當的分配，而在進行過程中，也應注意把握，同時亦須配合整個學期國文科的教學進度、時數。教師能如此妥爲安排，控制時間，則其教學將能臻於完美之境。

六、教具的使用

教具，即教學媒體（ media ）。凡是在教學活動中，充分利用學生的感官，藉預先蒐集、設計、整理的資料，透過實際的操作與應用，以幫助教學效果的提高，就是教具使用的正確途徑。

一般的教具可分爲：㈠靜畫教具──如平面圖、統計表、廣告畫、照片、地圖……等等。㈡平面板──如粉筆板、揭示板、絨布板、打洞板、磁鐵板、紗網板……等等。㈢立體教具──如實物、模型、標本、立體圖型、地球儀……等等。㈣廣播、錄音──如收音機、錄音機……等等。㈤放映性教具──如錄影機、實物放映機、電影片、幻燈片、投影機……等等。教師若能有效的使用這些教具，

則教學將會收到事半功倍的效果。遠在一九二七年，有一位名叫達爾（Dale）的學者，利用一班初

二的學生，作了一項實驗：首先他將該班學生分成甲、乙兩組。甲組的學生施以電影教學，就是盡量

應用各種教學媒體，來激發學生的興趣，配合他們的能力，以滿足學生的需要；乙組學生僅施以傳統

的教學方式，就是老師講，學生聽，老師寫，學生抄的演講方式，單一注入式的教學法。結果，若干

時日以後的評鑑，明顯的表現甲組比乙組的學習效果高百分之二十；而經過一段暑假後的複習考（兩

組皆未通知），甲組又比乙組高百分之三十六。可見教師有效使用教具，不但能令學生學得快，而且

能記得久。由「學得快，記得久」這兩項理由，我們可以說：教具的有效利用，確有助於教學。

綜觀國內各級學校教學狀況：小學使用教具的情形優於國中，國中又優於高中。造成此種情形的

最大原因，是教師難以體認教具的價值，又嫌製作與操縱過於麻煩。不過，與其說嫌麻煩，不如說教

師本身對教具的運用，技術不夠純熟。所以，即使學校備辦了齊全的電化教育器材，也會令教師有「

力不從心」之感。如此，在人力與物力上，都是極大的損失與浪費。

明智的教師，在了解教具與教學的重要性後，應當著手製作簡易的教具，然後再進而製作較複雜

的器材。前述的靜畫教具、平面板教具，都是可行的簡易教具，教師可以嘗試製作；至於電化器材，

教師可經由閱讀有關書籍，和再接受短期專業訓練，了解理論與實際操作，俾使教學活動更生動活潑

，教學目標更易於達成。

未來的教學，必定是趨向充分利用學生感官，以達徹底溝通觀念的「視聽教學」。因此，教具使

用的推展，已是刻不容緩的事。我們可以預言：若干年後，教室裏的教師，都是坐在投影機前，將預

先準備的教材，一一放到透光片上。而全體的同學，都可以清楚地看到黑板前活動的銀幕上所顯現的

各種觀念與影像。至於黑板（即粉筆板），可能是討論時，教師用來解答偶發概念的教具之一。

（以上「國文科單元教學活動設計」原載於國立臺灣師範大學　中等教育雙月刊　第二十七卷第三

　　、　四期　民國七十三年八月起轉載於國立編譯館主編之國民中學國文教師手冊。）

貳、教案示例一──木蘭詩

　　筆者在國立臺灣師範大學國文系教授「國文教材教法」及「教學實習」課時，指導學生練習編寫

國文科單元教學活動設計，曾學國中國文第四冊範文　木蘭詩　為例，說明韻文編寫教案的方法。有

關木蘭詩的問題，例如：「作品年代」、「樂府詩的流變與性質」、「樂府的設立」、「樂府詩的形

式」、「南北朝樂府民歌的影響」，以及木蘭的姓名、籍貫等，皆可簡略說明，以彌補課文的不足，

而增進學生學習國文的興趣。至於如何配合所學而深入淺出地介紹？我想事先必須擬訂出妥善的教學

設計，教學時才能有系統，才能達到預期的效果。為了培養在校學生處理教材的觀念，故學以為例，

說明「教學過程」的安排。這分資料，或可提供中學教師參考，茲附錄如下：

國文教材教法

五〇二

單元名稱	木蘭詩	指導教授	陳品卿	班級	人數
教材來源	國中國文第四冊		時間 一五〇分鐘		

項目	內容
教材研究	1.本篇為北朝樂府民歌，敘述木蘭代父從軍之故事，其忠孝兩全之精神及從軍十二年未被發現為女郎之趣味，貫串全詩。可藉以培養學生愛國情操，以實際行動報效國家。 2.全文共分六段：首段述木蘭從軍的原因。次段述木蘭離家及初赴戰場的感受。三段述軍中的生活。四段述天子封賞。五段述榮歸故鄉，家人團聚歡欣之情。末段說明火伴不知木蘭是女郎的原因。全篇繁簡得當，技巧靈活，實為敘事詩之傑作。 3.作者在篇中創造了木蘭的巾幗英雄形象，非常成功。在刻畫此形象時，用現實生活的描寫來烘托，並採用了濃厚的民歌情調。在寫實中，更有一股剛健清新之氣。
學生學習條件之分析	1.學生已在第一冊中學習過五言絕句三首，七言絕句二首，第二冊中學習過五言律詩二首，七言律詩二首，第三冊中學習過古詩四首，對詩之形式已不陌生。 2.學生已讀過敘事性之文章，對此種文體亦有所認識了。；學生前此已學習過一首樂府詩，對樂府詩尚無深刻的概念。
教學方法	視教學需要酌用講述、問答、討論、啟發、提示、比較、欣賞、自學輔導等方法。（實習學生）
教學資源	課本、教師手冊、樂府詩集、古詩源箋注、中國文學發展史、中國文學流變史詩歌篇、中國文法講話、古書虛字集釋、修辭學、中文大辭典、說文解字注等。

教		學

單　元　目　標	具　體　目　標
甲、認知方面：	
一、認識樂府詩。	一—1.能說出樂府詩的特徵。
	一—2.能說出北朝樂府詩歌在文學上的地位。
二、認識本詩成詩年代及詩中主角。	二—1.能說出成詩年代。
	二—2.能說出木蘭的姓氏、籍貫。
三、明瞭本文的體裁及作法。	三—1.能說出本文的體裁。
	三—2.能說出本文的作法。
四、明瞭本篇文義。	四—1.能說出題文的意義。
	四—2.能說出全文的大意。
	四—3.能說出分段大意。
	四—4.能正確講讀講生字難詞的形、音、義。
	四—5.能以白話講解課文。
五、明瞭本文寫作技巧。	五—1.能說出本文的風格與特色。
	五—2.能說出遣詞造句的技巧。
	五—3.能說出全文聯絡照應的關鍵。

乙、能力方面：

六、培養自學能力。

七、正確讀講課文。

八、應用本篇文字及作法。

九、發表讀後感。

丙、情意方面：

十、能閱讀欣賞敘事體之詩歌。

十二培養愛國孝親的高尚情操。

五—4. 能說出各段的地位和價值。

六—1. 能收集資料及考查問題。

六—2. 能作好預習作業。

七—1. 能正確朗讀課文。

七—2. 能語音正確、語調適度地讀講課文。

八—1. 能應用生字新詞造詞造句。

八—2. 能仿造新句型。

九—1. 能說出讀後心得。

九—2. 能寫出內容充實的讀後心得。

十—1. 能閱讀前人優美的敘事詩。

十—2. 能欣賞並喜愛敘事詩。

十—3. 能美讀或吟唱詩歌。

十一—1. 能領略木蘭忠孝的情操。

十一—2. 能學習木蘭愛國孝親的情操以事奉親長，報效國家。

時間分配				節次	月 日	教 學 重 點	教 學 活 動	教具	時間	評鑑	備 註
一	二	三	四								

培養自學能力。

教學目標

教學重點

(1)預習考查(2)導引!(3)講述題文(4)講述全文大意(5)辨認文體(6)處理第一、二、三、四、五段生難字詞及讀講課文。

(6)處理第六段生難字詞及讀講課文、全文歸納整理(7)深究與鑑賞。

(8)欣賞美讀(9)應用練習(10)學習效果考查(11)指定作業(12)下一單元預習指導。

教學活動

甲、準備活動:

〔附〕預習指導

一、導引:

(一)從雙十國慶政戰學校及金門自衛隊的今日「木蘭」閱兵之盛況談起,以引入本單元。

(二)揭示教學目標表。

二、解釋題文:

教具

課本

教學目標表

課本

時間

〔20〕 2.

20

1.

備註

本階段活動於上一節課結束後20分鐘內進行。

附表一、教學目標表。

指導學生從課文及題解，探索題文之意義。

> 參考資料一覽表
> 1.中國文學發達史。
> 2.樂府文學史。
> 3.中國文學流變史詩歌篇。

三、考查作品之成詩年代：

(一)指導學生從題解欄、作者欄，探索本詩的成詩年代。

(二)教師提出參考資料供學生參考。

> 參考資料一覽表
> 1.中國文學發達史。
> 2.中國文學流變史詩歌篇。
> 3.樂府文學史。

四、認識樂府詩：

教師發給補充資料，並指導學生認識樂府詩。

題解補充資料	課本 資料 作品年代補充	樂府詩補充資 料
	2.	2.
附表二：題文補充資料。	附表三：作品年代補充資料。	附表四：樂府詩補充資料。

參考資料一覽表

1. 漢魏六朝樂府研究。
2. 樂府文學史。
3. 中國文學發達史。
4. 中國文學流變史。

五閱讀課文：

(一)指明國語較好之學生朗讀課文，他生勾出生難詞句以備課後考查。

(二)教師隨機校正。

六認識文體：

(一)指明學生講述本文體裁。

(二)指導學生復習一、二、三册之近體與古體詩。

七考查生難詞句：

課本

課本

課本

3.

2.

2.

（一）指導學生參閱課後注釋，其爲注釋所無或注釋中之生難詞句，均令學生自行考查，記入預習筆記中。

（二）揭示下列詞語令學生回家考查。

難詞表

1.當	2.孃
3.濺濺	4.胡騎
5.撲朔	6.迷離

八、分辨全文段落及要旨：

指導學生於課前認清段落，並將各段要旨記下，揣摩本文結構及作法。

九、說明全文主旨：

指導學生將全文主旨及預習心得記入預習筆記中。

課本

課本

2.

2.

能作好預習作業。

能收集資料，考查問題。

十、深究與鑑賞：

㈠令學生探討本文章法。

㈡揭示問題討論表，令學生於課後思考。

㈢提示本文作法。

㈣指導學生將特殊語句及優美詞語標出。

（第一節）

一、預習考查：

㈠就預習作業之錯誤，提付共同討論。

㈡抽問學生生難詞語的考查結果。

二、導引：

㈠指名學生就復習近體詩的結果說明近體詩的特色。

㈡指名學生就預習所得，比較木

問題討論表

投影機

課本

2.

〔50〕

3.

3.

附表五：問題討論表。

附表十八：圖片。

教學目標	教學活動	教學資源	
能說出題文的意義。 能說出木蘭的姓氏、籍貫。	蘭詩和近體詩的異同。 (三)教師補充歸納。 乙、發展活動： 三、講述題文： (一)教師板書題文。 (二)指名學生講述題文統攝的義旨，並說出其認為合理的木蘭之姓氏、籍貫，提付共同討論。 (三)教師補充歸納。	課本	5.
能說出全文大意。	四、講述全文大意： (一)指名學生朗讀全文，他生循聲閱讀。 (二)指名學生講述全文大意。 (三)教師補充歸納。	課本	5.
能說出本文的體	五、辨認文體： (一)指名學生說明本課體裁，並說	課本	4.

教學目標	教學活動	教具		附註
裁。	明其性質。			
能說出樂府詩的特徵。	㈡指名學生說明樂府詩的特徵及流變。			
	㈢教師補充歸納。			
能正確讀講生字難詞的形、音、義。	六、處理生難字詞及讀講課文：	課本		附表六：生難字詞表㈠
	㈠處理第一段生難字詞及讀講課文：	生難字詞表㈠		。
	1.處理生難詞語。	投影機		
	(1)學生提出本段的生難詞語（預習時發現者）。			
	(2)討論生難詞語的意義。			
	(3)教師訂正補充。			
能正確地朗讀課文。	2.讀講課文。		7.	
	(1)朗讀課文：指名學生朗讀本段課文，他生循聲默讀。			
能語音正確、語	(2)學生讀講：先指名學生逐			

調適度地讀講課文。

能正確朗讀課文

能正確讀講生字

(3)　句讀講或抽句讀講。

教師讀講：作有系統的補充、整理、訂正。

特別注意下列各詞的意義：

1. 唧唧：嘆息聲。

2. 機杼：機，織布機。杼，音ㄓㄨˋ，織布機上用來持緯線的器具。

3. 軍帖：徵兵的文書。

4. 可汗：音ㄎㄜˋ　ㄏㄢˊ，古代西域和北方各國，對他們君王的稱呼。

5. 市：買。

(二)　處理第二段生難字詞及讀講課文（過程與第一段同）。

特別注意下列詞語：

課本

生難字詞表(二)

7.

附表七：生難字詞表(二)。

難詞的形、音、

義。

能語音正確、語

調適度地讀講課

文。

1. 東市：指城東的市場。

2. 駿馬：好馬，強壯能快跑的馬。

3. 鞍韉：鞍，馬背上的坐墊。韉，音ㄐㄧㄢ，鞍下的墊褥。

4. 轡頭：轡，音ㄆㄟˋ，繫在馬脖子上的韁繩。轡頭，捆縛馬頭以便利指揮的繩子。

5. 孃：音ㄋㄧㄤˊ，母親。

6. 暮宿：晚間住宿。暮本作「莫」，甲骨文作「𦱤」，「𦱤」是草莽，「茻」是草莽，「日」是太陽落在草中，本義是黃昏日落時分。因日落表示一日已完，遂引申有「無」意，後又加日作「暮」。

投影機

7.但聞：只聽到。但，只。

8.濺濺：音ㄐㄧㄢ ㄐㄧㄢ，水流聲。

9.旦辭：早晨離開。旦，早晨。甲骨文作「ㅇ」。「ㅇ」其上是日，其下之「一」表示地面，其意是說太陽已昇起在地面的時間，就是早晨。

10.黑山頭：黑山，在今河北省沙河、昌平附近。一說在今綏遠、歸綏縣境之殺虎口東北，即殺虎山。黑山頭，黑山山頂。

11.燕山：河北省薊縣附近；一說在殺虎山之東，也有人認

能正確朗讀課文。

能正確讀講生字難詞的形、音、義。

能語音正確、語調適度地讀講課文。

為是指今外蒙古的燕然山。

13.胡騎：指敵國的兵馬。

12.啾啾：音ㄐㄧㄡ，嘈雜細碎的聲音，此指馬羣的聲音。

(三)處理第三段生難字詞及讀講課文（過程與第一段同）

特別注意下列各詞語：

1.萬里赴戎機：照著上級所指示的軍事機宜奔赴了萬里路程。戎機，有機密性的軍事行動；軍令所指示的作戰時機。

2.關山度若飛：如同飛奔地越過關口山嶺。形容行軍的快速。關山，關口山嶺；度，越過。

課本

生難字詞表(三)

投影機

5.

附表八：生難字詞表(三)。

能正確朗讀課文。

能正確讀講生字。

難詞的形、音、

3.朔氣傳金柝：朔氣，北方的氣、寒氣。柝，音ㄊㄨㄛˋ，巡夜人所敲的木梆。金柝，用金屬做的梆子，也就是指「刁斗」。

4.寒光照鐵衣：寒夜的月光照在鐵甲戰袍上。鐵衣，鐵甲戰袍。戰袍，古稱甲，衣內附有鐵片，戰士穿此，可以禦兵刃，猶今之避彈衣。

5.壯士：意氣雄壯的人，指戰士。

(四)處理第四段生難字詞及讀講課文（過程與第一段同）。

特別注意下列各詞語：

1.明堂：古代天子接見諸侯，

課本

生難字詞表(四)

投影機

5.

附表九：生難字詞表(四)。

義。

能語音正確、語調適度地讀講課文。

選拔賢士的地方。

2. 策勳十二轉：勳是功勞，策勳，是把功勞記在策上。唐制勳分十二等，每升一等爲一轉，十二等就到了最高的勳位，這裏是詩人誇大的筆法，形容升到極高的職位。

3. 賞賜百千強：強，多餘。賞賜在百千以上。

4. 尙書郎：官名，是在宮廷中管理文書的官吏。

5. 明駝：俗名小蹄駱駝，能走遠路且速度快的駱駝。唐制驛站置明駝，非邊塞軍機，不得擅用。這裏是指精壯的駱駝。

能正確地朗讀課文。

能正確讀講生字難詞的形、音、義。

能語音正確、語調適度地讀講課文。

(五)處理第五段生難字詞及讀講課文（過程與第一段同）。

特別注意下列各詞語：

1.出郭相扶將：相互扶持出城來迎接。郭，外城。將，持。扶將，扶持，含有迎接的意思。

2.紅妝：古代婦女化妝多用紅粉，故說是紅妝。

3.閣：音《さ，高樓。

4.著：音坐ㄨㄛˊ，穿衣。

5.霍霍：指磨刀急速的聲音。

6.雲鬢：像雲一樣的鬢髮。鬢，指臉兩旁靠近耳朵的頭髮。

6.送兒：兒，是木蘭的自稱。

課本

投影機

生難字詞表(五)

6.

附表十：生難字詞表(五)。

教學目標	教學活動	教具	時間	備註
能正確朗讀課本。 能正確讀講生字難詞的形、音、義。 能語音正確、語調適度地讀講課	7.貼花黃：在額上貼上金黃色的花鈿。花黃，古代婦女臉上的裝飾品。 8.火伴：古代行軍，十人爲火，共火而食，故稱同火爲火伴。 9.驚惶：驚疑惶惑。 10.同行：同在一起生活。 （第二節） ㈥處理第六段生難字詞及讀講課文（過程與第一段同）。 特別注意下列各詞語： 1.撲朔迷離：撲朔，跳躍的樣子；迷離，目光模糊的樣子，皆兔子共有的現象。言不辨其爲男爲女。	課本 生難字詞表㈥ 投影機	3. 〔50.〕	附表十一：生難字詞表㈥。

文。

能說出全文大意

能說出分段大意

能說出各段的地位和價值。

能說出本文的作法。

能領略木蘭忠孝之情操。

能學習木蘭愛國

2.傍地走：傍，音ㄅㄤˋ，靠近、依附。傍地走是說：兩兔靠近，在地面行走。

3.安能：如何能夠。安，如何。

(七)全文歸納整理：

1.令學生思考全文脈絡。

2.指名學生說明全文主旨與分段大意，提付討論。

3.教師歸納補充，提示分段大意綱領表。

意綱領表。

丙、綜合活動：

七、深究與鑑賞：

(一)內容方面：

1.詢問學生對於課文詞句是否了解，文義是否明瞭，有疑問則提出。

分段大意綱領表

5.

15.

附表十二：分段大意綱領表。

孝親的情操，以事奉親長，報效國家。

能正確讀解生字難詞的形、音、義。

能說出大約的成詩年代。

能說出北朝樂府詩在文學上的地位。

能說出本文的風格與特色。

能說出遣詞造句的技巧。

2.令學生就課文及教師提供之資料，發表其認為合理的成詩年代。

問題討論表

3.令學生就課文及教師提供之補充資料，說出樂府詩的風格與特色。

4.討論下列問題，請學生回答，共同訂正，教師補充說明後，揭示木蘭詩修辭舉例。

例木蘭詩修辭舉

(1)這首詩那些句子是描寫木蘭軍中生活的？請指出來。

附表五：問題討論表。

附表十三：木蘭詩修辭舉例。

能說出全文聯絡
照應的關鍵。

能說出遣詞造句
的技巧。

(二)形式方面：

1.討論全文聯絡照應的關鍵，
指出下列問題，討論訂正後
，教師歸納整理，並提示木

(5)木蘭從軍十二年，為什麼
作者對她軍中生活的描寫
不多？這樣好不好？

(4)最後一段和故事本身似乎
沒有關係，作者這樣寫，
有什麼用意？（以上為課
本所有，以下為教師提供。）

(3)這首詩描寫木蘭買鞍馬和
回故鄉的時候，敍事會不
會令人覺得瑣碎？

(2)第二段中有兩句「不聞爺
孃喚女聲」是不是顯得重
覆？

問題討論表

木蘭詩修辭學

例

全文分析表

15.

附表五：問
題討論表。

附表十三：
木蘭詩修辭

蘭詩修辭舉例。

(1)作者使用了那些詞句摹寫聽覺？請找出來。

(2)本文第二段「東市買駿馬，西市買鞍韉，南市買轡頭，北市買長鞭」造成什麼樣的效果？

(3)第四段末「願借明駝千里足，送兒還故鄉」和第五段開頭「爺孃聞女來，出郭相扶將」，在銜接上，是否流暢？這是什麼手法？

(4)作者描寫木蘭回故鄉一節，是從那些角度來寫？和前文數段有無呼應之處？

學例。

附表十四：全文分析表

能正確讀講生字難詞的形、音、義。

能應用生字、新詞造詞造句。

(5)本文中使用了那些疊字？這些疊字能產生什麼效果？

(以上問題均由教師提供)。

2.字形辨別：將易誤字書於紙上，指導學生辨認並練習造句。

1. 券 卷

2. 柝 析 拆 折

3. 杼 抒

4. 惶 徨

5. 戊 戌 戎 戍

6. 朔 溯 塑

7. 撲 樸 僕

字形辨別表

7.

附表十五：字形辨別表。

				字音辨別表	5.		附表十六：字音辨別表

能閱讀前人優美之敍事詩。能欣賞並喜愛敍事詩。能美讀或吟唱詩歌。能應用生字、新詞造詞造句。

3.字音辨別：指導學生辨別破音字，並依音造詞。

```
1.汗  2.帖  3.騎  4.卷
5.傍  6.著  7.將  8.宿
```

（第三節）

八、欣賞美讀：教師範讀，並逐段指示美讀技巧。

九、應用練習：

㈠詞語應用：指導學生應用下列詞語練習造句。

　　　　　課本

1.濺濺
2.啾啾

				2.			。

4. 〔50〕

能仿造新句型。

3. 卿卿

4. 撲朔迷離

(二)仿造句型：

指導學生應用下列括號內字詞，仿造新句型。

1. （不）聞爺孃喚女聲，（但）聞黃河流水鳴濺濺。

2. （願為）市鞍馬，（從此）替爺征。

課本

能以白話講解課文。

(三)文句翻譯：

指導學生翻譯下列數句為白話。

1. 萬里赴戎機，關山度若飛，朔氣傳金柝，寒光照鐵衣，將軍百戰死，壯士十年歸。

2. 雄兔腳撲朔，雌兔眼迷離。

3. 當窗理雲鬢，對鏡貼花黃。

課本

2.

5.

能說出讀後心得
。

能寫出內容充實
的讀後心得。

丁、評鑑活動：

附：作文練習

與下次作文教學聯繫，指導學生
以「兒時記趣」為題，作一篇文
章。

十、學習效果考查：

(一)學習心得報告：

令學生報告讀後心得，並於課
後將讀後心得記入筆記中。

(二)隨堂測驗：

十一、指定作業：

(一)指導學生於課後整理筆記。

(二)試譯本文為白話。

(三)背誦課文。

(三)預習指導（略）。

測驗卷

附表十七：
隨堂診斷測
驗。

15.

2. 15.

5.

附表：（以下所附圖表，供製作教具之用。）

附表一　教學目標表

甲、認知方面

一、認識樂府詩
1. 能說出樂府詩的特徵。
2. 能說出北朝樂府民歌在文學上的地位。

二、認識本詩成詩年代及詩中主角
1. 能說出成詩年代。
2. 能說出木蘭的姓氏、籍貫。

三、明瞭本文的體裁及作法
1. 能說出本文的體裁。
2. 能說出本文的作法。

四、明瞭本篇文義
1. 能說出題文的意義
2. 能說出全文的大意。
3. 能說出分段大意。
4. 能正確讀講生字難詞的形、音、義。
5. 能以白話講解課文。

五、明瞭本文寫作技巧
1. 能說出本文的風格與特色。
2. 能說出遣詞造句的技巧。
3. 能說出全文聯絡照應的關鍵。
4. 能說出各段的地位和價值。

乙、能力方面

六、培養自學能力
1.能收集資料及考查問題。
2.能作好預習作業。

七、正確讀講課文
1.能正確朗讀課文。
2.能語音正確，語調適度地讀講課文。

八、應用本篇文字及作法
1.能應用生字新詞造詞造句。
2.能仿造新句型。

九、發表讀後感
1.能說出讀後心得。
2.能寫出內容充實的讀後心得。

丙、情意方面

十、能閱讀欣賞敘事體之詩歌
1.能閱讀前人優美的敘事詩。
2.能欣賞並喜愛敘事詩。
3.能美讀或吟唱詩歌。

十一、培養愛國孝親的高尚情操
1.能領略木蘭忠孝的情操。
2.能學習木蘭愛國孝親的情操以事奉親長，報效國家。

(一)

歷來關於木蘭之傳說，至爲紛紜，莫衷一是。以姓氏言：明一統志以爲姓朱，清一統志以爲姓魏，劉宋祖沖之述異記，唐李亢獨異志，及明徐渭四聲猿傳奇皆以爲姓花。以里居言：劉宋何承天姓苑以爲古任城今山東濟寧人。述異記、獨異志及河南商邱縣志以爲商邱人。河北完縣志載元劉廷直撰墓碑以爲完縣人。清姚瑩康輶紀行以爲古武威今涼州人。清一統志以爲潁州譙郡城東魏村人。至其時代：姚瑩以爲北魏孝文帝、武宣帝時人。宋翔鳳過庭錄以爲隋恭帝時人。宋程大昌演繁露據「可汗大點兵」語以爲非隋即唐。閻若璩尚書古文疏證又據「策勳十二轉」語，謂其詩爲唐人作。近人姚大榮復據詩中人物、地理、歲序、時制，考定木蘭爲姓木名蘭，隋末唐初人，屬當時被稱爲「解事天子」及「大度毗伽可汗」之梁師都部下，里居在今甘肅寧夏東北境。（詳見東方雜誌二十二卷第二號木蘭從軍時地表徵一文）惟近人徐中舒則加以駁正，以爲姚疏於考證，不免附會武斷。而疑木蘭爲複姓，乃中原之異族。根據唐六典證明「策勳十二轉」爲唐代勳官之制，創始於唐高祖武德七年。又謂杜甫草堂詩「大官喜我來」四韵，摹仿木蘭詩「爺孃聞女來」三韵，因而斷定木蘭詩作於初盛唐之間。（詳見東方雜誌二十二卷第十四號木蘭歌再考一文）姚說固不可靠，徐說亦未必然。木蘭詩既記錄於陳釋智匠所編之古今樂錄，必爲陳代以前之作無疑。潘重規教授樂府講稿云：「今據古今樂錄所載，知木蘭絕非陳以後人。玩索詩辭，此詩殆爲北朝樂府。蓋燕山黑水，北國之地區；朔氣寒光，北國之天候，可汗爲北方天子之稱；明駝乃朔地。

二、

特有之歌。北方樂府折楊柳歌云：『敕敕何力力，女子臨窗織。不聞機杼聲，只聞女嘆息。問女何所思，問女何所憶。』與木蘭詩發端六句詞意全同。凡此皆足為木蘭北方人之明證。」（節錄自李曰剛中國文學流變史──詩歌篇　上）

1. 木蘭是詩人假託的名字，還是真有其人，現在已不可考，茲歸納有關資料，述之如下：

1. 流行的傳說，木蘭姓花，河南商邱人（劉宋祖冲之述異記、唐李亢獨異志）。

2. 木蘭姓魏，商邱縣營郭鎮有她的廟，也就是她的故里（商邱縣志）。

3. 其他：(1) 姓氏：①姓朱②姓木③複姓木蘭。

　　　(2) 里居：①古任城，今山東濟寧人（劉宋何承天姓苑）。

　　　②河北完縣人。

　　　③古威武今涼州人。

　　　④潁州譙郡城東魏村人。

（節錄自師範大學教案編寫示例）

附表三　作品年代補充資料

(一)

詩之確實年代，雖無明文可稽，惟大體言之，早在東晉五胡亂華之初，遲則北朝元魏分裂之前。

主前說者如胡應麟詩藪云：「晉明世（案東晉明帝在位三年，年號大寧，西元三二三至三二五）五胡擾亂，柔然、拓跋常相攻幽冀間，故詩人歷敍及之。世之疑木蘭者，率指摘可汗二字，不知此歌得此佐證益明，亦一快也。」主後說者為今人蕭滌非南北朝樂府民歌云：「北朝戰爭頻繁，好勇尚武，這首詩正反映了這特定的社會風貌。又詩中稱君主為

柔然社崙始稱可汗，此歌出晉人之手，此歌出晉人手，愈無可疑。蓋宋齊以後，元魏入帝中華，柔然屏居大漠，與黃河黑山道里懸絕。惟東晉世，五胡擾亂，

可汗，出征地點都在北方，也都說明它只能是北朝的產品。大約作於北魏遷都洛陽以後，東西魏分裂以前。在流傳過程中，它可能經過隋唐文人的潤色，以致中雜唐調，如『萬里赴戎機』六句。但就全詩看，仍然保持著北朝民歌的特色。」案梁章鉅稱謂錄「外城稱天子可汗」條：「可汗，西域稱天子之謂，見漢書。」北歌「胡吹舊曲」有慕容可汗曲，可見北魏以前已有可汗之稱。況且劉宋何承天姓苑已言「木蘭任城人」。承天在齊梁北魏以前，是則胡氏謂詩作於東晉之世，說似可信。至論者以其「中雜唐調」，疑其為隋唐之作，或經過隋唐文人之潤色一節，胡氏早有解釋曰：「木蘭歌世謂齊梁作。齊人一代，絕少七言歌行，梁始作初唐體。此歌中，古質有逼漢魏處，非二代所及也。惟『朔氣』、『寒光』，整麗流亮類梁陳。然晉人語如：『日下荀鳴鶴，雲間陸士龍。』『青松凝素髓，秋菊落方英。』已全是唐律。至休洗紅（晉灤曲歌辭）、獨漉篇（晉拂舞歌詩），其古質處又多近木蘭。齊梁歌謠亦有備者，相去遠甚。余以為此歌必出晉人，若後篇則唐作也。」持之有故，錄存備考。

（節錄自李日剛中國文學流變史——詩歌篇　上　）

（二）、

作者生平不詳，其成詩時代有種種說法：

1. 成於拓跋魏時（何承天姓苑）。

2. 成於唐代（「策勳十二轉」乃唐官制，「明駝」為唐驛制，「萬里赴戎機」以下四句似唐人詩格）。

3.原作成於北朝，（東晉五胡亂華之初至北朝元魏分裂之前）後經唐人修改潤色而成。

作者姓名不詳，無以查考（胡適國語文學史）。其中以第三說較為合理。

（節錄自師範大學教案編寫示例）

附表四　樂府詩補充資料

(一)樂府詩的流變與性質

何謂樂府？樂府含有官署與詩體二重意義，與時演變。兩漢所謂樂府，本指審音度曲之官署，類乎唐宋之教坊，亦等於今日之國家音樂院。其職責在采取文人詩詞或民間歌謠被諸管弦，而施之郊廟朝宴，此為樂府之原始義。但魏晉六朝將樂府所唱之詩，漢人原名「歌詩」者亦名樂府，於是所謂樂府即由官署之名稱，一變而為帶有音樂性之詩體矣。此為樂府之後起義。如蕭統昭明文選於騷、賦、詩之外另立「樂府」一門，劉勰文心雕龍於「明詩」之外又特標「樂府」一篇，且為之立界義云……

樂府者，聲依永，律和聲也。……匹夫庶婦，謳吟土風，詩官採言，樂胥被律，志感絲簧，氣變金石。是以師曠觀風於盛衰，季札鑒微於興廢，精之至也。

足知樂府乃詩之入樂可歌者。六朝人雖視樂府為詩之一體，但其著眼仍在音樂。至唐，則已撇開音樂而注重其社會內容，如元結「系樂府」、白居易「新樂府」、皮日休「正樂府」、溫庭筠「樂府倚曲」等，均未入樂，但皆自名為樂府，於是所謂樂府又一變而為一種批判現實之諷刺詩。宋元以後，亦有稱詞曲為樂府者，則又離開唐人所揭示樂府之精神實質，而僅就入樂一端出發。是樂府一詞之

濫用，徒滋棼淆，名存而質變矣。

(二)樂府的設立

（節錄自李曰剛中國文學流變史——詩歌篇　上）

十二年十月，高祖已擊（黥）布軍會甀，布走，令別將追之。高祖還歸過沛，留，置酒沛宮，悉召故人父老子弟縱酒。發沛中兒得百二十人，教之歌。酒酣，高祖擊筑，自爲歌詩云：「大風起兮雲飛揚，威加海內兮歸故鄉，安得猛士兮守四方。」令兒皆和習之，高祖乃起舞，慷慨傷懷，泣數行下，謂沛父兄曰：「游子悲故鄉，吾雖都關中，萬歲後，吾魂魄猶樂思沛。」……及孝惠五年，思高祖之悲樂沛，以沛宮爲高祖原廟。高祖所教歌兒百二十人，皆令爲吹樂，後有缺，輒補之。（史記高祖本紀）

漢興，樂家有制氏，以雅樂聲律世世在大樂官，但能記其鏗鏘鼓舞，而不能言其義。高祖時（案叔孫通傳，時爲高祖七年），叔孫通因秦樂人制宗廟樂。又有房中祠樂，高祖唐山夫人所作也。孝惠二年（西元前一九三）使樂府令（何義門謂當作大樂令，府字蓋衍文）夏侯寬備簫管，更名曰安世樂。初高祖四年作武德舞，六年作昭容舞、禮容舞，又改舜韶舞爲文始舞。景帝采武德舞爲昭容舞。至宣帝又改曰盛德，皆以奏於諸帝廟，大抵因秦舊事焉。至武帝定郊祀之禮，祠太一於甘泉，祭后土於汾陰，乃立樂府。（顏師古注：樂府之名蓋起於此，哀帝時罷之。）采詩夜誦，有趙、代、秦、楚之謳，以李延年爲協律都尉，多舉司馬相如等數十人造爲詩賦，略論律呂以合八音之調，

作十九章之歌。（漢書禮樂志）

（三）樂府詩之形式

⑴字句：

①定言：分三言、四言、五言、七言等體。

②雜言：句度長短參差不一，木蘭詩屬之。全詩六十二句，三百三十二字，其中五言五十三句，七言七句，九言二句。

（節錄自李曰剛中國文學流變史——詩歌篇 上）

⑵命題：

除歌、行、歌行、引、曲、吟、辭、篇、唱、調、怨、歎十二類外，還有詩、弄、操、樂、思、難等等。

（節錄自師範大學教案編寫示例）

（四）南北朝樂府民歌的影響

南北朝樂府民歌繼承周民歌與漢樂府民歌之現實主義精神，與起於形式主義泛濫之南北朝時期。

其清新剛健之風格，嶄然露頭角，非但不與習俗同流，亦且給予當時乃至後世文學（尤其詩歌）以一種新力量新血液，殊屬難能可貴，在文學史上實有重新估價之必要。

就詩之體裁言，南北朝民歌開闢一條抒情小詩之新道路，此即五、七言絕句體。五言四句小詩，

漢民歌中雖已出現，但爲數絕少，未發生若何影響，故絕句之眞正源頭當推南北朝民歌。當時著名之詩人如謝靈運、鮑照、謝朓等紛起摹擬，仍爲嘗試性質，直至唐代，即由附庸而蔚爲大國，而與音樂結合，幾轟斷李唐三百年之詩壇。且出現以絕句擅名千古之詩仙李白與詩天子王昌齡。漢代民歌中雜言體雖亦甚多，且有不少優美作品，但篇幅較小，若木蘭詩長達三百三十二字之鉅製，得未曾有。七言古體則絕少見及，即間有數句，多屬謠諺雜歌，若悼念陳安之隴上歌長達十五句一百零五字，當屬首創。此對唐代七言歌行之發展，亦起示範性之推動作用。

就表現手法言，南北朝民歌對唐代詩人亦有不少啓發。例如杜甫草堂詩：「舊犬喜我歸，低徊入衣裾；鄰舍喜我歸，沽酒攜胡蘆；大官喜我歸，遣騎問所須；城郭喜我歸，賓客臨村墟。」連用四「喜」字造成排句，即是從木蘭詩「爺孃聞女來」等句脫化而出。前人謂李白之長干行以西洲曲爲藍本，謂其絕句「從六朝清商小樂府來」，亦皆信而有徵。此外，口語之運用，予後代詩人絕好之借鏡，李白、杜甫、白居易等大詩人皆善於提煉口語融化入詩。雙關語雖可溯源於先秦之廋詞、隱語，漢代歌謠亦偶有一用，如董逃行及古絕句藁砧今何在一首，但大量使用則始於南朝民歌。唐以後詩人由於處境之險惡，往往利用雙關語寫作政治諷刺詩，以委婉表達其難以明言之愛國深衷，此一發展亦造基於南朝民歌。

前已言及，南朝民歌爲商業大都市之產物，殆皆爲談情說愛之豔曲，故胡應麟評爲「了無一語有丈夫氣。」其於梁陳宮體詩之形成與氾濫，於客觀上亦起一定之消極作用。唐五代以後，若干描寫男

女豔情之小詞，在意境、語言方面，亦受南朝民歌不小影響。

（節錄自李日剛中國文學流變史——詩歌篇 上）

附表五 問題討論表

(一)、內容方面

1. 這首詩那些句子是描寫木蘭軍中生活的？請指出來。

2. 第二段中有兩句「不聞爺孃喚女聲」是不是顯得重複。

3. 這首詩描寫木蘭買鞍馬和回故鄉的時候，敘事會不會令人覺得瑣碎？

4. 最後一段和故事本身似乎沒有關係，作者這樣寫，有什麼用意？

5. 木蘭從軍十二年，為什麼作者對她軍中生活的描寫不多？這樣好不好？

(二)、形式方面

6. 作者使用了那些詞句摹寫聽覺？請找出來。

7. 本文第二段「東市買駿馬，西市買鞍韉，南市買轡頭，北市買長鞭」造成什麼樣的效果？

8. 第四段末「願借明駝千里足，送兒還故鄉」和第五段開頭「爺孃聞女來，出郭相扶將」在銜接上是否流暢？這是什麼手法？

9. 作者描寫木蘭回故鄉一節，是從那些角度來寫？和前文數段有無呼應之處？

10. 本文中使用了那些疊字？這些疊字能產生什麼效果？

附表六　生難字詞表㈠

(1) 唧唧：歎息聲；一說機杼聲。

(2) 當戶：對著門兒，即在房門的中間。

(3) 機杼：機，織布機。杼，音ㄓㄨˋ，織布機上用來持緯線的器具。

(4) 軍帖：帖，音ㄊㄧㄝˇ，是寫字的紙片。軍帖就是關於軍事的布告或通知單。本文指徵兵的文書。

(5) 可汗：音ㄎㄜˋㄏㄢˊ，古代西域和北方各國對他們君王的稱呼。

(6) 大點兵：大量召集士兵。點，查點。

(7) 爺：音ㄧㄝˊ，父親。

(8) 願為市鞍馬：為，音ㄨㄟˋ，替。市，買，動詞。希望能買到鞍墊和馬匹。

附表七　生難字詞表㈡

(1) 東市：指城東的市場。

(2) 駿馬：好馬，強壯能快跑的馬。

(3) 鞍韉：鞍，馬背上的坐墊。韉，音ㄐㄧㄢ，鞍下的墊褥。

(4) 轡頭：轡，音ㄆㄟˋ，繫在馬脖子上的韁繩。轡頭，捆縛馬頭以便利指揮的繩子。

(5) 孃：音ㄋㄧㄤ，母親。

(6) 暮宿：晚間住宿。暮本作「莫」，甲骨文作「茻」，「茻」是草莽，「日」是日，太陽落在草

中，本義是黃昏日落時分。因日落，一日已完，遂引申有「無」意，後又加日作「暮」。

(7)但聞：只聽到。但，只。

(8)濺濺：音ㄐㄧㄢ　ㄐㄧㄢ，濺濺，水流聲。

(9)旦辭：早晨離開。旦，早晨。甲骨文作「旦」，「日」是日，「一」表地面，是說太陽已昇起在地面的時間，就是早晨。

(10)黑山頭：黑山，在今河北省沙河、昌平附近。一說在今綏遠、歸綏縣境之殺虎口東北，即殺虎山。黑山頭，黑山山頂。

(11)燕山：河北省薊縣附近，一說在殺虎山之東，也有人認為是指今外蒙古的燕然山。

(12)胡騎：指敵國的兵馬。

(13)啾啾：音ㄐㄧㄡ　ㄐㄧㄡ，嘈雜細碎的聲音，此指馬羣的聲音。

附表八　生難字詞表(三)

(1)萬里赴戎機：照著上級所指示的軍事機宜奔赴了萬里路程。戎機，有機密性的軍事行動；軍令所指示的作戰時機。

(2)關山度若飛：如同飛奔地越過關口山嶺。形容行軍的快速。關山，關口山嶺；度，越過。

(3)朔氣傳金柝：朔氣，北方的氣、寒氣。柝，音ㄊㄨㄛˋ，巡夜人所敲的木梆。金柝，用金屬做的梆子，也就是指「刁斗」。

(4) 寒光照鐵衣：寒夜的月光照在鐵甲戰袍上。鐵衣，鐵甲戰袍。戰衣，古稱甲，衣內附有鐵片，戰士穿此，可以禦兵刃，猶今之避彈衣。

(5) 壯士：意氣雄壯的人，指戰士。

附表九　生難字詞表㈣

(1) 明堂：古代天子接見諸侯，選拔賢士的地方。

(2) 策勳十二轉：勳是功勞，策勳，是把功勞記在策上。唐制勳分十二轉，每升一等爲一轉，十二轉就到了最高的勳位——「上柱國」，這裏是詩人誇大的筆法，形容升到極高的職位。

(3) 賞賜百千強：強，多餘。賞賜在百千以上。

(4) 尚書郎：官名，是在宮廷中管理文書的官吏。

(5) 明駝：俗名小蹄駱駝，能走遠路且速度快的駱駝。唐制驛站置明駝，非邊塞軍機，不得擅用。

(6) 送兒：兒，是木蘭的自稱。

附表十　生難字詞表㈤

(1) 出郭相扶將：相互扶持出城來迎接。郭，外城。將，持。扶將，扶持，含有迎接的意思。

(2) 紅妝：古代婦女化妝多用紅粉，故說是紅妝。

(3) 閣：音ㄍㄜˊ，高樓。

(4) 著：音ㄓㄨㄛˊ，穿衣。

(5) 霍霍：指磨刀急速的聲音。

(6) 雲鬢：像雲一樣的亂髮；鬢，指臉兩旁靠近耳朵的頭髮，這裏是以部分借代全部。

(7) 貼花黃：在額上貼上金黃色的花鈿。花黃，古代婦女臉上的裝飾品。

(8) 火伴：古代行軍，十人爲火，共火爲食，故稱同火爲火伴。

(9) 驚惶：驚疑惶惑。

(10) 同行：同在一起生活。

附表十一　生難字詞表㈥

(1) 撲朔迷離：撲朔，跳躍的樣子；迷離，目光模糊的樣子，皆兔子共有的現象。言不辨其爲男爲女。

(2) 傍地走：傍，音ㄅㄤˋ，靠近、依附。傍地走是說：兩兔靠近，在地面行走。

(3) 安能：如何能夠。安，如何。

附表十二　分段大意綱領表

主旨：全文主旨在寫木蘭代父從軍的孝行，爲我國詩歌史上塑造了一個空前未有的「巾幗英雄」的典型。

全文共分六段：

首段述木蘭從軍的原因。

次段述木蘭離家及初赴戰場的感受。

三段述軍中生活。

四段述天子封賞。

五段述榮歸故鄉，家人團聚歡欣之情。

末段是結語說明火伴不知木蘭是女郎的原因。

附表十三 木蘭詩修辭舉例

性　質	作　用	原　　文
類　　疊	表達諄切的情感。	△問女何所思？問女何所憶？ △女亦無所思，女亦無所憶。 △東市買駿馬，西市買鞍韉， 南市買轡頭，北市買長鞭。 △爺孃聞女來，出郭相扶將。 阿姊聞妹來，當戶理紅妝。 小弟聞姊來，磨刀霍霍向豬羊。
排比與對仗	豐富辭彙，且使意思更加明顯。	△朔氣傳金柝，寒光照鐵衣。 △阿爺無大兒，木蘭無長兄，

名稱	作用	例句
		△將軍百戰死，壯士十年歸。 △開我東閣門，坐我西閣牀。 △脫我戰時袍，著我舊時裳。 △當窗理雲鬢，對鏡貼花黃。
設問	用以引出下面的對答	△問女何所思?問女何所憶? △可汗問所欲， △問女何所思?（所思何） △問女何所憶?（所憶何）
倒裝	喚起注意，增加文章的波瀾。	△萬里赴戎機。（赴萬里戎機） △關山度若飛。（度關山若飛）
誇飾	爭奇鬥豔，增加藝術感，以悅人心目。	△將軍「百戰死」。 △壯士「十年歸」。 △策勳「十二轉」。 △賞賜「百千強」。
頂真	使語句神旺氣足。	△軍書十二卷，卷卷有爺名。 △壯士十年歸，歸來見天子。

反　　詰	反言以示謙退，可變化文章的形式。	△歸來見天子，天子坐明堂。 △出門看火伴，火伴皆驚惶。 △安能辨我是雄雌？

木蘭

附表十四　全文結構分析表

（第三段）（簡筆）

凱歸　——　將軍百戰死，壯士十年歸

（第四段）

封賞
- 朝天子　——　歸來見天子，天子坐明堂
- 厚賞　——　策勳十二轉，賞賜百千強，可汗問所欲
- 心願　——　木蘭不用尚書郎，願借明駝千里足，送兒還故鄉

（第五段）

榮歸
- 家人之歡欣
  - 爺孃聞女來，出郭相扶將
  - 阿姊聞妹來，當戶理紅妝
  - 小弟聞姊來，磨刀霍霍向豬羊
- 木蘭之喜悅
  - 睹故物　——　開我東閣門，坐我西閣牀
  - 改女裝　——　脫我戰時袍，著我舊時裳／當窗理雲鬢，對鏡貼花黃

（末段）

結語
- 真相大白　——　出門看火伴，火伴皆驚惶；同行十二年，不知木蘭是女郎
- 雄兔腳撲朔，雌兔眼迷離，兩兔傍地走，安能辨我是雄雌（木蘭之智）

對照　　證引

附表十五　字形辨別表

1. 卷：ㄐㄩㄢˇ，手不釋卷。
　 券：ㄑㄩㄢˋ，禮券。

2. 柝：ㄊㄨㄛˋ，金柝。
　 拆：ㄔㄞ，拆洗。
　 析：ㄒㄧ，析疑。
　 折：ㄓㄜˊ，折扣。

3. 杼：ㄓㄨˋ，機杼。
　 抒：ㄕㄨ，抒懷。

4. 徨：ㄏㄨㄤˊ，徬徨。
　 惶：ㄏㄨㄤˊ，惶恐。

5. 戎：ㄖㄨㄥˊ，戎馬。
　 戍：ㄕㄨˋ，戍守。
　 戌：ㄒㄩ，戌月。
　 戊：ㄨˋ，戊夜。

6. 朔：ㄕㄨㄛˋ，朔氣。
　 溯：ㄙㄨˋ，溯源。
　 塑：ㄙㄨˋ，塑像。

7. 僕：ㄆㄨˊ，僕人。
　 樸：ㄆㄨˊ，樸實。
　 撲：ㄆㄨ，撲滅。

8. 臆：ㄧˋ，臆斷。
　 憶：ㄧˋ，憶舊。
　 億：ㄧˋ，億兆。

附表十六　字音辨別表

1. 汗
　 ㄏㄢˋ，汗流夾背。
　 ㄏㄢˊ，可汗。

2. 帖
　 ㄊㄧㄝˇ，軍帖。
　 ㄊㄧㄝˇ，請帖。
　 ㄊㄧㄝˋ，帖服。

3. 騎 { ㄑㄧˊ，騎馬。
　　　　 ㄐㄧˋ，騎兵。

4. 卷 { ㄐㄩㄢˇ，卷宗。
　　　　 ㄑㄩㄢˊ，卷曲。
　　　　 ㄐㄩㄢˇ，通「捲」字，卷舌。

5. 傍 { ㄆㄤˊ，傍徨。
　　　　 ㄅㄤˋ，依傍。
　　　　 ㄅㄤ，傍午。

6. 著 { ㄓㄨˋ，顯著。
　　　　 ㄓㄨˊ，穿著。
　　　　 ㄓㄠ，睡著了。
　　　　 ㄓㄜ，坐著。
　　　　 ㄓㄠˊ，著急。

7. 將 { ㄑㄧㄤ，詩經小雅：「鐘鼓將將」。
　　　　 ㄐㄧㄤ，將來。
　　　　 ㄐㄧㄤˋ，將領。

8. 宿 { ㄙㄨˋ，宿命。
　　　　 ㄒㄧㄡˇ，星宿。
　　　　 ㄒㄧㄡˋ，整宿。

9. 強 { ㄑㄧㄤˊ，豪強。
　　　　 ㄑㄧㄤˇ，強迫。
　　　　 ㄐㄧㄤˋ，倔強。

10. 傳 { ㄓㄨㄢˋ，傳記。
　　　　 ㄔㄨㄢˊ，傳播。

附表十七　隨堂診斷測驗

（一）
1. 木蘭代父從軍的原因是出於①孝心②冒險③勇敢④好玩。

（　）2.〈木蘭詩〉是一首①抒情②敘事③五言④七言　詩。

（　）3.「歸來見天子」到「送兒還故鄉」是寫①榮歸②封賞③征程④離鄉。

（　）4.「萬里赴戎機，關山度若飛」是寫木蘭①節節勝利②轉戰艱苦③騎術精湛④裝備精良。

（　）5.下面那一句是對偶的句子？①出門看火伴，火伴皆驚惶②東市買駿馬，西市買鞍韉③當窗理紅妝，對鏡貼花黃④昨夜見軍帖，可汗大點兵。

（　）6.下面何者不是形容聲音的⋯①啾啾②霍霍③茫茫④濺濺。

（　）7.北方的寒氣稱為①溯②塑③朔④搠氣。

（　）8.織布織上用來持緯線的器具是①抒②杼③紓④舒。

（　）9.「著」裳音①ㄓㄨㄛ②ㄓㄨㄛˊ③ㄓㄠ④ㄓㄠˋ。

（　）10.「可」汗音①ㄎㄜ②ㄎㄜˊ③ㄎㄜˋ④ㄎㄜ。

爺娘聞女來

附表十八：附圖（取材自明·仇英繪圖，明·汪氏增輯繪圖列女傳 下冊——

正中書局印行）

火伴皆驚惶

（本教案原為筆者國文教材教法講義，民國七十五年一月曾轉載於國立編譯館主編之國民中學國文教師手冊第四冊）

叁、教案示例二——岳陽樓記

單元名稱	岳陽樓記			
教材來源	高中國文第二册第七課	班　級	指導老師　陳品卿	人　數
		時　間	三〇〇分鐘	
教材研究	1.本篇雖題名爲記，實乃借事抒情，自寫懷抱。 2.全文先寫作記原由，再述景觀，而主旨在藉登樓覽物之情，道聖賢憂國憂民之懷抱。 3.全文寫景抒情，皆爲仕途之寓言。 4.全文前後照應甚佳，結構嚴謹，縣密氣勢，豪邁悠渺，令人迴盪不已。			
學生學習條件之分析	1.學生已學過襄禪山記，對記事抒情的文章已有認識。 2.藉景抒情及對比法寫景，需要加以注意練習。 3.學生對文章的章法已有初步認識。 4.此篇在雨悲晴喜境界之描寫中，宜指導學生運用想像力和自然界現象相合，以明瞭更高深的人生哲學。 5.學生已學過宋朝歷史與湖南省地理，有助於學習課本。			
教學方法	視教學需要，酌用講述、問答、討論、提示、比較、發表、欣賞、自學輔導、啓發等方法。	實習學生	魏惠娟	

教學資源	課本、湖南省圖、岳陽樓圖、曉風殘月、古文觀止、唐詩三百首、細說錦繡中華、憶祖國河山、古文析義、宋史。

教		學	
單元目標	具體目標		
甲、認知方面：			
一、認識作者。	一—1. 能指明作者的時代背景。		
	一—2. 能說出作者的生平。		
	一—3. 能說出作者在政治與文學上之地位。		
二、明瞭本文體裁與作法。	二—1. 能說出本文的體裁。		
	二—2. 能說出本文的作法。		
	二—3. 能說出作「記」的各種不同作法。		
三、明瞭本篇文義。	三—1. 能說出題文的意義。		
	三—2. 能說出岳陽樓的地理位置與沿革。		
	三—3. 能說出全文大意。		
	三—4. 能列舉分段大意及意旨。		
	三—5. 能正確讀解生字難詞的形、音、義。		
	三—6. 能正確指明虛字的用法。		
四、明瞭本文寫作技巧。	四—1. 能說出本文的風格與特色。		

標		目		
		乙、能力方面：		
		五、培養自學能力。		四—2. 能說出全文聯絡照應的關鍵。
		六、正確讀講課文。		四—3. 能說出各段的地位與價值。
		七、能應用本篇文字及作法。		四—4. 能說出遣詞造句的技巧。
		八、發表讀後感。		五—1. 能收集資料考查疑難問題。
				五—2. 能作好預習作業。
				六—1. 能正確的朗讀課文。
				六—2. 能語音正確語調適度地讀講課文。
				七—1. 能應用生字新詞造詞造句。
				七—2. 能仿造新句型。
				七—3. 能模仿本文作法。
丙、情意方面：				八—1. 能說出讀後心得。
九、喜歡欣賞大自然及愛好記敘抒情體的				八—2. 能寫出內容充實的讀後心得。
文章。				九—1. 能閱讀前人優美的記敘、抒情文。
十、培養仁民愛物的情操。				九—2. 能描述大自然景觀。
				十—1. 能說出本文的氣勢與境界。
				十—2. 能說出作者憂國憂民的情操。

時間分配				節次	
4.	3.	2.	1.	月	
				日	
十三、指定練習 十四、預習指導	十一、應用練習 十二、學習效果考查	九、深究與鑑賞 十、欣賞誦讀	一、前課之學習考查指正 二、預習考查 三、導引 四、講述題文 五、講述作者生平 六、講述全文大意 七、辨認文體 八、處理一、二段之生難詞語及讀講課文	教學重點	十一—3. 能說出古仁人先憂後樂仁民愛物的襟懷。
		八、處理三、四、五段之生難詞語及讀講課文，全文歸納整理			

教學目標	教學活動	教具	時間	評鑑	備註
培養自學能力。	甲、準備活動： （附）預習指導 一、導引 ㈠指名學生講述第一冊遊褒禪山記之大意，引入本單元。 ㈡揭示目標表。	教學目標表	〔20.〕 4.		本階段活動，於前一節課結束後20.分鐘內進行。
能說出題文的意義。	二、解釋題文 ㈠指示學生從課文及題解探索題文意義。	課本	2.		
能指明作者的時代背景。 能說出作者的生平。	三、考查作者生平及本文出處 ㈠指導學生從課文後之作者、題解欄考查。 ㈡教師提出參考資料，令學生於課後考查。	參考資料表	2.		附表一：教學目標表。

	課本	

能說出作者在政治及文學上的地位。

參考資料一覽表

1.古文觀止、遊褒禪山記、梅花嶺記
2.錦繡中華彩色珍本、黃河結冰記
3.曉風殘月。范仲淹詞

3.

能正確的朗誦課文。

四、閱讀課文

(一)指名國語較好之學生誦讀課文，他生勾出生字難詞以備課後考查。

(二)教師隨機考正。

古文觀止

1.

能說明本文體裁、能閱讀前人優美的記敍、抒情體文章。

五、認識文體

(一)指名學生講述本文體裁。

(二)指導學生回憶舊教材，辨認記敍文的作法。

3.

能正確讀解生字難詞的形音義。

六、考查生難詞句

(一)指導學生課後參閱文後注釋，其為注釋所無或注釋中之生難詞句，均

能列舉分段大意及要旨。

能說出全文大意。

令學生自行考查，記入預習筆記。

(二)揭示下列詞語令學生回家考查。

難詞表

難詞表	
1. 政通人和	2. 百廢具興
3. 浩浩湯湯	4. 朝暉夕陰
5. 遷客騷人	6. 霪雨霏霏
7. 山岳潛形	8. 牆傾楫摧
9. 薄暮冥冥	10. 憂讒畏譏
11. 滿目蕭然	12. 岸芷汀蘭
13. 郁郁青青	14. 心曠神怡
15. 把酒臨風	

七、分辨全文段落及要旨

指導學生於課前認清段落，將各段落要旨記下，並揣摩本文結構及作法。

八說明全文主旨

(一)指導學生將全文主旨及預習心得記入

1.

1.

能說出題文的意義。

能說出本文的作法。

能收集資料，考查疑難問

考查疑難問

預習筆記中。

九、深究鑑賞

(一)令學生查考岳陽樓及洞庭湖之地理位置及岳陽樓史。

(二)揭示問題討論表，令學生於課後思考。

(三)提示本文作法。

(四)指導學生將特殊語句及優美詞語標出。

〔第一節〕

一、前課之學習考查指正：

(一)筆記訂正：筆記之錯誤，提付共同討論。

(二)測驗訂正：測驗之錯誤，提付共同討論。

二、預習考查

(一)檢查預習作業。

問題討論表

3.

5.

〔50.〕

3.

附表二：問題討論表。

教學目標	教學活動	教學資源	時間	附註
題。 能作好預習作業。	(二)抽問生難詞語。 三、導引： (一)張掛湖南省圖，命學生指出洞庭湖湖南省圖 岳陽樓位置 與岳陽樓位置。	湖南省圖 岳陽樓位置	8.	附表三：岳陽樓位置圖。
能說出岳陽樓的地理位置及沿革。	(二)揭示岳陽樓圖片。 (三)命學生就預習所知，講述岳陽樓的地理位置及其沿革。 (四)教師歸納補充。 （補充資料見附錄五岳陽樓史話）	圖片 圖		附表四：岳陽樓圖。 附表五：岳陽樓史話。
能說出題文的意義。	乙、發展活動： 四講述題文： (一)教師板書題文，指名學生講述題文統攝義旨。 (二)教師歸納補充。	課本	2.	
能指明作者的時代背景。	五、講述作者生平 (一)指名學生就預習所得，說明作者之		5.	話。

目標	過程	教材		備註
	生卒年月、時代背景經歷及政治上的地位。	作者畫像	4.	附表六：范仲淹的生平與畫像。
能說出作者在政治上及文學上的地位。	(二)指名學生說明作者在文學上的成就。			
	(三)教師補充歸納。			
	（補充資料：附表六，范仲淹的生平與畫像附表七，范仲淹的詞作。）			附表七：范仲淹的詞作。
能說出全文大意。	六講述全文大意	課本	3.	
	(一)指名學生誦讀全文，他生循聲閱讀。			
	(二)指名學生講述全文大意。			
	(三)教師歸納補充。			
能說出本文的體裁。	七辨認文體			
	(一)令學生講述本課文體。			
能說出本文的作法。	(二)比較本文與遊褒禪山記及梅花嶺記的作法。	古文觀止	8.	
能說出作「記」的各種	八處理生難詞語及讀講課文。	課本		

不同作法。

能正確的朗讀課文。

能語音正確語調適度地讀講課文。

(一)處理第一段的生難詞語及讀講課文　　生難詞卡

1. 處理生難詞語

(1)學生提出本段的生難詞語（預習時所發現者）。

(2)討論生難詞語的意義。

(3)教師訂正補充。

(4)提出一、二個生難詞語，指名學生解釋，以明其了解程度。

2. 讀講課文

(1)誦讀課文：指名學生誦讀本段課文，其他學生循聲誦讀。

(2)學生讀講：指名學生先略述本段大意，再逐句讀講。

(3)教師講讀：做有系統的補充整理訂正。

特別注意下列名詞的意義：

ㄅ、謫：貶官。

ㄆ、越：過也。

ㄇ、政通人和：政事通達人心和順。

ㄈ、百廢「具」興：通俱，皆也。

ㄉ、舊制：舊有規模。

ㄊ、屬：通囑，請託。

(二)處理第二段生難詞語及讀講課文（
過程與第一段同）
特別注意下列各詞語：

ㄅ、勝狀：美景。

ㄆ、浩浩湯湯：浩浩：水廣流貌。
湯湯：水急流貌，湯，音ㄕㄤ。

ㄇ、橫無際涯：即廣大無邊，東西
為橫，廣也稱橫，際，邊也。
涯，岸也。

ㄈ、朝暉夕陰：暉，日光。早晨的
日光，傍晚的雲霧。

12.

能正確讀解生字難詞的形音義。

能正確的朗讀課文。

能語音正確，語調適度，語調適度

ㄅ、前人之「述」「備」矣：述，前人作品。備，完備、詳盡。

ㄊ、極：至也。

ㄋ、遷客騷人：猶言逐客愁人。遷，放逐貶謫之意。騷，憂愁之意。屈原作離騷，離騷猶遭憂也。後世因稱詩人、詞人為騷人。

ㄌ、覽物：觀賞景物。

（第二節）

（三）處理第三段生難詞語及讀講課文（過程與第一段同）

特別注意下列各詞語：

ㄅ、霪雨霏霏：久雨為霪。霏霏，雨絲密狀。

ㄆ、連月「不開」：不開朗，天晴謂天開。

課本

生難詞卡

〔50.〕

15.

地讀講課文。

ㄇ、排空：波濤向空中奮激的情狀。

ㄈ、日星隱耀：耀，光輝也，隱耀
　　隱蔽其光輝。

ㄊ、山岳潛形：山岳潛藏其形體。

ㄜ、檣傾楫摧：檣，帆柱。楫，槳
　　。帆柱傾倒，槳楫摧折。

ㄋ、薄暮冥冥：薄、近也，薄暮、
　　傍晚，冥冥，昏暗。

ㄌ、去國懷鄉：去，離開。國，國
　　都。離開京城，懷念故鄉。

ㄍ、憂讒畏譏：讒，詆毀。譏，諷
　　刺。畏，怕也。

(四)處理第四段生難詞語與讀講課文（
　　過程與第一段同）
　　特別注意下列各詞語：

ㄅ、波瀾不驚：瀾，大波。驚，動
　　也，起也。不驚即平靜。

15.

ㄆ、錦鱗：鱗，魚類總稱。魚鱗光
　　彩美如文錦，故稱錦鱗。

ㄇ、岸芷汀蘭：芷蘭皆香草。汀，
　　水邊平地，芷音ㄓˇ。

ㄈ、郁郁青青：郁音ㄩˋ，郁郁，香
　　氣馥烈。青音ㄐㄧㄥ，同菁。
　　青青，茂盛貌。

ㄉ、浮光躍金：躍，跳躍。月光照
　　水，金光閃爍，跳躍水面。

ㄊ、靜影沈璧：璧，圓形的玉。月
　　影倒映水中，如下沈的璧玉。

ㄋ、何極：何窮，無窮之意。

ㄌ、把酒：把，持也。酒，酒杯也。

ㄍ、洋洋：欣喜得意貌。

㈤處理第五段生難詞語及讀講課文（
　過程與第一段同）。

15.

特別注意下列各詞語：

ㄅ、或異二者之爲：或，有也。二
　者指悲喜。爲，行爲表現。

ㄆ、不以物喜不以己悲：己指自我
　遭遇。以，因也。物，指外在
　環境。

ㄇ、居廟堂：在朝廷爲官，即後文
　之「進」。

ㄈ、處江湖：指閒居在野，即後文
　之「退」。

ㄉ、先天下之憂而憂，後天下之樂
　而樂：二語出自孟子對齊宣王
　語。　　　　　　　　　　孟子

ㄊ、微斯人，吾誰與歸：微，無也
　，非也。斯人，此人，指古仁
　人。吾誰與歸，即吾歸與誰之
倒文。

目標	教學活動	教具	時間	附註
能正確讀解生字難詞的形音義。	（六）全文歸納整理： 1.請學生閉目思考全文脈絡。 2.指名學生說明全文大致內容，教師再做補充。	課本	〔50.〕	
能說出全文大意。	（第三節） 九、深究與鑑賞 （一）內容方面： 1.詢問學生對於課文詞句、文義是否全部了解，有疑問則提出。		〔25.〕	附表九：分段大意綱領表。
能列舉分段大意及要旨。	2.令學生講述全文主旨，提付討論。	課本	3.	附表八：全文結構分析表。
能說出題文的意義。	3.令學生講述分段大意提付討論後，揭示分段大意綱領表。	分段大意綱領表	2.	
能說出各段的地位與價值。	4.指名學生讀講課文題解，教師補充訂正。	課本	3.	
	5.研究各段地位與價值：就全文分析表分析各段地位與價值，以教師講述為主，間亦提出問題引導學生回答。	全文分析表	3.	
			4.	

能說出本文
的風格與特
色。
能說出本文
的氣勢與境
界。

6.研究本文的風格與特色。
補充資料：林西仲曰：「題是記
岳陽樓，任何高手，少不得要說
⋯：『此樓前此如何傾壞，如何狹
小，然後敍增修之勞，再寫樓外
佳景，以爲滕公此舉，大有益於
登臨』而已。文正卻把這些話頭
點過，便盡情閣起，單就遷客騷
人登樓異情處，轉入古仁人用心
。遂將平日胸中致君澤民先憂後
樂大本領一齊揭示。蓋滕公以司
諫謫守巴陵，居廟堂之高者，忽
處江湖之遠，其憂讒畏譏之念，
寵辱之懷，撫景感觸，不能自遣
。情所必至，若知念及君民之當
憂，自有不暇於爲物喜，爲己悲

3.

能說出本文的氣勢與境界。

憂國憂民的情操。

能說出作者

能說出古仁人先憂後樂

仁民愛物的襟懷。

者。篇首提出謫守二字本是此意。妙在借他方遷客騷人，閒閒點綴，不即不離，謂之爲子京說法可也；謂之自述其懷抱可也；，即謂之遍告天下後世君子俱宜如此存心，亦無不可也。」

7. 討論問題：提出下列問題，令學生回答，共同討論、補充、訂正，教師再做說明。

(1) 范仲淹爲什麼要作這篇文章？

(2) 范仲淹寫岳陽樓與「前人之述」有何不同？

(3) 遷客騷人於岳陽樓覽物，其情何以有異？

(4) 覽物異情，所覽何物？其情如何？

問題討論表

7.

附表二：問題討論表。

能說出全文
聯絡照應的
關鍵。
能描述大自
然景觀。

(5)「范公爲何謂「古仁人之心或異
二者之爲」?

(6)不以物喜不以己悲,其境界較
雨悲晴喜,有何不同?

(7)本文主要在說明仁者當有何胸
襟?

(8)你最喜歡本文的那些句子?試
說出理由及讀後感想?

(二)形式方面:

1.討論全文聯絡照應的關鍵,指出
下列問題,指導學生共同討論、
補充、訂正後,教師歸納整理。

(1)「此則岳陽樓之大觀也」,前人
之述備矣」,此句在文中有什
麼作用?

(2)雨悲晴喜兩段文字是由第二段
那一句引起?

問題掛表

〔25.〕 4.

目標	活動	教具
能正確讀解生字難詞的形音義。 能應用生字難詞造句、造詞。		
同上		

（3）「不以物喜不以己悲」與那些句子相照應？

（4）文中那些句子說明「先天下之憂而憂，後天下之樂而樂」？

2. 字形辨別：
將易誤字書於紙卡上，逐次揭示，指導學生辨認，並練習造詞：

（1）滕　騰　　（2）謫　摘　　（3）暉　輝

（4）檔　牆　　（5）楫　揖　　（6）瀾　爛

（7）郁　侑　　（8）曠　擴

3. 字音辨別：
指導學生辨別破音字，並依音造詞：（1）湯（2）青（3）屬（4）薄

字形辨別卡

字音辨別卡

3.

2.

附表十：字音辨別表。

能正確讀解生字難詞的形音義。

能仿造新句型。

能說出遣詞造句的技巧。

4. 討論盧字的用法：共同討論下列各盧字在本文中的用法及舉出例證。（見附表十一，盧字表）　盧字表

5. 句型的研究：以簡易文法，表解於紙上，提出共同分析，敎師歸納說明。
(1) 吾誰與歸→吾歸與誰
(2) 不以物喜→不以物而喜　句型卡

6. 討論本文的修辭技巧：
(1) 令學生提出遣詞練字特佳之句，共同討論其修辭技巧。
(2) 提出問題如下：
ㄅ、第二段中「遷客騷人，多會于此，覽物之情，得無異乎」？改爲「遷客騷人，多會于此，覽物之情，則有異也！」比較此二句效果如何？　問題卡

4.

4.

附表十一：盧字表。

能說出本文的作法。
能說出本文的風格及特色。

ㄆ、雨悲晴喜兩段文字色彩如何？

ㄇ、第五段「嗟乎！予嘗求古仁人之心，或異二者之為，何哉？不以物喜，不以己悲，居廟堂之高，則憂其民，處江湖之遠，則憂其君。」若去掉「或異二者之為，何哉？」可以嗎？何者較佳？

ㄈ、本文中有那些是對偶的句子？

7.討論本文作法的特點：
(1)提出問題，鼓勵學生回答以共同討論方式進行。

ㄆ、雨悲晴喜兩段是用什麼方法來寫？

ㄆ、這兩段各有「登斯樓也」

4.

能正確的朗讀課文。	能說出作「記」的各種不同作法。	

丙、綜合活動

（第四節）

十、美讀欣賞

教師範讀，並逐段指示美讀技巧。

(2)教師補充說明。

ㄇ、本文專就那方面來寫岳陽樓？爲什麼要這麼寫？

之句，在此句以前是寫什麼？在此句之後又是寫什麼？

3.

能運用生字新詞造句。

六、應用練習：

(一)詞語應用：指導學生應用下列詞語練習造句：

(1)氣象萬千 (2)大觀 (3)得無 (4)蕭然

(5)然則 (6)微

8.　〔50.〕

能仿造新句型。

　　（二）仿造句型：指導學生依下列句型仿造文言一句，標有（　）者須應用到。

　　（1）吾（誰）（與）歸

　　（2）不（以）物喜

　　（3）居廟堂（之）高（則）憂（其）民

　　（4）（此）（則）岳陽樓（之）大觀也

能模仿本文作法。

附：作文練習

　　與下次作文教學聯繫，指導學生以「中正紀念堂」為題作一篇文章。

　三學習效果考查：

　　（一）學習心得報告

　　令學生報告讀後心得

能說出讀後心得。

能寫出內容

充實的讀後

　　（二）隨堂診斷測驗

　　將讀後心得寫入筆記中。

測驗卷

20.

心得。

（三）指定作業
（一）指導學生於課後整理筆記。
（二）試譯本文為白話。
（三）背誦課文。

（古）預習指導（略）

20.　　2.

測驗卷。

附表：（以下所附圖表，供製作教具之用。）

附表一　教學目標表

甲、認知方面

一、認識作者
1. 能指明作者的時代背景。
2. 能說出作者的生平。
3. 能說出作者在政治及文學上的地位。

二、瞭解本文體裁及作法
1. 能說出本文的體裁。
2. 能說出本文的作法。
3. 能說出作「記」的各種不同作法。

三、明瞭文義
1. 能說出題文的意義。
2. 能說出岳陽樓的地理位置及其沿革。
3. 能說出全文大意。

乙、能力方面

四、明瞭本文寫作技巧

4. 能列舉分段大意及要旨。
5. 能正確讀解生字難詞的形音義。
6. 能正確指明虛字的用法。
1. 能說出本文的風格及特色。
2. 能說出全文聯絡照應的關鍵。
3. 能說出各段的地位與價值。
4. 能說出遣詞造句的技巧。

五、培養自學能力

1. 能收集資料考查疑難問題。
2. 能做好預習作業。

六、正確讀講課文

1. 能正確的朗讀課文。
2. 能語音正確，語調適度的讀講課文。

七、能應用本篇文字及作法

1. 能應用生字新詞造詞造句。
2. 能仿造新句型。
3. 能仿模本文作法。

八、發表讀後感

1. 能說出讀後心得。
2. 能寫出內容充實的讀後心得。

丙、情意方面

九、喜歡欣賞大自然及愛好記敘抒情文
1. 能閱讀前人優美的記敘兼抒情體的文章。
2. 能描述大自然景觀。

十、培養仁民愛物的情操
1. 能說出本文的氣勢與境界。
2. 能說出作者憂國憂民的情操。
3. 能說出古仁人先憂後樂，仁民愛物的襟懷。

附表二　問題討論表

一、范仲淹爲什麼寫這篇文章？

二、范仲淹寫岳陽樓記與「前人之述」有何不同？

三、遷客騷人於岳陽樓覽物，其情何以有異？

四、覽物異情，所覽何物？其情如何？

五、范公爲何謂：古仁人之心，或異二者之爲？

六、「不以物喜，不以己悲」其境界較雨悲，晴喜有何不同？

七、本文主要在說明仁者當有何胸襟？

湖南洞庭湖畔之岳陽樓

（取材自江山萬里　錦繡出版社）

岳陽，古之巴陵，清代為岳州，到民國改為岳陽縣。位於洞庭湖的東岸。城西北十五里城陵磯，

為長江與洞庭合流處。水路去漢口五百里，去長沙三百五十里，經長江上下及洞庭湖的輪船，都停泊

於此。粵漢鐵路在岳陽有大站，故在交通上甚為便利，且為軍事上要衝。抗戰中，日軍佔據岳陽，我

軍則守南面的新浦河，相距數年之久，這一帶幾度成為大戰場所。

岳陽在古代即為軍事要地，城陵磯北有擂鼓臺，傳春秋時，楚莊王曾於此擂鼓。三國時有名的瑜

夫人小喬墓，在剪刀池。

岳陽最有名的古蹟，厥為岳陽樓。岳陽樓建於縣城西門的城垣上，西面洞庭，其氣派之大，風景

之佳，尚在武昌的黃鶴樓上。傳為唐代張說所築（一說張說登臨賦詩）宋代滕子京重修，范仲淹為記

，遂名傳千古，范記中形容其氣勢云：「予觀乎巴陵勝狀，在洞庭一湖，銜遠山，吞長江，浩浩蕩蕩

，橫無際涯，朝暉夕陰，氣象萬千。」可謂即景描寫。

樓之建築極為偉壯，樓下城濠三丈，有石級百餘級，直達樓門，樓高四層，歷代曾增加修葺，

清代更五次修葺，曾國荃在樓右別建三醉亭。前有一大石牌坊，上題「南極瀟湘」四字，再進丹字紅

牆，高樓巍然，畫閣飛簷，園中花木蔥蘢，廣場中有數百斤宋鼎一座，及大銅缸兩座，均宋代物。入

門歷代碑碣對聯甚多，范仲淹記全文刻在八扇大門上。在二、四兩層上，供有呂祖神像，香火甚盛。

因昔傳呂洞賓三來樓上，人仍不識，乃題詩云：「三醉岳陽人不識，朗吟飛過洞庭湖。」故後人祀於

樓中，三樓有蔣總統親題「砥柱中流」四字。四樓極高處有「岳陽樓」三個大字。樓中最出色對聯

爲李白之「水天一色，風月無邊」，另有一聯亦莊亦諧：「呂道人太無聊，八百里洞庭，飛過去，飛

過來，一個神仙誰在眼。范秀才眞多事，數十年光景，什麼先，什麼後，萬方憂樂獨關心。」

岳陽樓詩文，歷代皆有，惟以杜甫的「登岳陽樓」詩中的「昔聞洞庭水，今上岳陽樓，吳楚東南

坼，乾坤日夜浮。」與孟浩然的「八月湖水平，涵虛混太清；氣蒸雲夢澤，波撼岳陽城。」最負盛名

。二詩均刻樓上，後人不敢復題，即題亦隨時代而湮沒了。誠如采石磯太白樓上有詩云：「我輩到來

惟飲酒，先生在上莫吟詩。」也。遊記則以范仲淹記最有名。除寫景外，結語「先天下之憂而憂，後

天下之樂而樂」其胸襟更高人一等，無怪爲一代名臣大儒也。故滕子京修樓，范氏作記，蘇舜欽執筆

，邵竦篆額，當代人稱爲四絕。

名士竇君垿（按：師大教授阮毓剗先生謂此聯乃何紹箕所題。）曾爲岳陽樓撰一長聯云：

一樓何奇，杜少陵五言絕唱，

范希文兩字關心，

滕子京百廢俱興，

呂純陽三過必醉。

詩耶？儒耶？

吏耶？仙耶？

前不見古人，

使我愴然淚下。

諸君試看，

洞庭湖南來瀟湘，

揚子江北通巫峽，

巴陵山西來爽氣，

岳州城東道巖疆。

豬者，流者

崎者，鎮者

此中有眞意，

問誰領會得來？

附表六 范仲淹的生平與畫像

范仲淹，（九八九—一〇五二）字希文，吳縣人。生二歲而孤，母更適長山朱氏，從其姓，名說。既長，乃感泣辭母去。勵志苦讀，真宗大中祥符八年擧進士，始還更姓名。晏殊薦爲秘閣校理，每感激論天下事，奮不顧身，一時士大夫矯厲尚氣節，自仲淹倡之。仁宗朝遷吏部員外郎，權開封府。忤呂夷簡，罷知饒州。元昊反，以龍圖閣直學士，副夏竦・經略陝西。守邊數年，號令嚴明，愛撫士卒，羌人呼爲龍圖老子，夏人亦相戒不敢犯其境。曰：「小范老子，胸中自有數萬甲兵」旋拜樞密副使，進參知政事，中外想望其功業。然因裁削倖濫，考覈官吏，爲僥倖者所不悅。出爲河東陝西宣撫

史，遷戶部侍郎，徙青州，會病請潁州，未至卒。謚曰文正，追封楚國公。有文集二十卷，別集四卷，尺牘五卷及政府奏議等並行於世。

附表七　范仲淹的詞作——蘇幕遮

「碧雲天，黃葉地，秋色連波，波上寒煙翠。山映斜陽天接水，芳草無情，更在斜陽外。黯鄉魂，追旅思，夜夜除非，好夢留人睡。明月樓高休獨倚，酒入愁腸，化作相思淚。」

賞析：

宋朝自從「澶淵之盟」之後，對於異族的不時侵略，一直採取安撫的政策，以致於割地賠款，視為常事。邊疆雖然有重兵駐紮，也不過消極地防守而已，並不能給予敵人有效的反擊。將士們離鄉背景，身居塞外，為的是捍衛疆土，保全社稷，然而朝廷的政綱如此，也只好頓足捶胸，徒呼奈何。將士們目睹邊疆景致蕭索，有感於國家民族的危亡，興起了去國懷鄉的愁思，心中的憂鬱苦悶，可想而知。范仲淹曾經鎮守邊地，身在邊疆遠離家鄉，眼見深秋景色的蒼茫，也不由得激起了他羈旅在外的情感，就把內心的感慨發抒出來，作了著名的「蘇幕遮」和「漁家傲」等等愁思深沈，感人肺腑的作品。這首「蘇幕遮」景色寫得壯麗，情感寫得淒婉，是一首膾炙人口的名作。

這首詞的上片首先從高處望遠的角度來描述邊疆的景致：「碧雲天，黃葉地，秋色連波，波上寒煙翠

」以顯明的「碧」、「黃」、「翠」鉤勒出屬於深秋的特殊色澤。仰望天際，秋高氣爽，葉子逐漸轉紅，轉黃，然後飄落，鋪滿了大地；水波也盪漾在秋色裏，波上浮漫著水裊裊，迷濛濛的煙霧，秋的氣氛已經很濃，很深地瀰漫在整個大自然之中了。作者以「寒」「煙」「翠」來描寫秋天的湖波，產生了優美而和諧的意象。「山映斜陽天接水，芳草無情，更在斜陽外」正是黃昏時候，落日的餘暉與山色相互映照，遠處秋水長天一色，芳草無涯，連綿到斜陽之外，上片純然描寫秋景，一連串的由天寫到地，由近寫到遠，由秋高氣爽，黃葉落地，寫到水波、寒煙、斜陽、山色、芳草、景物彼此呼應，十分鮮明，把深秋的景致完全烘托出來，呈現出一片蒼茫的氣象。然而人羈旅在外，卻難免觸景生情，因而惹起滿腔思鄉懷人的相思之情。作者更藉「芳草無情，更在斜陽外」，以芳草的無邊無際，興起了人與故鄉也是千山萬水阻隔著的感慨，雖然日日思歸，卻不能如願，所以導致了下片「黯鄉魂，追旅思」的進一步發展。

「黯鄉魂，追旅思，夜夜除非，好夢留人睡」征戍在外，雖然日夜懸念故鄉，卻是「望斷故園心眼」作者的滿腹惆悵，難以排遣，每天總是因為思鄉而輾轉反側，難以成眠；除非是好夢留人睡，才可以暫時忘卻這種難熬的痛楚，獲得暫時的平靜。李後主在一首「浪淘沙」中曾說道「夢裏不知身是客，一餉貪歡」，范仲淹那種一心想獲得利那的解脫和安慰的心情，就和這兩句詞的意境有點相似。

但是，話雖然這麼說，又怎能輕易有好夢呢？鄉思縈繞在心頭，好比密密麻麻的絲網，將人脆弱的心靈裏得緊緊的，無法任意地敞開，人又怎能輕易的睡著呢？又怎能輕易地入夢呢？所以，作者縱然希

冀在夢中飛回懸念的家園，探視暌別已久的故人，也是十分困難的。進一步說，縱使僥倖獲得一個好夢，在夢中實現了白天的願望，發覺家鄉仍舊美好，故人依然健在，然而一覺醒來，卻是深夜茫茫，重尋無處；夢中的歡愉和現實的淒楚更形成了強烈的對比，豈不是要令人悲極而泣？「明月樓高休獨倚」，在深夜寂靜時，月亮高懸天空，柔和的月光照射大地，更照射著寂寞的人。人在寂寞的時候，身畔沒有知音，可能就把滿腔的孤單和落漠，轉而向月亮傾訴。雖然明月伴我，暫時可以化解愁思，然而明月普照天下，非我獨有——「作者獨倚」的感嘆。既然登高樓，望明月都會觸惹無限的心事，想來想去只有藉酒來化解愁緒了。但是喝了酒又真能消愁嗎？雖然「欲解愁腸還是酒」，「奈酒至，愁還又」作者說得更是淒苦。「酒入愁腸，化作相思淚」酒化成淚，愁上加愁，真是欲想要解愁而愈發不可得了。這首詞景色寫得壯麗，情感寫得纏綿，不愧是一首傳誦千古的名作。

附上范仲淹的另外兩首詞供讀者欣賞，比較。

漁家傲：

塞下秋來風景異，衡陽雁去無留意。四面邊聲連角起。千嶂裏，長煙落日孤城閉。濁酒一杯家萬里，燕然未勒歸無計。羌管悠悠霜滿地。人不寐，將軍白髮征夫淚。

御街行：

紛紛墜葉飄香砌，夜寂靜，寒聲碎。真珠簾捲玉樓空，天淡銀河垂地。年年今夜，月華如練，長是人千里。愁腸已斷無由醉，酒未到，先成淚。殘燈明滅枕頭欹，諳盡孤眠滋味。都來此事，眉間心

上，無計相迴避。

附表八　全文結構分析表

段首　作記原由
　慶曆四年春（時）滕子京（人）謫守巴陵郡（地）
　越明年，政通人和，百廢俱興，乃重修岳陽樓（事）
　屬予作文以記之

段次
　略云巴陵勝狀
　　予觀夫巴陵勝狀，在洞庭一湖（總點一句）
　　銜遠山，吞長江，浩浩湯湯，橫無際涯；朝暉夕陰，氣象萬千
　　此則岳陽樓之大觀也（總收）
　　前人之述備矣（撇開寫大觀）

　轉記覽物異情
　　然則（轉折—專就覽物異情著筆）
　　北通巫峽，南極瀟湘（地位重要）
　　遷客騷人，多會於此—覽物之情，得無異乎？（伏筆揭出異字）

段三　覽物而悲
　若夫霪雨霏霏，連月不開；
　陰風怒號，濁浪排空；
　日星隱耀，山岳潛形；
　商旅不行，檣傾楫摧；
　薄暮冥冥，虎嘯猿啼；
　物
　　登斯樓也
　　則有　去國懷鄉，憂讒畏譏
　　滿目蕭然→感極而悲者矣　情

陽　岳

敍

樓　記

段四　段五

段四　覽物而喜

至若春和景明，波瀾不驚；
上下天光，一碧萬頃；
沙鷗翔集，錦鱗游泳；
岸芷汀蘭，郁郁青青。
而或長煙一空，皓月千里；
浮光躍金，靜影沈璧；
漁歌互答，此樂何極！

日景
登斯樓也
則有　｛心曠神怡／寵辱偕忘｝
把酒臨風
夕景
→其喜洋洋者矣

物

日景　←　物　←　夕景
情

段五　異於覽物者而異情

嗟夫！（以感慨起）
予嘗求古仁人之心，或異二者之為（又揭異字）
何哉？
不以物喜，不以己悲
｛居廟堂之高，則憂其民　進亦憂／處江湖之遠，則憂其君　退亦憂｝是
然則何時而樂耶？（由憂轉至樂）
其必曰：｛先天下之憂而憂／後天下之樂而樂｝乎！
噫！微斯人，吾誰與歸！（以感嘆作結）
時六年九月十五日（記時與文首時序迴應）

論

附表九　分段大意綱領表

主旨：借敍樓湖勝況，自抒先憂後樂之懷抱，以與滕子京共勉，全文共分五段：

一、敍重修岳陽樓及作記之原委。

二、敍樓湖勝況及其在交通上之特殊地位，爲遷客騷人往來聚集之所，順其一般遷客騷人登樓覽物之異情，引起下文「悲」「喜」二意。

三、寫謫放之人，登樓見風雨陰鬱之景物，則感極而悲。

四、寫一般謫放之人，登樓見春和時晴朗之景物，則其喜洋洋。

五、論志士仁人不當以一時之景物及個人之境遷而憂喜，進退皆當以天下國家爲念。

附表十　字音辨別表

1. 湯
   ㄊㄤ　湯泉，黃湯（名詞）
   ㄕㄤ　湯湯（形容詞）

2. 青
   ㄑㄧㄥ　青青，青苔
   ㄐㄧㄥ　青青（同菁菁）

3. 屬
   ㄕㄨ　家屬，屬於
   ㄓㄨˋ　屬文，屬令（通囑）

4. 薄
   ㄅㄛˊ　薄田，薄暮
   ㄅㄛˋ　薄荷

附表十一　虛字表

夫
1.指示形容詞：ㄅ、予視「夫」（那）巴陵勝狀。
2.語助詞：嗟「夫」！（無義，表感歎）余嘗求古仁人之心。　若「夫」（彼、那兒的意思）霪雨霏霏。

者
1.語助詞：ㄅ、感極而悲「者」（無義）矣。　其喜洋洋「者」（無義）矣。
2.指示代名詞：ㄆ、或異二「者」（指憂樂二種人）。

以
作介詞：ㄅ、屬余作文「以」（用來）記之。　ㄆ、不「以」（同「為」）己悲。

附表十二　診斷測驗（選擇題）

（　）1.久雨即：①陰雨　②霪雨　③春雨　④黃梅雨。

（　）2.沙鷗翔集之「集」即：①棲止　②集合　③聚集　④集中。

（　）3.下列何者為正確：①青青，茂盛貌　②郁郁，茂盛貌　③郁郁，香氣馥烈　④青青，香氣馥烈。

（　）4.下列何者爲正確：①湯湯，水流聲　②浩浩，水廣大貌　③湯湯，水廣大貌　④湯湯，水急流貌。

（　）5.「吾誰與歸」是下列何句的倒文：①吾與誰歸　②誰與吾歸　③與誰歸吾　④吾歸與誰。

（　）6.下列何句爲正確：①仁宗慶曆六年，滕子京重修岳陽樓　②岳陽樓爲范仲淹所重修　③范仲淹受滕子京之囑作岳陽樓記　④岳陽樓爲滕子京所建。

（　）7.「先天下之憂而憂，後天下之樂而樂」語爲：①孟子所言　②范仲淹本孟子而言　③歐陽修美范公之言　④滕子京之言。

（　）8.「不以物喜，不以己悲」之「以」與下列何句之「以」字義相同：①屬予作文以記之　②以光先帝遺德　③時予方以討賊督師桂林　④其竟以此而殞其生乎？

（　）9.百廢「俱」興之「俱」與下列「　」中何者同義：①寵辱「偕」忘　②南「極」瀟湘　③前人之述「備」矣　④此樂何「極」。

（　）10.浩浩湯「湯」音與何者同：①商「湯」　②黃「湯」　③工「商」　④「桑」樹。

（　）11.「微斯人」可作：①無此人　②少此人　③不是這個人　④非人。

（　）12.岳陽樓位於洞庭湖的：①東　②西　③南　④北岸。

（　）13.文中「古仁人之心」爲何：①覽物而情異　②登樓而喜　③登樓而悲　④憂國憂民。

（　）14.下列時間何者正確：①慶曆四年春，滕子京謫守巴陵郡　②慶曆六年重修岳陽樓　③六年范

仲淹作此文　④慶曆五年春，滕子京謫守巴陵郡。

（　）15.下列何者正確：①岳陽樓記為范仲淹所作　②醉翁亭記為蘇軾所作　③黃岡竹樓記為歐陽修所作　④醉翁亭記為歐陽修所作。

（　）16.「去國」懷鄉之意為：①離開祖國　②離開京城　③去到國都　④來到外國。

（　）17.「把酒」即：①持酒　②持著酒杯　③喝酒　④將酒杯投入河中。

（　）18.一碧萬「頃」：①百畝為頃　②頃刻　③十畝為頃　④傾斜。

（　）19.下列何者為正確：①騷人是發牢騷的人　②詩、詞人又可稱騷人　③離騷為宋玉所作　④遷客指離鄉的人。

（　）20.下列何者為正確：①巴陵勝狀在洞庭一湖　②岳陽樓在湖北省　③岳陽北通瀟湘，南極巫峽　④洞庭湖為我國第一大湖。

（本教案原載於國立臺灣師範大學中等學校各科教案編寫示例）

第七節　診斷與補救教學

壹、前言

教學不是將教材運用各種方法，傳遞給學生便算了事。在各種學科中，總有若干成績落後的學生。學生的成績所以會不夠理想，有些固然是因為學生本身天賦及後天努力不夠；但是也有些是因為學校的措施、設備不當，或是教師本身準備得不夠周全所造成。為了徹底達成教學的目標，教師必須於教學和評鑑以後，運用診斷的技巧，尋求教學失敗的原因所在，以便對症下藥，作為補救教學的依據。

一般說來，造成教學效果不佳的原因不外有下列幾種：（註一）

一、屬於學生本身者

(一)生理方面的缺陷：

1. 神經系統發育不全，或因病，因重傷而受損害，以致心智低下。

2. 視聽感官有缺陷，或受損傷，以致視力、聽覽遲鈍。

3. 腺體分泌不平衡，致影響情緒的穩定。

4. 身體有殘缺，以致心智及情緒失常。

5.有不可醫治之疾病，或體弱多病。

(二)心理方面的缺陷：

1.智力低下，缺乏推理思考的能力。

2.情緒不安定，不能安心學習。

3.缺乏雄心，缺乏學習目標，不肯努力。

4.由於多次失敗，缺乏信心，缺乏學習的興趣。

5.營養不良，精力不繼。

(三)態度和學習方面的缺陷：

1.對於學校的功課不感興趣。

2.懶惰，不肯用功。

3.時常缺席，功課無法銜接。

4.做事無恆心，時作時輟，或有頭無尾。

5.讀書方法不好，注意力不集中。

(四)缺乏基本能力：

1.閱讀能力，寫作技巧等，未曾打好基礎，前面的未曾學好，後面的學習成績自然不好。

2.缺乏學習的技巧，如查字典、作筆記、搜集資料，寫作報告等方法不熟練。

二、屬於學校方面者

(一)課程

1. 課程編制不當，不能切合社會的需要和學生的能力。

2. 教材內容陳舊，不切合時代的精神，社會的需要，各個學生的能力。

3. 缺乏適當的教具，如標本、掛圖、影片等。

4. 課外活動太多，分散學生的精力。

(二)教師

1. 教師缺乏專業訓練，不懂教學方法。

2. 教師待遇微薄，兼任校外工作，不能以全副精神指導學生的學業。

3. 教師的教學負擔太重（班級人數太多、任課時數太多等），不能對學生加以一一指導。

4. 教師所定的教學進度，不切合學生的能力。

5. 教師的教學方法陳舊。

6. 教師所訂的學業標準太高，學生無法達到。

7. 教師的健康不佳，精力不夠。

8. 教師的學識不夠，不能作適當的指導。

3. 轉學次數太多，程度不能銜接。

9.教師缺乏熱情、耐心，不能循循善誘。

㈢學校環境

1.教室的光線、通風不良。

2.環境太吵雜。

3.座位距離老師太遠（或排列不當）影響上課情緒。

三、屬於社會和家庭方面者

㈠家庭環境：

1.家庭經濟窘迫，學生回家後須幫忙家計，無時間自修。

2.家庭、學校相距很遠，往返耗時費力。

3.家中屋小人多，喧擾不寧；或光線黑暗，空氣惡濁，無法自修。

4.家長教育水準低，無法指導子女。

5.家庭搬遷頻仍，一再轉學，無法安心向學。

6.家庭經濟狀況不佳，無法購買必需的參考書籍及文具。

7.父母對子女不加管教，以致子女放學後在外遊蕩，結交損友。

㈡社會環境：

1.缺乏正當的娛樂設備和運動場所，無法作正當消遣。

貳、診斷教學

一、診斷的意義

教學沒有達成目標，表示教學發生問題，除非忽視教學的效果或問題，否則，必須找出問題的所在，問題的情況和問題的原因，這種尋求和發現教學失敗原因的工作便是診斷。

一般所謂診斷，多指學生學習的困難和問題，而不涉及教師教學的診斷。其實，教學之所以失敗，除了學生的學習失敗外，還包括教師的教導問題。因此，教學上的診斷，應該包括學生學習困難的了解和教師教導失敗的檢討。

二、診斷的種類（註二）

(一)普通診斷：在了解學生的學習狀況。除了平時的了解外，都在一般成績評鑑中進行。

(二)分析診斷：發現學生學習有困難時，教師便進一步確定學習失敗和困難的所在。這種較為精細和專門的診斷，需要應用科學的步驟和方法來進行。這種診斷就稱為分析診斷。

2. 住宅環境不好，或不合衛生，或過於吵雜，影響學生的學業。

3. 受不良朋友影響，在外呼朋引伴，到處遊蕩。

以上所述是學業成績落後的一般原因。其中大部分是可以用人力克服的。教師對於成績不佳的學生，應細心診斷其原因。原因發現後再設法作補救教學，當可事半而功倍，提高教學的成果。

（三）心理診斷或個人診斷：有些學習困難和失敗在確定問題的所在之後，還必須要探究其形成的原因和癥結所在，方能作有效的補救。這種時候，就需要心理診斷或個人診斷作為輔助，以發現困難的真正原因。

三、診斷的方法 （註三）

（一）觀察法：由教師在教室內，隨時觀察學生的道德行為、情緒狀態以及在教室內準備功課、作業、讀書及研究習慣，用以發現學生成績落後的原因。例如：某生國文成績不好，教師可在該生讀書時觀察其學習的方式是否有所疏漏，以施行補救。

（二）分析學生作業法：分析學生的作業成績，以發現其錯誤的原因所在。例如：某時常寫別字，乃是因其對筆畫相近字認識不清。

（三）口頭報告法：有時教師不容易從學生作業上找出錯誤的原因，那麼就可以要學生作口頭報告，說明其作業的方法。例如：某生注音總是錯很多，教師就可令其作口頭報告，以明瞭該生是由於破音字的字義不明，或是對注音符號拼音方式不夠熟練所致。

（四）會談和訪問：教師可用個別談話的方式，以發現學生的興趣、好惡、長處和短處，及其對學校生活和家庭生活的意見，或對教師、功課、教法、同學的看法等等。教師可以和其他教師交談，以調查某生的學業成績、工作能力、興趣、品行等，也可以訪問學生家長，以調查某生的家庭狀況、社會生活、交友活動、學習環境等。

（五）實驗法：以科學器材，來診斷學生學習上的困難。如：可用錄音機輔助，以發現學生讀音是否正確，音調是否自然。

（六）測驗法：各種學科的困難之點，都可用標準「診斷測驗」或由教師自編的診斷測驗考查出來。

（七）個案研究法：這是一種綜合的方法，運用調查、訪問、測驗等方式，搜集資料，然後加以分析和綜合，求得結論。其內容可包括以下幾項：

1. 學生的姓名、年齡、性別、住址、年級等。

2. 教師的姓名、研究的時間。

3. 研究的問題、學生的困難所在。

4. 診斷測驗的成績紀錄：在那幾方面的成績不好？

5. 和學生個別談話：調查其興趣、讀書計劃、嗜好等。

6. 體格檢查：視聽覺有無缺陷？營養？腺體分泌？是否常常生病？

7. 社會行為和情緒發展：與同學相處？歡喜教師？害羞？好動等。

8. 學業成績：本學期的學業成績，從一年級迄今的成績。

9. 智力測驗的成績：智力商數若干？

10. 特殊興趣和能力？最歡喜的科目？活動？書籍？放學後做些什麼？

11.家庭環境：調查學生家庭經濟情況？父母兄弟姐妹人數家庭關係和諧否？父母職業如何？

12.診斷：就上述各項資料，加以分析，求出該生困難的原因。

13.建議：提出補救教學的辦法及應用的材料。

參、補救教學

一、補救教學的意義

診斷是評鑑的一種。補救教學是診斷以後繼續的、積極的工作。當診斷和檢討教學失敗的原因之後，便要作有效的教學措施以爲補救。這種補救可能是學生方面的，也可能是教師方面的，甚至是家庭或家長方面的，其中屬於補救教學的，則多爲教師或學生的工作。雖然，補救教學是教學以後的補救工作，因爲它的目的在於徹底達成教育目的，使教學活動得以繼續進行，所以補救教學可以算是積極的教學活動。

二、補救教學的方式（註四）

(一)重新教學：倘若一班內多數學生，對於某一項教材都不了解，或是某一項能力都未養成，教師就要重新教學。例如：多數學生對於國文課內文言語句的意義不能了解，教師就要重新教學，多舉例證，詳加說明。

(二)提供練習材料：學生的錯誤，有時是由於缺乏練習所致。例如：教師可將學生經常錯用的句

法、成語挑出，令學生個別造句，多加練習，以減少錯誤。

㈢加強個別指導：對於少數特殊的學生，教師可以在課內或課外予以個別指導。例如：某生讀書時總是唸唸有詞，減緩讀書速度，降低效率，教師就可以依情況給予適當的個別指導。

㈣開設補習班：倘若一級內多數學生在某一學科發生困難，祇有替他們開設補習班。

㈤開設特別課程：學生的智愚不同，無法劃一。有些學科是智力低下學生所無法學習者，教師得酌情改變教材內容，以適應學生的程度和需要。

肆、結語

預防勝於治療。教師平時若能慎選教材，注意教法，運用視聽教具，增進學生的了解，則學習困難必會減少。當必須用到補救教學時，則必須掌握幾項原則：（註五）

一、觀念正確

診斷和補救教學，不是吹毛求疵，而是為了幫助學生切實達成學習的目的。務使學生、家長及學校皆有此共識。

二、態度積極

視診斷與補救為教學工作的一部分，是確立下一步教學活動的依據。使學生認為這是應有的協助，勿使學生感到羞恥和自卑的心理。

三、適應差異

根據學生的潛能以確定學習失敗。資優學生雖已達到一般及格的標準，然未能與其潛能相稱，仍屬失敗，需要診斷和補救。

四、方法科學

用科學的方法和態度，正確而客觀地了解、診斷。

五、循序漸進

學習失敗的原因，往往是學業、行為、情緒等許多因素錯綜而成，實施補救教學時，須先解除其情緒上的困擾，建立良好的師生關係，再實施診斷和補救。

六、持之以恆

診斷和補救教學是隨時繼續的工作，教師要不灰心、不氣餒、不急躁，才能徹底達成教學目標，完成教學活動。

七、合作為之

診斷和補救教學，應力求學生、教師、學生家庭，甚至社會各方面的配合，方能奏效。

【附 註】

註一　參見孫邦正普通教學法

註二　參見方炳林普通教學法

註三　參見喩子瑜普通教學法精義

註四　同註一

註五　同註二